企业合规的本土路径

An Indigenous Path to Corporate Compliance

李奋飞 著

图书在版编目(CIP)数据

企业合规的本土路径 / 李奋飞著. -- 北京：北京大学出版社, 2024.8. -- ISBN 978-7-301-35439-1

Ⅰ. D922.291.914

中国国家版本馆 CIP 数据核字第 2024RV4315 号

书　　　名	企业合规的本土路径
	QIYE HEGUI DE BENTU LUJING
著作责任者	李奋飞　著
责 任 编 辑	许心晴　孙嘉阳
标 准 书 号	ISBN 978-7-301-35439-1
出 版 发 行	北京大学出版社
地　　　址	北京市海淀区成府路 205 号　100871
网　　　址	http://www.pup.cn
新 浪 微 博	@北京大学出版社　@北大出版社法律图书
电 子 邮 箱	编辑部 law@pup.cn　总编室 zpup@pup.cn
电　　　话	邮购部 010-62752015　发行部 010-62750672　编辑部 010-62752027
印 刷 者	涿州市星河印刷有限公司
经 销 者	新华书店
	730 毫米×1020 毫米　16 开本　20.5 印张　346 千字
	2024 年 8 月第 1 版　2024 年 8 月第 1 次印刷
定　　　价	98.00 元

未经许可，不得以任何方式复制或抄袭本书之部分或全部内容。
版权所有，侵权必究
举报电话：010-62752024　电子邮箱：fd@pup.cn
图书如有印装质量问题，请与出版部联系，电话：010-62756370

作者简介

李奋飞 法学博士,中国人民大学法学院、纪检监察学院双聘教授,博士生导师。兼任中国人民大学诉讼案例研究中心主任、中国人民大学律师业务研究所执行所长、中国廉政法制研究会副会长、中国人民大学犯罪与监狱学研究所所长、中国刑事诉讼法学研究会常务理事、中国行为法学会法律风险防控委员会副会长、中国法学会检察学研究会检察基础理论专业委员会副主任、中国法学会检察学研究会刑事执行检察专业委员会副主任、中国伦理学会法律伦理专业委员会副主任等职。曾挂任最高人民检察院第五检察厅副厅长。主要研究领域为刑事诉讼法学、司法制度、检察制度、企业合规、律师制度。致力于探索独具中国特色的诉讼理论框架,塑造了包括"顺承—层控"二元分类模型在内的理论样态,尝试为刑事诉讼法学研究提供符合本土资源的分析框架。在《中国法学》《法学研究》《中外法学》《比较法研究》《中国刑事法杂志》《政法论坛》《国家检察官学院学报》《法治日报》《检察日报》等期刊、报纸上发表文章160余篇,出版《刑事辩护的模式》等作品5部,主持国家社科基金项目、教育部人文社会科学重点研究基地重大项目、最高人民检察院检察理论研究重点课题等各类项目10余项。

序　言

在域外,合规作为新型的企业行为治理工具,早在20世纪中期就开始兴起。自2018年起,"合规"在中国法律领域也开始成为一个"热门词汇"。然而,究竟什么是"合规",不要说普通的社会公众,即使是不少法律人士,认识上也存在模糊之处。有人甚至认为,"合规"就是企业守法经营。但实际上,合规是专属于企业的词汇,是指企业为防范外部的法律风险而建立的内部管理体系。不过,域外国家合规制度发展的经验表明,如果没有针对合规的刑事司法激励机制,企业就没有强大的动力去推行和改进合规计划。基于依法保护民营企业、有效预防企业再犯、积极参与社会治理的基本动因,我国检察机关在借鉴域外企业暂缓起诉制度运转经验的基础上,自2020年3月开启了涉案企业合规改革(又常被称为"合规不起诉"改革)。这项已经推向全国并逐渐向刑事审判阶段延伸的改革举措,创造性地将企业合规纳入涉企刑事案件的检察裁量权行使之中,以激励那些符合适用条件的涉案企业投入必要的人力、物力、财力进行有针对性的合规整改,对存在缺陷、隐患和漏洞的治理结构、商业模式、管理方式等进行实质性改造,从而实现企业经营的"去犯罪化",并探索出了"合规不捕""合规不诉""合规轻缓量刑建议"等多种制度路径。

几年来,各地检察机关将"严管"和"厚爱"相结合,大胆探索实践,办理了一大批企业合规案件,让不少"情有可原"的涉案企业通过接受合规监督考察、开展合规整改避免了刑事制裁。究其本质而言,此项改革在于探索一种新的企业犯罪治理模式。站在司法机关的视角,涉案企业合规案件的办理可以推动企业开展合规整改,实现良好的治理效果。那些实现有效合规整改的涉案企业,剔除了经营和管理结构中的违法犯罪基因,能在未来实现对违法犯罪行为的自我监管、自我发现和自我预防,从而有利于促进企业的合法合规经营。而站在涉案企业的视角,此项改革赋予了其"改过自新"的机会。即对于涉嫌犯罪的企业,如能被纳入合规考察程序,则可以通过合规整改修正自身行为,避免被定罪和处罚,从而可以保持经营和生存的能力。相较于严格落实刑罚,使一些"情有可原"的涉案企业走向破产倒闭,公众可能更加愿意看到,涉案企业在"改过自新"后,能为社会提供规范化的、可持续的服务。

这种通过将合规嵌入刑事司法来处理涉企犯罪案件的新思路,既能在一定程度上避免起诉定罪给企业贴上"犯罪标签"所引发的"水波效应",也比单一的经济类制裁措施更有助于预防同类犯罪行为的再次发生,弥补了传统刑事司法在企业犯罪治理方面的不足。尤其是,这项改革将涉案企业对经济和社会的贡献(诸如经营状况、容纳就业、纳税、科技创新等),以及起诉企业对经济和社会的影响等作为合规考察程序启动的重要裁量因素,有利于检察机关"因案施策"维护社会公共利益。

正是因为符合各方"利益兼得"原理和社会发展需要,这项改革虽在运行中存在合规整改宽大处理责任人、对小微企业进行合规整改、合规考察期过短、裁量权行使不够规范等问题并因此引发了一些质疑,但在总体上已实现了有效保护企业的预期目标,满足了社会各界对改革的强烈期待,具有重大的政治意义和普遍的社会意义,已成为国家治理体系和治理能力现代化的重要体现。而且,得益于实践经验的逐步积累,一些改革初期呈现的难题和争议已经基本解决。当然,随着此项改革的深入推进,一些更深层次的难题和争议也凸显出来。例如,具体哪些"企业家"犯罪案件可以适用"合规不起诉"?在办理企业合规案件时,检察机关应当如何在检察建议模式和合规考察模式两种办案模式间作出合理选择?应当如何在检察机关和第三方监督评估组织间配置合规监管权?如何防范合规考察过程中司法裁量权的滥用?如何解决合规整改制裁和预防效果不足问题?如何避免有些学者所担心的程序消解实体问题?有效合规整改的标准是什么?等等。毫无疑问,这场前所未有的改革探索呼唤法学理论的创新,诸多司法实践中的疑难争议问题也急需研究者给出理论上的回应。

呈现在读者面前的《企业合规的本土路径》一书,就是笔者观察、思考和研究涉案企业合规改革问题的阶段性成果。本书正文部分共十二章。在前两章中,本书讨论了涉案企业合规的全流程从宽(尤其是企业合规纳入刑事审判)的问题,主张将合规纳入所有诉讼阶段,以确保每一个进入刑事司法视野的企业都有机会和动力调整内部治理结构,去除其经营模式中的风险根源,以有效预防再次发生相同或者类似的犯罪行为。

在第三章至第六章中,本书不仅讨论了合规整改的两种制度模式及其优化,关注了涉案企业合规中检察裁量权的规制问题,也重新审视了第三方机制管委会的职能。作为合规整改的两种制度模式,检察建议模式和合规考察模式应当区别地适用于不同类型的企业合规案件,二者虽各有利弊,但都有其适用场景,也都需要继续探索优化。在赋权检察机关对企业合规提出检察建议和启动合规考察的同时，在办案模式的选择、整改程序的启动等方面，都应对检察裁量权加以适当的规制。而作为一项本土化的制度安排，第三方机制虽在防止"虚假整改""纸面合规"等方面发挥了积极作用，但其在运行中也出现了需要进一步规范的问题。这些问题的发生，与第三方机制管委会的职能作用发挥不到位有着直接的关系。为实现第三方机制的规范化运行，确保改革取得更好的治理效果，本书主张激活和发掘第三方机制管委会在选任管理、履职监督、腐败防范、刑行衔接等方面的职能作用。

在第七章至第九章中，本书讨论了涉案企业合规改革的疑难争议问题（包括但不限于刑行衔接问题），以及对律师辩护提出的新要求。涉案企业合规改革的推行和深化，离不开行政监管部门的全面配合。但是，由于刑行机关之间相互独立的执法体系，为确保改革的持续深化，未来需要在程序启动、合规考察、处理结果等诸多方面强化刑行衔接。为巩固改革成果，破解改革中的疑难和瓶颈问题，确保涉案企业的合规整改能够真正发挥超越刑罚的实质制裁和犯罪治理效果，不仅需要尽快形成公、检、法三机关协作推动企业合规改革的实施办法，明确合规从宽制度体系的内涵，确定合规从宽制度的适用范围，制定更具可操作性合规整改标准，也需要通过《刑法》《刑事诉讼法》的及时修改，将司法推动企业合规建设的制度创新和成功做法加以固定和确认，从而于法有据地来提升企业合规建设的司法推动力，促进中国特色的企业行为规制制度的发展完善，助力国家治理体系和治理能力现代化。而作为"交涉性辩护"的新发展，合规交涉中的律师辩护在辩护目标、取证范围、交涉筹码等方面都具有一定的特殊性，并因此对辩护律师有效维护当事人合法权益的专业能力和业务水平提出了新要求。作为涉案企业或"企业家"聘请的辩护人，律师在涉案企业合规中至少可以发挥以下三个方面的作用：一是申请启动合规考察；二是协助展开合规整改；三是促使兑现合规激励。但是，由于"交涉性辩护"本身的先天不足，加上涉案企业合规改革中存在着合规考察程序启动上的裁量性、企业合规从宽处理责任人的争议性、企业合规从宽激励的不确定性等问题，合规交涉中的律师辩护能否取得"好结果"存在很大的不确定性。为保障涉案合规交涉取得更好的效果，尤其是从制度发展的角度而言，本书建议未来应从建立合规考察申请与答复机制、预先确定合规从宽幅度、健全合规证明责任与有效标准等几个方面进行制度完善。

在第十章，本书围绕涉案企业合规改革对刑事诉讼理论的影响，提炼出了"诊疗性司法"这一概念，其不仅有别于"协商性司法"，也不同于"恢复性司法"，更与"对抗性司法"有着明显的区别。作为"协商性司法"的升级和延伸,"诊疗性司法"不仅着眼于通过控辩协商一致节约司法资源,也不仅是为了避免传统"查处性司法"的负效应,而是更加注重以具有针对性的矫正措施替代传统刑罚,在消除再犯风险的同时帮助犯罪主体回归社会。

在第十一章至第十二章,本书主要围绕企业合规改革如何进入《刑事诉讼法》《刑法》以及相关立法争议问题进行了研究。就《刑事诉讼法》的修改而言,本书主张在"特别程序"一编中专章设立"单位刑事案件诉讼程序",将"企业附条件不起诉"作为独立于"认罪认罚从宽"的核心条款进行建构,并重点解决好适用对象、条件设定等几个争议较大的问题,同时还应兼顾少捕慎押、检察机关提前介入、诉讼代表人等单位刑事案件诉讼程序的通用条款设计,以对单位刑事案件的诉讼程序进行"全流程"规范。至于《刑法》的修改,本书也建议从单位犯罪的归责原则、事后合规作为单位刑事责任的基础、增设单位缓刑制度等几个方面,作出修改完善。通过"两法"的联动修改,"合规整改"或将成为与"认罪认罚"一样贯穿刑事诉讼全流程的法定从宽事由。

在附录部分,本书特别纳入了几篇与企业合规刑事诉讼立法有关的成果,以期对《刑事诉讼法》的再修改有所裨益。笔者建议,在进行单位刑事案件特别程序立法时,应贯彻依法惩处和平等保护相结合、公共利益考量、有效合规整改、合规整改相称性、企业合规适度宽大处理责任人、司法裁量权的有效规范等六大基本理念。

企业合规问题属于多学科交叉的前沿问题,不仅有研究门槛,也需要消弭专业壁垒。进入这个研究领域以来,笔者确实遇到了不少挑战,但也有很多收获,尤其是结识了许多志同道合的朋友。在一些问题的研究过程中,有时心中还会升起一种莫名的使命感和责任感。在一定意义上可以说,正是这种使命感和责任感的激励,才使我能够穿过那一层层迷雾,完成了这本书。

毫不讳言,我和不少法律人一样,热切期盼这场利国惠企益民的改革能够走得更远,企业合规立法工作进展顺利。至于书中所提出的一些建议,是否能得到有关部门的采纳,并不是我最在意的。和万物一样,文字也有自己的命运。在世间活得越久,越相信命运神秘莫测。所幸,我们还可以尽自己的本分。

窗外此刻飘起了雪花,就写到这里吧。感谢心晴编辑以及所有为本书的面世作出贡献的各位师友。

李奋飞

2024 年 2 月 20 日

目录

第一章
企业合规的全流程从宽

一、问题的提出 / 002

二、合规仅纳入审查起诉的局限性 / 004

三、"少捕慎诉慎押"引导合规纳入侦查 / 009

四、"以审判为中心"要求合规纳入审判 / 012

五、"惩罚和改造并重"推动合规纳入刑罚执行 / 016

六、余论 / 021

第二章
企业合规纳入刑事审判的三种模式

一、问题的提出 / 025

二、"检察主导"模式 / 026

三、"法院主导"模式 / 031

四、"检法协同"模式 / 039

五、余论 / 045

第三章
企业合规检察建议

一、问题的提出 / 048

二、企业合规检察建议的正当根据 / 050

三、企业合规检察建议的基本样态 / 055

四、企业合规检察建议的主要问题 / 061

五、余论 / 066

第四章
企业合规考察的适用条件

一、问题的提出 / 069

二、企业合规考察的对象条件 / 070

三、企业合规考察的证据条件 / 077

四、企业合规考察的公益条件 / 078

五、企业合规考察的合作条件 / 081

六、企业合规考察的合规条件 / 083

七、企业合规考察的补救条件 / 085

八、余论 / 087

第五章
企业合规中检察裁量权的规制

一、问题的提出 / 091

二、办案模式选择上的规制 / 092

三、整改程序启动上的规制 / 096

四、合规监督考察上的规制 / 99

五、企业合规激励上的规制 / 105

六、余论 / 108

第六章
企业合规第三方机制的规范化研究
——以激活和发掘管委会职能为视角

一、问题的提出 / 112

二、第三方机制管委会的职能(1)——选任管理的承担者 / 113

三、第三方机制管委会的职能(2)——履职监督的扮演者 / 116

四、第三方机制管委会的职能(3)——合规腐败的防范者 / 121

五、第三方机制管委会的职能(4)——刑行衔接的助力者 / 125

六、余论 / 130

第七章
企业合规整改中的刑行衔接

一、问题的提出 / 133

二、企业合规刑行衔接的实践考察 / 135

三、企业合规刑行衔接的主要问题 / 143

四、企业合规刑行衔接的未来展望 / 149

五、余论 / 153

第八章
企业合规整改中的律师辩护

一、"交涉性辩护"的新发展 / 156

二、合规交涉中律师辩护的特殊性 / 157

三、合规交涉中律师辩护的"三重作用" / 161

四、合规交涉中律师辩护的制度困境 / 168

五、合规交涉中律师辩护的未来展望 / 174

第九章
企业合规整改中的疑难争议问题

一、问题的提出 / 178

二、"合规不起诉"的适用对象问题 / 179

三、企业犯罪分离追诉的可行性问题 / 182

四、检察建议模式的实践性质问题 / 185

五、合规考察和第三方监督评估的关系问题 / 187

六、合规整改验收的决策主体问题 / 188

七、有效合规与不起诉决定的关系问题 / 190

八、第三方监督评估的工作属性问题 / 192

九、合规犯罪预防功能的绝对化问题 / 194

十、余论 / 196

第十章
企业合规对刑事诉讼模式的影响

一、"诊疗性司法"的兴起 / 199

二、"诊疗性司法"的基本特征 / 200

三、"诊疗性司法"的理论根基 / 205

四、"诊疗性司法"的突出难题 / 212

五、余论 / 218

第十一章
企业合规刑事诉讼立法争议问题

一、问题的提出 / 222

二、企业附条件不起诉的制度定位 / 223

三、企业附条件不起诉的立法模式 / 226

四、企业附条件不起诉的适用对象 / 230

五、企业附条件不起诉的条件设定 / 234

六、余论 / 240

第十二章
企业合规刑事诉讼立法建议稿及论证

一、起草说明 / 245

二、立法条文设计说明 / 247

三、余论 / 264

附录1　企业合规改革前沿观察 / 268

附录2　企业合规改革的深入呼唤刑事诉讼法的修改 / 272

附录3　刑事诉讼法如何吸收企业合规改革的成果
　　　　——关于刑事诉讼法修改的学者对话录 / 277

附录4　企业合规改革二人谈（上）
　　　　——修改刑事诉讼法，建立企业附条件不起诉制度 / 285

附录5　企业合规改革二人谈（下）
　　　　——推动企业合规改革，探索本土化的有效
　　　　　合规标准 / 293

附录6　有效合规的理念与路径
　　　　——简评《有效合规的中国经验》/ 302

附录7　我国反垄断合规的突破性进展
　　　　——评最新《经营者反垄断合规指南》/ 307

附录8　《刑事诉讼法》第四次修改如何回应企业合规改革 / 311

参考书目 / 315

第一章　企业合规的全流程从宽

> 作为我国刑事司法领域引入合规的初步尝试,涉案企业合规改革已取得了阶段性成效。但合规整改作为涉案企业被从宽处理的事由,尚主要适用于审查起诉环节。这既不利于激励企业配合侦查,也不利于推动企业尽早开展合规准备,还影响了合规从宽司法决策的权威性。未来不仅需要统筹推动公、检、法、司等多机关全面配合协作,也需要在区分企业合规责任与"企业家"行为责任的基础上,通过立法修改建立公、检、法、司等多机关共同激励企业合规的制度体系,使"合规整改"逐步成为贯穿刑事诉讼全流程的法定从宽事由,以保障每一个经过刑事司法流程的企业都能由内而外地"改过自新",全面去除治理结构中的犯罪诱因,实现再犯预防的积极效果。这既是落实"少捕慎诉慎押"刑事司法政策的应有之义,也是"以审判为中心的诉讼制度改革"的必然要求,更是企业犯罪治理从"以惩罚为中心"走向"以矫正为中心"的内在要求。

一、问题的提出
二、合规仅纳入审查起诉的局限性
三、"少捕慎诉慎押"引导合规纳入侦查
四、"以审判为中心"要求合规纳入审判
五、"惩罚和改造并重"推动合规纳入刑罚执行
六、余论

一、问题的提出

在域外,合规作为犯罪治理的工具早在20世纪中期就开始兴起。一些国家发现,单一的经济类制裁措施难以有效降低企业的违法犯罪风险,因此开始探索"以合规为中心"的结构修正类处理举措,"限期企业进行合规整改"已成为处理企业犯罪案件时的常见表达。[①] 在最高人民检察院的部署推动下,我国于2020年3月也开启了涉案企业合规改革试点工作。试点检察机关积极尝试在涉企犯罪案件中引入合规,将企业承诺或实现有效合规整改作为对涉案企业或责任人员作出相对不起诉决定等从宽处理的前提(理论界也常将此项改革称为"合规不起诉"改革),并出现了合规不捕、合规不诉、合规从宽量刑建议、合规撤回起诉等探索。试点在全国范围内推开后,企业合规案件数量快速增加。截至2022年12月,全国检察机关累计办理涉案企业合规案件5150件,其中适用第三方监督评估机制(以下简称"第三方机制")案件3577件(占全部合规案件的69.5%),较2022年4月初全面推开时分别新增3825件、2976件;对整改合规的1498家企业、3051人依法作出不起诉决定。另有67家企业未通过监督评估,企业或企业负责人被依法起诉追究刑事责任。[②] 在此项改革开展以前,我国检察机关对涉企刑事案件基本上是"构罪即诉",较少作出相对不起诉的决定,导致不少企业和责任人员因为一些轻微经济类犯罪而被定罪和处刑,进而给企业的生存带来"灭顶之灾"。即使对企业例外地裁量"出罪",检察机关也不会关注其后续经营中的违法犯罪预防问题。

作为我国刑事司法引入合规的初步尝试,涉案企业合规改革的本质在于探索一种"互惠共赢"的企业犯罪治理新模式。通过推动涉案企业开展合规整改,检察机关尽可能将案件解决在审查起诉阶段,既避免了冗长的诉讼程序浪费司法资源,也避免了企业因"犯罪标签"和"无人管理"而走向破产倒闭,进而造成员工失业、科技创新流失、地区经济衰落等社会负效应,还能及

[①] See Miriam Hechler Baer, "Governing Corporate Compliance", 50 *Boston College Law Review* 949, 959 (2009).

[②] 参见孙风娟:《充分发挥典型案例指引作用 深入推进涉案企业合规改革——最高人民检察院第四检察厅负责人就发布涉案企业合规典型案例(第四批)答记者问》,载《检察日报》2023年1月17日,第2版。

时弥补犯罪行为给受害者、投资人、利益相关方等带来的损害。① 尤其是,那些实现有效合规整改的企业,因为剔除了经营和管理结构中的违法犯罪基因,可以在未来很长一段时间内实现对违法犯罪行为的自我监管、自我发现和自我预防。这种违法犯罪预防效果通常比严格追诉、落实刑罚更为有效。② 在三期试验过程中,此项改革在依法保护民营企业、实现企业经营方式的"去犯罪化"、促进社会治理等方面取得的成效和经验值得充分肯定。随着此项改革的持续深入推进,刑事诉讼法的修改问题也提上了日程。③

但是,立法应在刑事诉讼的哪个环节引入合规尚存在一定的争议。域外的合规刑事立法具有全流程特征:合规既是检察机关决定不起诉企业的理由,也是法院决定对企业判决无罪或从宽量刑的法定依据,甚至还被纳入企业的刑罚执行环节,合规激励贯穿办理企业犯罪案件的整个流程。"全球化和信息科技的飞速发展使得企业拥有更强大的影响力和控制力,针对企业的执法应当越来越'以合规为导向'。"④然而,我国的涉案企业合规改革仅由检察机关主导,并未获得全国人大常委会的授权,侦查机关、审判机关的参与明显不足,合规整改基本上还只是被纳入审查起诉环节,有关立法建议研究也主要围绕该环节的企业附条件不起诉制度展开。这既不利于激励企业配合侦查,有损侦查效率,也不利于推动企业尽早开展合规准备工作,还影响了合规从宽的权威性。特别是在当前的改革实践中,已出现了大量在侦查阶段和审判阶段启动合规考察的现实需求。未来,不仅需要统筹推动公、检、法、司等多部门全面配合协作,也需要在总结提炼初步实践经验的基础上,区分企业的合规责任与"企业家"的行为责任,逐步建立公、检、法、司等多部门共同激励企业合规的制度体系,使"合规"可以立足于审查起诉阶段适时向前向后延伸,成为同"认罪认罚"一样贯穿刑事诉讼全流程的法定从宽事由和治理机制。这既是落实"少捕慎诉慎押"刑事司法政策的应有之义,也是"以审判为中心的诉讼制度改革"的必然要求,更是企业犯罪治理从"以惩罚为中心"走向"以矫正为中心"的内在要求。

---

① 参见陈瑞华:《刑事诉讼的合规激励模式》,载《中国法学》2020年第6期。
② 参见刘艳红:《企业合规不起诉改革的刑法教义学根基》,载《中国刑事法杂志》2022年第1期。
③ 参见李奋飞:《"单位刑事案件诉讼程序"立法建议条文设计与论证》,载《中国刑事法杂志》2022年第2期。
④ Gustavo A. Jimenez, "Corporate Criminal Liability: Toward a Compliance-Orientated Approach", 26 *Indiana Journal of Global Legal Studies* 353, 375 (2019).

二、合规仅纳入审查起诉的局限性

从各地改革试点实施情况和最高人民检察院公布的几批企业合规典型案例来看,检察机关虽也常应公安机关邀请提前介入侦查、引导取证,但主要还是依托相对不起诉制度将合规引入审查起诉环节,并大体形成了检察建议模式(相对不起诉模式)和合规考察模式(附条件不起诉模式)两种办案形态。在改革初期,检察建议模式为主要办案形态,通常的做法是,检察机关在对涉案企业或者"企业家"作出相对不起诉决定的同时,向涉案企业提出建立合规管理体系的检察建议,但一般不为企业设置确定的考察期。改革逐渐推开后,合规考察模式逐渐成为主要办案形态,通常的做法是,检察机关对那些被纳入考察对象的企业设立一定的考察期,并根据其在考察期内的合规整改情况,作出是否对涉案企业或涉案"企业家"①起诉的决定。但无论采取哪种办案模式,检察机关通常都不会将涉案企业配合侦查的情况作为对其适用合规激励的考量因素,检察机关作出的出罪决定也不会受到审判机关的审查。

(一)"合规不起诉"对企业配合侦查激励不足

作为辩诉交易的一种类型,"合规不起诉"的主要价值之一在于推动企业自主配合侦查以节约司法资源。成百上千的文件资料、错综复杂的证人证言、花销巨大的律师对抗等使企业犯罪的侦查经常需要数年之久。这既消耗了大量的司法资源,使得被害方久久得不到赔偿,又导致企业因深陷纠纷而面临经营困境,很多时候案件的侦查结论或判决结果还未作出,企业就已经倒闭。因此,美国等国家将不起诉协议(NPA)和暂缓起诉协议(DPA)作为"配合工具"中的一种。② 在这些国家,企业犯罪的侦查通常由检察官负责,而企业在此期间的配合情况是检察官决定是否提起公诉的重要考量之一,那些积极配合的企业更容易获得签署不起诉协议或暂缓起诉协议的机会。③ "企业本身的特性使得检察官在调查企业不法行为时会面临诸多阻碍,检察官很难识别代表企业实施行为的责任人,因为行为的权力和责任可能由多部门分

---

① 本书所称"企业家",包括公司、企业的实际控制人、经营管理人员、关键技术人员等。
② See Jake A. Nasar, "In Defense of Deferred Prosecution Agreements", 11 *New York University Journal of Law and Liberty* 838, 856 (2017).
③ See U. S. DOJ, Justice Manual §9-28. 300 Principles of Federal Prosecution of Business Organizations.

担,记录文件及相关人员可能分布在美国甚至世界各地。在企业犯罪行为持续时间较长的情况下,知情人和责任人可能已经被提拔、转岗或开除,甚至已经退休。因此,企业配合调查对于迅速识别责任人、锁定证据至关重要。"①

在美国的司法实践中,许多涉案企业能够成功签署不起诉协议或暂缓起诉协议的原因就是其获得了"配合加分"(Cooperation Credit)。以2020年发生的"摩根大通欺诈案"为例。摩根大通在2008年至2016年间利用虚假交易操控贵金属及国债期货市场走向,美国司法部在查清欺诈犯罪的基本事实后,于2022年9月与摩根大通达成为期3年的暂缓起诉协议,要求其支付9.2亿美元罚款并进行合规整改。在该暂缓起诉协议中,美国司法部明确认可了摩根大通的配合调查行为:"这家公司因配合司法部反欺诈部门对其贵金属和国债相关行为的调查而获得了加分,这些配合行为包括开展彻底的内部调查,向反欺诈部门如实供述,自愿让外籍员工接受询问,以不违反外国数据隐私法的方式向反欺诈部门提供国外文件,主动为反欺诈部门指出重要文件和信息,即使这些文件和信息会对公司不利。"②可见,美国检察机关推行不起诉协议和暂缓起诉协议的主要目的之一,就是激励企业在案件侦查阶段尽早主动配合,那些积极帮助侦查人员查清案件事实的企业应当更有机会被不起诉或者从宽处理。

而在我国,检察机关与承担着涉企犯罪案件主要侦查职能的公安机关在组织和体制上互不隶属,虽有权对公安机关的侦查活动进行监督,也与公安机关就侦查阶段开展企业合规的协作方式、适用程序和制度机制等进行了初步探索③,但由于合规在总体上并没有被纳入侦查环节,公安机关还难以通过建议检察机关适用合规从宽措施激励企业配合侦查。检察机关对企业配合侦查的情况也关注不多,特别是在将涉案企业纳入改革适用范围时,尚未将其配合侦查作为前置条件。也就是说,目前的"合规不起诉"最多仅注重在审查起诉阶段激励企业配合调查,这显然有损侦查效率,也不利于推动涉案企业尽早开展合规准备工作。

(二)合规作为从宽事由的权威性不足

在域外,合规从宽制度的司法权威性有审判权作保证。一方面,合规是

---

① U. S. DOJ, Justice Manual § 9-28. 700 The Value of Cooperation.
② U. S. DOJ, DPA with JPMorgan Chase & Co. (2020).
③ 参见董坤:《检察机关在侦查阶段推进企业合规的路径探索》,载《苏州大学学报(哲学社会科学版)》2022年第4期。

先成为法院确定的量刑从宽事由之后,才开始被纳入审查起诉阶段的。美国于1987年出台了《联邦量刑指南》,该规定率先承认了合规从宽的法律地位,赋权法官对建立了有效合规计划的企业从宽量刑。① 在法院系统的推动下,合规的从宽作用得到司法机关的一致认可,之后检察机关才于20世纪末开始探索"合规不起诉"实践。另一方面,各国暂缓起诉协议的生效都要经过法院的司法审查程序。不起诉协议和暂缓起诉协议的实践源起于美国,其他国家在引入有关制度时,不约而同地选择了仅引入暂缓起诉协议。这主要是因为,暂缓起诉协议的生效需要经过法院的司法审查程序,只有法院审查通过该协议,企业和检察官才能付诸执行。美国的暂缓起诉协议都包含这一标准化的条款:"如果法院没有在《迅速审判法》规定的时间范围内审查通过本协议,那么本协议将被视为是无效和空白的,所有条款都不会生效。"②实践中,检察机关需在提起公诉时依照法定程序提交暂缓起诉协议、申请暂缓案件审理,经法院审查同意后,才能开展合规考察活动。在许多国家的立法者和学者看来,法院是决定有罪和无罪的唯一权威司法机关,企业犯罪案件只有经过其审查和赋权,才能被非犯罪化处理。因此,英国、加拿大、法国等国家还在引入暂缓起诉协议的基础上,进一步赋予和规范了法院在程序启动阶段的司法审查权,以免有企业被不当出罪。③

而在我国,在合规并非实体法确立的法定从宽依据的情况下,其从宽地位如不能得到审判权的认可,易引发理论和实践上的争议。与其他国家不同,我国的"合规不起诉"试验仿效美国的不起诉协议模式,以相对不起诉制度为依托,在审前阶段由检察机关独立决定是否启动合规考察。不少学者主张扩张附条件不起诉制度,将重大的企业犯罪案件纳入适用范围,但这也不涉及法院审查的问题。从刑事司法的特征来看,我国有起诉法定主义的传统④,检察机关仅在相对不起诉、未成年人附条件不起诉等制度中享有有限的起诉裁量权。而在企业犯罪案件的处理中借鉴明显具有起诉便宜主义色彩的不起诉协议模式,将部分重大案件的"出罪权"独立交给检察机关,确有与我国控审权力配置不符之处。从司法改革的经验来看,与涉案企业合规改革

---

① See United States Federal Sentencing Guidelines, Chapter 8 Sentencing of Organizations, §8C2.5 Culpability Score; §8B2.1 Effective Compliance and Ethics Program.
② U.S. DOJ, DPA with Airbus (2020).
③ See David M. Uhlmann, "Deferred Prosecution and Non-Prosecution Agreements and the Erosion of Corporate Criminal Liability", 72 *Maryland Law Review* 1295, 1328(2013).
④ 参见陈光中:《论我国酌定不起诉制度》,载《中国刑事法杂志》2001年第1期。

相似度较高的是认罪认罚从宽制度改革。因为刑法没有在罪责认定中提及"合规"和"认罪认罚",所以二者均系程序法独立于实体法进行的轻缓化创新。但认罪认罚从宽制度改革具有权威性的原因在于其得到了全国人大常委会的授权,认罪认罚的从宽功能被司法机关所共同承认,被追诉人既可以在审查起诉阶段与检察机关签署认罪认罚具结书,也可以在审判阶段进行认罪认罚,二者都会产生相应的从宽效果。相较而言,涉案企业合规改革未获得全国人大常委会的授权,也缺乏审判权的认可,合规从宽的权威性不足,甚至有"超法规"实践的嫌疑。

虽然试点检察机关在对一些轻微企业犯罪案件作出相对不起诉决定时,纳入企业合规因素的考量总体上并不直接违反法律的基本规定①,但是,随着此项改革逐渐进入"深水区",越来越多的检察机关开始将责任人预期刑罚为3年有期徒刑以上刑罚的非轻微犯罪案件纳入试验对象。此时检察机关再依据合规对企业从宽处理就超越了其起诉裁量权,哪怕只是提出从宽量刑建议,也缺乏明确的法律依据。试问,假如法院不认同合规整改,不采纳检察机关的从宽量刑建议,应当如何处理?从检法在认罪认罚量刑建议采纳上的分歧和冲突来看,这种担忧并非杞人忧天。毕竟,合规还未被纳入刑事实体法②,法官在"于法无据"的情况下以合规为由从宽判决,存在造成"错案"的风险。

(三)"合规不起诉"犯罪预防保障性不足

美国刑事司法中的合规从宽制度具有全流程属性,刑事诉讼程序内嵌多维的合规激励机制。在侦查及审查起诉阶段,检察机关可以与涉案企业协商达成不起诉协议或暂缓起诉协议。如达成不起诉协议,则案件不会被起诉至法院,检察机关主导在审前阶段开展合规考察;如达成暂缓起诉协议,那么检察机关就须将案件起诉至法院并同时申请暂缓案件审理,在法院审查通过后,检察机关主导合规考察,若涉案企业遵守了协议要求,起诉将被撤回。在审判阶段,法院会根据企业与检察机关达成的认罪协议从宽量刑(该协议通

---

① 毕竟,在不起诉裁量权缺乏明确标准和指引的情况下,对一些轻微案件(包括但不限于"涉企刑事案件")予以"出罪"处理时究竟需要纳入何种考量因素实际上属于检察裁量的范畴。而且,通过将企业合规因素纳入起诉裁量,对一些悔过态度较好、社会危害性较低的涉案企业和"企业家"予以"出罪"处理,检察机关可以激励和督促涉案企业进行合规整改,从而既有助于实现再犯预防,也有利于维护社会公共利益。

② 参见黎宏:《企业合规不起诉改革的实体法障碍及其消除》,载《中国法学》2022年第3期。

常将企业承诺合规整改作为认定其认罪成立的前提条件),而且即使没有认罪协议,针对已经实现有效合规整改的企业,法院也可以从宽判处刑罚。在判决作出时,若企业尚未建立有效合规计划,那么法院可以判决合规缓刑,要求企业在缓刑期内实施合规整改,对实现有效合规整改的企业减免罚金。①这种全流程合规制度有利于确保每一个经过刑事诉讼程序的企业都实现有效合规整改,全面去除企业治理结构中的犯罪诱因,强化特殊预防功能。

实践中,常有多家关联公司在不同的刑事诉讼阶段被要求开展合规整改的案例。以2021年的"格力产品质量案"为例,我国的格力珠海(集团总部)及其旗下两个子公司格力香港、格力美国因销售质量存在问题、可能起火的除湿机而面临刑事指控。对此,美国司法部与格力珠海和格力香港达成为期3年的暂缓起诉协议,要求其支付9100万美元罚款并进行合规整改。然而,针对直接涉嫌犯罪的格力美国,美国司法部与其签订包含相同合规整改要求的认罪协议,并将案件起诉至法院,格力美国面临被定罪和处刑的结果。尽管美国司法部针对三家企业的处理决定不同,但都提出了相同的合规整改要求,即要求其建立产品安全合规计划,达到发现和预防同类违法犯罪的目标。② 可见,追究企业刑事责任已不再是域外企业犯罪刑事司法的唯一目标,推动企业实现有效合规整改也成为所有办案部门的共同责任。

我国的"合规不起诉"虽可在审查起诉阶段督促那些被纳入试点范围的涉案企业制定专项合规整改计划、完善企业治理结构、堵塞管理漏洞、消除制度隐患、形成有效合规管理体系,从而使检察机关在一定程度上承担了预防企业再犯的职能,但由于改革适用条件的限制(通常只适用于责任人预期刑罚在3年有期徒刑以下刑罚的轻罪案件),或者一些生产经营类犯罪发生在改革推开以前,案件已进入了审判或刑罚执行阶段,许多企业错失了通过合规整改获得从宽处理的机会。但是,这些企业(尤其是涉嫌严重犯罪的企业)往往也存在着明显的治理结构缺陷和严重的合规风险,其再犯预防的必要性甚至更高。由于改革中审判机关、执行机关参与的缺位,且现行刑事程序难以为企业承担合规责任提供必要的动力和压力,这些企业反而缺乏有效的再犯预防机制。

---

① See Philip A. Wellner, "Effective Compliance Programs and Corporate Criminal Prosecutions", 27 *Cardozo Law Review* 497, 499 (2005).
② See U.S. DOJ, DPA with Gree (2021).

三、"少捕慎诉慎押"引导合规纳入侦查

2021年4月,中央全面依法治国委员会把"坚持少捕慎诉慎押刑事司法政策,依法推进非羁押强制措施适用"列为2021年的工作要点。最高人民检察院随后发布的《"十四五"时期检察工作发展规划》也强调落实"少捕慎诉慎押"。自此,"少捕慎诉慎押"成为我国重要的刑事司法政策。与宽严相济刑事政策相比,"少捕慎诉慎押"重点关系到刑事审判前阶段的司法实践,对检察工作的指导意义较为突出。最初,"少捕慎诉"的理念就是检察机关在保护民营企业的司法实践中总结出来的。在2020年涉案企业合规改革试点工作启动之后,该理念已推动产生了"合规不捕"等具体实践,为引导企业合规全面纳入侦查环节打下了坚实基础。

(一)"少捕慎诉慎押"催生"合规不捕"实践

检察机关推动的涉案企业合规改革既是企业犯罪治理现代化的重要体现,也是落实"少捕慎诉慎押"刑事司法政策的具体实践。在改革推进过程中,"合规不捕"逐渐成为关键成果之一。所谓"合规不捕",是指检察机关在审查逮捕过程中,发现案件符合涉案企业合规改革适用条件,可以对真诚悔过、没有逃跑风险、社会危险性较低的责任人员依法作出不批准逮捕的决定。例如,在最高人民检察院公布的第三批试点案例中,"上海Z公司、陈某某等人非法获取计算机信息系统数据案"就是"合规不捕"的示范。在该案中,Z公司为了提供超范围数据服务而吸引更多客户,由其首席技术官陈某某指使汤某某等多名公司技术人员,通过爬虫程序非法获取外卖平台公司数据,涉嫌非法获取计算机信息系统数据罪。2020年8月,上海市公安局普陀分局提请上海市普陀区人民检察院批准逮捕陈某某等人,检察院经审查认为该案符合改革适用条件,于是在审查后决定不批准逮捕。

"合规不捕"具有法理和情理上的正当性。依据我国逮捕相关规定和理论,"人身危险性"和"妨碍诉讼顺利进行可能性"是逮捕社会危险性审查的重点。[1] 大多数涉嫌经济类犯罪的责任人员知识水平较高、法律意识较好、人身危险性较低,也缺乏逃避追究的主观意愿和客观条件,检察机关贯彻"少捕慎

---

[1] 参见高通:《轻罪案件中的逮捕社会危险性条件研究——以故意伤害罪为例》,载《政法论坛》2021年第2期。

诉慎押"刑事司法政策,并通过"合规不捕"减少审前羁押,是保护人权的重要体现。此外,我国企业经营的人身依附性较强,减少责任人员的非必要羁押有利于减少刑事追诉对企业正常经营的影响。我国企业特别是不少中小民营企业在早期发展阶段缺乏规范,治理结构普遍存在先天缺陷,有的甚至存在法人与法定代表人或实际控制人"人格混同"的问题。办案机关如不充分考虑社会基础和现实需要,对那些肩负企业管理责任的责任人员采取羁押措施,将给企业的生存和发展带来严重影响,甚至有可能出现"办了一个案子、垮了一个企业、下岗一批职工"的局面。如果这些责任人员处于非羁押状态,则不仅能维系企业的常规生产经营,也能更好地参与推动企业开展合规整改。

(二)以侦查引导推动合规准备

域外经验表明,只有将合规引入侦查阶段,才能实现激励企业配合侦查和尽早开展合规整改的目标。域外企业犯罪的刑事司法具有侦检一体化的特征,即将立案侦查和审查起诉阶段合一,统一由检察机关负责。而在我国,绝大多数的企业犯罪由公安机关负责侦查。虽然在查清犯罪事实方面,公安机关比检察机关更具有技术和资源的优势,但仍需要检察机关的指引和配合。[①] 基于此,我国可以采取检察机关提前介入侦查的方式,解决诉侦机构分立所带来的合规激励难题。更何况,检察介入侦查已成为较为常见的做法,其正当性已经得到广泛认可,《人民检察院刑事诉讼规则》也对此作出了明确规定。

一方面,检察机关可以尽早开展合规激励式协商,推动符合条件的涉案企业配合侦查。案件是否符合启动合规考察的条件,包括是否属于经济类案件、犯罪情节轻重、企业是否能够正常生产经营、是否对社会有重大贡献等,一般在侦查阶段就已逐渐呈现出来。检察机关可以在提前介入的过程中,通过深入细致的专项调查,准确全面地掌握企业涉案的原因、是否符合合规考察条件等基本信息,并与公安机关、政府有关部门、工商联等机构紧密沟通协作,尽早就案件是否符合改革适用条件达成共识。如果检察机关认为案件符合改革适用条件,可以发挥"纽带"作用,通过提前与企业协商启动合规考察的方式引导企业积极配合侦查,帮助公安机关锁定责任人,固

---

① 参见陈卫东:《论检察机关的犯罪指控体系——以侦查指引制度为视角的分析》,载《政治与法律》2020年第1期。

定关键证据。

另一方面,对涉案企业而言,早合规优于晚合规,检察机关提前介入有助于推动涉案企业将合规准备工作前移。在检察机关表现出将案件作为企业合规案件办理的初步意向之后,企业可以尽早进行合规自查,找到犯罪的根本原因,分析合规管控的漏洞,尽早拟定合规整改计划,聘请合规专家顾问,为后续接受合规考察、开展合规整改奠定基础。

(三)侦检协同启动合规考察的程序构建

仅依靠各地公安机关和检察机关的协调配合,难以在侦查阶段形成规范化的合规激励规则。未来刑事诉讼法修改时应当明确规定,涉案企业及其辩护律师可以在侦查阶段提出合规考察的申请。对于涉案企业及其辩护律师提出的申请,侦查机关应当附卷。检察机关提前介入侦查的,涉案企业及其辩护律师也可以向检察机关提出合规考察申请。

在侦查过程中,侦查机关应当告知涉案企业进行合规整改可以从宽处理的法律规定,听取涉案企业及其辩护人的意见,记录在案并随案移送。涉案企业愿意进行合规整改且配合侦查的,侦查机关可以在起诉意见书中建议检察机关按照企业合规程序办理,并简要说明理由。对于侦查机关的建议,检察机关一般应当予以采纳,即在审查起诉阶段的启动裁量环节,检察机关应优先针对这类案件启动合规考察程序,以激励涉案企业积极配合侦查,从而提高诉讼效率。

对拟适用合规考察程序的案件,侦查机关在坚持"案件事实清楚,证据确实、充分"的证据标准的前提下,应"区别对待"、快速办理,对达到侦查终结条件的企业合规案件尽早移送检察机关,检察机关也可以在接受涉案企业作出的合规承诺后向侦查机关提出尽快将案件移送审查起诉的意见或建议。对检察机关提出的开展合规准备工作的意见或建议,侦查机关应当认真听取,积极开展相关工作。为激励"企业家"积极参与推动企业合规整改,避免企业受到不必要的"殃及",确保与审查起诉阶段合规考察程序的顺利衔接,侦查机关应贯彻"少捕慎诉慎押"刑事司法政策,并将企业作出合规承诺、积极配合侦查等情况作为是否存在社会危险性的重要考虑因素。对拟移送检察机关按照企业合规程序办理的案件,应尽可能适用取保候审等非羁押性强制措施,不再提请检察机关批准逮捕。已经逮捕的,检察机关也应当贯彻"少捕慎诉慎押"刑事司法政策,及时审查羁押的必要性,经审查认为没有继续羁押必要的,应当变更为取保候审等非羁押性强制措施,让"企业家"有条件更为深入地参与和推动企业合规整改。在企业实现有效合规整改以后,检察机关可以基于"企业家"在合规整改中的积极作用,对其从宽处理,即作出不起诉决定或提出轻缓量刑建议。此外,侦查机关也应对涉案企业审慎采取查封、扣押、冻结等强制性侦查行为。

四、"以审判为中心"要求合规纳入审判

党的十八届四中全会明确提出,要推进以审判为中心的诉讼制度改革。不过,强调刑事诉讼应"以审判为中心",并不意味着所有刑事案件都要以审判方式解决,审前的妥善分流是对"以审判为中心"的诉讼制度的重要补充。[1] 贯彻"以审判为中心"的理念,一方面要求扩大检察机关的起诉裁量权,并以涉案企业合规改革为契机,让更多企业通过合规整改获得"出罪"机会;另一方面,涉案企业合规改革离不开审判机关的积极参与,以便将合规纳入审判环节,为那些进入到审判环节的企业提供合规从宽的机会,同时也可以对检察机关的裁量权施加必要的约束。

(一)"以审判为中心"催生司法审查争论

如前所述,域外大多数国家都选择引入暂缓起诉协议,排除不起诉协议,并增加法院的司法审查权,以防止检察官滥用起诉裁量权。美国虽然保留了不起诉协议,但其适用率远低于暂缓起诉协议,大多数的企业犯罪案件须经法院审查同意才得以暂缓追诉、启动合规考察。[2] 而在我国,无论是适用于轻微犯罪案件的相对不起诉,还是仅适用于未成年人案件的附条件不起诉,都由检察机关单独裁量适用,并不存在接受法院审查的问题。因此,以相对不起诉为主要制度依托的"合规不起诉"才可以在法院几无参与的情况下顺利展开。但是,这也为合规考察裁量权的滥用埋下了制度漏洞。[3]

---

[1] 参见王守安:《以审判为中心的诉讼制度改革带来深刻影响》,载《检察日报》2014 年 11 月 10 日,第 3 版。

[2] See Gibson Dunn, *2021 Year-End Update on Corporate Non-Prosecution Agreements and Deferred Prosecution Agreements*, https://www.gibsondunn.com/wp-content/uploads/2022/02/2021-year-end-update-on-corporate-non-prosecution-agreements-and-deferred-prosecution-agreements.pdf(Last visited on October 22, 2022).

[3] 参见杨帆:《企业刑事合规的程序应对》,载《法学杂志》2022 年第 1 期。

虽然为防止滥用合规考察裁量权,各地检察机关普遍建立了省级检察院审查批准机制、第三方机制、合规验收听证机制等多项权力制约机制,但受限于专业知识、办案经验等诸多因素,加上改革适用条件需要进一步明确,检察机关和第三方监管人的考察、评估、验收也缺乏标准,检察裁量权滥用的风险仍然不小。尤其是在合规考察的启动问题上更容易出现权力滥用,即对符合条件的拒绝启动,或对不符合条件的予以启动。

尽管相关改革文件明确了可以作为企业合规案件办理的案件既包括公司、企业等实施的单位犯罪案件,也包括"企业家"实施的与生产经营活动密切相关的犯罪案件,但依据改革精神,"与生产经营活动密切相关"的认定一般应具备两个基本条件:第一,"企业家"为企业利益而实施犯罪行为;第二,"企业家"的犯罪行为需要与企业的管理漏洞有关。[①] 实践中,有的检察机关将一些与企业生产经营活动关联度不高的"企业家"犯罪也作为企业合规案件办理,并对"企业家"给予了"出罪"等从宽处理。以"某公司负责人买卖国家机关公文案"为例。某公司是高新技术企业,其高管与中介机构串通出具虚假劳动合同,帮助留学生骗取在某市落户的指标,以此为个人牟利。从该案的情况来看,可能难以满足前述两个条件。一方面,从犯罪行为的性质和利益归属分析,买卖落户指标的行为与高科技产业无关,违法所得也未归单位所有,难以认定该行为"与生产经营活动密切相关"。更何况,该案中的某公司实际为受害者,其就业落户指标名额因为个别高管的侵占行为而丧失,遭受了实际利益损害,再让它花费成本进行合规整改为加害者"出罪",不符合法理和情理。另一方面,该案与公司管理漏洞关联度不高,缺乏"情有可原"的一面,对涉罪高管定罪不会影响企业的生存能力。买卖某市落户指标行为的违法性显著,某公司个别高管长期故意从事该行为牟利系明知、故意违反国家和公司的规定。即使公司建立了严密的内部管控措施,也无法预防自然人故意利用单位实施犯罪,因为违法犯罪的"根源"不在企业,而在犯罪者个人。对这类行为,《最高人民法院关于审理单位犯罪案件具体应用法律有关问题的解释》明确规定,"盗用单位名义实施犯罪,违法所得由实施犯罪的个人私分的,依照刑法有关自然人犯罪的规定定罪处罚"。即使考虑到对一些企业高管定罪会给企业声誉造成负面影响,也不宜对其所有犯罪通过企业合规予以从宽,而是应当与其他涉嫌买卖国家机关公文罪的自然人同等处

[①] 参见李奋飞:《涉案企业合规改革中的疑难争议问题》,载《华东政法大学学报》2022年第6期。

理。因此,该案对涉罪高管合规从宽有缺乏法理和事实依据之嫌。在改革试点过程中,此类案件可能并非个案。这在一定程度上也反映了检察机关在程序启动环节独占决策权的失范风险。或许是基于限制检察裁量权的考虑,有学者主张我国应优先引入暂缓起诉协议。"检察机关将涉嫌犯罪的企业及负责人起诉到法院,同时责令企业制定合规计划,并与相关方面一起监管,如果企业能够完成合规计划,经法院同意,检察机关可以撤回起诉。"①这一主张无疑是符合"以审判为中心"的要求的。

(二) 检法联合落实合规激励的正当性

依据我国涉案企业合规改革的文件规定,检察机关对符合改革适用条件的涉企犯罪案件可以作为企业合规案件办理。这些规定没有对案件所处的诉讼阶段作出限制。在改革推进过程中,已大量出现企业或"企业家"在审判阶段希望通过合规整改被从宽处理的案例。有些企业因为未赶上改革时机或者其他原因(包括但不限于检察裁量不当、涉案企业在审判阶段才选择放弃诉讼对抗并承诺进行合规整改等),未能在审查起诉阶段被纳入合规考察,案件已经进入审判阶段,但企业和"企业家"仍希望能够通过合规整改换取从宽处理的机会。在这种情况下,如案件符合改革适用条件,检法两家完全可以联合落实合规激励,及时启动合规考察和第三方监督评估机制,以回应企业或"企业家"通过合规整改换取从宽处理的现实需求。

目前,实践中已经出现了法院在审判阶段主导启动合规考察的探索。以2022年浙江省绍兴市上虞区人民法院审理的一起污染环境典型案件为例。该案中,A公司及责任人在不具备危险废物经营资质的情况下,非法处置沾有涂料残液的废包装桶500余吨,致使下游钢厂将其作为废铁进行熔铁炼钢时严重污染大气生态环境,造成生态环境损害及鉴定评估费用损失合计230余万元。与其他案件不同的是,在案发后,A公司积极开展停产整顿、修订环评报告、重新制作危废核查、改进包装桶循环回收利用方式等合规整改工作,全额退缴违法所得、缴纳生态环境损害赔偿款、预缴罚金,并践行补植复绿等环保公益行动。在案件审判阶段,上虞区人民法院召开A公司合规整改评审会暨判前社会效果评估会,组建由区人大代表、政协委员、法学界学者、环境保护高级工程师、企业高管、环境执法工作人员等共同参与的专家评审团队,评

---

① 杨宇冠:《企业合规案件撤回起诉和监管问题研究》,载《甘肃社会科学》2021年第5期。

审认定A公司合规整改措施基本符合国家固废(危废)现行管理规范要求,取得较好成效,总体达到合规整改的目的和效果。基于此,在最终判决中,上虞区人民法院综合被告人自愿认罪认罚、合规整改情况等量刑情节及专家评审意见,对涉案公司及人员酌情从轻处罚,以污染环境罪判处被告单位A公司罚金160万元,并对相关责任人从轻量刑,对其中6人还宣告了缓刑。对于那些与此案具有一定相似性的案件,法院完全可以探索在审判阶段开展合规考察、组织合规整改验收活动。

与公诉权相比,审判权的合规从宽决策更具有司法权威性。赋予法院合规考察启动权有利于维系"以审判为中心"理念下的检法权力平衡,防止检察机关应当启动而不启动合规考察的行为损害企业权益。如果程序启动的裁量权由检察机关在审前阶段独占,那么一些不被检察机关"看好"的企业就失去了通过合规整改"出罪"的机会,也难免有企业迫于不平等协商的压力而向检察机关作出非自愿妥协,包括公开与案件无关的商业文件、牺牲无辜员工的个人利益、建立过度繁杂的合规整改计划等。在2002年"美国毕马威税务案"中,毕马威因希望达成暂缓起诉协议,在检察机关的压力下停止为其涉案员工支付律师费用,这损害了员工们接受公正审判的权利。法院判定检察机关行为违宪,判决撤销针对员工们的刑事指控。我国也存在类似风险,若能在审判阶段赋予法院合规考察启动权,则可以有效减轻企业审前协商的压力,即使检察机关不启动合规考察,后续也有机会申请法院启动。这就大大降低了企业因单一机关或单个司法人员裁量偏差而被不公正对待的风险,也更有利于激励企业在审判前自主进行合规整改,积极为申请启动合规考察作准备。

(三)合规撤回起诉和合规从宽量刑的程序构建

在"以审判为中心"的统辖下,应将合规纳入审判环节,重新界定审判机关在企业合规考察程序中的角色定位,以保护被告企业的合法权益,并制约检察机关的裁量权。未来刑事诉讼法修改时,可以同时规定企业附条件不起诉制度与合规撤回起诉制度,尽可能为企业提供"出罪"的机会,最大限度解除企业生存的后顾之忧。在审查起诉环节,检察机关可以对那些虽符合起诉条件,但有承认涉嫌犯罪的事实、积极配合侦查、承诺进行合规整改、提交合规自查报告等悔罪表现的企业作出附条件不起诉决定。

案件虽已到审判环节,但符合合规考察程序适用条件的,检察机关也可以在审判机关宣告判决前撤回起诉,给予企业合规整改的机会。不过,对于检察机关提出的合规撤回起诉申请,审判机关应当审查,并作出是否准许的裁定。在检察机关未主动提出撤回起诉的情况下,审判机关也可以在综合考量被告企业的犯罪情节、案件对社会公共利益的影响、企业合规整改意愿和条件等因素的基础上,建议检察机关撤回起诉,并作出附条件不起诉决定。① 案件撤回后,刑事诉讼程序将重新回到审查起诉阶段,检察机关对合规考察合格的企业可以作出不起诉决定,对于合规整改合格但由于客观原因无法作出不起诉处理的案件,也可以向审判机关提起公诉,并提出轻缓量刑建议。对此建议,审判机关一般应当予以采纳。对于责任人员在合规整改中发挥积极作用、作出重大贡献的,法院可以对其依法从宽量刑。

对于那些符合条件但撤回起诉确有困难的案件,或是基于案件情节和社会公共利益衡量不宜撤回起诉的案件,可以在检察机关、审判机关、涉案企业三方协商一致的情况下,由审判机关主导作出程序决策,并与检察机关协同实施合规考察、启动第三方机制。至于合规考察期限,可以考虑在审判期限之外为涉案企业设置 1 年至 3 年考验期。若企业能够在合规整改评估和验收之前达到有效合规标准,那么审判机关应依法对其从宽量刑。

五、"惩罚和改造并重"推动合规纳入刑罚执行

企业究竟依据什么承担法律责任是学界公认的理论难题。企业是集体构成的拟制人,不能以自然人的方式认定其行为、意志和责任。不同于有血有肉的自然人,企业的行为由诸多成员代行,即使采取最为严密的管控措施,也无法完全控制每个成员的行为。企业刑事责任的来源是其行为的社会危害性,而非行为本身的道德可责性。因此,只要有特定成员构成犯罪,无论企业是否尽到了管理责任,都需要承担转嫁责任,这种传统的企业刑事归责制度显然不具有犯罪预防方面的积极意义。于是有学者提出,企业的刑事责任本质上就是合规责任,即刑罚应当惩罚未建立有效合规制度并造成危害后果的企业,但如果企业事先已经尽到最大管理努力、建立了有效合规计划,那么就应当能够免于承担罪责;而如果企业事后能够进行合规整改、修复受损法

---

① 未来的程序设计应明确审判机关在办理企业犯罪案件时,应当向涉案企业告知进行合规整改可以从宽处理。企业可以向审判机关提交合规承诺书,请求从宽处理。

益,那么也应当能减小责任份额。① 基于此,刑事司法的最终目标是推动企业承担合规责任,督促其通过合规建设消除经营和管理结构中的违法犯罪隐患,积极实现再犯预防。目前,我国针对企业的刑罚种类只有罚金刑,企业仅需承担财产责任,其惩罚意义有余而预防功能不足,有必要引入合规类刑罚措施,确保犯罪企业都能承担合规责任,督促其通过建立有效合规计划消除经营和管理结构中的"犯罪基因"。

(一)"惩罚和改造并重"催生合规社区矫正试验

"为了正确执行刑罚,惩罚和改造罪犯,预防和减少犯罪,根据宪法,制定本法。"《监狱法》第 1 条开宗明义地指出了刑罚执行"惩罚和改造并重"的双重目的。在涉案企业合规改革试验中,张家港市检察院与司法局联合启动"社区矫正+合规"项目。在那些已经启动合规考察的案件中,在"企业家"被判处缓刑、纳入社区矫正以后,检察院和司法局联合接力企业合规考察,在涉案企业自愿的前提下启动第三方机制,共同跟踪监督企业合规建设。在那些尚未启动合规考察的案件中,在"企业家"被判处缓刑、纳入社区矫正以后,张家港市人民检察院允许涉案企业申请开展合规考察,并联合司法局为参与合规整改的"企业家"提供请假审批绿色通道,以提升企业合规动力。

该实践探索的意义主要体现在两个方面:其一,刑事执行检察部门接力合规监管,能解决当前办案期限与合规考察期限难以匹配的问题。在那些"企业家"被判刑的合规案件中,涉罪情节较为严重,企业合规整改所需期限较长,因此可以在审查起诉阶段确定合规考察期,由涉案企业作出合规承诺、进行初步合规整改,在案件进入执行程序后由刑事执行检察部门接力合规监管和合规验收。刑事执行检察部门在整合刑罚执行资源、掌握犯罪"企业家"参与合规整改情况等方面具有优势。其二,在刑罚执行阶段,应为涉案企业提供申请启动合规考察的机会。实践中,许多被定罪的企业和"企业家"对如何矫正错误的经营行为、避免再犯缺乏认识,传统的罚金刑、自由刑、资格刑等无法实现对企业和"企业家"的教育和矫正。在企业自愿申请的前提下,刑事执行检察部门可以通过启动合规考察和第三方监督管理机制的方式帮助其回归正轨,弥补传统刑罚在改造方面的不足。

---

① See Andrew Weissmann, "A New Approach to Corporate Criminal Liability", 44 *American Criminal Law Review* 1319, 1330 (2007).

张家港市的社区矫正合规实践探索,发掘了刑罚执行阶段开展涉案企业合规改革的可行性。从犯罪预防的角度出发,最好的犯罪治理就是确保每一个经过刑事诉讼程序的企业都能实现有效合规。比较审查起诉阶段和刑罚执行阶段的检察工作便宜性,由刑事执行检察部门参与推进企业合规整改将有助于扩大社会治理的深度和广度。

(二) 合规是改造犯罪企业的现代化手段

在域外,合规进入刑事司法领域是从作为一种新兴的缓刑种类开始的。在20世纪中叶的美国,随着一些企业犯罪"屡罚不止"情况的出现,司法机关开始认识到以罚金刑为核心的传统刑罚手段难以充分实现犯罪预防的目标,于是法院创设了"合规缓刑"(也称"组织缓刑"),纳入了一种结构修正主义的刑罚措施。① 以美国"大西洋富田公司案"为例,该公司因向附近水域倾倒石油而被指控构成污染环境罪,法院在判决其支付罚金之余,还对其处以6个月的缓刑。该公司须在45天内建立与处理石油有关的合规计划,并在缓刑期间持续接受法院的合规考察。②

在诸多判例的推动下,美国将"合规缓刑"写入《联邦量刑指南》,赋权法院在对企业依法定罪和处刑时宣告5年以内的缓刑考验期,在此期间监督其进行合规整改,对那些实现有效合规的企业减免原判罚金。法院判决合规缓刑的基础在于,其认为罚金刑不足以预防企业再犯,有必要要求其开展合规整改。对于那些员工人数在50人以上或有建立有效合规计划法定责任的企业,如果判决时没有建立有效的合规计划,那么法院可以推定其再犯风险较大,直接适用合规缓刑。③ 虽然《联邦量刑指南》的法律强制力已经被推翻,但美国每年合规缓刑的适用率仍高达62%。④ 我国中兴通讯公司也曾被美国法院判处合规缓刑,其在法院委派的合规监管人监督下开展了为期5年的出口管制专项合规整改,才最终摆脱刑事制裁的困扰。可见,将合规嵌入犯罪企业的刑罚执行阶段,补充罚金刑矫正功能的不足,在许多案件中都具有必

---

① See Marjorie H. Levin, "Corporate Probation Conditions: Judicial Creativity or Abuse of Discretion", 52 *Fordham Law Review* 637, 637-662 (1984).
② United States *v.* Atlantic Richfield Co., 465 F. 2d 58, 60 (7th Cir. 1972).
③ See USSG, Section 8D.1.1(a)(3).
④ See Emily M. Homer, "Examining Corporate Blameworthiness in Relation to Federal Organizational Sentencing for Probation and Corporate Monitors", Electronic Theses and Dissertations, University of Louisville, p. 15 (2020).

要性。

在我国,企业犯罪治理也正在从"以惩罚为中心"逐渐转向"以矫正为中心",这就需要重视有罪企业的改造问题。与在审查起诉阶段被纳入合规考察的案件相比,那些被公诉部门排除在试点范围之外的、企业或"企业家"直接被定罪判刑的涉企案件开展合规整改的必要性更高。这些案件的涉罪情节通常更为严重,甚至存在再犯和累犯现象,犯罪隐患根植于涉案企业的经营和管理之中,存在缺乏现代管理结构、董事会几乎从不召开、"企业家"一人决策、没有法律合规人员等严重问题。对这些涉企刑事案件的处理,不应当仅判处"企业家"个人刑罚或企业的罚金刑而"一罚了之",而是应当贯彻涉案企业合规改革"严管"与"厚爱"相结合的基本原则,充分延伸试点工作链条,抓住刑罚执行阶段最后的教育和矫正契机,并以刑事执行检察工作中的监督和从宽建议权为依托,激励企业实现有效合规整改,使合规成为改造犯罪企业的现代化手段。

尤其值得一提的是,由刑事执行检察部门启动合规考察的限制性条件更少,因而能适用于更多案件。在审查起诉阶段,公诉部门启动合规考察较为谨慎,因为合规通常会使涉案企业乃至"企业家"被不起诉,实现从有罪到无罪的身份转变。尤其是在改革试验过程中,检察机关如果肆意扩大"合规不起诉"的适用范围,会消解实体法的威慑力,造成放纵经济类犯罪的后果①,以至于引发社会公众的质疑。因此,公诉部门在改革探索阶段一般只会在一些轻微犯罪案件中启动合规考察。然而,刑事执行检察部门启动合规考察时罪名和刑罚都已经落实,不会破坏罪刑规定本身的威慑力,仅以刑罚执行中的从宽裁量权适度激励合规。在这种"有限从宽"的前提下,刑事执行检察部门可以从宽把握适用范围和适用条件,注重合规文化宣传,鼓励更多有意愿的企业和"企业家"申请启动合规考察,开展企业合规建设,尽可能不让企业被弃管。

(三) 合规缓刑和合规减刑假释的程序构建

刑事执行检察部门参与推动涉案企业合规改革,不仅能扩大检察机关参与社会治理的范围,也能为立法积累经验。未来,应当在充分吸纳域外成功经验和本土改革成果的基础上,确立合规缓刑制度和合规减刑假释制度。这

---

① 参见孙国祥:《刑事合规激励对象的理论反思》,载《政法论坛》2022 年第 5 期。

样,不仅法院可以判决合规缓刑(强制合规),合规也可以成为"企业家"获得减刑假释的事由(合规激励)。

1. "合规缓刑"的程序建构

"合规缓刑"为审判机关降低企业再犯风险增设了行为罚措施,赋权法院以减免罚金为激励,督促企业进行合规整改,彻底剔除其经营和管理结构中的违法犯罪隐患。建议在立法修改时设立"合规缓刑"制度,规定由法院在作出判决的同时兼顾合规。

在"合规缓刑"的启动方面,人民法院可以根据企业的犯罪情节、案件对社会公共利益的影响、企业再犯风险等因素决定宣告"合规缓刑"。根据域外企业进行合规整改的一般经验,合规缓刑的考验期应当为1年至3年,法院可以设置的考验条件包括赔偿损失、进行合规整改等。

在"合规缓刑"的执行方面,涉案企业合规改革试验已经为合规监督考察工作的落实奠定了基础,因而不会造成过大的司法资源负担。法院在判决合规缓刑之后,可以交由第三方监督评估机构执行,并由检察机关以刑罚执行监督权为依托,全面督导合规监管工作。在考验期届满时,由法院进行验收,决定对那些实现有效合规的单位减免原判罚金,对那些无效合规的单位执行原判刑罚。相较于重罚企业使其陷入资金困境,国家和公众更愿意看到的是,企业将这部分资金投入合规管理建设中,自主实现对违法犯罪的深度预防。"合规缓刑"应成为刑事诉讼推动合规的重要一环,进一步保证每一个被定罪的企业都能由内而外地"改过自新"。

2. 以减刑假释激励"企业家"推动合规整改

我国现阶段的单位犯罪案件数量较少,但"企业家"个人犯罪案件数量较多,其中许多犯罪案件都与企业经营管理漏洞密切相关,是企业的不合规增加了个人犯罪的发生概率或放大了危害后果。充分激励"企业家"积极参与推动企业合规整改具有现实必要性。现行的减刑假释制度体系为合规的灵活融入提供了空间。依据减刑的有关规定,犯罪人在刑罚执行期间,认真遵守监规,接受教育改造,确有悔改表现的,可以减刑。而依据假释的有关规定,被判处有期徒刑的犯罪分子,执行原判刑期1/2以上,被判处无期徒刑的犯罪分子,实际执行13年以上,如果认真遵守监规,接受教育改造,确有悔改表现,没有再犯危险的,可以假释。在企业合规案件中,犯罪"企业家"积极推动企业合规整改,体现了较强的个人悔罪主动性,具有承担经营责任、直面经营过错、弥补行为损害的积极意义,应当成为认定其"确有悔改表现"的有利因素,从而增加其获得减刑、假释的可能性。在犯罪"企业家"的刑罚执行阶段,对于之前已经启动合规考察的案件,可以由刑事执行检察部门接力合规考察的后半程。对于那些之前没有启动合规考察的案件,如符合企业合规案件办理条件,刑事执行检察部门可以告知犯罪"企业家"和涉案企业申请启动合规考察和第三方机制。在涉案企业自愿申请启动的前提下,刑事执行检察部门可以启动合规考察和第三方机制。

在企业合规整改的过程中,检察机关可以发挥检察监督职能,推动刑罚执行部门为"企业家"参与和推动企业合规整改提供请假外出、会见探视等符合法律规定的便利条件。在企业实现有效合规整改后,对于推动合规考察启动、落实合规整改等贡献较大的犯罪"企业家",检察机关可以向刑罚执行机关制发检察意见,建议从宽掌握其"确有悔改表现"的认定,依法对其适用减刑、假释。

六、余论

合规整改作为涉案企业被从宽处理的事由,不仅应适用于审查起诉环节,还应逐渐成为贯穿刑事诉讼全流程的从宽事由和治理机制。这并没有消解企业的刑事责任,只是优化了企业刑事责任的承担方式,建立了合规责任和传统刑事责任并行的企业追责制度。随着企业数量的增多、企业规模的扩大、企业行为的复杂化,在司法资源有限的前提下,也需要调整单位犯罪的归责和追究方式,激励企业自主承担部分犯罪治理责任。这样,企业再也无法以仅支付罚金、承担财产责任的方式摆脱刑事制裁,而是需要开展合规整改、建立有效的刑事合规计划。在立案侦查和审查起诉阶段,企业需要努力满足配合侦查、承认指控事实等条件,以期被检察机关启动合规考察,以有效合规整改替代传统刑事责任的承担。事实上,这种合规责任并不弱于刑事责任,企业需要常态化地花费较大的人力、物力、财力实现有效合规整改,这通常更能达到惩罚和预防的双重效果。在审判阶段,企业仍有与法院、检察院协商撤回起诉从而获得无罪处理的可能,仍有以合规责任替代刑事责任的可能。随后,合规责任只能部分替代刑事责任,即法院可以依据企业合规整改的效果作出从宽量刑的决定。最终,如果在法院作出判决时企业还没有建立有效的刑事合规计划,那么将被判处"合规缓刑",在司法的强制力下承担缴纳罚金和开展合规整改的双重义务。因此,合规从宽制度实际上是将企业的合规责任嵌入了刑事司法体系,重新构造企业犯罪治理的"宽严相济",对尽早合规的企业从宽处理,对拒不合规的企业从严对待。

但是,以上的全流程合规制度需要以企业与"企业家"的责任分离为前提。企业责任是合规责任,但"企业家"责任是与其他自然人相同的行为责任,因此合规只能成为涉案企业被不起诉、撤回起诉、从宽量刑的事由,"企业家"则需要被分案处理、分离追诉,以其个人行为判断罪责大小。域外的企业犯罪治理也以"放过企业、严惩责任人"为基本原则。[①] 当然,基于我国企业经营人身依附性较高的现实情况,对一些积极推动企业合规整改的涉案"企业家"适度从宽处理具有一定的现实合理性。一方面,我国现有法律制度已为罪后积极修复受损法益的自然人建立了从宽处理的路径,推动企业合规整改作为"企业家"最为显著的悔罪行为,可以成为其被裁量不捕、裁量不诉、裁量从宽量刑的正当事由。另一方面,我国单位犯罪罪名较少,许多"企业家"在生产经营中实施的个人犯罪实际上是以企业名义、为企业利益而实施的,与单位管理漏洞密切相关,具有准单位犯罪属性。依据这些涉案"企业家"在企业合规整改中发挥的积极作用,依法适当降低其刑事责任份额符合法治精神。因此在责任分离的前提下,"企业家"积极推动企业合规整改的行为也能成为对其依法适度从宽的理由,对"企业家"的"合规不捕""合规减刑假释"等可助力企业承担合规责任。

本书提出的立法建议在总体上符合法理逻辑,但有些尚缺乏本土化实践经验。涉案企业合规改革推进过程中,侦查机关、审判机关的参与明显不足,合规整改全流程从宽的运行难题尚未充分暴露,司法推动企业合规整改的有效性、企业合规从宽的社会效果等问题也需要科学评估和综合考察。即便如此,随着刑事法网的严密化,以及社会治理的"过度刑法化"[②],尤其是"醉驾入刑"带来了较为严重的刑罚溢出效应问题[③],针对特殊犯罪主体或特别犯罪类型进行司法策略调整的必要性愈发凸显。也正是在此背景下,本书主张将合规纳入所有诉讼阶段,以确保每一个进入刑事司法视野的企业都有机会和

---

① See U.S. DOJ, Justice Manual §9-28.210 Focus on Individual Wrongdoers.
② 参见何荣功:《社会治理"过度刑法化"的法哲学批判》,载《中外法学》2015 年第 2 期。
③ 参见史立梅:《论醉驾案件的程序出罪》,载《中国法学》2022 年第 4 期。

动力调整内部治理结构,去除其经营模式中的风险根源,以有效预防相同或者类似的犯罪行为再次发生。未来,还可以借鉴涉案企业合规改革的基本经验,针对"醉驾"等特殊类型的轻微刑事案件,以医学治疗、戒酒课程、社区服务等行为矫正措施替代刑罚,建立"矫正不捕""矫正不诉""矫正轻缓量刑"等程序路径,在保障刑罚威慑力的同时防止过度入罪损害社会公共利益。不过就合规整改作为全流程从宽事由而言,如何结合我国企业的经营和管理体系特征,探索出本土化的有效合规标准,确保合规整改能够真正实现超越刑罚的治理效果,既是难题也是重要课题,仍有必要进一步深入研究。

第二章　企业合规纳入刑事审判的三种模式

随着涉案企业合规改革的深入推进,企业合规整改逐渐纳入到刑事审判阶段,并呈现出三种程序模式并存的格局:"检察主导"模式、"法院主导"模式、"检法协同"模式。以"合规轻缓量刑建议"为支撑的"检察主导"模式,主要存在着合规激励落实上的不确定性问题。而作为合规整改纳入刑事审判的一种必要例外,"审判主导"模式也存在着合规考察条件不清、合规监管方式不明、合规激励不足的局限性。而一些地方检察院、法院联合探索出的"检法协同"模式,则既提升了企业合规从宽的权威性,也解决了企业合规激励落实上的不确定性问题,还有助于实现合规整改的实质化,并有望成为企业合规纳入刑事审判的常态模式,但也需要重点解决好合规考察程序启动、合规监管和验收、企业合规从宽处理中的检法机关的角色作用等问题。

一、问题的提出
二、"检察主导"模式
三、"法院主导"模式
四、"检法协同"模式
五、余论

一、问题的提出

作为一种新型的管理制度,企业合规原本只是"企业为防范外部的法律风险而建立的内部管理制度"①。但是,随着我国检察机关于 2020 年 3 月开始大力推行涉案企业合规改革,企业合规被嵌入刑事司法,开始成为一种对涉案企业和责任人员作出不起诉等宽大处理的事由,以激励涉案企业通过有效的合规整改,建立一种防范同类犯罪行为再次发生的管理制度和企业文化。虽然此项改革在运行中确实存在企业合规直接宽大处理责任人,合规考察期过短、有效性难以保障等问题,但是,改革不仅有法律依据,也符合我国现实需要,实践效果总体向好,基本实现了预期改革目标。不过,由于此项改革并未获得全国人大常委会的立法授权,检察机关在改革初期基本上只是将责任人员可能判处三年有期徒刑以下刑罚的轻微涉企犯罪案件作为试验对象,并且大多对涉案企业和责任人员采取了"双重不起诉"处理。

但是,随着此项改革的深入推进,一些涉嫌实施较为严重犯罪的企业开始被不少检察机关纳入试验对象,企业合规逐渐向刑事审判环节延伸。有的检察机关在对涉案企业启动合规考察程序,并认可其合规整改结果后,对企业和责任人员采取了同时向法院提起公诉,并提出轻缓量刑建议的做法。也有不少检察机关对于一些较为重大的单位涉罪案件,采取了对涉案企业和责任人员分案处理的方式,即在对涉案企业启动合规考察、设定考验期、启用第三方监管的同时,对责任人员单独向法院提起公诉。在认定涉案企业整改合格的情况下,对其作出不起诉处理,而对责任人员则向法院提出轻缓量刑建议。② 对于检察机关提出的这种以合规整改为依据的轻缓量刑建议,实践中法院大多都给予了采纳。在最高人民检察院印发的四批 20 件企业合规典型案例中,有多件出现了这样的轻缓量刑建议,均得到了法院的采纳。这意味着,法院事实上已经参与到了这场由检察机关主导的改革试验中来。③ 而且,我国已出现了审判阶段由"法院主导"对案发后企业自主进行的合规整改进行专门评估,或对涉案企业直接启动合规考察,并将涉案企业的有效合规整改作为从宽处罚依据的探索。尤其值得一提的是,多地法院已开始加入第三

---

① 参见全国"八五"普法学习读本编写组:《企业合规通识读本》,法律出版社 2022 年版,第 3 页。
② 参见陈瑞华:《有效合规的中国经验》,北京大学出版社 2023 年版,第 181 页。
③ 参见李伟:《企业刑事合规中的法院参与》,载《华东政法大学学报》2022 年第 6 期。

方监督评估机制管理委员会(以下简称"第三方机制管委会"),一些省级法院还出台(或和同级检察机关联合出台)了协同推进涉案企业合规改革的规范性文件,并且已有检法机关在审判阶段联合落实合规激励的案件发生,最终,法院采纳了检察机关的合规轻缓量刑建议,对"企业家"作出了免予刑事处罚的判决。①

由此看来,在企业合规整改纳入审判阶段的实践探索上,目前大体已经形成了三种程序模式并存的局面:一是"检察主导"模式,也就是检察机关在案件没有起诉到法院前,自行启动合规考察,主持诸如引入第三方监督管理机制、合规整改验收等合规相关工作,并将涉案企业的合规整改情况,作为对涉案企业、责任人员提出轻缓量刑建议的重要参考;二是"法院主导"模式,亦即在案件起诉到法院后,由法院邀请相关领域专家,对涉案后进行积极整改的企业进行评估,或自行启动合规考察,主持完成合规监管和整改验收工作,并将企业的合规整改情况作为量刑的考量因素;三是"检法协同"模式,就是对那些符合改革适用条件的案件,由法院在商请检察机关同意的基础上启动(或者直接交由检察机关启动)合规考察,并由检察机关组织开展诸如申请启动第三方监督管理机制等相关工作。对于检察机关基于企业合规整改等情况提出(或者调整)的量刑建议,法院经审查认为没有"明显不当"的,一般应当予以采纳。

本书拟通过对一些地方性改革方案和既有探索实践的分析,对"检察主导"模式存在的基本问题和"审判主导"模式的主要局限进行讨论,明确"检察主导"和"法院主导"启动合规考察的制度差异,并对"检法协同"模式的正当性和生命力作出初步的论证。在此基础上,本书还主张,应从规范合规考察程序的启动条件和启动阶段,明确检法机关在合规整改过程中的角色分工,探索企业合规分案撤回起诉制度等几个方面,对"检法协同"模式进行优化,以便对合规整改纳入刑事审判所引发的一些新问题的解决有所裨益。

二、"检察主导"模式

涉案企业合规改革是由检察机关主导推动的,制度依托主要是相对不起诉制度和检察建议制度。对于那些进入到审查起诉环节的涉企刑事案件,无

---

① 参见李阳:《审判阶段涉企合规改革,湖北破冰》,载《人民法院报》2023年4月9日,第1版。

论是企业涉嫌的单位犯罪案件,还是"企业家"实施的与生产经营活动密切相关的犯罪案件,检察机关只要认为符合改革适用条件,就可以对涉案企业启动合规考察,并在必要时启用第三方机制,督促涉案企业在考察期内进行合规整改。待考察期届满,由检察机关和第三方监督评估组织(以下简称"第三方组织")对企业合规整改的效果进行评估、验收,在企业实现有效合规整改的案件中,由检察机关单独裁量决定是否对涉案企业和责任人员作出不起诉决定,或提出合规轻缓量刑建议。除提出合规轻缓量刑建议的情况以外,检察机关主持开展的合规考察,并不存在接受法院审查的问题。因此,本书将提出"合规轻缓量刑建议"这种合规整改纳入刑事审判的做法,视为"检察主导"模式。

(一)"检察主导"模式的实践展开

正因为涉案企业合规改革的主要制度依托是相对不起诉制度,在改革初期,检察机关基于不突破现行法律的考虑,一般只将那些责任人预期刑罚为三年有期徒刑以下刑罚的经济类案件作为试验对象。这类案件的犯罪情节轻微、犯罪恶性不强、社会危害性不大、公众谴责度不高,经常伴有自首、立功、认罪认罚、退赔退赃、缴纳行政罚款等从宽情节,基于宽严相济的刑事政策,以及民营企业司法保护的理念指引,即使在此项改革推行之前,检察机关也可以对涉案企业和责任人作出不起诉处理。此项改革推行之后,检察机关拥有了合规考察这个"制度工具",显然可以让更多的涉案企业和"企业家"有机会被纳入不起诉裁量的范围,实践中出现既放过企业又放过"企业家"的"双重不起诉"现象,既没有法律障碍,也在情理之中。毕竟涉案的绝大多数企业是中小微民营企业,这些企业的生产和管理基本依赖"企业家"的个人统筹,如果"企业家"被定罪、进监狱,那么企业很可能也会走向破产倒闭。因此,在轻微犯罪案件的范围内,考虑"企业家"肩负的企业经营责任,在涉案企业通过合规整改实现"去犯罪化"经营的前提下,对"企业家"作出不起诉决定,符合我国保护民营企业的现实需要。

随着此项改革的深入发展,一些试点检察机关开始探索在非轻微犯罪案件中提出"合规轻缓量刑建议",以防止对那些涉嫌严重犯罪的大型企业简单起诉定罪给社会公共利益造成严重危害。对于那些责任人的预期刑罚在三年有期徒刑以上的涉企刑事案件,由于超出相对不起诉制度的适用范围,检察机关即使对涉案企业启动合规考察,交由第三方机制管委会从第三方组织专业人员名录库中选取人员组成第三方组织,督导涉案企业在考察期内开展合规整改工作,也无法再基于涉案企业的合规整改,对企业和"企业家"作出"双不起诉"决定。要么对企业和"企业家"同时提起公诉,要么采取分案处理方式,基于有效的合规整改"放过企业",只对"企业家"提起公诉,但检察机关可以根据其犯罪的具体情况和在企业合规整改中的表现,依法提出轻缓量刑建议,包括建议法院对轻罪"企业家"判处缓刑。

对于审查起诉阶段已完成合规整改,并依法提起公诉的案件,检察机关一般会在公诉意见书或者量刑建议书中阐明相关情况,并将合规整改材料原件随案卷一并移送法院。法院将把企业合规整改的情况作为量刑情节纳入法庭审理,组织出庭公诉人和相关诉讼参与人对涉案企业合规整改情况、量刑建议等进行举证、质证和辩论。法院审理认定涉案企业合规整改有效的,一般会将合规整改合格作为酌定从宽处罚情节,参照量刑指导意见及其相关实施细则,确定从宽处罚幅度并在裁判文书中载明。在最高人民检察院公布的第三批企业合规典型案例中,"王某某泄露内幕信息、金某某内幕交易案"就是"检察主导"模式下"合规轻缓量刑建议"的示范。在该案中,王某某作为K公司董事会秘书,利用其知晓的公司内幕信息,伙同其好友金某某,买卖股票牟利,行为涉嫌内幕交易罪,可能判处3年以上有期徒刑。在审查起诉阶段,北京市人民检察院第二分院对涉案企业启动合规考察,在验收合规整改合格后,对二被告提出有期徒刑2年至2年半,适用缓刑,并处罚金的量刑建议。最终,北京市第二中级人民法院判决认为,检察机关开展的合规工作有利于促进企业合法守规经营,优化营商环境,可在量刑时酌情考虑,采纳该量刑建议。

在这些非轻微案件中,涉案企业或"企业家"虽不能通过"合规整改"而被"非犯罪化"处理,但若能获得轻缓刑罚结果,也有利于企业恢复经营活力。特别是,在那些犯罪"企业家"被判处缓刑的案件中,"企业家"接受社区矫正,仍能保留一定程度的人身自由,不妨碍其参与企业的日常经营和管理。虽然"少捕慎诉慎押"中的"慎押"一般指的是"审前慎用羁押性强制措施",主要关联捕后羁押必要性审查、申请变更或解除强制措施、严格限制羁押期限的延长等问题,但在涉案企业合规改革的语境下,也可以对其作扩大化理解,认为"慎押"不仅要求审慎处理审前羁押,也要求审慎处理审后的人身自由限制,避免非必要的监禁类刑罚措施。

(二)"检察主导"模式的关键问题

作为合规整改纳入刑事审判的重要支点,检察机关向法院提出的"合规轻缓量刑建议",和"认罪认罚量刑建议"一样,都要经受法院的依法审查。而"合规轻缓量刑建议"包含着涉案企业尤其是"企业家"对合规从宽激励的合理期待,能否得到法院的最终采纳,关乎涉案企业尤其是"企业家"合规从宽激励能否最终落实,这也是"检察主导"模式的关键问题所在。其中,在合规尚未成为实体法确立的法定从宽依据的情况下,检察机关主导的合规整改能否得到审判机关的认可,成为审判机关对涉案企业尤其是"企业家"作出宽大处罚的依据,又是合规从宽激励最终落实的关键中的关键。如果审判机关不能与检察机关就推动企业合规整改、促进企业合规守法经营、有效预防企业再犯形成基本共识,以至于导致"合规轻缓量刑建议"得不到正常采纳,那么,合规整改激励就无法真正落实,进而也会消解作为此项改革根基的动力机制。

由于在此项改革探索过程中,试点检察机关普遍将涉案企业和相关责任人认罪认罚作为适用合规考察制度的前提条件,所谓"合规轻缓量刑建议"本质上并未超出"认罪认罚量刑建议"的范畴。因此,法院对"合规轻缓量刑建议"的审查和采纳,可以依据《刑事诉讼法》《关于适用认罪认罚从宽制度的指导意见》关于认罪认罚量刑建议裁判约束力的规定来操作,即原则上对"合规轻缓量刑建议"法院均应予以采纳。当然,如果"合规轻缓量刑建议"存在企业或"企业家"不构成犯罪等情形的,法院完全可以不予采纳。因为,这种情形一旦发生,既不符合涉案企业合规改革的适用条件,也不符合认罪认罚从宽的适用条件。而判断组织体是否构成犯罪,本就是世界范围内的法律原理性难题,加上我国《刑法》没有明确单位犯罪的归责原则,因此,实践中检法机关在企业是否构成单位犯罪的问题上,很可能会出现分歧。如果法院对"合规轻缓量刑建议"审查后认为,案件根本就不是企业犯罪,或者"企业家"被指控的"与生产经营活动密切相关"的个人犯罪案件并不成立,那么"以从宽处理激励企业落实合规整改"的前提并不存在。在此情况下,法院当然可以拒绝采纳"合规轻缓量刑建议"。这也意味着,对于检察机关主导的合规整改是否符合适用的基本条件,法院事实上也承担着一定的审查职责。

这里的突出问题还在于,对"合规轻缓量刑建议"适当性的判断,法院究竟是进行"实质审查",还是仅仅进行"形式确认",抑或是在"实质审查"和

"形式审查"之间寻求平衡点？法院认为"合规轻缓量刑建议"明显不当时，是否还需要给予检察机关调整的机会？"明显不当"的标准如何把握？对于那些"一般不当"而非"明显不当"的"合规轻缓量刑建议"，法院应如何处理？是予以"适度容忍"还是"有错必纠"？在"合规轻缓量刑建议"未获法院采纳时，检察机关能否通过"积极寻求抗诉"的方式来制约法院对合规轻缓量刑建议"明显不当"的判断和裁量？如何解决"合规轻缓量刑建议"与"依法裁判"的关系，解决合规从宽激励的确定性问题，已经成为优化"检察主导"模式不容回避的重要课题。

（三）"检察主导"模式的优化进路

首先，应推动建构刑事诉讼中的"合规互认"机制。虽然在最高人民检察院发布的几批企业合规典型案例中，法院对检察机关提出的"合规轻缓量刑建议"全部予以接纳，似乎表明检察机关主导的合规整改已经得到法院的高度认可，但是，从前文的讨论中，我们也不难发现，检察机关主导开展并认定有效的合规整改，仍有不被审判机关认可的风险。因此，在企业合规最终被实体法确立为从宽依据之前，检察机关应当积极与法院协商沟通，推动建构刑事诉讼中的"合规互认"机制，使合规整改不仅可以作为检察机关作出不起诉处理的依据，也能得到审判机关的认可，成为审判机关审查采纳"合规轻缓量刑建议"的依据。[①] 总之，只有建构"合规互认"机制，"检察主导"模式才能顺利展开。

其次，应推动建立法官参与合规验收听证的常态化机制。为进一步确保合规从宽激励效果，检察机关除了应在对"企业家"的个人犯罪案件拟适用合规从宽时听取法官意见以外，还可以考虑在合规验收环节举行听证会时常态邀请法官出席。由于听证会会围绕涉案企业提交的合规整改报告和合规监

---

① 在郑某某涉嫌行贿一案中，公诉机关认为，被告人郑某某为谋取不正当利益，多次给予国家工作人员财物，行贿数额达 340.9971 万元，情节严重，其行为应当以受贿罪追究刑事责任。其中 20 万元行贿款因被告人郑某某意志以外的原因未得逞，是犯罪未遂；被告人郑某某具有自首情节；被告人郑某某在被追诉前主动交代行贿行为，可以从轻或者减轻处罚。被告人郑某某认罪认罚，可以从宽处理；被告人郑某某作为实际控制人的企业在案发后，积极进行合规整改。从优化营商环境、促进企业经营角度出发，经监察委员会同意，检察机关建议法院对涉案企业的合规整改予以确认，依法从宽处理。建议判处有期徒刑 2 年 6 个月，并处罚金 50 万元，适用缓刑，并建议对被告人郑某某适用较短的缓刑考验期，以便其开展企业经营活动。法院经审理查明的事实、证据与公诉机关的指控一致。另查明，被告人郑某某已向法院缴纳罚金 50 万元，并退缴赃款 20 万元。法院认为，案发后被告人所在企业积极进行合规整改有利于促进今后合规守法经营，并综合前述量刑情节，接纳了检察机关的量刑建议，对被告人郑某某减轻处罚，判处有期徒刑 2 年 6 个月，并适用缓刑 2 年 8 个月。

管人提交的合规评估和验收报告展开,因此,引入法官提前参与审查,使其能对合规整改情况有更为直观的了解,不仅有助于提升合规验收结果的权威性,最大限度避免将"假合规"认定为"真合规",也有助于制约检察机关的从宽处罚建议权,提升法院对"合规轻缓量刑建议"的接受度。

最后,应对审前合规考察程序进行一定的"诉讼化"改造。涉案企业合规改革的推行,不可避免地会带来检察裁量权的扩张,尤其是在合规考察对象的准入上,检察机关必然拥有较大的裁量权。① 为有效避免检察官在合规考察启动上滥用权力,选择性地对一些自己看好的涉案企业启动合规考察,导致一些符合改革适用条件的涉案企业合规从宽的利益得不到保障,以至于不得不在审判阶段继续提出启动合规考察的申请,应对改革试验中的审前合规考察启动程序进行一定程度的"诉讼化"改造。即对于涉案企业提出的启动合规考察的书面申请,检察机关应当受理并进行审查,作出是否启动合规考察的决定。在拒绝启动合规考察程序时,检察机关应当作出附拒绝理由的决定,并将此决定送达涉案企业。涉案企业如果不服,可以向检察机关申请复议,也可以向上级检察机关申请复核。②

三、"法院主导"模式

在涉案企业合规改革推行之前,实际上就有法院以企业存在"事前合规"为由判决企业无罪的案例。③ 在此项改革推行之后,检察机关将企业合规纳入审查起诉环节,并根据涉案企业在考察期内的合规整改效果,决定是否给予其不起诉等宽大刑事处理。其背后的正当性主要在于,涉案企业通过合规整改,消除了企业管理上的制度漏洞和隐患,降低了同类犯罪再次发生的风险,再对其定罪并施以刑罚的必要性也相应降低。因此,合规整改作为涉案企业被从宽处理的事由,也就不应仅由检察机关在审查起诉这一阶段决定。对于那些进入审判阶段的涉案企业,法院也应当可以作出合规从轻甚至免责的判决结果。在涉案企业合规改革的推进过程中,已出现了不少企业或"企

---

① 参见李奋飞:《论企业合规考察的适用条件》,载《法学论坛》2021年第6期。
② 参见陈瑞华、李奋飞:《刑诉法如何吸收企业合规改革的成果——关于刑诉法修改的学者对话录》,载《法治日报》2023年2月8日,第9版。
③ 2017年,在被不少人称为"企业刑事合规抗辩第一案"的雀巢员工侵犯公民个人信息案中,兰州中院曾以企业事先存在合规管理体系为依据认定单位不存在构成犯罪所需要的主观意志因素,从而将单位责任与员工个人责任进行了切割,认定雀巢公司不构成单位犯罪。

业家"在审判阶段申请启动合规考察(以换取被从宽处理)的案例。一些法院在检察机关几无参与的情况下,探索在审判阶段主导推动涉案企业合规整改,将企业的有效合规整改作为酌定从宽情节;有的法院还联合检察机关发布了规范性文件,并进行了初步的探索实践。虽然"法院主导"模式还在探索当中,甚至和"检法协同"模式的区分很多时候也是相对的,但这并不妨碍我们结合两个引发了广泛关注的典型案例,对这一模式的实践做法、局限性以及可能的限制路径进行讨论。

(一)"法院主导"模式的初步探索

随着涉案企业合规改革的持续推进,我国逐渐形成了一种由"法院主导"的企业合规纳入刑事审判的办案模式。通过对以下两个案例的细致考察,我们或许不难发现,"法院主导"模式在实践中大体呈现为两种基本样态:

案例1 J公司是上虞区一家金属外包装加工企业,目前公司在职员工160人左右,该公司生产中会使用到涂料,涂料使用完毕后,沾染有涂料残液的废包装铁桶属于危险废物,应当交由有危险废物处置资质的企业进行处置。但是,从2016年下半年开始至2020年9月,J公司一直将留有涂料残液的废包装铁桶出售给没有危险废物经营资质的个人进行处置,数量达500余吨。这些废包装铁桶几经周转,最终流至下游钢厂熔冶,严重污染大气生态环境。2020年9月,J公司的这一行为被当地环保部门检查发现,并被依法移送公安部门刑事立案侦查。

案发后,J公司听取辩护律师意见,于当年停工停产,自我排查,聘请了第三方专业机构对公司所有生产、生活过程中产生的危废、固废种类进行全面危险废物核查,依据专业机构出具的意见一一进行整改,其中包括危废仓库整改、申报新增加的危废种类与数量、完善台账信息等。此外,该公司还积极与涂料供应商、下游客户研讨,改进涂料桶包装方式,确定了在涂料桶内加装内衬袋、使用可循环涂料吨桶和18公斤涂料小桶三种涂料桶包装方式。这一举措从源头上减少了危险废物的产生量,且在环保和经济效益上实现了双赢。同时,J公司还对环保设备进行提升改造,对软件、硬件进行全面改进,做好节能减排工作。

2021年2月,案件被移送至上虞区人民检察院审查起诉后,辩护律师在向承办检察官提交辩护意见的同时,也附上了J公司案发后所做的整改工作报告,同时代公司表态愿意对环境损害作修复赔偿,并提交了希望能启动涉案企业合规整改程序的申请书。承办检察官由于顾虑本案存在污染环境"后果特别严重"的犯罪情节,法定刑量刑幅度系3年以上有期徒刑,因此未同意启动合规整改程序,还对J公司实控人提出超过3年有期徒刑的量刑建议。因此,在审查起诉阶段,J公司、实控人沈某均拒绝认罪认罚。

该案被起诉至上虞区法院后,辩护律师不仅与承办法官保持积极沟通,还代J公司向法院提交了包括危险废物核查报告、危险废物管理制度、公司管理架构调整等材料,同时还向法院退缴了全部违法所得,并预缴了罚金,充分展现了J公司的诚挚悔过之意。最终,上虞区法院对J公司的整改诚意给予了认可,认为"企业通过合规整改有效地减少了危废物的产生,进而减少了处理危废物而产生的碳排放量,危废物付费处理转为资源循环利用,使企业效益增收,又带动行业绿色转型。企业的合规整改行为可以作为悔罪情节进行从轻处理,未突破现有法律的规定,应予正向鼓励与肯定"。2022年2月,上虞区法院组织召开企业合规改革评审会暨判前社会效果评估会,组建由人大代表、政协委员、法学界学者、环境保护高级工程师、企业高管、环境执法工作人员等共同参与的专家评审团队,对J公司的合规整改情况进行了评估。9名评审专家一致认为,该公司合规整改措施落实较好,并建议酌情从轻处罚。2022年3月15日,综合考虑被告人犯罪的事实、性质、情节、社会危害以及认罪悔罪态度,特别是合规改革情况,上虞区法院对被告单位J公司判处罚金人民币160万元,对沈某等八名被告人分别判处1年至3年有期徒刑不等,并对沈某等六人宣告缓刑。

2022年5月、2023年4月,上虞区法院两次到该公司开展判后回访督查活动,实地考察企业车间,了解危废处理、安全生产等情况,听取公司判后合规工作进展情况汇报,并向企业提出了持续合规建设的意见建议,希望企业从涉刑领域重点合规拓展到全方位合规,建立健全有效的全领域合规内控制度并切实遵守,真正发挥合规改革的积极作用。[①]

这是一起典型的由"法院主导"进行的企业合规整改,也被认为是"全国首例审判阶段涉刑企业合规整改从宽处罚案件"。显然,这种被学者称为"积极评估模式"的样态,是在检察机关未建议适用甚至完全没有参与的情况下展开合规整改的,且法院在受理涉案企业的申请后,并没有正式启动合规考

[①] 参见余建华、薛敏:《办理一个案件,挽救一个企业,带动一个行业——绍兴上虞区法院审判阶段企业合规改革工作纪实》,载《人民法院报》2023年4月17日,第1版;陈洁琼:《刑事案件审判阶段涉案企业合规整改中的律师作用——全国首例法院合规从宽案件办理回顾》,载微信公众号"通信尚法",访问日期:2023年4月19日。

察程序，也没有为涉案企业的合规整改设定考验期，甚至也不启用第三方组织对涉案企业的合规整改进行督导，而是直接指导涉案企业的合规整改工作，并择机召开企业合规整改评审会，在评审专家团认可涉案企业的整改成效后，对企业和相关责任人予以从宽处罚。

案例 2 邢某控制的 3 家工程类企业共承建了 8 处工程项目，共有农民工 140 余人，年纳税额 200 余万元，具有较好的发展前景。为获得足够增值税专用发票至税务机关认证抵扣税款，邢某在与他人无真实交易的情况下，利用实际控制的芜湖某工程有限公司，采取支付票面金额 6% 至 7% 开票费的方式，伙同他人为自己实际控制的上述公司虚开增值税专用发票 13 份，所有虚开的增值税专用发票均已向税务部门认证抵扣。经原审法院审理，判处被告人邢某拘役 1 个月，并处罚金 2 万元。一审判决后，邢某不服，向芜湖市中级人民法院提起上诉。

同时，邢某及企业向芜湖市中级人民法院提出企业合规整改申请。芜湖市中级人民法院综合考虑犯罪起因、性质、危害性、认罪认罚态度，会同检察机关实地走访掌握企业经营状况及发展前景，认为其符合合规整改的条件，遂裁定对该案中止审理，并对涉案企业启动合规监管考察。考察期内，涉案企业积极整改落实，明确合规职责，加强管理防范，经第三方组织评审，认为该企业已完成合规整改，验收考察通过。芜湖市中级人民法院认为，通过合规整改，受损法益得以修复，从制度上防止了该企业再次发生类案犯罪的法律风险，结合其自首、自愿认罪认罚情节，遂对邢某予以从宽处罚。[①]

该案号称"二审涉刑企业合规整改第一案"，也具有"法院主导"的基本要素，但其和第一种样态还是有所区别的。法院在受理上诉人及企业的合规整改申请后主导启动了合规考察，对案件裁定中止审理，并商请检察机关启用第三方组织，督促涉案企业在考察期内进行合规整改。考察期满后，企业合规整改验收合格，上诉人得到了法院的酌定从宽处理。

不过，无论是哪种"法院主导"样态，都具备"企业或责任人提出申请并积极进行合规整改，法院认可其合规整改效果，并将涉案企业有效的合规整改作为酌定从宽情节予以考虑"的核心要素。"法院主导"的程序模式给了一些进入审判环节的企业通过合规整改获得从宽处理的机会，一定程度上降低了企业因检察裁量偏差而被不公正对待的风险。

---

① 参见周瑞平：《善意文明司法 合理合法发展——芜湖中院涉刑企业合规整改第一案纪实》，载《人民法院报》2023 年 5 月 9 日，第 4 版。

(二) 对"法院主导"模式的若干反思

在参与推动涉案企业合规改革的过程中,我国法院创造了一种由"法院主导"进行的程序模式。作为"检察主导"的必要补充,"法院主导"虽有适用的场景,但也存在着一些隐忧,尤其是与法院作为中立裁判者的角色存在一定冲突,加上存在启动合规考察的条件不清、合规监管方式不明等问题,导致裁量权无法得到有效规范,整改效果难以得到充分保障,一些案件的合规激励效果也不明显。

首先,"法院主导"启动合规整改的条件尚不明确。"检察主导"启动合规考察的条件大体分为两部分:基础条件和裁量条件。案件首先要符合基础条件,才能进入检察机关的考虑范围,再适用裁量条件,决定是否启动合规考察。所谓基础条件,主要包括四个:第一,案件属于公司、企业等市场主体在生产经营活动中涉及的经济犯罪、职务犯罪等案件,既包括公司、企业等实施的单位犯罪案件,也包括"企业家"实施的与生产经营活动密切相关的犯罪案件。第二,涉案企业、个人认罪认罚。认罪认罚是固定案件证据、衡量犯罪主体悔过意愿的重要依据。第三,企业能够正常生产经营,承诺建立或者完善企业合规制度。如果企业已经经营困难、停工停产、濒临破产,那么,就没有开展合规整改的条件和必要。第四,企业自愿接受合规考察。企业合规建设属于企业内部的管理结构调整,本质上属于自主经营权的范围,涉案企业合规需要以企业自愿接受和配合为前提。除了基础条件外,还存在三个主要的裁量条件,这些条件虽然未被规定在规范性文件中,但也需要办案检察官综合考量:第一,案件的犯罪情节。目前,涉案企业合规改革以相对不起诉制度为依托,所以一般只能对"犯罪情节轻微"的案件适用,实践中,通常是指主要责任人预期刑罚在三年有期徒刑以下的案件。这需要检察官综合考量案件情节的轻重予以把握。第二,案件对社会公共利益的影响。检察机关需要综合考量涉案企业在经济发展、科技发展、稳定就业等方面的贡献,评估起诉后的社会效果。第三,企业涉罪后采取的"补救挽损"措施。检察官需要考察涉案企业在涉罪后是否存在自首、配合调查、赔偿被害方、自主进行合规整改等行为,如果存在这些行为,一般可以认为企业的悔过态度较好、社会危险性较低。①这里的突出问题是,"检察主导"启动合规考察的适用条件,是否可以直接作

---

① 参见李奋飞:《细化适用条件深入开展涉案企业合规》,载《检察日报》2022年9月13日,第3版。

为"法院主导"适用的条件?

其次,"法院主导"启动合规考察后的监管方式不明。有效的合规整改离不开有效的合规监管。为促进"严管"制度化,避免"厚爱"被滥用,2021年6月,最高人民检察院等9部门联合印发了《关于建立涉案企业合规第三方监督评估机制的指导意见(试行)》(以下简称《第三方机制指导意见》),从而形成了我国合规监管制度的基本框架。2022年4月,最高人民检察院等九部门又联合发布了《涉案企业合规建设、评估和审查办法(试行)》(以下简称《涉案企业合规办法》),为第三方组织评估企业合规管理体系有效性提供了初步标准,也为检察机关、第三方监督管理机制管委会评价第三方组织履职情况提供了初步依据。这甚至可以被看作我国第三方监督评估活动开启标准化和规范化进程的重要标志。在"检察主导"启动合规考察的案件中,有超过2/3的案件都同时启动了第三方机制,即由第三方机制管委会和检察院共同选出第三方组织,代行部分合规监管职能,独立地监督、指导、评估企业的合规整改工作。这不仅保障了合规整改工作的专业性,还提升了合规监管工作的透明度,有效防止了办案检察官将"假合规"认定为"真合规"。然而,目前绝大多数法院尚未加入第三方机制管委会,若是不能得到检察机关的支持,直接牵头引入第三方机制还存在一定障碍,而由自己监督和指导涉案企业进行合规整改,且不说受限于专业知识、办案经验等难以实现有效监管,法院的角色定位也决定了其不宜承担这样的工作。

最后,"法院主导"的合规激励效果不足。涉案企业进行合规整改,需要投入人力、物力、财力,这必然会增加其运营成本。因此,如果不能给予涉案企业一定的法律"红利",就难以激励更多的涉案企业接受合规监管,实现有效的合规整改,消除企业内部导致犯罪发生的管理因素,从而达到预防再犯的效果。与"检察主导"的合规整改可能产生的"出罪"的激励效果相比,"审判主导"的合规整改一般只能使涉案企业或"企业家"以有效合规换取量刑从宽。由于企业合规并非从轻、减轻处罚的法定情节,目前法院还只能将企业的有效合规整改作为酌定量刑情节,尤其难以避免给被起诉到法院的企业贴上"犯罪标签"。对企业而言,这种"犯罪标签"不仅意味着要对其部分财产进行剥夺,更重要的是将会给企业带来一系列具有资格剥夺性质的"附随后果"。这些"附随后果",既可能是行政机关对企业依法作出的"正式行政处罚",也可能是行政机关对企业采取的"非正式制裁"。不过,无论是"正式行政处罚",还是"非正式制裁",都可能导致企业在采购、业务、进出口、参与招投标、上市、贷款等方面的资格受到限制乃至剥夺①,进而可能导致上下游的业务渠道中断,企业也可能停工停产甚至走向破产倒闭,从而不可避免地会造成科技创新能力流失、员工失业、合作伙伴利益受损、地区经济受损等连锁后果,最终也将损害社会公共利益。

(三)对"法院主导"模式的合理限制

涉案企业通过合格的合规整改,建立有效的合规计划,有效地预防同类违法犯罪的再次发生,这是对其进行从宽处理的主要根据所在。为此,应从优化改革适用条件、适用程序,引入有效的第三方监管等几个方面,对"法院主导"的程序模式进行合理限制,以保障涉案企业进行有效的合规整改,使合规从宽的适用能够达到更好的治理效果。

首先,关于改革适用条件的优化。检法机关或可在充分沟通协调的基础上,从以下几个方面探索对启动条件进行优化:第一,将作为适用合规考察前提条件的"认罪认罚"修改为"承认主要指控事实"。虽然将企业认罪认罚作为适用合规从宽的前提,有着确保企业悔罪、固定证据事实的现实需要,但是,企业违法行为定性的争议性导致认罪往往存在一定的困难,而且企业意志和行为的代行性也会阻却认罪的效果。尤其是,认罪认罚的负面声誉还会降低一些企业合规整改的意愿。因此,需要探索优化合规整改的适用条件,尤其需要重新认识作为合规整改前提条件的企业认罪认罚问题。未来,或可以企业承认主要指控事实替代认罪认罚条件,从而既能达到表达悔过意愿、固定案件主要证据的效果,也可以避免发生牵连无辜股东、损害企业信誉等问题②,进而为继续拓宽企业合规从宽实践打下坚实的基础。第二,从两个方面对企业合规从宽处理"企业家"的案件类型进行限制:一是"企业家"为企业利益而实施犯罪行为;二是"企业家"的犯罪行为应该与企业的管理制度漏洞有关,可以说,正是这种制度漏洞的存在,"企业家"才能顺利实施犯罪行为。即使需要考虑对"企业家"定罪判刑可能会对企业声誉造成负面影响,也不能对其实施的所有犯罪一律从宽,以免产生放纵犯罪的后果。如果没有证据表明对"企业家"个人定罪会对涉案企业经营能力造成严重影响,那么因为涉案

---

① 参见陈瑞华:《单位犯罪的有效治理——重大单位犯罪案件分案处理的理论分析》,载《华东政法大学学报》2022年第6期。

② 毕竟,审判环节启动的合规整改,不仅可能作为对涉案企业轻缓处理的根据,未来也有可能成为对部分企业撤回起诉的根据。

企业进行了合规整改而对其个人从宽处理，就有缺乏法理和事实依据之嫌。①不仅如此，要以企业合规整改对"企业家"宽大处理，还需要其有效参与涉案企业的合规整改，在合规整改中发挥积极作用，甚至应当是由于"企业家"的贡献，才使涉案企业得以建立有效的合规管理制度，达到了有效预防违法犯罪再次发生的效果。这意味着，只有在案证据能够证明"企业家"存在这种情节时，法院才能对其依法从宽处理，适当降低其刑事责任份额。第三，将涉案企业的合规整改基础和是否开展了充分的合规准备（如"合规自查"情况、案发后的初步整改情况等），作为决定是否对其适用合规考察的重要考量因素。对于合规整改基础较好、积极进行"合规准备"的企业，应尽可能给予其"改过自新"、获得轻缓处理的机会。第四，进一步明确判断社会公共利益的基准，或应重点考量企业涉嫌犯罪的性质、情节和危害后果，企业的经营规模、经营状况，是否有违法犯罪前科，等等，以确保合规考察裁量权的行使符合公众的整体意志和最大多数人的普遍期待。②

其次，应书面听取检察机关的意见。对于涉案企业在审判阶段申请启动合规考察的，即使采取"法院主导"模式，法院也应当就是否适宜开展合规考察，及时听取检察机关的意见。从严谨规范的角度出发，征求意见一般应当采取书面形式，并应简要解释和说明需要启动合规考察的理由。要求法院在作出启动合规考察决定前，充分听取检察机关的意见，不仅是因为此项改革是检察机关主导的，也不仅是因为此举有助于规范法院的合规考察启动权，使法院启动合规考察的决定可以建立在更为全面、客观的案件信息基础之上，从而可以确保企业合规案件的办理质量，更为重要的是，如果"法院主导"的合规考察在听取意见后，能够得到检察机关的支持，随后的合规整改衔接工作将会进行得更为顺畅。甚至，在必要时，法院还可以商请检察机关代为组织开展合规整改工作。此外，还可以避免检察机关因为不认可法院的合规从宽处理决策而提出抗诉，导致企业合规整改的激励效果存在一定的不确定性的情况发生。

最后，关于第三方监管的启用。"法院主导"启动合规考察的，应当尽可能启用第三方机制。在涉案企业合规改革探索过程中，检察机关对企业合规整改的监管问题进行了卓有成效的探索，并基本形成了检察机关自行监管和第三方监管两种主要的合规监管方式。由于《第三方机制指导意见》并未明

---

① 参见李奋飞：《涉案企业合规改革中的疑难争议问题》，载《华东政法大学学报》2022年第6期。
② 参见朱孝清：《公诉裁量中的公共利益考量》，载《国家检察官学院学报》2023年第3期。

确符合条件的案件是否必须启动第三方机制,实践中有不少人将合规考察的适用条件等同于第三方机制的适用条件,主张在所有企业合规整改的案件中都启用第三方机制。为了澄清这一认识,笔者还专门撰文建议,将合规考察的条件与适用第三方机制的条件作出区分,以避免合规监管资源的浪费。即,不是所有"检察主导"启动的合规考察案件,都应同时启用第三方监管。在那些企业规模较小、涉嫌罪名较为常见、犯罪情节较为轻微、合规整改难度不大的案件中,即使启动合规考察程序,通常也没有必要启用第三方监管。[①]但是,"法院主导"启动的合规考察案件,企业或"企业家"的涉罪情节通常更为严重,甚至存在再犯和累犯现象,犯罪隐患根植于涉案企业的经营和管理之中,如果没有第三方组织的"严管",指望其在有限的审判期限内实现有效合规整改,对那些存在重大隐患和缺陷的治理结构、商业模式和管理方式进行实质性的变革,可能是不现实的。有的地方法院基于延长考验期的考虑,对符合合规考察条件的案件,裁定中止审理或者决定延期审理,也面临着"超法规"实践的质疑。毕竟,现行刑事诉讼法关于中止审理、延期审理的规定尚不包含启动合规考察这种情形。因此,为了避免"假合规"问题的发生,对于"法院主导"合规考察的案件,应尽量启用第三方监管,而不宜由法院自行监督、指导和评估涉案企业的合规整改。尤其是对那些整改基础较差、案发后也未进行"事中合规"的涉案企业,更应"能用尽用"。这不仅是因为法官通常并不具备监督和指导企业合规整改的专业知识和技能,更是因为这些工作与法院作为中立裁判者的诉讼角色难以兼容。

四、"检法协同"模式

如果说如火如荼的"检察主导"模式面临着合规激励落实上的不确定性等问题,正在兴起的"法院主导"模式也存在适用条件不清、监管方式不明、合规激励不足等局限,那么,一些地方法院、检察院通过规范性文件探索出的"检法协同"模式,则有望成为合规整改纳入刑事审判的常态模式。所谓"检法协同"模式,究其本质,是以实现涉案企业的合规整改为目标,以检法联合落实合规从宽激励为手段。"检法协同"模式不仅可以提升合规从宽的权威性,也有助于实现合规整改的实质化,还有助于解决合规激励的不确定性问

---

① 参见李奋飞:《涉案企业合规改革中的疑难争议问题》,载《华东政法大学学报》2022年第6期。

题。在以下的讨论中,本章将首先解读这一程序模式的基本框架,并对其正当性进行初步的论证。在此基础上,本章还将对这一程序模式的优化路径进行展望。

(一)"检法协同"模式的基本框架

为了依法有序推进涉案企业合规改革工作,实现合规整改在刑事诉讼尤其是刑事审判环节中的规范适用,一些地方的检察院、法院联合出台了协同推进涉案企业合规改革的规范性文件。例如,辽宁省人民检察院、辽宁省高级人民法院联合制定了《关于联合推进涉案企业合规改革的实施办法》;再如,湖北省高级人民法院、湖北省人民检察院联合印发了《关于共同推进涉案企业合规改革的指导意见(试行)》;又如,江苏省高级人民法院、江苏省人民检察院联合印发了《关于加强涉案企业合规工作协同协作的座谈会纪要》;等等。通过分析上述规范性文件,结合检法机关在审判环节联合落实合规从宽激励的初步实践,我们大体可以对"检法协同"模式的基本框架有个大致的了解。

首先,关于合规考察启动上的"检法协同"。所谓合规考察启动上的"检法协同",既可以表现为,在案件被起诉到法院后,检察机关以开展合规考察为由申请延期审理的,法院如认为符合改革适用条件可以对案件裁定中止审理①,也可以表现为,当审判机关认为符合改革适用条件时,可以在商请检察机关同意的基础上直接启动合规考察,或者在商请检察机关同意的基础上交检察机关启动合规考察。有的地方规范性文件明确规定:"审查起诉阶段没有适用涉案企业合规办案机制,涉案企业在审判阶段申请适用的,或者人民法院经审查认为具有适用可行性,且涉案企业明确表示愿意的,人民法院应当商请人民检察院决定是否适用。"还有的地方规范性文件明确了法检机关在是否启动合规考察问题上出现分歧时的处理方案,即,如法院与检察机关的意见不一致,则分别层报省高院和省检察院。②

其次,关于合规考察启动后的"检察协同"。即对于审判阶段决定适用涉案企业合规办案机制的,一般由检察机关办理涉案企业合规相关工作,并商

---

① 在一起涉嫌伪造、变造国家机关公文、企事业单位公文、证件、印章骗取国家专项资金案件的审理过程中,检察机关以开展合规考察为由申请延期审理,法院对该案作出了中止审理的裁定。参见李阳:《审判阶段涉企合规改革,湖北破冰》,载《人民法院报》2023年4月9日,第1版。

② 参见辽宁省人民检察院、辽宁省高级人民法院《关于联合推进涉案企业合规改革的实施办法》,内部发布稿。

请第三方机制管委会组建第三方组织,对涉案企业开展合规整改进行指导监督、评估考察,人民法院给予必要支持。在肖某伪造国家机关公文证件印章一案中,在谷城法院决定启动合规考察后,谷城检察院会同第三方监督管理机制管委会的其他成员单位,选择有评估、法律、财务等资质的专业人员组成第三方组织,帮助物流公司建章立制,堵塞漏洞。有的地方规范性文件明确规定:"审判阶段决定开展企业合规整改的,一般由人民检察院组织开展相关工作,人民法院给予必要支持;也可以根据具体情况由人民法院直接组织开展合规整改工作。"还有的地方规范性文件作出了与此内容相似的规定,"人民法院商请建议开展企业合规整改的,一般由人民检察院组织开展相关工作,人民法院给予必要支持"。[①] 鉴于一些"企业家"其对涉案企业生产经营至关重要,能在企业合规整改的过程中发挥积极作用,有的地方规范性文件还对贯彻"少捕慎诉慎押"的刑事政策等企业合规考察的配套保障措施作了规定:"对于检察机关同意涉案企业进行合规整改的案件,法院应当及时审查羁押必要性,经审查无羁押必要性的,应当及时依法变更强制措施。"对被告"企业家"变更为非羁押性强制措施,可以让其有条件更深入地参与和推动被告企业的合规整改活动。这样,在被告企业实现有效合规整改以后,法院再基于被告"企业家"在合规整改中发挥的积极作用,采纳检察机关的量刑建议,对其进行从宽处理,才具有正当性。

最后,关于合规从宽激励上的"检法协同"。被告企业和被告"企业家"之所以在审判阶段(继续)申请启动合规考察,主要的动力还是以合规整改换取法院的从宽处理。因此,明确合规整改在量刑中的地位,解决"合规从宽量刑建议"采纳上的不确定性问题,提高被告企业和被告"企业家"申请合规考察、实现有效合规整改的积极性,是企业合规从宽制度运行中的关键问题。为此,一些地方检察院、法院在其联合制定的规范性文件中明确规定,企业合规考察相关材料经法庭举证质证后,可以作为法院从宽处理的依据。对于进行了合规整改的涉案企业,法院在决定是否从宽以及从宽幅度时,应当根据犯罪的事实、性质、情节和对社会的危害程度,结合法定、酌定的量刑情节综合考虑。对于在审判阶段完成合规整改的案件,检察机关也可以根据案件性质、情节、后果及合规整改情况等因素,提出或者调整量刑建议。经审查全案证据,法院认为案件事实清楚,证据确实充分,合规整改符合有效性标准,且

---

① 参见辽宁省人民检察院、辽宁省高级人民法院《关于联合推进涉案企业合规改革的实施办法》,内部发布稿。

量刑建议没有明显不当的,一般应当采纳检察机关提出的量刑建议,并在裁判文书中阐明涉案企业合规整改情况和量刑理由。如经审理认为量刑建议明显不当,或者被告人、辩护人对量刑建议提出异议的,法院可以建议检察机关调整量刑建议。检察机关不调整量刑建议或者调整量刑建议后仍然明显不当的,法院应当依法作出判决。

(二)"检法协同"模式的正当性基础

"检法协同"模式的本质是,检法机关通过充分协商、沟通和讨论,对符合条件的案件形成协调一致的合规从宽处理思路,并确立各自在合规整改中的角色扮演,最大限度地达成落实合规从宽激励的合力,从而激励、督促涉案企业实现有效的合规整改。这里,笔者将从提升合规从宽的权威性、实现合规整改的实质化以及解决合规从宽激励的不确定性三个方面,对这一程序模式的正当性作出简要的论证。

首先,"检法协同"有助于提升合规从宽的权威性。要确保合规整改纳入刑事审判得以顺利实施,需要检法机关在企业行为定性、合规考察条件、合规整改监管、合规从宽幅度等问题上达成基本共识。"检法协同"落实审判环节的合规从宽激励,有助于最大限度地防范单一司法机关的裁量偏差乃至权力滥用,确保对纳入合规整改案件的从宽处理(尤其是从宽处理责任人)符合社会公共利益,避免引发社会对涉案企业合规从宽的正当性、公平性和平等性的质疑[1],从而提升企业合规从宽制度适用的权威性和公信力,以激励和带动更多的非涉案企业注重事前日常性的合规建设,自主承担部分犯罪治理责任,对内部的违法犯罪行为进行自我监督、自我发现、自我调查,从而实现最好的社会治理效果。

其次,"检法协同"有助于实现合规整改的实质化。无论是在刑事诉讼的哪个环节,对涉案企业予以合规从宽处理的正当性,都主要建立在企业在考察期内进行了有效合规整改的基础之上。为达此目标,也为免使涉案企业承受过度的和不必要的合规负担,需要办案机关监督企业投入与其规模、涉罪性质、行业特点、业务范围、合规风险等相适应的合规资源(包括人力、物力、财力等),结合其犯罪发生的"内生性结构原因",对其带有缺陷乃至病态的

---

[1] 在涉案企业合规改革推进过程中,确有一些合规整改基础较差甚至不符合适用条件的涉企刑事案件被纳入了合规考察,引发了"以合规为名行放纵犯罪之实""为了宽缓处理责任人而合规"的质疑。

治理结构、商业模式和管理制度,进行有针对性的调整和改造,消除和堵塞那些容易导致犯罪发生的缺陷、隐患和漏洞,引入有针对性的专项合规管理体系,实现长远的再犯预防效果。相对于"检察主导"和"法院主导"而言,"检法协同"之所以更有助于确保审判环节纳入合规考察的涉案企业实现有效合规整改,除了前文谈到的检法机关通过沟通、协商共同确认符合条件的合规整改案件,整改基础相对较好,从而保障了企业合规整改的效果以外,还有一个重要的因素就是,"检法协同"有助于实现合规考察的接力性。即对于一些审查起诉期限届满,但合规评估验收尚未完成、需要先行提起公诉的案件,检察机关可以在提起公诉前,商请法院支持在审判阶段继续开展合规整改工作,从而破解了审查起诉和审判期限局促,而有效合规整改又需要有较为充足的时间的问题。

最后,"检法协同"有助于解决合规从宽激励的不确定性。在认罪认罚从宽制度实施过程中,量刑建议得不到审判机关正常采纳的情况时有发生,一些检察机关基于维护量刑建议的裁判制约力的考虑,又提出二审抗诉。这不仅可能导致认罪认罚从宽制度改革优化司法资源配置的目的难以实现,也增加了认罪认罚从宽激励的不确定性。企业合规从宽激励的落实,实际上也面临着和认罪认罚从宽激励一样的问题,特别是在"检察主导"和"法院主导"的情况下,更是如此。在"检法协同"的框架下,检法任何一方实际上都不再拥有合规整改从宽的垄断权力,而只能由双方在充分沟通、协商的前提下,对是否给予涉案企业合规整改机会,以及如何落实合规整改、合规激励等形成一致的思路。只有这样,才可以既避免"突破底线"的配合,也防止"斤斤计较"的制约,从而保证涉案企业在实现有效合规整改后得到应有的从宽处理。

(三)"检法协同"模式的未来展望

无论是我国一些地方检法机关联合制定的规范性文件,还是一些地方合规整改纳入审判的初步实践,都体现了"检法协同"推进涉案企业合规改革的基本精神,也显示了"检法协同"落实合规整改工作可以达到较为理想的治理效果,符合国家治理企业犯罪方式的发展规律。但是,作为一种新兴的程序模式,无论是在制度设计方面,还是在实践探索方面,"检法协同"都还存在继续优化的空间。为规范合规整改纳入刑事审判的权力行使,建议最高人民检察院、最高人民法院及时出台协同推进涉案企业合规改革的指导意见,尤其要重点解决好合规考察程序的启动、合规监管和验收程序、合规整改后的处理等问题。

首先,关于合规考察程序的启动。需要明确审判环节合规考察启动的程序阶段,即原则上应在法院受理案件后、一审判决作出前启动。有的地方规范性文件已经明确,在审判环节进行涉案企业合规整改的,一般应当在案件一审程序进行。作为一种救济程序,二审程序中原则上不宜再启动合规考察,但一审法院就合规考察问题存在事实认定或法律适用错误,且企业涉案后持续进行合规整改的案件除外。而审判监督程序本质上是纠错程序,即只有已经生效的判决、裁定确有错误的,才可启动。因此,不宜在审判监督程序中启动合规考察。有的地方规范性文件也注意到了二审、审判监督程序的特殊性,明确规定二审、审判监督程序认为有启动必要的,须向省高级人民法院报备审查。当然,审判环节合规考察程序的启动,应以涉案企业向法院提出申请为前提,由法院商请检察机关按照前述基础条件和裁量条件,对是否予以启动合规考察进行联合审查。对于符合合规考察启动条件的,由法院对案件裁定中止审理,商请检察机关对涉案企业设置一年以内的考验期,同时对被告人进行羁押必要性审查。此外,还应细化检法机关出现意见分歧的解决机制,在报省级检察机关和法院后,如任何一方不同意启动,就无法采取"检法协同"模式办理。但是,如果法院综合案件的各种因素,诸如企业经营状况、社会贡献和发展预期,以及责任人员的日常表现等,认为确有启动合规考察必要的,可以转入"法院主导"模式办理。

其次,关于合规监管和验收程序。审判环节合规考察启动后,合规监管和验收上应体现"全流程协同"。即对所有审判阶段启动合规考察的案件,均应由检法机关联合申请启动第三方机制,未来法院也应加入第三方机制管委会。不过,虽然启动了第三方机制,检法机关仍有权监督企业的合规整改工作,还可以对第三方监管人的履职情况实施联席监管。在合规验收听证环节,也应由检法机关联席主持。对于那些合规管理难度较高、合规风险较大的案件,检法机关还可以联动,对已办结的企业合规从宽案件进行不定期的回访,持续跟踪涉案企业的长期合规活动,确保合规整改达到有效预防再犯的效果。

最后,关于合规整改后的处理。实践中,涉案企业的合规整改被验收合格的,一般都由检察机关向法院提出轻缓量刑建议,再由法院给予采纳,最终落实对被告企业或"企业家"的从宽处理。笔者认为,为实现"合规互认"的即时性,对于合规整改验收合格的企业,也可以由法院直接作出从宽处理的判决,不再由检察机关提出轻缓量刑建议。但是,对于从宽幅度问题,法院应当听取检察机关的意见。未来,应当明确对合规整改合格的企业可以从轻和减轻罪责的基本定位。① 甚至,在重大单位犯罪案件分案处理方式逐渐得到司法机关接纳的背景下,检法机关还可以考虑探索协同对一些整改合格的涉案企业采取分案撤回起诉的处理方式②,即对涉案企业撤回起诉以使其得到"出罪"处理,而只留下责任人员(并在符合条件时)给予其从宽处理,以免因给企业贴上"犯罪标签"引发"水漾效应",损害社会公共利益。

五、余论

根据合规整改纳入刑事审判的改革实践,本书归纳出了三种程序模式,即"检察主导"模式、"法院主导"模式、"检法协同"模式。作为改革深入推进的产物,三种程序模式各有其适用的场景,但也都需要在未来的改革中继续优化。在我国,由于刑事审前程序总体上没有法院的参与空间,因此该环节中合规考察的启动,以及随后的合规监管和验收、合规从宽处理方案等具有典型的"检察主导"特征。虽然"检察主导"模式已经取得了阶段性成效,但是,基于认罪认罚从宽制度实施的经验,检察机关提出的合规轻缓量刑建议能否得到法院的审查采纳,也存在着一定的不确定性。其优化路径的重点或在于,推动建构刑事诉讼中的"合规互认"机制、法官参与合规验收听证的常态化机制,并对审前合规考察启动程序进行一定的"诉讼化"改造。

案件进入到审判环节后,无论是在一审程序还是二审程序中,涉案企业都可能会(继续)向法院申请启动合规考察,以换取被从宽处理的机会。一些法院已初步尝试将一些企业的"事中合规"(在案发后办案机关未对其启动合规考察的情况下自主进行的整改)或"事后合规"(在办案机关对其启动合规考察的情况下进行的整改)作为酌定从宽情节在裁判文书中载明,从而塑造了"法院主导"程序模式。作为"检察主导"模式的必要补充,"法院主导"模式的出现,为那些审查起诉环节未获得从宽机会的企业和"企业家"提供了"改过自新"的机会,具有一定的正当性和必要性,但其目前也存在着合规考察条件不清、合规监管方式不明、合规激励不足的局限性。即使未来可以从

---

① 参见李奋飞:《涉案企业合规刑事诉讼立法争议问题研究》,载《政法论坛》2023年第1期。
② 参见李奋飞:《"单位刑事案件诉讼程序"立法建议条文设计与论证》,载《中国刑事法杂志》2022年第2期。

优化改革适用条件和适用程序、引入第三方机制等几个方面对其进行完善，怕也难以有更多的适用空间。毕竟，在没有检察机关全面参与和配合的情况下，"法院主导"的合规整改不仅存在着一些现实的障碍，也与法院作为中立裁判者的角色定位存在一定的冲突。

作为"分工负责，互相配合，互相制约"原则的重要体现，方兴未艾的"检法协同"模式，不仅提升了企业合规从宽的权威性，也保障了企业合规整改的实效性，还解决了前两种模式下都可能存在的企业合规激励的不确定性问题，或将成为企业合规整改纳入刑事审判的常态模式。未来，最高人民检察院与最高人民法院应加强沟通协调，并在总结既有改革经验教训的基础上，及时出台协同推进改革的规范性文件，规范合规考察程序的启动条件和启动阶段，明确检法机关在合规监管和验收中的角色分工，探索企业合规分案撤回起诉制度，督导和激励那些被纳入合规考察的企业实现实质的合规整改，从而达到有效预防企业再犯的良好治理效果。

第三章　企业合规检察建议

为充分发挥参与社会治理的积极作用，一些地方检察机关主动延伸办案职能，尝试向涉案企业提出社会治理检察建议，以督促、引导和帮助其建章立制、堵塞漏洞、合规经营。对于这种具有推动企业合规功能的社会治理检察建议，可以将其提炼为"企业合规检察建议"。企业合规检察建议的推行，事实上让检察机关以监督者和把关者的角色介入到企业合规治理当中，这不仅是检察机关作为公共利益守护者的应有之义，也与当前民营企业犯罪治理刑事政策相契合。而且，与探索中的"企业附条件不起诉"相比，企业合规检察建议也具有制发时间、对象较为灵活的独特优势。当然，实践中的企业合规检察建议尚存在着质量有待提升、约束力有限以及落实情况缺乏持续有效的监管等内在局限。检察机关在推动企业合规体系建设的过程中，除应通过引入协商、激励因子等方式，对企业合规检察建议进行合理优化以外，还应对不起诉裁量权进行"松绑"，以为涉案企业积极采纳企业合规检察建议提供足够的动力支撑。

一、问题的提出
二、企业合规检察建议的正当根据
三、企业合规检察建议的基本样态
四、企业合规检察建议的主要问题
五、余论

一、问题的提出

在合规全球化的大背景下,越来越多的中国企业也开始建立或完善合规管理体系。但是,西方国家合规制度发展的经验表明,如果没有针对合规的刑事司法激励机制,企业对有效合规计划的打造和推行,就没有强大的动力。[①] 应该说,在西方国家为企业合规所确立的各项刑事司法激励机制中,暂缓起诉协议和不起诉协议等刑事诉讼程序分流措施确实是极具创造性的。以美国为例,"这种适用于公司的暂缓起诉协议和不起诉协议,对被告方提出了新的义务:一方面要缴纳高额罚款,被没收所有违法所得,向所有因犯罪行为受到损失的被害方进行赔偿,另一方面还要承诺在配合检察官调查的前提下,重建合规计划,或者完善合规管理体系,接受检察机关派驻的合规监督员,定期就其完善合规计划的进展情况向检察机关汇报。检察机关在对涉案公司进行持续合规监管的基础上,在考验期结束后,根据该企业重建或者完善合规计划的情况,最终决定是否作出提起公诉的决定"[②]。暂缓起诉协议和不起诉协议制度等刑事诉讼程序分流措施的推行,不仅为企业以合规计划换取宽大处理提供了重要动力,也在很大程度上改变了检察官在企业犯罪治理中的传统角色,对于预防、避免企业再次实施违法犯罪行为,进而减少、避免刑事诉讼给公司、股东乃至社会带来的殃及效果[③],无疑都具有非常积极的意义。

正因如此,在中国推进企业合规管理制度建设的过程中,有学者也主张引入暂缓起诉协议制度,建立企业附条件不起诉制度。[④] 目前,一些地方检察机关为了充分发挥法律监督职能,激励企业合规经营,进而为企业健康发展提供有力司法保障,已开始了"涉企刑事案件附条件不起诉"的改革探索。即检察机关在审查起诉时,根据涉案企业或者与企业利益或发展存在重大关联的犯罪嫌疑人的犯罪情节和性质、认罪认罚情况、企业刑事合规建设意愿等因素,与符合适用条件的企业签订协议并启动刑事合规监管程序,企业在指

---

① 参见陈瑞华:《论企业合规的中国化问题》,载《法律科学(西北政法大学学报)》2020年第3期;尹云霞、李晓霞:《中国企业合规的动力及实现路径》,载《中国法律评论》2020年第3期。
② 参见陈瑞华:《企业合规视野下的暂缓起诉协议制度》,载《比较法研究》2020年第1期。
③ 参见李奋飞:《刑事诉讼应减少"殃及效果"》,载《法制日报》2012年4月11日,第10版。
④ 参见时延安:《单位刑事案件的附条件不起诉与企业治理理论探讨》,载《中国刑事法杂志》2020年第3期;杨帆:《企业合规中附条件不起诉立法研究》,载《中国刑事法杂志》2020年第3期。

定期限内履行协议约定的义务,检察机关即可以对其作出不起诉决定。

实际上,无论未来中国刑事诉讼法是否可以接纳针对企业犯罪的附条件不起诉,都不影响检察机关在参与企业合规治理、推动企业合规管理体系的建立和完善上发挥重要作用。毕竟,作为宪法和法律规定的法律监督机关,检察机关已然可以在审查批捕、审查起诉的过程中,积极参与社会治安防控体系建设,在发现涉案企业经营管理上存在合规漏洞和风险时,向其提出检察建议,以督促其建立合规管理体系,或进行有针对性的合规整改,完善企业内控制度,从而提高其依法规范经营和维护自身合法权益的意识和能力,以免其再次违法犯罪或受到伤害。为有效落实对民营企业的司法保护,有的地方检察机关还在结合具体案件情况对涉案企业以及涉案企业的法定代表人或者高级管理人员作出酌定不起诉决定的同时,向涉案企业提出建立合规管理体系的检察建议,从而在事实上形成了一种企业以实施合规计划来换取"无罪化"处理的局面,使得不起诉成为企业建立合规体系的重大激励机制。① 也正因如此,有学者甚至认为,此类检察建议的功能与不起诉协议和暂缓起诉协议中的合规建议有相似之处。②

对于这种初步具有推动企业合规功能的社会治理检察建议,本书将其提炼为"企业合规检察建议"。有观点认为,如果针对企业犯罪的附条件不起诉制度未来能够在法律上得以确立,应放弃此类检察建议。③ 对此观点,本书不敢苟同。企业合规检察建议不仅与检察机关的法律地位没有冲突,而且反倒是检察机关回应社会需求、守护公共利益的应有之义,具有内在的正当性,尤其与当前民营企业犯罪治理的刑事政策相契合。而且,与探索中的"企业犯罪附条件不起诉"相比,企业合规检察建议也具有制发时间、对象较为灵活的独特优势。因此,不仅不应放弃具有鲜明中国特质的企业合规检察建议,还应重新发现其功能,并对其进行合理优化,尤其要为其注入更多的协商、激励因子,特别是要确保接受合规检察建议建立或者完善了合规管理计划的企业能够真正得到宽大处理。基于此,本书拟结合实践中已经发生的企业合规检察建议,对其性质、正当性、基本样态以及主要问题等展开理论上的分析和讨论,以期对检察机关正在推行的涉案企业合规改革有所裨益。

---

① 参见陈瑞华:《刑事诉讼的合规激励模式》,载《中国法学》2020年第6期。
② 参见李玉华:《我国企业合规的刑事诉讼激励》,载《比较法研究》2020年第1期。
③ 参见欧阳本祺:《我国建立企业犯罪附条件不起诉制度的探讨》,载《中国刑事法杂志》2020年第3期。

二、企业合规检察建议的正当根据

(一) 企业合规检察建议的性质

作为一种社会治理检察建议,旨在推进涉案企业刑事合规体系建设的企业合规检察建议实际并非新鲜事物,其雏形甚至可以追溯到中华人民共和国成立初期。作为落实一般监督职能的检察措施,彼时检察建议的适用范围包括两个方面:一是在诉讼过程中对相关单位违法、不规范行为要求改正的建议;二是在诉讼程序之外,针对案发单位的制度漏洞提出的预防建议。[①] 其中,第二个方面就多少具有了推动涉案单位(可能包括但远远不限于企业)堵塞漏洞、完善内部管理制度的功能。在第五届全国人大第五次会议上,原最高人民检察院黄火青检察长就在作最高人民检察院工作报告时指出:"各级检察机关还通过办案,对一些机关、企业事业单位在管理上存在的漏洞,及时提出建议,帮助发案单位采取措施,健全制度,加强管理,对预防违法犯罪起到了一定的作用。"只不过,在相当长的时期内,"检察建议制度作为刑事检察工作的延伸,在检察工作中的比重较小,一直处于边缘性地位,主要起到服务刑事检察工作的作用"[②]。

2009 年,最高人民检察院发布的《人民检察院检察建议工作规定(试行)》(下文简称《规定(试行)》)明确将检察建议适用于社会综合治理。《规定(试行)》第 5 条明确规定:"人民检察院在检察工作中发现有下列情形之一的,可以提出检察建议:(一)预防违法犯罪等方面管理不完善、制度不健全、不落实,存在犯罪隐患的;……"2019 年,最高人民检察院公布了《人民检察院检察建议工作规定》(下文简称《规定》)。《规定》第 2 条重新界定了检察建议的性质,明确规定检察建议是人民检察院依法履行法律监督职责,参与社会治理,维护司法公正,促进依法行政,预防和减少违法犯罪,保护国家利益和社会公共利益,维护个人和组织合法权益,保障法律统一正确实施的重要方式。《规定》第 5 条还将检察建议分为再审检察建议、纠正违法检察建议、公益诉讼检察建议、社会治理检察建议以及其他检察建议五种类型。其中,

---

[①] 参见任学强:《检察建议的理论与实践——以检察机关社会综合治理职能为视角》,载《社会科学论坛》2014 年第 10 期。

[②] 参见黄文艺、魏鹏:《国家治理现代化视野下检察建议制度研究》,载《社会科学战线》2020 年第 11 期。

社会治理检察建议主要是检察机关针对履行检察职责过程中发现的违法犯罪隐患、管理监督漏洞、风险预警和防控问题向有关单位(包括但不限于企业)提出的。因此,作为检察机关在办案过程中向涉案企业提出的建立或完善合规管理体系的一种检察建议,企业合规检察建议在性质上显然属于社会治理检察建议的范畴。

(二) 企业合规检察建议的正当性

乍看起来,企业合规检察建议只是检察机关对逮捕、公诉职能的一种可有可无的延伸,但事实上,企业合规检察建议的推行使检察机关以监督者和把关者的身份参与到企业的合规治理当中,并承担起督促、引导和帮助涉案企业进行合规整改的职责。这不仅与检察机关的法律地位没有冲突,而且是检察机关作为公共利益守护者的应有之义,具有内在的正当性,尤其与当前民营企业犯罪治理刑事政策相契合。此外,与企业犯罪附条件不起诉制度相比,合规检察建议也有自己的独特优势。

1. 作为公共利益守护者的应有之义

中国检察机关之所以在依法办案的同时,还要将办案职能向社会治理领域延伸,力求做到标本兼治,从本质上讲,是由其所具有的"法律监督机关"的宪法定位决定的。国家监察体制改革的推进,虽引发了检察机关职务犯罪侦查权的整体转隶,但并未动摇检察机关的法律监督定位。检察机关作为法律监督机关,仍承担着维护国家法律的统一实施、纠正破坏法治行为的职责。在国家监察体制改革之初,不少人(特别是不少"检察人")担心,职务犯罪侦查权的整体转隶,是对检察机关的"致命一击",将使具有中国特色的检察制度面临严峻挑战。[①] 现在看来,这种担忧并未成为现实,而"转隶就是转机"也并不只是为了提高士气的豪言壮语。这不仅是因为在检察机关内设机构改革基本完成之后,形成了"四大检察"(即刑事检察、民事检察、行政检察和公益诉讼检察)法律监督总体布局,也是因为检察机关正在努力更新法律监督理念,优化监督方式,试图结合办案过程中发现的社会治理漏洞,延伸法律监督职能触角,并以检察建议为抓手,来改进社会治理工作,提升社会治理水平,从而在推进国家治理体系和治理能力现代化方面承担起重要的政治责任和法律责任。

---

① 参见李奋飞:《检察再造论———以职务犯罪侦查权的转隶为基点》,载《政法论坛》2018年第1期。

作为一种社会治理类检察建议,企业合规检察建议的推行,既意味着检察机关已不再只是"就案办案",而开始承担起督促、引导和帮助涉案企业建章立制、进行合规整改的责任,以减少和预防企业违法犯罪,推动整个社会的法治水平;也意味着检察机关作为法律监督机关所担当的角色是多重的,其不仅是犯罪的追诉者和人权的保障者,也可以是企业建立和完善合规管理机制的积极推动者。检察机关作为公共利益的代表之角色,也决定了其可以在企业合规机制的推行上有所作为,从而实现企业利益保护和社会利益保障的"双赢"。[①] 特别是,"现代公司制度在我国实行时间不长,很多企业内部治理缺乏合规意识,也缺乏制定有效合规计划并予以实施的能力"[②]。

目前,中国企业在全球性的合规浪潮之下,也正兴起一股建立合规管理体系的热潮。检察机关无疑需要主动回应社会需求,积极向那些存在合规漏洞的涉案企业制发检察建议,甚至可以尝试将涉案企业的合规整改情况,作为决定是否对其提起公诉的考虑因素。这不但没有超出法律监督的合理射程,反而是在以一种新的也更能满足社会需要的方式,履行法律监督职责,服务民营企业发展,守护社会公共利益。只是,不少检察机关对自身应有的角色定位尚不清晰,对企业合规检察建议的重要意义也明显认识不足,再加上"案多人少"的矛盾在一些基层检察机关依然突出,检察机关对延伸办案职能、推进涉案企业建立和完善合规管理机制,尚缺乏足够的积极性和主动性。这也是目前企业合规检察建议制发较少的重要原因。未来,如何激发检察机关通过制发合规检察建议推动涉案企业建立合规管理机制的热情,将是无法回避的重要问题。

2. 契合民营企业犯罪治理的刑事政策

作为国民经济的重要组成部分,中国民营企业超过2500万户,对税收贡献超过50%;民营企业创造的国内生产总值、固定资产投资以及对外直接投资超过60%;民营企业中高新技术企业占比超过70%;民营企业对新增就业贡献率达到了90%。[③] 但是,随着中国经济进入高速发展期,在民营企业数量不断增加的同时,民营企业的犯罪问题也愈发凸显。有研究者以"单位犯罪""刑事一审""刑事案由"为关键词在中国裁判文书网上进行了检索,发现我国

---

① 参见韩轶:《企业刑事合规的风险防控与建构路径》,载《法学杂志》2019年第9期。
② 时延安:《发挥检察职能有效保护民营企业权益》,载《检察日报》2019年4月29日,第3版。
③ 参见林火灿:《国家统计局发布新中国成立70周年经济社会发展成就系列报告之二——经济结构不断升级 发展协调性显著增强》,载人民网,http://finance.people.com.cn/n1/2019/0709/c1004-31222139.html,访问日期:2020年11月10日。

企业犯罪的刑事一审案件数量在 2014 年为 610 件,2015 年为 886 件,2016 年为 1352 件,2017 年为 2884 件,2018 年为 2261 件。①

究其原因,除自身因素外,更多的可能还是国家反应不足以及权力的滥用造成的。②而传统的刑事追诉机制由于存在明显的缺陷③,不仅无法弥补犯罪给国家、社会、企业(家)带来的损失和伤害,显然也不足以有效地预防当前形势严峻的企业犯罪。④而且,刑事诉讼一旦启动,无论涉案企业最终是否被定罪,都将遭受不可挽回的损失,有时甚至是"灭顶之灾"。尤其是在过去的刑事执法中,办案机关对民营企业动辄采取查封、扣押、冻结财产等侦查行为,甚至对民营企业负责人也是动辄采取羁押性的强制措施,其后果常常是"办了一个案子,搞垮一个企业",进而引发了诸如企业停产停工乃至破产倒闭、员工失业乃至经济下滑等各种负面连锁反应。

也正是在此背景下,中共中央、国务院《关于营造更好发展环境支持民营企业改革发展的意见》明确要求"加大对民营企业的刑事保护力度"。时任最高人民检察院首席大检察官张军也在第二届民营经济法治建设峰会上强调:"要考虑民营企业不同的经营管理模式,对经营中涉嫌犯罪的民营企业负责人要少捕慎诉,最大限度保证民营企业正常生产经营。"⑤对于民营企业在经营过程中偶然实施的诸如虚假出资、抽逃出资、逃税、虚开增值税专用发票、非法经营、商业贿赂、污染环境、破坏自然资源、走私、扰乱市场秩序等犯罪,检察机关更新之前"重打击、轻保护"的司法理念,对涉嫌犯罪的民营企业负责人"能不捕的不捕,能不诉的不诉,能判缓刑的就提出判缓刑的建议",无疑是非常值得肯定的。但是,如果检察机关在新的可能是"重保护、轻打击"的司法理念支配下,对于那些涉嫌犯罪(有的可能还比较严重)且存在各种合规管理漏洞的民营企业,仅仅作出"一放了之"的不起诉处理决定,而对其经营管理中所存在的违法犯罪隐患"听之任之",就难以促使这些企业承担起自我犯罪预防的责任,甚至极有可能对其再次实施类似违法、犯罪行为产生鼓励效果。"尤其是在当前复杂的经济环境中,众多民营企业为追求高额利润,在

---

① 参见刘子良:《刑事合规不足以解决企业犯罪问题》,载《广西政法管理干部学院学报》2020 年第 4 期。
② 参见周建军:《中国民营企业犯罪治理的刑事政策研究》,载《政治与法律》2012 年第 7 期。
③ 中国对单位犯罪的处罚实行的是以"双罚制"为主,以"单罚制"为辅的处罚原则。
④ 参见孙国祥:《刑事合规的理念、机能和中国的构建》,载《中国刑事法杂志》2019 年第 2 期;李本灿:《企业犯罪预防中合规计划制度的借鉴》,载《中国法学》2015 年第 5 期。
⑤ 周斌等:《张军在第二届民营经济法治建设峰会上强调依法保护民营企业家人身和财产安全》,载《法治日报》2020 年 11 月 2 日,第 1 版。

合法与违法的边缘地带从事带有冒险性的投资和经营活动,而疏于建立完善的企业内部控制机制,对于员工、客户、第三方合作伙伴和被并购方的经营活动,缺乏必要的监管措施,甚至存在着鼓励乃至放任上述商业实体从事违法犯罪活动的制度隐患。"①

如果检察机关在办理涉企刑事案件的过程中,能够及时延伸检察职能,向那些因内部管理制度不健全而存在着违法犯罪隐患的涉案企业制发合规检察建议,并能充分激活酌定不起诉中潜藏的激励因子,就可以督促、引导和激励那些具有一定规模且有着合规整改意愿的涉案民营企业完善合规管理体系,从而能够有效地减少和预防其再次实施违法犯罪活动。这其实既是对民营企业最大、最好的特殊保护,也是在"为企业发展营造良好法治环境"②,且完全契合民营企业犯罪治理的刑事政策。对于那些涉嫌犯罪的民营企业而言,如果能够按照检察建议的整改要求,建立或完善合规计划,激活内部的自我监管机制,不仅可能促使检察机关对其作出不起诉决定,避免定罪后被贴上"犯罪企业"的标签,也可以避免定罪可能给自己带来的诸如取消上市资格、特许经营资格等不利影响,进而可以大大降低追求经济利益时的刑事责任风险。③

3. 合规检察建议的独特优势

在从以上两个方面论证了企业合规检察建议的正当性之后,读者可能仍会心存疑虑。毕竟,近期一些地方检察机关尝试推行的"企业合规不起诉"改革方案,并不仅仅有"检察建议模式",还有"附条件不起诉模式"。而且,采取"附条件不起诉模式"的检察机关还占多数。既然如此,又何以证明企业合规检察建议的生命力呢?未来如果确立了"企业犯罪附条件不起诉制度",是否就应当对合规检察建议予以放弃呢?要回答此问题,就需要讨论"检察建议模式"所具有的优势,以及"附条件不起诉模式"的局限。当然,笔者在此对这两种模式进行简要比较,既不意味着二者迥然对立,也不是要对二者作出孰优孰劣的简单判断,更不是要否认在立法上引入企业犯罪附条件不起诉制度的必要性和可行性,而是想指出,"企业合规不起诉"的两种模式的区别有时更多是形式上的。在"检察建议模式"中,如果检察机关能够选择好时间节

---

① 陈瑞华:《刑事诉讼的合规激励模式》,载《中国法学》2020 年第 6 期。
② 参见童建明:《充分履行检察职责 努力为企业发展营造良好法治环境》,载《检察日报》2020 年 9 月 22 日,第 3 版。
③ 参见〔德〕弗兰克·萨力格尔:《刑事合规的基本问题》,马寅翔译,载李本灿等编译:《合规与刑法:全球视野的考察》,中国政法大学出版社 2018 年版,第 57 页。

点,比如在审查起诉过程中,而不是在作出不起诉决定之后,向那些有建立或完善合规管理体系意愿的涉案企业制发检察建议,要求其在一定的期限内完成合规整改,对其合规整改进行监督考察,并将其采纳检察建议进行合规整改的情况作为是否提起公诉的重要考量因素,那么其对涉案企业建立或完善合规管理体系所产生的激励效果,和"附条件不起诉模式"相比几乎没有什么本质区别。

除此之外,"检察建议模式"还具有"附条件不起诉模式"所不具有的优势。第一,合规检察建议提出的时间比较灵活。正如下文即将展开的那样,检察机关既可以在审查批捕时提出,也可以在审查起诉过程中提出,还可以在作出不起诉决定时提出,甚至可以在提起公诉后提出;而附条件不起诉协议的签订则是在审查起诉环节完成的。第二,合规检察建议制发的对象也比较灵活,不仅可以向涉嫌犯罪的企业提出,也可以向其他的涉案企业提出,还可以向涉案企业的行政监管部门提出;而附条件不起诉协议则只能与涉嫌犯罪的企业签订。如果企业只是涉案而没有涉嫌犯罪,即使其在合规管理方面存在明显的漏洞,检察机关也难以与其签订附条件不起诉协议,激励其建立或完善合规管理体系并接受和配合合规监管。但是,在此情况下,检察机关却可以通过向涉案企业发出检察建议的方式,来督促、引导和帮助其进行合规整改。因此,即使将来企业犯罪附条件不起诉制度确立在刑事诉讼法中,只要企业合规检察建议能够在助力企业依法依规经营上发挥积极作用,其就具有独立存续的价值。

三、企业合规检察建议的基本样态

既然企业合规检察建议是检察机关立足办案职能,适时向那些存在合规管理漏洞的涉案企业提出的,那么其样态就内嵌在检察权能的行使之中。在国家监察体制改革之后,检察机关在刑事诉讼中除了拥有对司法工作人员利用职权实施的侵犯公民权利、损害司法公正的14种犯罪的侦查权以外,还拥有审查逮捕、审查起诉等职权。经审查起诉,检察机关应当作出提起公诉或不起诉的决定。因此,根据提出的时间节点不同,企业合规检察建议可以划分为审查批捕环节的合规检察建议、审查起诉过程中的合规检察建议、作出不起诉决定时的合规检察建议以及提起公诉后的合规检察建议等几种基本样态。在当前的实践中,最常见的企业合规检察建议是检察机关在作出不起诉决定时提出的。

（一）审查批捕环节的合规检察建议

目前，已有一些地方检察机关在审查批捕时，发现涉案企业存在合规管理漏洞后，向其提出了合规检察建议。① 而在中国的司法实践中，逮捕环节实际上属于异常关键的节点，甚至直接影响侦查程序乃至整个刑事诉讼的最终走向。审查批捕是如此重要，以至于某种程度上成了决定被追诉人之定罪量刑的风向标。② 也正因如此，越来越多的辩护律师将公安机关刑事拘留后检察机关批准决定逮捕前的这段时间，看作刑事辩护的"黄金救援期"，并试图通过与检察机关的积极沟通和充分协商，例如说服被追诉人认罪认罚、积极赔偿被害人的损失等，来说服其对被追诉人不予批准逮捕。假如辩护律师能够将案件成功地阻挡在检察机关批捕的大门之外，在很大程度上就意味着刑事辩护取得了一定的成功。这是因为，检察机关一旦不批准逮捕，侦查机关通常会作出变更强制措施（一般是变更为取保候审）的决定，并极有可能作出撤销案件的决定；案件即便被移送审查起诉，检察机关也可能作出不起诉决定；检察机关即便提起公诉，法院通常也会作出适用缓刑或者定罪免刑的裁决。③

也正因为如此，如果检察机关在审查批捕时能够对于那些案发后积极认罪认罚的企业负责人，作出不予批准逮捕的决定，同时向涉案企业提出合规检察建议，就可以激励其建立和完善合规管理机制。未来，如果立法上能够明确，检察机关在审查批捕或者进行羁押必要性审查时，应审查和考量涉案企业的合规管理情况，并在涉案企业已经存在较为完善的内部控制和管理机制，或者具有完善合规管理体系的意愿时，可以对企业涉案人员尤其是企业经营管理人员不采取逮捕措施，或者变更为非羁押性强制措施，无疑会对涉案企业建立和完善合规机制产生更大的激励作用。但遗憾的是，尽管近年来一系列关于产权保护的司法文件得以出台，时任最高人民检察院首席大检察官张军也多次强调要树立"可捕可不捕的不捕"的检察观念，相当比例的企业

---

① 李青霞、刘飞雄：《湖北钟祥市检察院检察建议促受害港企完善管理》，载正义网，http://www.jcrb.com/procuratorate/jcpd/201711/t20171110_1814353.html，访问日期：2020 年 11 月 5 日。

② 逮捕与定罪之间存在明显的线性关系，逮捕在一定程度上决定了具体的量刑结果以及刑罚的具体执行方式。参见王彪：《刑事诉讼中的"逮捕中心主义"现象评析》，载《中国刑事杂志》2014 年第 2 期。

③ 参见陈瑞华：《刑事辩护的艺术》，北京大学出版社 2018 年版，第 160 页。

涉案人员还是被采取了拘留或逮捕等羁押性强制措施。有研究者在对上市公司高管涉嫌犯罪的羁押情况进行统计后发现，"在280位自然人涉嫌犯罪的案件中，261人被采取过刑事拘留强制措施，179人被采取过逮捕强制措施，此外还包括8人被监视居住（是否指定居所监视居住不详）。在审判阶段的第一次法庭审理时，被告人被羁押的占60.84%"[①]。这不仅不利于保障企业的合法权益和促进企业的正常经营，也不利于调动企业建立合规管理机制的积极性。

当然，对企业法定代表人或者企业负责人批准逮捕后，检察机关如果能够将涉案企业采纳合规检察建议的情况，作为后续启动羁押必要性审查以及决定是否提起公诉的重要因素，也可以为涉案企业建立合规计划提供一定的动力。而且，逮捕环节提出合规检察建议的最大好处是，可以将逮捕后的侦查羁押期限与审查起诉的期限进行叠加，从而可以为涉案企业建立和完善合规计划设置更长的考验期限。只是，审查逮捕的期限通常只有短短的7天，即使在犯罪嫌疑人未被拘留的情况下，也不得超过20日。检察机关要在如此短的期限内查明与合规管理体系建设相关的事项，并在事实清楚、准确的基础上，针对涉案企业存在的合规管理漏洞提出可操作的整改、完善建议，是极为困难的。这也可以解释，为什么检察机关在审查逮捕环节鲜少向涉案企业提出合规检察建议。

（二）审查起诉过程中的合规检察建议

在中国的刑事诉讼中，由检察机关掌控的审查起诉环节是一个独立而又重要的诉讼阶段，尤其是对侦查和审判起着承前启后的作用。通过对侦查机关或调查机构移送审查起诉的案件进行审查，检察机关不仅可以发现和纠正侦查或调查工作中存在的瑕疵和错漏，还可以最大限度地保障起诉到法院的案件能够满足定案所要求的"犯罪事实清楚，证据确实、充分"的证明标准。对于那些符合不起诉适用条件的案件，检察机关还可以依法终结诉讼进程，不再将被追诉人交付审判。特别是随着"以审判为中心"、认罪认罚从宽制度等司法改革的深入推进，刑事案件的办理方式将逐渐呈现出两种"互斥共存"的程序格局，即"以庭审为重心"和"以审查起诉为重心"。其中，认罪认罚从

---

① 转引自李玉华：《我国企业合规的刑事诉讼激励》，载《比较法研究》2020年第1期。

宽案件就是"以审查起诉为重心"的典型。①

这一新的程序格局也为检察机关推动企业合规管理体系建设提供了重要依托。在某种意义上，合规计划甚至可被视作认罪协商机制在企业犯罪治理领域的具体应用。② 具体而言，检察机关在办理涉企刑事案件时，除应充分运用认罪认罚从宽制度③，高度重视企业合法权益的保护，尽可能地减弱刑事追诉对企业生产、经营及未来发展造成的不利影响以外，还应考虑合理延伸审查起诉工作的法律效果，结合涉案企业在经营管理结构上存在的漏洞和风险点，及时向其提出合规检察建议，督促、引导和帮助其进行诸如建章立制、完善商业模式和经营管理方式等合规整改工作，提高其依法规范经营的能力，以最大限度地防控合规风险，必要时可以建议乃至责令涉案企业聘请专业律师等相关专业人员介入到企业的合规整改中来。

甚至，检察机关还可以考虑在合规检察建议中为涉案企业的整改设置六个月到一年的考验期。虽然《刑事诉讼法》第172条对审查起诉期限有着明确的规定，即检察机关应对移送起诉的案件在1个月以内作出决定，重大、复杂的案件，可以延长15日，但是该规定只适用于犯罪嫌疑人被羁押的案件，而对于未被羁押的，则不受该规定的严格限制。④ 换言之，如果犯罪嫌疑人本身就未被羁押，检察机关在检察建议中为涉案企业的整改设置6个月到1年的考验期，则没有任何法律障碍。如果犯罪嫌疑人已被羁押，检察机关也可以为涉案企业整改设置6个月到1年的考验期，只是需要对犯罪嫌疑人改变强制措施。

在过去的检察实践中，尽管也有一些检察机关在审查起诉过程中向涉案企业提出合规检察建议，但通常既不会为其合规整改设置考验期，也未对其合规整改情况进行持续监管，更未在对其合规整改情况进行评估验收后，将合规整改情况作为决定是否对涉嫌犯罪的企业和企业负责人提起公诉的考量因素，导致合规检察建议很难对涉案企业产生合规激励作用，这显然不利于推动涉案企业积极地进行合规管理体系的建设。不过，笔者在之前的调研

---

① 参见李奋飞：《以审查起诉为重心：认罪认罚从宽案件的程序格局》，载《环球法律评论》2020年第4期。

② 参见赵恒：《认罪答辩视域下的刑事合规计划》，载《法学论坛》2020年第4期。

③ 企业犯罪更具复杂性，司法资源耗费也更多，且处罚通常较自然人犯罪轻微，因而更应当适用认罪认罚从宽处理机制。参见李本灿：《认罪认罚从宽处理机制的完善：企业犯罪视角的展开》，载《法学评论》2018年第3期。

④ 参见吴孟栓、李昊昕、王佳：《〈关于审查起诉期间犯罪嫌疑人脱逃或者患有严重疾病的应当如何处理的批复〉解读》，载《人民检察》2014年第4期。

中了解到,某检察机关已在一起走私普通货物罪案件的办理过程中,向涉案民营企业公开送达了检察建议,要求其进行合规整改。在检察建议送达1个月之后,该企业向检察机关提交了合规整改报告。承办检察官拟前往该企业进行检查验收,并公开听证,以决定是否对该企业作出不起诉决定。据承办检察官介绍,如检查验收合规,或将对该企业作出不起诉处理。不过,这里的突出问题是,在如此之短的合规考察期限内,涉案企业是否能够按照检察建议的要求,进行有效的而不只是书面上的合规整改。

(三) 作出不起诉决定时的合规检察建议

作为公诉权的重要组成部分,不起诉权在涉企刑事案件中的充分运用,无疑能够在降低诉讼成本、避免"水波效应"等方面发挥积极作用。只是在过去的检察实践中,不起诉权尤其是酌定不起诉权一直存在不敢用、不愿用等问题,涉企刑事案件的办理也难例外。[①] 党的十八大以来,党中央、国务院、最高人民法院、最高人民检察院颁布了一系列保护民营企业经营权和财产权的政策文件以及司法解释。在此背景下,检察机关越来越强调通过不起诉权尤其是酌定不起诉权的合理运用来保护民营企业发展。例如,仅2019年1月至11月,江苏省检察机关就对1098个犯罪情节轻微的民营企业或其工作人员作了不起诉处理。[②]

但是,面对存在着诸多制度缺失和管理漏洞的涉案企业,如果检察机关单纯地强调保护并对其"不诉了之",显然也是不妥当的。因为,如果涉案企业存在的合规管理漏洞不能及时堵上,就无法消除其再犯的"基因"。目前,一些地方检察机关已在实践中采取将"合规检察建议"与"相对不起诉"相结合的范式,来督促和帮助涉案企业搭建合规管理体系。以福建省永安市人民检察院发出的一份企业合规建议为例。涉案的苏某是企业的实际经营管理者,其在明知设备存在故障可能引发火灾等安全事故的情况下,仍然继续使用,导致非正常运转的设备产生火星,引发森林火灾,损毁有林地面积37.38亩。为了贯彻落实中共中央、国务院《关于营造更好发展环境支持民营企业改革发展的意见》精神,检察机关基于苏某案发后组织企业人员积极上山扑

---

① 参见童建明:《论不起诉权的合理适用》,载《中国刑事法杂志》2019年第4期。
② 参见姚东明、孙莹:《江苏:2019年前11个月对上千犯罪情节轻微的民营企业或其工作人员作出不起诉决定》,载最高人民检察院官网,https://www.spp.gov.cn/spp/xsdjcgzxl/202001/t20200106_452890.shtml,访问日期:2020年11月7日。

火,缴纳生态公益补偿金,有自首、赔偿被害人损失、自愿认罪认罚等从宽情节,依法对苏某作出了相对不起诉的处理。案件办结后,承办案件的检察官又对该企业进行实地走访,并就排查发现的企业发展中存在的安全生产管理漏洞和经营不规范问题,制发并公开送达了检察建议。①

但是,由于不起诉决定一经宣布便立即生效,因此在不起诉决定宣告后,检察机关再向涉案企业发出合规检察建议,要求其进行"建章立制""堵塞漏洞"等合规管理体系建设,必然会面临着约束力比较有限的问题。因为,即使涉案企业未能认真对待合规检察建议,存在的合规管理漏洞并未得到很好的弥补,检察机关也没有后续的制约手段。毕竟,对于已经生效的不起诉决定,非经法定程序,非具有法定事由,是不可能撤销的。

(四) 提起公诉后的合规检察建议

作为一个具有大陆法传统的国家,中国确立了以起诉法定主义为主的公诉模式,即只要检察机关认为犯罪嫌疑人的犯罪事实已经查清,证据确实、充分,依法应当追究刑事责任的,通常就会对其提起公诉,检察机关的起诉裁量权仅限于犯罪情节轻微的案件,涉企刑事案件也不例外。即使是在一些地方检察机关启动的涉案企业合规改革探索中,酌定不起诉也仍然主要适用于那些可能被判处3年有期徒刑以下刑罚的轻微刑事案件。例如,宁波市人民检察院探索建立的涉案企业合规考察制度,就将案件适用范围限定为直接责任人员依法应当判处3年有期徒刑以下刑罚的企业轻微犯罪案件,以契合轻微犯罪依法从宽处理的司法政策②;又如,深圳市龙华区人民检察院所推行的法益修复考察期制度针对的涉民营经济刑事案件,也是以法益侵害不大,易于修复的案件为主的。这固然有助于防止起诉裁量权的滥用,但却也大大压缩了检察建议对涉案企业建立合规管理体系的激励空间。特别是在认罪认罚从宽制度推行之前,如果检察机关在对涉案企业提起公诉后,再向其提出合规检察建议③,通常已没有激发其建立和完善合规计划的手段。

不过,随着认罪认罚从宽制度改革的推行,特别是在认罪认罚从宽制度

---

① 参见陈艳、吴海珠:《不起诉之后的三次"面对面",全力护航民企发展》,载网易号,https://dy.163.com/article/FFQ8P4SE0514E2SO.html,访问日期:2020年11月5日。
② 参见孔令泉:《浙江宁波检察机关试水涉案企业合规考察制度》,载《民主与法制时报》2020年9月27日,第1版。
③ 参见李菁:《"敲墙党"被公诉后,检察机关向涉案物业公司制发检察建议》,载腾讯新闻网,https://news.qq.com/omn/20190607/20190607A09MWI.html?pc,访问日期:2020年11月5日。

正式确立在 2018 年的《刑事诉讼法》中后,对于认罪认罚案件,检察机关必须就主刑、附加刑、是否适用缓刑等提出量刑建议。对于检察机关的量刑建议,除五种法定的不符合认罪认罚条件的情形以及量刑建议"明显不当"以外,法院"一般应当"予以采纳。① 在此背景下,如果涉案企业能够自愿认罪认罚,且有完善或建立合规管理体系的意愿,即使是对必须提起公诉的案件,检察机关也可以向其提出合规检察建议,并可以考虑提出更为轻缓的量刑建议。涉案企业也可以依据其在完善合规管理体系方面取得的成效,说服检察机关调整之前的量刑建议。只是,按照目前刑事诉讼法关于审判期限的规定,人民法院审理公诉案件,必须在受理后 2 个月以内宣判,至迟也不得超过 3 个月。因此,如果不能对案件中止审理,指望涉案企业在如此短暂的时间内堵塞合规漏洞、完成合规整改、建立有效的合规管理体系可能也是不现实的。

四、企业合规检察建议的主要问题

目前,一些检察机关选择在作出不起诉决定的同时,向涉案企业提出合规检察建议,其中所蕴含的合规激励,对于督促涉案企业堵塞管理漏洞,完善内部合规管理制度,防范企业合规风险,提升依法依规经营能力等,确实可以发挥一定的积极作用。② 但是,由于企业合规检察建议的整体质量有待提升,对被建议对象的约束力较为有限,加上企业合规检察建议提出后检察机关又对涉案企业合规整改的情况疏于持续监管,因此其督促、引导和帮助涉案企业建立有效合规计划的作用尚未能够充分发挥出来。

(一) 企业合规检察建议的质量问题

作为一种社会治理检察建议,企业合规检察建议的实质是,检察机关通过延伸办案职能,督促、引导和帮助涉案企业建立合规管理机制,实施有效合规计划。简言之,企业合规检察建议事实上已让检察机关以独特的方式参与到了企业合规治理中。然而,企业治理问题是一项非常复杂且专业性很强的工作,会涉及法学、管理学、经济学、历史学等诸多学科的知识。而且,涉案企业之间在经营范围、组织结构、业务规模、合规风险管理体系等方面也是有诸

---

① 参见李奋飞:《论认罪认罚量刑建议与量刑裁决的良性互动》,载《暨南学报(哲学社会科学版)》2020 年第 12 期。

② 参见唐健:《宜兴:依法不起诉助力企业焕发生机》,载《江苏法制报》2020 年 8 月 6 日,第 6 版。

多差异的。如果检察官不能意识到自身知识的短板,及时更新知识结构,又不能放下身段多听取被建议单位的意见,那么即使将制发检察建议的质量和效果纳入检察官履职绩效考核,也不可避免地会出现企业合规检察建议内容空泛,缺乏可行性、针对性和可操作性等问题。这既难以引起被建议企业的重视,也无法有效帮助企业根据自身的性质、业务、规模和合规风险点,来进行有针对性的合规整改。

以上海市某检察机关在办理一起非法运输危险物质案件时向涉案企业发出的检察建议为例。检察官通过走访调查发现,涉案企业在公司管理、工作流程规范、员工安全教育培训等方面存在诸多违法违规问题,具有重大安全隐患,遂向涉案企业发出检察建议,建议"落实确保收件员开箱验视的监管措施、在收件营业网点全覆盖配备安全检查设备以及完善对公司员工的安全教育培训制度"。可以想象,这一按照目前的评价标准来看质量或许并不存在太大问题的检察建议,即使得到涉案企业的重视,究竟其能否有效消除和堵塞其在合规管理方面存在的隐患和漏洞,尤其是不流于形式,真正能够助力其有针对性地防范合规风险、避免再次发生类似违法犯罪行为,尚有待实际考证。

未来,检察机关或可以从以下几个方面,提升企业合规检察建议的质量。一是企业合规检察建议应重点围绕涉案企业可能面临的特定合规风险来展开。毕竟,企业合规的灵魂并不是大而全的合规管理体系,而在于针对企业的"合规风险点"确立专项合规计划①;而要想通过企业合规检察建议引导、督促和帮助涉案企业打造出一套专属的合规管理体系,最重要的是,检察机关能够通过查询、调取、复制相关证据材料,向当事人、有关知情人员或者其他相关人员了解情况,听取被建议单位意见,咨询专业人员、相关部门或者行业协会等对专门问题的意见,委托鉴定、评估、审计、现场走访、查验等方式,查明涉案企业的性质、经营状况、经营模式、违法犯罪记录、违法犯罪事实、在经营管理方面存在的漏洞以及在当地的经济地位等与推进合规管理体系有关的事实。合规检察建议的提出建立上述事实基础之上,尤其应重点针对涉案企业面临的主要合规风险点来展开。二是企业合规检察建议应引入更多的协商因子。随着认罪认罚从宽制度改革的深入推进,"在以公检法三机关分阶段审查把关案件为基调的刑事诉讼架构下,一种由检察机关主导并以听取

---

① 参见陈瑞华:《中兴公司的专项合规计划》,载《中国律师》2020年第2期。

辩护方的意见为主要协商方式的量刑协商机制,开始成为中国刑事诉讼的新常态机制"①。按照《规定》第17条第2款的要求,在检察建议书正式发出前,检察机关尽管只是"可以"征求被建议单位的意见,但这绝不是说,检察机关在制发检察建议的过程中就可以进行单方面的职权运作,而应充分听取涉案企业的意见,尤其要多与涉案企业就整改期限、整改事项、合规监管方式等重要事项交换看法,甚至应力求让检察建议的制发过程,成为建议方和被建议方达成"合意"的过程。三是应在合规检察建议中引入激励因子。为了让涉案企业能够在采纳合规检察建议方面拥有强大的动力,检察机关不仅应尽可能在审查起诉过程中提出企业合规检察建议,还可以考虑在企业合规检察建议中明确载入如下内容:"涉案企业在考察期限内完成合规整改的情况,将作为检察机关决定是否提起公诉的重要考量因素。"

(二)企业合规检察建议的约束力问题

"建议"从来都是为了被"接受",而不只是为了被"参考"。② 企业合规检察建议自然也不例外。检察机关向涉案企业发出企业合规检察建议后,当然希望其能按照要求积极进行合规整改。不过,包括企业合规检察建议在内的社会治理检察建议尽管可被看作一种职权行为,但并未获得立法的"刚性赋权"。为了促进被建议单位对检察建议的重视和采纳,最高人民检察院虽也在努力"让检察建议体现刚性、做到刚性"③,并试图在《规定》中从规范格式要求④、送达程序、建立抄送制度、积极帮助和支持被建议单位落实检察建议、加强对检察建议的跟踪督促等几个方面增强检察建议的"刚性",但事实上,如果被建议单位不认真对待企业合规检察建议,在规定期限内经督促无正当理由不予整改,或者敷衍塞责、应付差事,检察机关通常也只能"将相关情况报告上级人民检察院,通报被建议单位的上级机关、行政主管部门或者行业自律组织等,必要时可以报告同级党委、人大,通报同级政府、纪检监察机

---

① 参见李奋飞:《量刑协商的检察主导评析》,载《苏州大学学报(哲学社会科学版)》2020年第3期。
② 林喜芬:《论量刑建议制度的规范结构与模式——从〈刑事诉讼法〉到〈指导意见〉》,载《中国刑事法杂志》2020年第1期。
③ 有观点认为,"刚性"隐含着国家权力崇拜,随着社会控制范式的治理化转向,更应当倡导以检察建议"效能"取代检察建议"刚性"的提法。参见李立景:《协同赋权:新时代中国检察建议的范式转型与重构》,载《湖南社会科学》2020年第5期。
④ 按照《规定》第16条的规定,检察建议书一般包括案件或者问题的来源,依法认定的案件事实或者经调查核实的事实及其证据,存在的违法情形或者应当消除的隐患,建议的具体内容及所依据的法律、法规和有关文件等的规定,被建议单位提出异议的期限,被建议单位书面回复落实情况的期限等事项。

关"。而且,由于企业合规检察建议通常是在检察机关作出不起诉决定后向涉案企业提出的,涉案企业无论最终是否能建立起一套行之有效的合规管理体系,都几乎不会再承受什么压力。而在缺乏外部监管压力的情况下,指望涉案企业主动投入必要的合规成本来建立合规管理体系几乎是不现实的。

在检察实践中,还存在对涉案企业及企业负责人作出相对不起诉决定的同时,向行政监管部门制发检察建议书的情况。例如,上海市长宁区人民检察院就在对一批虚开发票的企业及经营者作出相对不起诉决定并集中公开宣告的同时,向税务机关制发了检察建议书。除建议税务机关对涉案企业依法予以行政处罚外,还建议其督促和帮助企业查找漏洞,建立健全发票管理、税收申报等税务合规制度,通过对企业经营者和财务人员的教育和培训,提高涉案企业税务合规的意识和能力。① 但是,在检察机关的职务犯罪侦查权转隶之后,此类检察建议是否能够得到认真对待,在很大程度上也取决于被建议税务机关的配合程度,至于这些涉案企业是否能在税务机关的督促和帮助下,及时地堵塞合规漏洞、完善合规管理体系,则更具有很大的不确定性。

(三) 企业合规检察建议的落实问题

效果是检察建议的落脚点和生命线。② 虽然从现有数据来看,检察建议的采纳率并不低(达到82.40%)③,但是采纳率并不能说明所有问题,尤其不能保证检察建议的落实效果。对于检察机关而言,之所以要在办案过程中延伸检察职能,向涉案企业提出合规检察建议,是为了督促、引导和帮助那些在内控管理制度等方面存在隐患和漏洞的涉案企业进行合规整改,以强化企业自我监督,完善自我约束机制,最终实现依法依规经营。但是,如果在企业合规检察建议提出后,检察机关不能对涉案企业的合规整改情况进行持续监管,就很容易出现合规整改流于形式的问题。从笔者访谈了解到的情况来看,有的涉案企业虽然在接到检察建议后也作了及时的书面回复,并承诺会积极整改,但实际上后续的合规整改措施并不到位甚至非常笼统,其在检察建议的督促下制定的相关合规文件,不太可能得到真正的执行。这种基本上流于纸面上的合规,对公司治理方式几乎不会产生任何实质性的影响,对识

---

① 参见《合规检察建议+相对不起诉,长宁检察护航企业"轻装"再出发》,载微信公众号"长宁检察在线",https://mp.weixin.qq.com/s/3eLcNuEUkb-NvnQarSNzbQ,访问日期:2020年11月6日。
② 刘毅:《检察建议宣告规则体系的建构路径》,载《江西警察学院学报》2020年第2期。
③ 参见孟亚旭:《最高人民检察院:检察建议采纳率达到82.4%》,载《北京青年报》2019年2月27日,第3版。

别、管控合规风险,预防再次违法犯罪也难以起到实质性的作用。

按照《规定》的要求,人民检察院应当积极督促和支持配合被建议单位落实检察建议。督促落实工作由原承办检察官办理,可以采取询问、走访、不定期会商、召开联席会议等方式,并制作笔录或者工作记录。实践中,一些检察机关采取了"实地督查回访"的措施,来核实检察建议的落实情况。① 但是,仅靠检察机关的类似"回访",恐怕也无法确保涉案企业重视合规整改工作,并实施有效的合规管理。因此,在企业合规检察建议提出后,检察机关应如何对涉案企业的合规整改落实情况进行监督考察,显然是个需要认真研究的问题。

目前,深圳市宝安区人民检察院联合宝安区司法局创设了受犯罪嫌疑单位委托的"独立监控人",使其在一定意义上可以作为检察官的助手,来对涉嫌单位犯罪的企业完善合规管理体系的情况进行调查、规划、监督。② 深圳市南山区人民检察院设立了"刑事合规专员",一方面在案件的启动审查、协议签订、监督考察等全部程序环节协助配合承办检察官,并独立做好后续跟进工作,另一方面对承办检察官办理案件及企业刑事合规监管程序的过程进行内部监督。③ 浙江省岱山县人民检察院创设了"合规监督员",以帮助企业对违规行为开展自查整改,并根据风险因素及时修正生产、就业、纳税等方面可能存在的风险隐患,建立执行一套有效完备的合规方案。④ 而辽宁省人民检察院与辽宁省市场监督管理局等十余家行政监管机关联合制定的《关于建立涉罪企业合规考察制度的意见》则规定,由检察机关就涉案企业在合规建设中存在的问题,与行政监管机关进行会商,由行政监管机关向检察机关提出考察建议。根据执行合规计划对专业能力的要求,在合规考察期内涉案企业应当聘请律师、会计师、税务师等专业人员参与合规计划的执行与评估。⑤ 从域外企业合规监管的运行经验来看,无论将来最终采取哪种监管方式,有一点几乎可以肯定,那就是检察机关需要引入外部的专业力量(担任"合规监督官"或者"合规协调员"),协助涉案企业制定合规整改方案,并协助检察机关

---

① 参见金剑轩:《上海金山:对公交公司进行检察建议回访活动》,载正义网,http://www.jcrb.com/procuratorate/jcpd/201908/t20190826_2041254.html,访问日期:2020年11月7日。
② 参见深圳市宝安区《检察院、深圳市宝安区司法局关于企业刑事合规协作暂行办法》,内部发布稿。
③ 参见深圳市南山区《人民检察院关于涉企业犯罪案件适用附条件不起诉试点工作方案(试行)》,内部发布稿。
④ 庄力文:《岱山县院出台〈规程〉推出涉企案件刑事合规办案升级版》,载浙江省岱山县人民检察院官网,http://www.zjdaishan.jcy.gov.cn/djdt/202010/t20201015_2985949.shtml,访问日期:2020年11月8日。
⑤ 参见辽宁省人民检察院等《关于建立涉罪企业合规考察制度的意见》,内部发布稿。

监督合规计划的执行。"合规监督官"或者"合规协调员"应就其履职情况、涉案企业合规整改情况等向检察机关进行报告。唯此,检察机关才有可能真正承担起督促、引导和帮助涉案企业打造有效合规管理体系的责任。

五、余论

随着认罪认罚从宽制度等司法改革项目的深入推进,检察机关在刑事诉讼中的主导地位日益凸显。但在延伸检察办案职能,通过向涉案企业制发企业合规检察建议来督促、引导和帮助企业建立合规管理体系方面,检察机关的应有作用还未能充分发挥出来。究其原因,除了企业合规检察建议整体质量不高,约束力比较有限,以及对企业合规检察建议的落实情况疏于持续监督等以外,还在于检察机关对参与企业合规治理、助力企业依法依规经营的重要性认识不足,企业合规检察建议在那些未进行改革探索的地方至今也只是被看作一种可提可不提的检察建议。另外,一些检察机关提出企业合规检察建议的时机选择不当,不是在审查起诉过程中向涉嫌犯罪的企业提出,而是在作出不起诉决定之后才提出,难以激活检察裁量权中所蕴藏的激励因子,无法为企业建立和完善合规计划提供内在动力。

特别是,基于不信任而衍生的各种限制,也让检察机关在行使不起诉裁量权时有些束手束脚。虽然认罪认罚从宽制度的确立,已为检察机关充分行使不起诉裁量权提供了重要的法律支撑,但是酌定不起诉的适用率至今仍然处于较为低迷的状态。① 如前所述,即使在那些探索企业合规不起诉的地方,检察机关通常也只是将直接负责的主管人员和其他直接责任人员依法可能判处3年有期徒刑以下刑罚的涉企轻微刑事案件作为适用对象。即使在极少数检察机关的改革方案中,合规不起诉可以适用于直接负责的主管人员和其他直接责任人员依法应当被判处3年以上10年以下有期徒刑的涉企刑事案件,也需具有自首情节或者是共同犯罪中的从犯,或者直接负责的主管人员、其他直接责任人员具有立功表现等,才可以适用。② 因此,在针对企业的附条件不起诉制度尚未在法律上得以确立之前,为了激励那些已然认罪认罚的涉

---

① 正因为如此,2020年7月21日第十三届最高人民检察院党组通过的《关于充分发挥检察职能服务保障"六稳""六保"的意见》才明确要求各级检察机关,"坚持依法能不诉的不诉。依法行使不起诉裁量权,逐步扩大酌定不起诉在认罪认罚案件中的适用,鼓励和促使更多的犯罪嫌疑人、被告人认罪服法,化解社会矛盾,减少社会对抗,提升司法效率,确保办案效果"。

② 参见辽宁省人民检察院等《关于建立涉罪企业合规考察制度的意见》,内部发布稿。

案企业认真对待企业合规检察建议,从而建立起行之有效的合规管理体系,首先应从内部工作机制上为不起诉裁量权"松绑",让检察机关敢用、愿用酌定不起诉权能,以尽可能让那些已然认罪认罚且承诺建立或者完善合规计划的涉案企业能够得到"出罪化"处理。① 从全球视野看,检察机关起诉裁量权的扩大,不仅势在必行,而且正当其时。② 未来中国要在涉企刑事案件中扩大酌定不起诉的适用范围,必须防止不起诉后对涉案企业和直接负责的主管人员或其他直接责任人员"一放了之"。而这既需要探索完善"不诉替代处罚多元体系",也需要强化企业合规检察建议权的运用,以督促、引导和帮助涉案企业完善合规管理体系,真正起到防范、化解、控制合规风险的作用。

不过,无论不起诉裁量权最终能否在中国刑事诉讼法中得以扩大,检察机关在进行公诉裁量时,都不应仅仅考量"犯罪情节",而必须考虑"公共利益"。虽然《刑事诉讼法》至今尚未对"公共利益"在公诉裁量中的地位和作用作出明确规定,但是,中国检察机关的性质和公诉的基本职能都决定了,必须将公共利益衡量作为检察裁量权行使的基础。尤其是在涉企刑事案件的办理中,更应如此。只有这样,才可以有效地防止公诉裁量权的不当行使,并确保涉企刑事案件的处理能够符合社会公众的整体利益和最大多数人的普遍期待。而对于那些接受检察建议进行合规整改的涉案企业,检察机关在进行公共利益衡量时,需要考虑的因素至少也应当包括(但又远不限于):企业涉嫌的犯罪性质和后果,涉案企业是否认罪认罚,涉案企业是否有违法犯罪前科,涉案企业是否进行了有效的合规整改,定罪对无辜第三方造成的负面影响大小,等等。由于构成公共利益的因素是多方面的,检察机关在进行公共利益衡量时,就需要综合个案的具体情况和前述这些因素,作出一个总体的评价。③ 对于那些积极接受检察建议完成了合规整改、消除了合规隐患的涉案企业,即使因为其所实施的犯罪性质较为恶劣或者所造成的后果较为严重,检察机关无法对其作出不起诉处理,也可以提出更为轻缓的量刑建议,以激励更多的企业建立或完善合规管理制度,进而发挥企业合规在犯罪治理中的重要作用。

---

① 参见马明亮:《作为犯罪治理方式的企业合规》,载《政法论坛》2020 年第 3 期。
② 参见李奋飞:《论控辩关系的三种样态》,载《中外法学》2018 年第 3 期。
③ 参见李玉萍:《论公诉裁量中的公共利益衡量》,载《政法论丛》2005 年第 1 期。

第四章　企业合规考察的适用条件

涉案企业合规改革的大力推行,不仅会影响乃至改变检察机关在企业犯罪治理中的角色,也将带来检察裁量权在涉企刑事案件中的扩张,尤其是在合规考察对象的准入上,检察机关必然拥有较大的裁量权。为提升涉案企业合规考察制度的公信力,消除社会公众的疑虑和担忧,减少涉案企业合规改革可能出现的各种风险,有必要立足于制度建构的视角,以域外企业犯罪暂缓起诉协议和不起诉协议的适用为镜鉴,结合一些试点检察机关对合规考察制度的初步探索,从对象条件、证据条件、公益条件、合作条件、合规条件、补救条件等六个方面,对合规考察制度的适用条件进行评析和重塑,以为合规考察制度的适用确立更多的约束条件。此外,还应考虑在合规考察对象准入上引入公开听证程序,并将合规考察案件交由设区的市一级以上人民检察院办理。惟有如此,才能有效规范检察机关在合规考察对象准入上的自由裁量权。

一、问题的提出
二、企业合规考察的对象条件
三、企业合规考察的证据条件
四、企业合规考察的公益条件
五、企业合规考察的合作条件
六、企业合规考察的合规条件
七、企业合规考察的补救条件
八、余论

一、问题的提出

从合规引入公诉制度的路径来看,"合规不起诉"的实现路径大体上具有检察建议和合规考察两种模式。① 虽然检察建议模式具有制发对象、时间灵活等优势②,但是从有利于激励涉案企业建立行之有效的合规计划方面来看,合规考察模式却有着检察建议模式所不具有的优势。这是因为,在合规考察模式下,检察机关通常会在审查起诉的过程中,为那些被纳入合规考察的涉案企业、相关责任人等设立一定的考察期,要求涉案企业出具合规建设与接受考察承诺书,并在考察期内根据合规计划,完善企业治理结构,健全管理规章制度,规范生产经营模式,进而在考察期结束后综合其合规建设情况、犯罪情节等决定是否予以起诉。③ 从涉案企业合规改革实施以来的情况来看,被纳入合规考察的涉案企业和相关责任人,在经过一定期限的合规考察之后④,通常都获得了不起诉、轻缓量刑建议等宽大的刑事处理。

涉案企业合规改革的大力推行,不仅会影响乃至改变检察机关在企业犯罪治理中的角色⑤,也会带来检察裁量权在涉企刑事案件中的扩张,尤其是在合规考察对象的确定上,检察机关必然拥有较大的裁量权。不同检察官之间在观念、办案习惯等方面的差异,难免导致"选择性"适用合规考察的问题,从而出现现实中类似企业犯罪处理不一致的情况。这无疑容易使人们对检察机关主导的合规考察的正当性、公平性和平等性产生怀疑。好在目前正在探索的"合规不起诉"本质上属于酌定不起诉的一种类型。由于检察机关普遍将自然人刑事责任追究与企业刑事责任的追究"捆绑"在一起⑥,受现行《刑事诉讼法》的限制,试点检察机关通常也只是将相关责任人依法可能判处 3

---

① 有学者将合规考察模式概括为附条件不起诉模式。参见陈瑞华:《刑事诉讼的合规激励模式》,载《中国法学》2020 年第 6 期。
② 参见李奋飞:《论企业合规检察建议》,载《中国刑事法杂志》2021 年第 1 期。
③ 参见王春:《"合规考察"护航民企健康发展》,载《法治日报》2020 年 9 月 23 日。
④ 有观点认为,短期考察可能只能看到企业刑事合规的设计方案,但这不是真正的、全面的合规管理,应当至少以 3 年为维度。参见郭小明、刘润兴:《如何确保刑事合规计划得以有效实施》,载《检察日报》2021 年 8 月 6 日。
⑤ 有观点认为,应推动检察职能由注重事后、消极预防向事前、积极预防转变,使检察机关成为企业治理结构变革的推动者。参见李勇:《检察视角下中国刑事合规之构建》,载《国家检察官学院学报》2020 年第 4 期。
⑥ 有学者指出,理顺犯罪单位与其成员之间的罪责关系,对完善单位犯罪立法、指导惩治单位犯罪实践具有重要意义。参见叶良芳:《论单位犯罪的形态结构——兼论单位与单位成员责任分离论》,载《中国法学》2008 年第 6 期。

年有期徒刑以下刑罚的涉企轻微刑事案件作为"合规不起诉"的适用对象。且酌定不起诉的适用程序长期以来掌握得比较严格,检察官不敢、不愿适用酌定不起诉制度①,改革初期人们对合规考察中检察裁量权滥用的担忧尚不是很大。

但是,随着涉案企业合规改革的持续推进,未来立法上或将增设企业犯罪附条件不起诉制度②,合规考察的适用范围也将拓展得更加广泛,这必将赋予检察机关更大的自由裁量权。相应地,合规考察中检察裁量权被滥用的风险也会增加。改革决策者有必要未雨绸缪,认真对待涉案企业合规考察制度的适用条件。本书将立足于涉案企业合规考察制度建构的视角,以域外企业犯罪暂缓起诉协议和不起诉协议的适用条件为镜鉴,结合一些试点检察机关对合规考察制度的初步探索,从对象条件、证据条件、公益条件、配合条件、合规条件、补救条件等六个方面,对合规考察的适用条件进行评析和重塑,以为合规考察的适用确立更多的约束条件,从而对检察机关在合规考察对象确定上的裁量权进行规范。

二、企业合规考察的对象条件

在涉案企业合规改革的探索过程中,合规考察的适用对象问题,既是非常重要的问题,也是争议较大的问题。在改革初期,检察机关基本上将合规考察制度的适用对象设定为"相关责任人"可能被判处3年有期徒刑以下刑罚的涉企刑事案件。而且,合规考察制度不仅可以适用于公司、企业等实施的单位犯罪案件,也可以直接适用于公司、企业实际控制人、经营管理人员、关键技术人员等实施的与生产经营活动密切相关的个人犯罪案件。此外,合规考察制度的适用对象,大都是"中小微民营企业"。这一切,既背离了企业合规"放过企业,严惩责任人"的基本原理,也影响了合规考察制度的实施效果,还限制了涉案企业合规改革的空间。在涉案企业合规改革如火如荼的大背景下,研究合规考察制度的适用条件,首先需要认真研究合规考察制度的适用对象问题。具体而言,合规考察制度是否应单独适用于"企业家"?如果合规考察制度只应适用于涉案企业,那么是适用于"中小微民营企业"还是"大企业"?是适用于"轻微企业犯罪"还是"重大企业犯罪"?如果应适用于

---

① 参见童建明:《论不起诉权的合理适用》,载《中国刑事法杂志》2019年第4期。
② 参见李勇:《企业附条件不起诉的立法建议》,载《中国刑事法杂志》2021年第2期。

重大企业犯罪,那么是否应对"非系统性企业犯罪案件"和"系统性企业犯罪案件"予以区别对待？这些问题能否得到较好解决,将在很大程度上决定涉案企业合规改革的未来走向。

（一）合规考察不应单独适用于"企业家"

在美国,审前转处协议制度最初只是专门针对自然人轻微犯罪(初犯、偶犯、非暴力犯罪)创设的,并不适用于法人犯罪。[①] 自20世纪90年代以来,联邦检察官逐步将其适用于法人犯罪案件的处理。也就是说,目前审前转处协议制度既可以适用于涉嫌轻微犯罪的自然人,也可以适用于涉嫌经济犯罪的企业,但适用于自然人的审前转处协议制度与企业合规并无关系。在检察官与涉案企业达成审前转处协议的案件中,被不起诉的通常也只是企业,而不是涉嫌犯罪的自然人。根据美国《联邦检察官手册》的规定,检察官在决定是否与涉案企业达成审前转处协议时,要重点考虑针对需要为企业违法行为直接负责的个人的起诉是否充分。这意味着,检察官通过审前转处程序的运用,不起诉的通常只是涉案企业,并非企业中涉嫌犯罪的自然人,即"放过企业,惩办责任人"。在对负有责任的自然人起诉不充分时,还可以选择对企业起诉,而不能"既放过企业,也放过责任人"[②]。英国、法国、加拿大、新加坡等国家确立的暂缓起诉协议制度都仅适用于涉嫌犯罪的企业,而不适用于涉嫌犯罪的自然人。毕竟,企业合规是在企业内部针对合规风险所建构的一套预防违法犯罪的管理体系,是"企业自身的合规",而不是"企业家的合规"。[③]

在涉案企业合规改革试点探索过程中,有的检察机关将合规考察制度直接适用于公司、企业实际控制人、经营管理人员、关键技术人员等自然人实施的与生产经营活动密切相关的犯罪案件。对此做法,《第三方机制指导意见》显然给予了肯定。《第三方机制指导意见》第3条明确规定:"第三方监督管理机制适用于公司、企业等市场主体在生产经营活动中涉及的经济犯罪、职务犯罪等案件,既包括公司、企业等实施的单位犯罪案件,也包括公司、企业实际控制人、经营管理人员、关键技术人员等实施的与生产经营活动密切相关的犯罪案件。"虽然该条规定的是第三方机制的适用范围,但实际上也划定

[①] 参见叶良芳:《美国法人审前转处协议制度的发展》,载《中国刑事法杂志》2014年第3期。
[②] 参见黎宏:《企业合规不起诉:误解及纠正》,载《中国法律评论》2021年第3期。
[③] 参见陈瑞华:《企业合规不起诉制度研究》,载《中国刑事法杂志》2021年第1期。

了合规考察制度的适用范围。① 检察机关之所以将合规考察制度单独适用于"企业家"的个人犯罪,主要是为了"加大对民营企业的刑事保护力度"。民营企业不仅规模普遍较小,而且规范意识整体较差②,很多中小微民营企业甚至连现代公司治理结构都没有建立起来,导致一些"企业家"完全左右了企业的命运。如果办案机关不能对这些号称企业"灵魂人物"的"企业家"少捕、慎诉,而是"构罪即捕""构罪就诉",无疑会给企业的生存和发展带来严重影响,甚至极有可能出现"案子办了,企业垮了"的局面。正因如此,才有学者认为,检察机关推行涉案企业合规改革的目的,"与其说是保护企业,倒不如说是保护企业的经营者或者责任人"③。

目前,中国经济下行压力加大,又遭受了新冠疫情冲击,加上国际贸易冲突爆发日渐频繁,企业本身就面临着越来越大的生存压力。④ 办案机关在现有法律框架下对"企业家"灵活运用宽严相济的刑事政策,"能不捕的不捕,能不诉的不诉,依法提出轻缓的量刑建议",有助于防止办案引发诸如企业停产停工、破产倒闭、员工失业乃至经济下滑等各种负面连锁反应。在审查批捕、审查起诉过程中,如果检察机关发现该"企业家"所掌控的企业在经营管理上存在合规风险,向其发出合规检察建议,督促其开展合规建设也具有合法性、正当性和可行性。但是,在仅有"企业家"构成犯罪的涉企案件中,将"企业家"所在的企业纳入合规考察对象,为其确定合规考察期限,并将企业的合规整改情况,作为对"企业家"宽大处理的重要考量因素,却有待商榷。毕竟,合规考察不仅具有保护功能,也具有惩罚功能(因此其才能更有效地替代刑罚)。这种惩罚功能体现在,企业一旦被纳入合规考察,就需要承担诸如积极配合、补救挽回、提交合规计划、接受合规监管等义务。因此,在企业并未被作为追诉对象的情况下,检察机关对其适用合规考察,并以企业的合规建设作为放过"企业家"之理由,既有悖企业合规的基本原理,也有违罪刑法定原则。未来应当将合规考察制度适用到企业涉嫌犯罪的案件之中,并尽可能"放过企业";对于"企业家"单独实施的犯罪,如果可能被判处 3 年有期徒刑

---

① 当然,并非所有纳入合规考察的案件都需要适用第三方机制。需要适用第三方机制的案件应该只限于那些合规难度较大、需要专业指导的案件,对于一般案件,可以交由企业在检察官的监督下完成自我整改。
② 参见陶朗道:《民营企业刑事合规的解构与展望》,载《浙江工商大学学报》2021 年第 1 期。
③ 参见黎宏:《企业合规不起诉:误解及纠正》,载《中国法律评论》2021 年第 3 期。
④ 参见陶朗道:《论中国治理企业违法的和解合规模式》,载《东北大学学报(社会科学版)》2021 年第 2 期。

以下刑罚,且"企业家"认罪认罚的,也可以对其裁量"出罪"。如发现"企业家"所掌控的企业在预防违法犯罪方面制度不健全、不落实,管理不完善,存在违法犯罪隐患,需要及时消除的,可以向企业制发检察建议,以督促、引导和帮助其建章立制、堵塞漏洞、合规经营。

(二)合规考察应适用于重大的企业犯罪

在美国,原则上所有的企业犯罪案件都可以适用暂缓起诉协议和不起诉协议。当然,具体到个案的处理中,则需要由检察官根据犯罪情节等因素进行裁量。从其审前转处程序的实践运行来看,在一些造成了人身伤亡等严重后果的案件中,检察官也选择适用了暂缓起诉协议或不起诉协议。在英国,暂缓起诉程序适用于 2013 年《犯罪与法庭法》附件 17 第 2 条第 15—28 款规定的特定罪名,主要包括欺诈、贿赂、伪造文书、内幕交易、洗钱。在新加坡,暂缓起诉协议也仅适用于贿赂、腐败、洗钱、操纵市场、伪造账号、使用犯罪所得等经济犯罪。在法国,"基于公共利益的司法协议"(public interest judicial agreement)只适用于企业涉嫌的腐败、内幕交易、洗钱等特定违法行为。

而中国检察机关推进的涉案企业合规改革试点,却基本是将相关责任人可能被判处 3 年有期徒刑以下刑罚的轻微企业犯罪案件作为合规考察的适用对象。在个别地方检察机关制定的规范性文件中,虽然合规考察可以适用于相关责任人依法应当被判处 3 年以上 10 年以下有期徒刑的较为严重的企业犯罪,但却需要具有"自首情节或者在共同犯罪中系从犯,或者直接负责的主管人员、其他直接责任人员具有立功表现的"等条件。试点地方的检察机关之所以将合规考察的适用对象限定为相关责任人可能判处 3 年有期徒刑以下刑罚的案件,主要是基于合规考察之后需要通过裁量不起诉对企业"出罪",而现行的裁量不起诉正是以"犯罪情节轻微"为基础条件的。而"犯罪情节轻微"在司法实践中通常又被认为是指可能判处的宣告刑在 3 年有期徒刑以下。加上,中国追究单位刑事责任是以自然人刑事责任为出发点的[①],单位刑事责任与自然人刑事责任未作适当的分离,导致只有相关责任人员可能判处 3 年有期徒刑以下刑罚的轻微企业犯罪,才能被检察机关纳入合规考察的对象,并在实施有效合规计划的基础上,获得"出罪"的机会。有研究者在其提出的企业附条件不起诉的立法建议中,也是将单位犯罪附条件不起诉限定为

---

① 参见周振杰:《企业刑事责任二元模式研究》,载《环球法律评论》2015 年第 6 期。

可能判处3年有期徒刑以下刑罚的案件。① 这种以相关责任人可能被判处的刑罚来决定是否对企业"出罪"的做法，大大限制了合规考察制度的适用空间，难以激励更多的涉案企业建构或完善合规计划。

实际上，对于是否应对涉案企业适用合规考察，也即是否应当对涉案企业特别出罪，检察机关应当考量的重点，不应是犯罪情节，而应是起诉是否会给社会带来过大的负效应。② 因此，即使相关责任人员可能被判处3年乃至10年以上有期徒刑的企业犯罪案件，无论是系统性企业犯罪，还是非系统性企业犯罪③，检察机关都可以将其纳入合规考察对象，并通过或将在立法上增设的企业附条件不起诉对涉案企业予以"出罪"。只是对系统性企业犯罪适用合规考察，检察机关应当要求涉案企业更换管理层，并接受第三方监管。

值得肯定的是，《第三方机制指导意见》第5条亦未排斥重大企业犯罪案件适用企业合规试点，仅仅规定具有个人为进行违法犯罪活动而设立公司、企业的，公司、企业设立后以实施犯罪为主要活动的，公司、企业人员盗用单位名义实施犯罪的，涉嫌危害国家安全犯罪、恐怖活动犯罪的等几种情形的，不适用企业合规试点。当然，这并不意味着，所有企业犯罪案件不论轻重都适宜纳入合规考察。为实现司法资源在企业犯罪"出罪"程序中的优化配置，未来检察机关应考虑建构"合规不起诉"的二元模式，对于轻微企业犯罪案件，应通过"裁量不起诉+合规检察建议"的方式来激励涉案企业进行合规整改，对于重大企业犯罪案件，则应通过"附条件不起诉+合规考察制度"来激励涉案企业建构或完善合规计划。

（三）合规考察应更多地适用于"大企业"

美国的审前转处协议制度并未明确适用对象的企业规模。但是，按照《霍尔德备忘录》的要求，检察官在处理企业犯罪时需要考虑附带后果，包括对不负个人责任的股东和雇员的伤害比例。《菲利普备忘录》明确指出："如

---

① 参见李勇：《企业附条件不起诉的立法建议》，载《中国刑事法杂志》2021年第2期。
② 参见陈学权、陶朗道：《企业犯罪司法轻缓化背景下我国刑事司法之应对》，载《政法论丛》2021年第2期。
③ 有学者根据发生在企业内部的犯罪行为究竟是由企业集体决策实施还是由关联人员实施后企业承担连带性刑事责任，将企业犯罪区分为系统性企业犯罪和非系统性企业犯罪。在其看来，对于非系统性企业犯罪案件，无论情节轻重，都可以适用合规考察制度。而对于系统性企业犯罪，合规考察没有太大的适用空间。只有那些情节轻微的案件，检察机关才可以给予企业适用合规考察的机会，并将建立有效合规计划作为情节轻微的依据，从而作出不起诉的决定。参见陈瑞华：《企业合规出罪的三种模式》，载《比较法研究》2021年第2期。

果对法人定罪判刑会给无辜的第三人带来极其严重的负面后果,则应当考虑适用不起诉协议或暂缓起诉协议,明确其守法和不得重犯等义务。"对企业犯罪的刑事追诉,会使投资者、股东、员工、合作伙伴、客户等无辜的第三人的利益受到殃及。企业规模越大,受到殃及的人也就越多,即附带后果越显著。因为,相对"中小微企业"而言,"大企业"不仅拥有更多的投资者、股东、员工、合作伙伴、客户等,其所涉嫌的案件情况往往也更为复杂,一旦对涉罪的"大企业"予以起诉,不仅会消耗更多的司法资源,也会引发诸如企业倒闭、员工失业、经济滑坡等更为严重的附带后果。

以直接导致美国对涉案企业起诉政策进行重大调整的安达信事件为例。作为前美国最大和最成功的会计咨询公司之一,安达信曾一度在全球85个国家和地区设有390个分支机构,员工总数达8.5万人,全球营业额达93亿美元。受到安然倒闭的影响,在被指控财务欺诈的过程中,安达信被指控妨碍司法公正,因为安达信的休斯敦事务所销毁了与安然财务报表相关的审计文件。安达信被起诉后,证监会就要求其停止从事上市公司的审计业务,这事实上等于令其关门歇业。安达信的客户迅速流失,特别是在其被判有罪后,从事注册会计业务的资格被暂停,致使其几乎失去了所有的客户。虽然美国联邦最高法院后来以初审法院对陪审团的指示存在程序错误为由撤销了其有罪判决,但是安达信所遭受的损害已经无法挽回。当其最后倒闭时,仅在美国就造成了2.8万名员工失业,甚至引发了"水波效应",使美国经济受到严重影响。为了回应因安达信倒闭所遭受的指责,美国司法部迅速修订了关于起诉企业的指南,并开始增加不起诉协议和暂缓起诉协议在企业犯罪中的适用。2018年,美国与涉案企业达成暂缓起诉协议或者不起诉协议24件,2019年为32件,2020年为38件,2000年至今,总计已超过600件。实证研究表明,司法部更经常地对大型企业适用暂缓起诉协议或者不起诉协议。

英国自2013年通过《犯罪与法院法》引入暂缓起诉协议制度以来,截至2020年4月份,共与标准银行、劳斯莱斯、特易购等11家企业达成了合规不起诉协议。这11家企业都属于大型企业。法国自2016年通过《萨宾第二法案》确立暂缓起诉协议制度(也称"基于公共利益的司法协议")以来,负责起诉严重金融犯罪的金融检察官办公室(PNF)与涉嫌洗钱犯罪的汇丰银行瑞士支行等共11家企业达成和解协议。这11家企业也都是大型企业。大型企业不仅具有缴纳大额罚金和罚款、承担合规监管成本的经济能力,也实现了企业经营权和所有权的分离,通常还具有较为完善的内部合规机制。检察机关对其适用合规考察,既可以在得到涉案企业积极配合的情况下降低执法成本,也可以通过涉案企业积极实施"法益修复"、承担合规监管成本等方式在一定程度上实现惩罚涉案企业、起到威慑作用的目的,还可以通过合规监管敦促涉案企业重建合规计划,变革治理方式和经营模式,加强对员工尤其是高管的合规管理,逐步形成一种合规经营的企业文化,从而有效地预防企业再次实施同类违法犯罪。此外,对大型企业适用合规考察,遵循"放过企业,惩罚责任人"的合规理念,不仅不会影响企业的正常运营和存续,反而有助于提升企业主管或职员在企业经营中的规范性和正当性。①

而从中国涉案企业合规改革探索的情况来看,检察机关基于避免"办了一个案子,垮了一家厂子,下岗一批职工"的初心,主要将一些具有"家族企业"或"个人独资企业"性质的涉案"中小微民营企业"纳入合规考察的对象。这些企业既没有缴纳高额行政罚款、承担合规监管成本的经济能力,也未能建立起"产权明晰、权责明确、结构规范、制度完善、管理科学"的现代公司治理结构,即使检察机关将其纳入合规考察对象,怕也难以促使其建立起行之有效的合规计划。一套有效的合规计划至少包含四个要素:一是制定一部合规"宪章";二是建立独立、权威和有资源保障的合规组织体系;三是针对特定合规风险制定合规政策和员工行为指南;四是针对合规风险建立预防、监控和应对三大合规实施程序。② 显然,指望合规基础较差的"中小微企业"通过短时间的合规考察建立具备上述要素的合规计划是不现实的。未来,随着涉案企业合规改革的持续推进,检察机关应当将合规考察制度更多地适用于大型企业尤其是上市公司,激励其完善合规管理体系,发挥合规计划减少和预防同类违法犯罪的作用。当然,刑事合规是所有类型企业都应当遵守的经营底线。③ 不过,对于涉嫌犯罪的中小微企业,检察机关则应更多地通过"酌定不起诉+合规检察建议"的方式,激励其"健全制度、加强管理、堵塞漏洞",从而降低再次违法犯罪的可能性。即使对中小微企业适用合规考察,也不能要求其建构高标准的刑事合规计划,但"应当具备预防机制、识别机制和反应机制及其中的部分核心要素,对核心要素的具体要求可以视情况降低"。④

---

① 参见唐益亮:《新加坡企业合规不起诉的结构与特色》,载《人民法院报》2021年7月23日。
② 参见陈瑞华:《有效合规计划的基本标准——美国司法部〈公司合规计划评价〉简介》,载《中国律师》2019年第9期。
③ 参见陶朗道:《民营企业刑事合规的解构与展望》,载《浙江工商大学学报》2021年第1期。
④ 参见李玉华:《有效刑事合规的基本标准》,载《中国刑事法杂志》2021年第1期。

三、企业合规考察的证据条件

在美国,无论是处理公司犯罪,还是处理自然人犯罪,检察官在进行公诉裁量时都遵循着同样的证据标准。美国律师协会《关于检察职能的刑事司法标准》就"提起和维持公诉的最低要求"规定:"(1)只有在合理地相信有合理根据支持指控、可采证据足以排除合理怀疑地支持定罪,并且决定起诉符合司法利益时,检察官才能寻求或者提出犯罪指控。(2)提起公诉以后,只有当检察官继续合理地相信存在合理根据、可采证据足以排除合理怀疑地证明支持定罪时,检察官才能维持公诉。"显然,检察官对涉案企业适用审前转处程序也遵循着该最低要求。在英国,检察官在裁量是否适用暂缓起诉协议时,首先就要判断案件是否符合证据条件,即是否有"足以定罪的现实预期"或者"低证明标准",能够证明"有构成犯罪的合理怀疑",而且"合理时间内继续调查,能否发现足以达到较高标准证据的合理可能"。在加拿大,只有检察官认为有合理的定罪可能,才可以与指控犯有罪行的组织进行有关"补救协议"的谈判。

中国检察机关在涉案企业合规改革探索中,对涉案企业适用合规考察制度,也坚持了"案件事实清楚,证据确实、充分"的法定证明标准。例如,深圳市宝安区人民检察院《企业犯罪相对不起诉适用改革机制试行办法》第4条明确规定:"对犯罪嫌疑企业适用相对不起诉机制,应符合以下条件:(一)犯罪事实清楚、证据确实充分的……"再如,辽宁省人民检察院等《关于建立涉罪企业合规考察制度的意见》第6规定:"对涉罪企业适用合规考察制度的案件应当同时符合下列条件:……(二)犯罪事实清楚,证据确实、充分……"这意味着,如果检察机关在审查起诉过程中发现在案证据不足以认定企业涉嫌经济犯罪的,不能对其适用合规考察制度。

毕竟,检察机关在适用合规考察制度时,都要求涉案企业签署认罪认罚具结书,而按照"两高三部"《关于适用认罪认罚从宽制度的指导意见》的要求,办理认罪认罚案件,仍须坚持法定证明标准,提起公诉应当做到犯罪事实清楚,证据确实、充分,防止因犯罪嫌疑人、被告人认罪而降低证据要求和证明标准。对犯罪嫌疑人、被告人认罪认罚,但证据不足,不能认定其有罪的,检察机关只能依法作出不起诉决定。而且,即使涉案企业被纳入合规考察程序,后续也可能因为实施新的犯罪、被发现漏罪需要追诉、合规计划存在虚假记载或重大遗漏、拒不实施或变相不实施合规计划、拒不配合考察机关监督考察等被终止合规考察,或者合规整改达不到验收标准,即未能在考察期内实施有效的合规计划,检察机关仍然可能会对其提起公诉。

特别是,从保护民营企业的角度出发,也不应当放宽合规考察案件的证据条件。如果允许检察官在证据较为薄弱的情况下与涉案企业就案件是否适用合规考察制度进行协商,不仅会导致合规考察案件质量下降,而且也不能响应"能不捕的就不捕,能不诉的就不诉"的刑事政策。只有坚持法定证明标准,才能有效防止检察机关滥用合规考察制度,侵犯涉案企业的合法权益。对于事实不清、证据不足的涉企案件,检察机关如果发现涉案企业经营管理上存在合规漏洞和风险,可以在作出存疑不起诉决定后,向其发出合规检察建议,以督促其针对违法犯罪事实,进行有针对性的合规整改,防止其再次实施同类违法犯罪。

四、企业合规考察的公益条件

公共利益考量是现代各国检察机关进行公诉裁量时应遵守的一项基本原则[1],处理公司犯罪案件更不例外。甚至,公共利益考量还被看作美国企业犯罪审前转处程序建立的核心考量。[2] 英国法律还为检察官适用暂缓起诉协议确立了公共利益条件,即适用暂缓起诉协议更加符合公众利益。[3] 当然,"公共利益"的衡量是较为复杂的,就一般案件而言,"公共利益"考量因素至少包括:罪行的严重性、犯罪的情节、被害人及相关损害、案件对社会的影响、起诉的恰当性、案件信息的来源与公开等。对于企业犯罪,2014年《DPA守则》又从正反两个维度对额外的"公共利益"考量因素进行了较为详细的列举(强调非穷尽式列举)[4]:一是支持起诉的额外公共利益因素,包括:类似的行为历史(包括先前针对公司和/或其董事/合伙人和/或大股东的刑事、民事、监管执法行为);被指控的行为是公司既定商业惯例的一部分;该罪行是在该公司没有(有效的)合规计划时犯下的,而且自那以后,该公司的合规计划也没有明显改善;该公司此前曾受到警告、制裁或刑事指控,但仍继续从事此类

---

[1] 参见李玉萍:《论公诉裁量中的公共利益衡量》,载《政法论丛》2005年第1期。
[2] 参见陶朗逍:《美国企业犯罪的审前转处协议研究》,载《财经法学》2020年第2期。
[3] 参见杨宇冠、张沈锶:《英国DPA在处理公司刑事合规案件中的适用及借鉴》,载《经贸法律评论》2021年第2期。
[4] Deferred Prosecution Agreements Code of Practice(2013),para. 2.5,2.8.1.

行为,或未能采取足够行动来预防未来发生的违法行为;在发现违法行为后,没有在合理时间内报告违法行为;报告违法行为,但未核实的,或在明知或确信其不准确、具有误导性或不完整的情况下报告的;直接或间接对违法行为的受害者造成重大损害的,或对市场、地方、国家政府的廉洁性或公信力造成重大不利影响的。二是不支持起诉的额外公共利益因素,包括:合作;公司和/或其董事/合伙人和/或大股东没有类似的刑事、民事、监管执法行为的前科;公司在违法行为发生时和报告时均有积极的合规计划,虽然在当时未能奏效;违规行为代表的是个人的孤立行为,比如是一个流氓董事的行为;违法行为不是最近才发生的,目前的公司已经与违法行为发生时的公司本质上不同,例如公司可能已被其他机构接管;公司已不在相关行业或市场经营;公司的管理团队可能已经完全改变;可能会对所有负有责任的个人采取纪律处分(包括酌情解雇);公司结构或流程已进行了调整,以最大限度地降低再犯的风险。

在加拿大,就公共利益的衡量而言,检察官必须考虑以下因素:调查当局注意到构成犯罪基础的作为或不作为的情形;该作为或不作为行为的性质和严重性,及其对受害者的影响;该组织高级管理人员参与该作为或不作为的程度;该组织是否对涉及该作为或不作为的人采取了纪律处分,包括终止雇用;该组织是否已作出赔偿或采取其他措施,以补救该作为或不作为所造成的损害,并防止类似行为的发生;该组织是否已经确定,或表示愿意识别,与该作为或不作为有关的不法行为人;该组织(或其代表)是否被裁定犯罪,或受到监管机构的制裁,或者该组织是否因类似行为而在加拿大或其他地方订立了先前的补救协议或其他解决方案;该组织或其代表是否被指控犯有其他任何罪行;以及检察官认为相关的任何其他因素。[1]

而在中国,《刑事诉讼法》至今尚未对"公共利益考量"在公诉裁量中的地位和作用作出明确规定。长期以来,检察机关无论是处理自然人犯罪,还是处理企业犯罪,都主要关注犯罪事实、情节是否清楚,证据是否确实、充分,犯罪性质和罪名的认定是否正确、是否应当追究刑事责任等因素,而通常不会对社会公共利益进行考量。对于企业犯罪,检察官通常也不大关注起诉涉案企业可能对企业、员工、投资人、股东、上下游合作伙伴、消费者等无辜第三方造成的严重损害,以及起诉可能给当地经济、行业的商业信誉、国家的监管信

---

[1] 参见加拿大《刑事法典》附表12"补救协议"(Remediation Agreements)。

誉带来的消极影响。对涉嫌犯罪的民营企业投资者、经营管理者、关键岗位人员，常常是"构罪即捕""一诉了之"。而一旦案件被诉到法院，涉案企业和相关责任人基本上难逃被定罪的命运。这种针对企业犯罪的机械执法，不仅不利于激励涉案企业和相关责任人员积极配合公安司法机关的执法工作，以至于浪费了宝贵的司法资源，也往往会给社会公共利益带来严重损害。①

近年来，检察机关已逐步认识到这种忽视"社会效果"考量的企业犯罪处理方式所存在的弊端，针对涉企刑事案件的刑事司法政策也在悄然变化。时任最高人民检察院首席大检察官张军曾多次强调，检察机关在办理涉及民营企业的案件时，要综合运用好刑事司法政策，能不捕的就不捕，能不诉的就不诉，能判缓刑的就提出缓刑的量刑建议，其目的就是防止"案子办了，企业垮了"。有些省级检察机关还专门发布了《查办涉企案件经济影响评估制度》，要求检察机关在查办涉企案件时，评估案件的查处工作可能对企业经营产生的影响，目的也是把办案可能对经济生活及企业正常经营活动产生的负面影响降至最低。② 这意味着，中国检察机关正在为企业犯罪案件的处理注入公共利益考量。

事实上，作为公众利益的守护者，检察机关如果在决定对涉案企业适用合规考察制度时，能够将社会公共利益作为新砝码，不仅可以有效地防止合规考察过程中检察裁量权的不当行使，也可以确保涉企刑事案件的处理能够符合社会公共利益。当然，公共利益衡量无法抽象实现，必须在个案中进行具体分析方能完成。③ 检察机关在进行公共利益衡量时，应当重点考量企业涉嫌的犯罪性质、情节和危害后果，企业的经营规模、经营状况、纳税情况、容纳就业情况、发展前景，企业是否有违法犯罪前科，企业高层的参与广度、深度，以及起诉企业对没有参与犯罪行为的无辜第三方诸如企业员工、投资人、股东、上下游产业链对企业经营发展、所在行业和当地经济发展等可能造成的负面影响大小等因素。如果检察机关认为起诉涉案企业将可能对社会公共利益造成严重影响，就可以在其他条件符合时将涉案企业纳入合规考察程序。

---

① 参见陈瑞华：《论企业合规的中国化问题》，载《法律科学（西北政法大学学报）》2020年第3期。
② 张吟丰、唐龙海：《湖南检察机关建立查办涉企案件经济影响评估制度》，载《检察日报》2016年3月25日。
③ 参见王敬波：《政府信息公开中的公共利益衡量》，载《中国社会科学》2014年第9期。

五、企业合规考察的合作条件

在美国,《联邦检察官手册》要求检察官在裁量是否对涉案企业适用审前转处程序时,应考量其是否及时自愿地披露不法行为,以及是否有合作意愿,包括必要时放弃"律师—客户特免权"(attorney-client privilege)。甚至,企业是否为有责任的公司职员支付律师费都成了检察官考量的因素。在著名的毕马威(KMPG)案中,检察官就以"并没有充分显示合作意愿"为由,要求公司停止对员工的诉讼费用支持,公司也确实停止了对不合作员工的诉讼费用支持。暂缓起诉协议签订后,公司又停止了对受到追诉的员工的诉讼支持,以显示其"完全的合作意愿"。① 英国也将涉案企业在合理时间内披露违法行为等合作表现作为不支持起诉的公共利益要素予以考量。涉案企业没有及时报告违法行为或所报告的内容不能得到证实或者故意报告不准确、不完全、误导性的信息,都是可能阻碍暂缓起诉协议适用的因素。2014年,英国反严重欺诈办公室与标准银行(Standard Bank PLC)达成了英国历史上第一份暂缓起诉协议。根据这份协议,涉案公司必须在考验期内与反严重欺诈办公室和其他调查机构进行充分和诚实的合作。在加拿大,涉案企业是否就其不法行为作出过报告和承认,以及是否与政府保持了合作,都是检察官签署暂缓起诉协议的考量因素之一。在法国,金融检察官办公室与涉案企业达成和解协议,也要求其承认检察机关提供的事实陈述及其法律意义,也就是承认这些事实构成公司被指控的罪行。但这种承认不等于有罪供述,也不会产生任何犯罪记录。②

显然,将是否承认主要指控事实、积极地与执法机关展开合作等,作为是否对涉案企业适用不起诉协议或者暂缓起诉协议的考量条件之一,有利于激励涉案企业配合执法部门的调查和起诉,进而有利于节约调查资源、提高执法效率。众所周知,随着企业规模的扩大,内部的治理结构和经营活动将变得越来越复杂,这使得企业犯罪也会越来越隐蔽,执法机关调查企业犯罪的难度也相应加大。③ 如果涉案企业基于获得"出罪"机会、从轻处罚的考虑,能够积极地配合执法调查,向执法机关提供相关内部材料,鼓励员工接受执法机

---

① 参见李本灿:《域外企业缓起诉制度比较研究》,载《中国刑事法杂志》2020 年第 3 期。
② 参见陈瑞华:《企业合规视野下的暂缓起诉协议制度》,载《比较法研究》2020 年第 1 期。
③ 参见李勇:《检察视角下中国刑事合规之构建》,载《国家检察官学院学报》2020 年第 4 期。

关的询问,帮助执法机关及时收集、固定相关证据,帮助执法机关识别涉嫌违法犯罪的责任人,放弃诸如律师保密特权等相关权利,既可以大大节省执法机关的人力、物力、财力,也可以大大减少执法机关在调查取证等方面的阻碍。

而从中国涉案企业合规改革试点实施以来的情况来看,检察机关普遍将涉案企业和相关责任人签署认罪认罚具结书作为适用合规考察制度的前提条件。例如,辽宁省人民检察院等《关于建立涉罪企业合规考察制度的意见》第6条就将涉案企业及直接负责的主管人员和其他直接责任人员对主要犯罪事实无异议,且自愿认罪认罚作为适用合规考察制度的条件之一;再如,深圳市宝安区人民检察院《企业犯罪相对不起诉适用机制改革试行办法》第4条也将"自愿认罪认罚"作为对犯罪嫌疑企业适用相对不起诉机制的条件之一。最高人民检察院发布的企业合规改革试点典型案例,也强调了认罪认罚从宽制度在企业合规改革中的载体意义。认罪认罚从宽处理制度没有适用罪名和可能判处刑罚的限定,所有刑事案件包括企业犯罪案件都可以适用。① 在改革的初期,试点检察机关将合规考察制度与认罪认罚从宽制度紧密结合在一起,确实具有一定的合理性。这不仅是因为二者同属合作性司法模式,也是因为只有涉案企业"自愿承认指控的犯罪事实",才能体现出对执法机关的配合,也才能进行实质性的合规整改。但是,考虑到作为一种崭新的司法制度,合规考察制度的价值目标毕竟与认罪认罚从宽制度有明显的不同,认罪认罚从宽制度以节约司法资源、提高诉讼效率为主要目标,而合规考察的价值目标则更多地侧重于推动企业变革治理结构,预防其再次实施同类违法犯罪,未来的制度设计还是应将二者加以剥离,使合规考察制度的启动既能体现合作性司法的理念,又可不以涉案企业签署认罪认罚具结书为前提,甚至可以不要求涉案企业"认罪"。只要涉案企业能够自愿承认"主要指控事实",检察机关就可以结合涉案企业在侦查阶段中的配合情况,来决定是否对其适用合规考察。

不过,由于企业犯罪在中国主要由公安机关、监察机关立案侦(调)查,检察机关一般只能在案件符合犯罪事实清楚、证据确实充分等起诉条件被移送审查起诉后,才能通过听取侦查机关、调查机关的意见等途径,对涉案企业的配合情况有更为全面的了解,这显然不利于对涉案企业尽快启动合规考察,不仅影响了保护涉案企业的效果,也无法通过合规考察制度激励涉案企业配

---

① 参见"两高三部"《关于适用认罪认罚从宽制度的指导意见》第5条。

合侦(调)查,从而难以发挥合规考察节约调查资源、减少调查阻碍的功能。而且,检察机关通过合规考察对涉案企业"出罪",使侦查成果被否定,还容易引发侦(调)查机关的排斥。而没有侦(调)查机关的必要配合和支持,涉案企业合规改革是很难取得成功的。为此,在短期内不大可能赋予检察机关直接侦办企业犯罪权限的背景下,应明确检察机关可在企业犯罪案件中提前介入侦(调)查程序,未来如果可以针对企业犯罪确立"暂缓立案"程序,还应允许检察机关介入到此程序中来,以便及时跟进案件进展,听取侦(调)机关的意见和建议。这既可引导侦(调)查机关全面、细致、客观地收集证据,也可以在案件基本符合合规考察的条件时,尽早地与涉案企业就合规考察展开协商、对话,从而激励涉案企业积极配合侦(调)查,提升企业犯罪案件的侦(调)查效率。

六、企业合规考察的合规条件

"企业是否已经建立了合理、适当的合规计划",是美国司法部的指导文件要求检察官在裁量是否对涉案企业适用审前转处程序的重要考量因素。在实践中,对于那些已经建立了合规计划但合规计划有待完善的涉案企业,检察官更愿意通过审前转处程序来督促其完善合规计划,以实现刑罚的惩罚、威慑和矫正功能。在英国,反严重欺诈办公室2014年发布的《DPA守则》也将"违法行为发生时和报告时均有积极的合规计划(虽然在当时未能奏效)"作为促成暂缓起诉协议的考量因素。在加拿大,"企业是否表现出对其商业行为和企业文化加以改革的真诚意愿",也是检察官决定是否签署暂缓起诉协议的考量因素。在法国,《萨宾第二法案》也要求检察官在签署暂缓起诉协议时,应考量涉案企业是否同意在反腐败局的监控下,在第三方独立专家的协助下,在3年之内建立或完善合规制度。无论是案发时已经存在适当的合规计划,还是案发后同意完善合规计划,都表明涉案企业具有对犯罪的自我预防意识,其主观恶性和社会危害性较小,而且合规整改的难度也较小,检察机关对其适用合规考察,更可能在考察期内帮助其改善治理结构,消除违法犯罪的潜在原因,从而使合规考察更有可能发挥替代刑罚的预防功能。

在中国涉案企业合规改革的探索过程中,检察机关在决定对涉案企业适用合规考察制度时,也要审查企业是否具有合规建设的可能或意愿,是否按照要求提交了合格的合规计划或者合规承诺书,以及是否提交了诸如公司介绍、知识产权证明、社保参保凭证、纳税证明、营业执照及各类许可等支持性材料。对于自愿接受合规监督考察的涉案企业,检察机关可与其签订刑事合规监管协议,要求涉案企业建立健全刑事合规体系,相关责任人应予以协助。按照《第三方机制指导意见》的规定,涉案企业提交的合规计划,主要围绕与企业涉嫌犯罪有密切联系的企业内部治理结构、规章制度、人员管理等方面存在的问题,制定可行的合规管理规范,构建有效的合规组织体系,健全合规风险防范报告机制,弥补企业制度建设和监督管理漏洞,防止再次发生相同或者类似的违法犯罪。当然,对于涉案企业而言,要确保自己所提交的合规计划能够得到检察机关的认可,可能需要聘请合规律师团队,协助其针对企业涉嫌的罪名开展合规自查,调查并分析违法行为发生的原因、企业合规管控的漏洞。只有识别出违法行为背后的管控漏洞,才能明确合规整改的重点和方向。甚至,应将合规自查作为检察院决定是否对企业适用考察机制的考量因素之一,让合规自查成为涉案企业的"必选动作"①。

此外,按照《第三方机制指导意见》的规定,对于涉案企业自愿适用第三方监督管理机制的,试点地区人民检察院可以根据案件情况,决定交由第三方机制管委会选任组成的第三方组织,对涉案企业的合规承诺进行调查、评估、监督和考察。第三方组织应当对涉案企业合规计划的可行性、有效性与全面性进行审查,提出修改完善的意见建议,并根据案件具体情况和涉案企业承诺履行的期限,确定合规考察期限。对于负责案件办理的检察机关而言,则应对涉案企业的合规计划、定期书面报告进行审查,向第三方组织提出意见建议。在合规考察期届满后,第三方组织还应对涉案企业的合规计划完成情况进行全面检查、评估和考核,并制作合规考察书面报告,报送负责选任第三方组织的第三方机制管委会和负责办理案件的人民检察院。

不过,就第三方机制而言,未来首先需要进一步明确其适用条件问题。域外国家大都建立了明确的必要性原则,并非所有案件都应当约定设置第三方监管人。只有依据案情,在有限的、必要的情况下,才应当设置第三方监管人。例如,企业没有有效合规计划,或必须有监管人协助其建立内控机制时,才需要约定设置第三方监管人。对于已经建立有效合规计划的企业,检察官可以免除其聘请第三方监管人的义务。实践中,在合规难度较高的大企业、复杂行业、域外执法等案件中才设置第三方监管人。此外,也要考虑企业的

---

① 参见吴巍、张双:《涉案企业合规考察实务案例分享之二:合规自查应成为涉案企业的"必选动作"(下)》,载重庆妙珠律师事务所官网,http://www.cqlsw.net/business/theory/2021072937454.html,访问日期:2021年8月2日。

经济条件是否能够承受合规监管的成本。只有设置第三方监管人的利益明显大于成本时，检察官才会为涉案企业设置监管人。如果在协商协议时，企业的合规及内控体系已经足够有效，且其运行已经投入了恰当的资源，则基本不会对该企业设置第三方监管人。其次，还应明确第三方监管人的基本性质、资质、职能以及意见冲突解决方式等细节。最后，当前《第三方机制指导意见》建立的随机抽选方式，也未能尊重企业在监管人选任过程中的意见，易增加监管工作的难度。可以借鉴域外国家的做法，采取检察官提名三人或涉案企业提名三人，由另一方在提名人选中选出。任命企业认可的监管人，是二者配合落实合规整改工作的重要前提。

七、企业合规考察的补救条件

根据《霍尔德备忘录》的规定，公司是否采取了诸如支付罚金等补救行动，是美国检察官在处理企业犯罪时需要考虑的重要因素之一。罚金额度一般根据《美国联邦量刑指南》要素确定，包括基础罚款额度、罪责评分、最小和最大乘数等，而具体的数额和交付期限则由检察官与涉案企业协商确定。但总体数额通常不仅包括刑事罚金，还包括企业应付的民事罚金以及损害赔偿。在美国证券交易委员会和美国司法部实施的《反海外腐败法》执法历史上，2008年对德国西门子公司的罚款创下最高纪录。[①] 西门子公司根据与美国证券交易委员会和美国司法部达成的行政和解协议，分别上缴了3.5亿美元的不正当利益和4.5亿美元的高额罚款。2018年，美国司法部和纽约南区检察官办公室与法国兴业银行达成暂缓起诉协议，兴业银行同意向美国政府和纽约州政府支付8.8亿美元的刑事罚款，以换取联邦和州检察机关在约定的3年考验期内不对其涉嫌的共谋犯罪提起公诉。仅在该年内，美国就通过暂缓起诉协议和不起诉协议收取了总额高达81亿美元的罚金。[②] 在加拿大，检察官在决定是否对涉案企业适用暂缓起诉协议时，也要考量其"是否已作出赔偿或采取其他措施，以补救由于该作为或不作为所造成的损害，并防止类似行为的发生"。在法国，根据《萨宾第二法案》，检察机关签署暂缓起诉协议的条件是，企业需要缴纳不超过过去3年平均年营业额30%的罚款。在那些有明确被害人的案件中，企业还需要在1年之内按照约定方式赔偿被害人

---

① 参见陈瑞华：《西门子的合规体系》，载《中国律师》2019年第6期。
② 参见陶朗道：《美国企业犯罪的审前转处协议研究》，载《财经法学》2020年第2期。

的损失。2017年,法国金融检察官办公室与涉嫌洗钱犯罪的汇丰银行达成了和解协议。根据该协议,汇丰银行瑞士支行同意支付总额达3亿欧元的罚款和赔偿,其中1.42亿欧元属于对法国的赔偿金,8600万欧元属于对涉案银行利润的没收金,7200万欧元属于对涉案银行的罚款。①

可见,上述各国对暂缓起诉协议和不起诉协议的适用,只是让那些涉案企业暂时避免了被审判和定罪的命运,但却没有让其完全逃脱处罚。因为,在与执法机关达成和解协议后,涉案企业大多需要缴纳大额乃至天价的罚款(数额通常要多于其被定罪后所需缴纳的刑事罚金)。如果涉案企业未能在约定期限内履行缴纳罚金等协议义务,检察官仍然有权继续对其的诉讼。②这意味着,审前转处程序或暂缓起诉协议的适用,可以使涉案企业受到严厉的经济处罚,为自己的违法犯罪付出代价,并借此发挥刑罚所固有的惩罚和威慑功能,甚至在此方面还具有更为理想的效果。③

在中国的涉案企业合规改革探索过程中,一些检察机关也将涉案企业是否有退赃退赔、补缴税款、修复环境等补救挽损的可能,作为决定是否对其适用合规考察的条件之一。根据辽宁省人民检察院等《关于建立涉罪企业合规考察制度的意见》第6条第2款的规定:检察机关如果要对有被害人的案件适用合规考察制度,涉案企业须向被害人赔礼道歉、积极赔偿损失;涉嫌危害税收征管犯罪的,涉案企业应按照税务机关要求补足税款、滞纳金及罚款;涉嫌破坏环境资源保护的犯罪案件,涉案企业应按照自然资源管理部门或生态环境主管部门的要求足额缴纳环境资源修复相关资金或已恢复原状。这种以"补救挽损"为前提条件的合规考察,既在一定程度上保护了国家和社会利益,也特别注意到了被害人获得赔偿的利益诉求。而且,按照辽宁省人民检察院等《关于建立涉罪企业合规考察制度的意见》的规定,在决定对涉案企业适用合规考察制度前,检察机关必须听取被害人及其诉讼代理人的意见。这显然有助于保障被害人在合规考察案件中的知情权、参与权,从而有助于消解被害人对适用合规考察的抵触情绪,避免合规从宽可能引发的"后遗症"。

不过,如前所述,合规考察制度主要适用于"中小微企业"特别是一些陷入经营困境的"中小微民营企业",这些"中小微民营企业"有时就连承担赔偿被害人、退款退赃、补缴税款、修复环境等补救挽损义务都很勉强,更不要说

---

① 参见陈瑞华:《企业合规视野下的暂缓起诉协议制度》,载《比较法研究》2020年第1期。
② 参见陶朗逍:《美国企业犯罪的审前转处协议研究》,载《财经法学》2020年第2期。
③ 参见陈瑞华:《企业合规视野下的暂缓起诉协议制度》,载《比较法研究》2020年第1期。

缴纳高额罚款了。此外,中国检察机关作为宪法和法律规定的国家法律监督机关,并不拥有对涉案企业进行罚款的权力,而只能通过检察建议等方式督促行政机关对涉案企业进行行政处罚。例如,在2021年6月3日最高人民检察院发布的企业合规改革试点典型案例之一"张家港市L公司、张某甲等人污染环境案"中,检察机关就在对涉案企业"合规不起诉"后,依法向生态环境部门提出对该公司给予行政处罚的检察意见。2021年3月,苏州市生态环境局根据《水污染防治法》的有关规定,对L公司作出行政处罚决定。不过,由于公布的信息有限,具体罚款数额还不得而知。但从同批公布的新泰市J公司等建筑企业串通投标系列案件来看,罚款数额不可能太高。因为,在新泰市J公司等建筑企业串通投标系列案件的合规建设过程中,6家涉案企业总共只缴纳了171万余元行政罚款,这无疑会在一定程度上影响合规考察制度应当发挥的惩罚涉案企业、教育潜在犯案企业的功能。未来,检察机关将合规考察更多地适用于大型企业,并提高罚款额度,或许并不难实现。因此,就合规考察制度的建构而言,无论是否能够建立起一体化的行政处罚制度,并赋予检察机关实施行政处罚的权力,都必须首先明确要求检察机关将涉案企业履行"补救挽损"义务作为适用合规考察的前提条件。

八、余论

在美国,检察官在对企业犯罪适用暂缓起诉协议和不起诉协议方面享有极大的裁量权,法官虽可对检察官与涉案企业达成的暂缓起诉协议进行审查,但这种审查基本上是流于形式的。因此,实践中出现检察官滥用自由裁量权遭受质疑的案例也就不可避免。Upper Big Branch矿业案就是一个典型的例子。2010年4月5日,位于美国西弗吉尼亚州蒙特考尔(Montcoal)附近的梅西能源旗下的Upper Big Branch矿井发生大爆炸,29名矿工丧生。历经20个月的调查,联邦矿业安全与健康监察局(Mine Safety and Health Administration,以下简称"MSHA")认定这些工人死于Upper Big Branch矿井中发生的甲烷和煤尘爆炸,这起事故是"完全可以避免的"。MSHA查明,Upper Big Branch存在300多起违反《联邦矿业安全与健康法》(Mine Safety and Health Acts)的行为,其中包括9起导致此次爆炸事故发生的明显违法行为。由于在安全调查中并没有发现任何常见的防范措施,MSHA的结论是梅西能源的非法政策和行为是导致Upper Big Branch矿难的根本原因。就在

MSHA发布了一份972页的调查报告,揭露梅西能源内部的不法行为的同一天,司法部宣布将与梅西的新东家达成不起诉协议,因此不会对该公司提起刑事指控。该案最终以涉案公司支付2亿余美元的款项、完善合规计划结案。联邦检察官认为不起诉是合理的,因为梅西的新东家已经同意加强其合规项目。甚至,该检察官还将不起诉协议描述为"有史以来针对矿难的刑事调查中最伟大的解决方案"。而有学者则认为,该案达成不起诉协议的解决方式,消解了公司的刑事责任,有违法治精神,与社会公共利益的要求严重不符。[①]

尽管批判的声音一直存在,但是近年在美国仍有检察官在造成人员伤亡的企业犯罪案件中适用暂缓起诉协议的情况,例如哥伦比亚煤气爆炸案。2020年,尼索思公司(NiSource Inc.)旗下的煤气子公司发生了爆炸事件,1人死亡,22人受伤,周围房屋毁损。调查显示该爆炸事件是该子公司的安全管理疏漏造成的,母公司也负有监管不力的责任。最终,子公司被定罪、判刑,但司法部决定与母公司签署为期3年的暂缓起诉协议,并要求其赔偿损失、出售煤气业务、支付5300万美元的罚款(这是美国《管道安全法案》相关案件中额度最高的罚款)。或许,正是出于对检察官滥用自由裁量权的担忧,英国、法国、加拿大、新加坡等国家不仅没有引入美国那种完全由检察官裁量决定的不起诉协议制度,而且在引入暂缓起诉协议制度时,也使其受到较为严格的司法审查,并保证其适用的公开性和透明度。特别是在英国的暂缓起诉协议程序中,法庭审理可以说起到了举足轻重的作用。对于诸如协议的启动谈判、谈判结果的初步同意与最终公开、协议违约判定、协议到期的终止或延期以及协议条款等具体事项,法官都承担着实质审查的功能。如认为暂缓起诉协议不符合司法利益,法官有权不通过该协议。[②] 而中国目前推行的涉案企业合规改革尚少看到法院参与进来的迹象,立法上或将增设的企业附条件不起诉制度,最终很可能也不会引入司法审查,审判机关没有机会对合规考察的正当性、监管协议的恰当性、合规从宽的公正性进行审查。而且,基于保护涉案企业的考虑,试点检察机关也没有将那些被纳入合规考察对象的企业向社会公开。从最高人民检察院发布的四批企业合规改革试点典型案例来看,公众不要说查阅合规考察申请书、合规承诺书、合规考察报告、不起诉决定书等相关材料了,就连涉案企业的真实名称都无从知悉。

---

① David M. Uhlmann, "Deferred Prosecution and Non-Prosecution Agreements and the Erosion of Corporate Criminal Liability", 72 *Maryland Law Review* 1295, 1295-344(2013).

② 参见杨宇冠、张沈锶:《英国DPA在处理公司刑事合规案件中的适用及借鉴》,载《经贸法律评论》2021年第2期。

因此,为提升企业合规考察制度的公信力,防止合规考察过程中检察裁量权的滥用,消除社会公众的疑虑和担忧,减少企业合规改革可能出现的各种风险,检察机关在确定合规考察对象时,除了应审查案件是否符合前文讨论的对象条件、证据条件、公益条件、配合条件、合规条件、补救条件以外,还应考虑在完善现有意见听取机制的基础上引入公开听证程序。① "听证公开是抵御不当决定的一个重要措施"②,特别是对那些可能引发重大舆情的案件,检察机关如果拟将其纳入合规考察对象,必须主动举行听证会,打好检察听证与企业合规"组合拳"。③ 听证会应由检察机关主持,侦(调)查机关、行政机关、涉案企业及其辩护人、被害人及其诉讼代理人等相关各方均可参与,人大代表、政协委员、人民监督员甚至普通公民都可以旁听。只是,涉及国家秘密、商业秘密、个人隐私等的信息,不得在听证会上公开。通过公开听取公安机关、行政机关等各方面的意见,检察机关可以对企业自身状况、行业情况、配合情况等有更为全面的了解,进而才能更为客观地对案件是否符合合规考察的适用条件作出判断。此外,对于被纳入合规考察对象的案件,检察机关应将其具体情况以及合规考察申请书、合规承诺书、合规计划、适用第三方监督管理机制承诺书等相关材料,在最高人民检察院的网站上予以公布,以便接受社会各界的监督。这不仅有助于增强合规考察的透明度和公信力,也有助于规范合规考察中的检察裁量权。

　　为了保证合规考察制度的慎重适用,未来甚至可以考虑将合规考察案件交由设区的市一级以上人民检察院办理。最高人民检察院、省级人民检察院可以自行决定办理合规考察案件,也可以将案件交由指定的省级人民检察院、设区的市级人民检察院办理。基层人民检察院发现本院办理的案件符合合规考察条件的,可以请求移送上级人民检察院办理。当然,对有合规必要的企业犯罪案件,基层人民检察院可以通过向其制发检察建议的形式,督促其开展合规建设,积极防控违法犯罪。可以预见,将合规考察制度交由较高级别的检察机关适用,不仅有助于防止合规考察的滥用,也有助于制定可行的企业合规指引,进而发挥合规考察的示范引领作用。

---

　　① 例如,辽宁省人民检察院等《关于建立涉罪企业合规考察制度的意见》第8条第2款就规定,检察机关在对涉案企业决定适用合规考察制度前,应当听取侦查机关、调查机关、被害人及其诉讼代理人的意见。
　　② 〔美〕迈克尔·D.贝勒斯:《程序正义——向个人的分配》,邓海平译,高等教育出版社2005年版,第73页。
　　③ 彭玉:《认真对待检察听证》,载《检察日报》2021年8月6日。

第五章　企业合规中检察裁量权的规制

> 检察机关主导的涉案企业合规改革虽有法律依据和理论根基,也取得了较好的政治、法律、社会和经济效果,但对这项改革的质疑从未停止过。究其原因,很大程度上是作为改革依托的检察裁量权在一定程度上得以扩张,且在行使中存在诸如将合规考察适用于企业仅涉案而不涉罪的"企业家"个人犯罪,并依据涉案企业合规整改合格直接对"企业家"作出不起诉处理等有争议的做法。尽管检察机关在改革规划中也设置了层报省级检察机关审批、第三方监督评估、合规验收听证程序等权力制约机制,但尚不足以有效防止涉案企业合规中检察裁量权的滥用,也无法消除人们对其平等性、公正性的疑虑。为确保此项改革的持续深化,进而确保已取得的积极成果能为《刑事诉讼法》第四次修改所接纳,不仅需要将公共利益衡量原则和比例原则作为企业合规案件办理中检察裁量权行使的基础,也需要从办案模式选择、整改程序启动、合规监督考察、企业合规激励等企业合规案件办理的关键环节入手,通过立法规制、检察内部规制、法院司法审查规制、社会力量规制等多条路径,对涉案企业合规中的检察裁量权进行有效规制。

一、问题的提出
二、办案模式选择上的规制
三、整改程序启动上的规制
四、合规监督考察上的规制
五、企业合规激励上的规制
六、余论

一、问题的提出

从 2020 年 3 月至今,我国检察机关主导推动的涉案企业合规改革已经走过了四年多的发展历程。虽然这场对企业犯罪治理影响深远的重大改革有法律依据和理论支撑,其实践探索也取得了较好的政治、法律、社会与经济效果,但随之而来的争议乃至质疑却从未停止过。究其原因,不仅是改革所依托的检察裁量权得以扩张,而且该权力在行使过程中出现了一些偏差。诸如办案模式选择上的滥(混)用、整改程序启动上的选择性、合规整改验收上的"走过场"、企业合规激励上的不当乃至过度从宽等问题,都引发了人们对此项改革平等性、公正性的担忧。这种担忧甚至可能成为改革持续深化乃至被立法确认的阻碍因素。因此,在《刑事诉讼法》的再次修改已被十四届全国人大常委会列入立法议程的大背景下,如何在充分尊重本土制度创新和适当借鉴域外经验的基础上,提炼、总结和建构涉案企业合规中检察裁量权规制的科学方法和合理路径,是一个需要认真对待的问题。

尽管改革的决策者和有关研究者已认识到此问题的重要性,并给予了一定的关注[1],但有效的制度供给尚显不足,已有的研究也不够全面、深入,且大多集中于如何防止检察机关在合规整改程序启动上滥用裁量权,在不少问题上也还存在着一定争议。例如,是否应将企业认罪认罚作为启动合规整改程序的前提性条件?再如,对于经营规模、业务领域、涉罪性质不同的涉案企业而言,究竟什么样的合规整改才能被认定为合格有效?又如,在合规整改验收未获通过的情况下,检察机关可否以及在什么情况下可以延长合规考察期限?等等。

有鉴于此,本书拟立足办案模式选择、整改程序启动、合规监督考察与企业合规激励等企业合规案件办理的关键环节,对涉案企业合规中检察裁量权的规制方法和路径进行系统研究,以期为改革探索与制度完善提供有益参考。笔者认为,无论是在此项改革持续深化的过程中,还是未来《刑事诉讼法》修改正式确立企业附条件不起诉制度之后,检察机关在决定如何处理涉企刑事案件时,都需要将公共利益衡量原则和比例原则作为裁量基础。根据公共利益衡量原则,只有对那些虽符合起诉条件但不起诉更符合社会公共利

---

[1] 参见李奋飞:《论企业合规考察的适用条件》,载《法学论坛》2021 年第 6 期。

益的企业犯罪案件,检察机关才可以适用合规考察,并给予实现有效合规整改的企业"出罪"的机会。作为公法领域限制公共权力、保障个人权利的"基础性原则",比例原则要求检察机关在办理企业合规案件时,应设定差异化的合规整改程序①,并审慎选择适宜的合规整改模式,确保合规考察期限、合规监管人的设定,以及涉案企业所进行的合规整改,诸如建立的合规组织、配备的合规管理人员、设定的合规监管人、投入的其他合规资源等,与涉案企业的规模、业务范围、行业特点、涉罪轻重程度相适应,并以有效的合规整改为限度,以免使涉案企业承受过度的和不必要的合规负担,也防止过度干预企业的自主经营权。② 在具体的制度设计上,未来应通过立法规制、检察内部规制、司法审查规制、社会力量规制等几种路径,对涉案企业合规中的检察裁量权进行全方位、多维度规制。

二、办案模式选择上的规制

在将企业合规整改纳入审查起诉环节的过程中,检察机关探索出了两种办案模式:一种是检察建议模式(也称相对不起诉模式),一种是合规考察模式(也称附条件不起诉模式)。由于没有全国人大常委会的立法赋权,在改革初期,检察机关基于不突破既有法律框架的考虑,一般只是以相对不起诉制度为依托,在一些小微企业涉嫌轻微犯罪案件的处理中纳入企业合规整改,即在对企业和责任人裁量作出"双不起诉"处理时③,向企业提出一种具有社会治理检察建议性质的"合规检察建议",以督促、引导和帮助其建章立制、堵塞漏洞、健全合规计划,从而实现再犯预防。④

随着此项改革的不断深入,一些大中企业涉嫌的重大单位犯罪案件逐渐被纳入试验对象的范围,检察建议模式在推进企业实现有效合规整改方面的局限性凸显出来。一些检察机关在借鉴域外企业犯罪暂缓起诉制度⑤的基础上,创造性地推出了一种具有"附条件出罪"效果的合规考察模式,一般会为涉案企业的合规整改设置一定的考察期,并启用第三方机制对涉案企业的合

---

① 在涉案企业合规改革探索过程中,一些检察机关已尝试创设了"简式合规"和"范式合规"两种整改模式。前者主要针对小微企业,后者针对大中企业。
② 参见陈瑞华:《企业合规整改中的相称性原则》,载《比较法研究》2023年第1期。
③ 参见李玉华:《企业合规本土化中的"双不起诉"》,载《法制与社会发展》2022年第1期。
④ 参见李奋飞:《论企业合规检察建议》,载《中国刑事法杂志》2021年第1期。
⑤ See David M. Uhlmann, "Deferred Prosecution and Non-Prosecution Agreements and the Erosion of Corporate Criminal Liability", 72 *Maryland Law Review* 1295, 1295-1344 (2013).

规整改进行督促、指导和评估,以消除企业经营和管理结构中的"犯罪基因",从而达到有效预防同类违法犯罪的效果。对于考察期限内实现有效合规整改的企业,检察机关将作出不起诉决定或提出轻缓量刑建议。之前的研究中,笔者也曾指出,两种办案模式各有利弊,应当区别适用于不同类型的企业合规案件。① 然而,两种办案模式的适用边界不清,也未形成明确的适用规制,为办案模式选择上的检察裁量权滥用埋下了隐患。

有的检察机关通过提前介入侦查,以清理"挂案"的名义,在案件证据不确实、不充分的情况下,对用工只有数人的微型企业也适用了合规考察模式。例如,在最高人民检察院发布的第二批企业合规典型案例"张家港S公司、睢某某销售假冒注册商标的商品案"中,张家港市检察院联合公安机关对只有3名在职员工的S公司也启动了合规监督考察程序,并为其确定了6个月的合规考察期(后又将合规考察期限缩短至3个月)。基于企业的合规建设合格有效,检察机关向公安机关发出检察建议,公安机关根据检察建议对该案作撤案处理。

一些检察机关在将一些"与企业生产经营活动密切相关"的"企业家"个人犯罪案件作为企业合规案件办理时,也常对不构成犯罪的企业适用合规考察。例如,最高人民检察院印发的第四批涉案企业合规典型案例"山西新绛南某某等人诈骗案"中,涉案的L公司是一家从事塑料包装袋生产、加工的劳动密集型企业,拥有实用性专利6项,部分业务涉及进出口贸易,现有员工300人,属国家级高新技术企业,年营业收入2000余万元。L公司拓展家庭加工,为周边留守、老龄无稳定收入人群提供稳定收入来源,助力乡村振兴。南某某系L公司总经理,张某甲、张某乙分别系公司会计、工人。2019年9月7日,张某乙在生产车间作业时遭机器轧伤右手。因公司未给工人张某乙缴纳工伤保险,为使企业逃避承担高额赔偿金的责任,南某某安排张某甲为张某乙于9月9日补缴工伤保险,采取办理出院再二次入院的手段,虚构张某乙受伤时间,骗取工伤保险赔偿款26万余元。案发后,南某某等3人主动投案,如实供述犯罪事实,自愿认罪认罚,L公司将26万余元返还社保中心。公安机关在侦查过程中邀请检察机关介入,涉案企业主动申请适用合规考察,检察机关作出不批准逮捕的决定并同步开展合规准备工作。2022年1月,县公安局以南某某、张某甲、张某乙三人涉嫌诈骗罪向检察院移送审查起诉。检察

---

① 参见李奋飞:《涉案企业合规改革中的疑难争议问题》,载《华东政法大学学报》2022年第6期。

机关决定对该案正式启动合规考察程序,合规整改期3个月,并及时商请第三方机制管委会组成由安全评价专家、会计师、律师等组成的第三方监督评估小组。经过3个月的合规考察,2022年5月18日,新绛县人民检察院对南某某等3人作出不起诉决定。

还有不少检察机关将两种办案模式混用,既向涉案企业提出合规检察建议,又为其设置了合规考察期,还启用了第三方机制,并基于企业在考察期内的合规整改情况向法院提出宽缓处理责任人的量刑建议。最高人民检察院发布的第三批涉案企业合规典型案例中的"王某某泄露内幕信息、金某某内幕交易案"就是如此。涉案企业是一家长期从事汽车电子产品研发制造的高新技术企业,被告人王某某作为涉案公司的副总经理、董事会秘书,系内幕信息的知情人员,其两次向其好友被告人金某某泄露重组计划和时间进程。审查起诉期间,检察机关对涉案公司开展企业合规工作,探索实践了"检察建议宏观把控+检察主导第三方考察+检察听证事后监督"的路径。合规考察结束后,检察机关结合犯罪事实和企业合规整改情况对被告人提出有期徒刑2年至2年半,适用缓刑,并处罚金的量刑建议。

实际上,无论是在那些小微企业涉嫌的轻微犯罪案件中,还是在那些"企业家"实施的"与企业生产经营密切相关"的个人犯罪案件中,都没有必要再对其开展耗时费力的合规考察,而宜采取更为柔性的检察建议模式,既不需要为涉案企业设置合规考察期,也没有必要启用第三方机制。毕竟,小微企业的治理结构相对简单,所涉犯罪类型也较为常见、单一,企业合规整改的难度不大,在对其作出相对不起诉处理后向其制发合规检察建议,一般就足以督促企业实现有效合规整改。至于没有涉嫌犯罪的企业,更不应让其接受具有惩罚功能而非单纯"司法红利"的合规考察,并基于企业合规整改合格(直接)对责任人员作出不起诉处理或提出轻缓量刑建议。否则,不仅于情于理说不过去,也会引发检察裁量权的过度扩张。为了有效规范办案模式选择上的检察裁量权,应限制检察官适用合规考察程序的案件范围,明确处理案件的具体程序。

未来,需要以立法规制为主要方式,限制检察机关在选择办案模式时的裁量权,明确不同程序可适用的案件类型和罪名范围。避免司法裁量权滥用最常见的方式就是加强立法,通过修订法律、细化规则的方式限缩裁量空间,提高司法的规范性和一致性。此次《刑事诉讼法》修改应在"特别程序"一编中确立"单位刑事案件诉讼程序",并将企业附条件不起诉作为核心制度进行建构。为改变未成年人刑事案件中刑事诉讼法将相对不起诉和附条件不起诉相互颠倒的局面①,将企业附条件不起诉与相对不起诉的适用对象作出明确区分,原则上应将责任人员预期刑在3年有期徒刑以上的重大单位犯罪作为企业附条件不起诉制度的适用对象。涉案企业可以基于考察期内的有效合规整改实现"出罪",而涉案的责任人员则可以与涉案企业分案处置。对于责任人员预期刑在3年有期徒刑以下的轻微单位犯罪案件,检察机关既可以依托相对不起诉制度激励涉案企业进行有效合规整改,也可以依据公共利益衡量原则和比例原则,裁量决定适用附条件不起诉程序处理。也就是说,即使企业涉嫌的犯罪相对轻微,检察机关也可以根据企业规模、行业特点、业务范围、合规基础以及所面临的现实合规风险等,以附条件不起诉为制度依托,激励企业投入必要的合规资源,在消除犯罪发生的制度原因的基础上,建立有针对性和差异化的专项合规管理体系。对于作为当前改革试验对象的那些与企业经营管理漏洞相关的"企业家"个人犯罪案件,仍然可以继续依托相对不起诉和检察建议激励和督促"企业家"推动涉案企业开展合规整改,并可以将其在涉案企业合规整改中发挥的积极作用作为酌定情节,但不应当是决定性因素。

至于罪名的范围,除涉嫌危害国家安全、恐怖活动等犯罪或者造成重大人员伤亡等检察机关认为不宜适用的犯罪以外,都可以适用。尤其是刑法分则第三章"破坏社会主义市场经济秩序罪"、第五章"侵犯财产罪"、第六章"妨害社会管理秩序罪"、第八章"贪污贿赂罪"规定的单位犯罪,检察机关在对案件进行裁量后认为符合适用条件的,应能用尽用。② 但无论如何,企业附条件不起诉的适用对象都不应扩大到"企业家"个人犯罪。当然,如果检察机关经审查后认为"企业家"涉嫌的罪行实际上是单位犯罪行为,可以追加企业为犯罪嫌疑单位。对于改革探索过程中时常作为合规考察对象的"与企业生产经营密切相关"的"企业家"个人犯罪,虽不能再作为附条件不起诉的适用对象,但如果"企业家"自愿认罪认罚、积极配合调查、采取补救挽损措施、承诺推动涉案企业合规整改,满足犯罪情节轻微,依照刑法不需要判处刑罚或者可以免除刑罚条件的,检察机关可以在对其作出相对不起诉处理的同时,向涉案企业制发合规检察建议,并通过跟踪回访等方式督促推动涉案企业进

---

① 参见陈瑞华:《企业合规不起诉改革的八大争议问题》,载《中国法律评论》2021年第4期。
② 参见李奋飞:《"单位刑事案件诉讼程序"立法建议条文设计与论证》,载《中国刑事法杂志》2022年第2期。

行合规整改,去除企业经营和管理方面的隐患。

三、整改程序启动上的规制

企业合规整改纳入刑事司法最为关键的一环在于整改程序启动,这是涉案企业享受此项"改革红利"的前提。因此,有效规制整改程序启动上的检察裁量权,是防止检察官在涉案企业合规中滥用裁量权的重中之重。改革决策者显然也意识到了规制整改程序启动的重要性,不仅初步明确了整改程序启动的基本条件,也为各地试点检察机关建立了企业合规案件办理需层报省级检察机关审查批准的权力制约机制,从而在一定程度上降低了整改程序启动环节检察裁量权滥用的风险。但是,由于相关规范性文件对改革适用条件的规定较为模糊和粗疏,检察官对于改革适用条件尤其是公共利益衡量条件的理解和把握难免不尽相同,加上各种"法外因素"的影响,各地检察机关办理的企业合规案件(无论是在数量上,还是在类型上)也难免会存在一定差异。也就是说,检察裁量权在整改程序启动时滥用的风险仍然不小,一些完全符合改革适用条件的案件无法得到正常启动,一些可能并不符合改革适用条件的案件却被纳入合规整改程序。未来,为有效约束整改程序启动上的检察裁量权,应采取立法规制与检察内部规制相结合的方式,在确立企业附条件不起诉制度时优化、细化程序启动条件,并灵活运用检察系统内部的领导和制约关系,通过司法解释明确程序启动的主体、监督、方式和救济等。

首先,关于程序启动条件的优化、细化。应对改革探索中所要求的企业认罪认罚条件进行适度修改,即不再要求涉案企业认罪认罚,而只要求其承认主要的指控犯罪事实。理由是,许多涉企案件的法律争议比较大,司法机关和企业在是否构成犯罪、构成何种犯罪、应当如何量刑等问题上往往存在较大争议,在审查起诉环节要求涉案企业和责任人员完全认罪认罚缺乏合理性。域外国家在设置企业犯罪暂缓起诉程序的启动条件时,均只要求企业和个人承认主要指控犯罪事实,以达到表达悔过意愿、固定案件主要证据的作用,避免企业后续违反暂缓起诉协议或不起诉协议、需要对其继续追诉和审判的情况发生。① 因此,我国在确立企业附条件不起诉制度时,也应当仅要求企业承认主要指控的犯罪事实。这样既可以避免发生牵连无辜股东、损害企

---

① See Peter Reilly, "Corporate Deferred Prosecution as Discretionary Injustice", 5 *Utah Law Review*, 839, 839-884(2017).

业信誉等问题,也有助于拓宽企业附条件不起诉制度的适用范围。在此前提条件具备的情况下,检察机关即可结合"涉案企业能够正常生产经营,承诺建立或者完善企业合规制度"以及"涉案企业自愿适用"两大条件,在听取公安机关、行政机关、被害人等相关部门和人员合理意见的基础上(必要时还可以在启动环节举行听证会),裁量决定启动附条件不起诉程序是否符合公共利益。在域外,有些国家通过立法对检察官需要考量的公共利益因素进行了详细列举。[①] 未来,在我国刑事诉讼法确立企业附条件不起诉制度之后,可以通过司法解释进一步明确要求检察机关在进行公共利益衡量时,重点考量企业涉嫌犯罪的性质、情节和危害后果,企业的经营规模、纳税情况、科技创新、发展态势等,企业配合侦查或者调查的情况,是否有违法犯罪前科,是否有能力补救挽损,企业的合规整改基础和合规整改能力,等等。当然,公共利益的个案考量和权衡,绝非上述因素的简单相加或相减,而应将个案中支持起诉的公共利益因素与支持不起诉的公共利益因素区分开来,然后确定各个因素在个案衡量中的权重,并在此基础上进行综合考量。[②] 如认为适用企业附条件不起诉制度更有利于维护社会公共利益,那么检察机关就应当启动合规整改程序。

其次,关于程序启动的主体。未来可以考虑借鉴司法人员利用职权实施的非法拘禁、刑讯逼供、非法搜查等侵犯公民权益、损害司法公正的犯罪的相关办理经验,规定由设区的市级以上的检察机关办理,以保证企业附条件不起诉制度的慎重适用。毕竟,企业涉嫌的犯罪(尤其是重大单位犯罪)法律关系复杂、利益牵涉面广,对办案人员的政治素质、政策水平、专业知识等要求较高。将企业附条件不起诉制度的适用交由设区的市级以上检察机关办理,不仅有助于排除各种"法外因素"的干扰,防止检察裁量权的滥用,也有助于检察机关更好地统筹合规监管力量,确保合规整改达到有效预防同类违法犯罪的效果。此外,企业涉嫌重大单位犯罪的总量不大,即使按全国每年800件估算,平均到每个设区的市级检察机关也仅2件左右,不会给其造成过大的办案负担。

再次,关于程序启动的监督。可考虑将改革的经验固定下来,采取先由设区的市级检察机关的检察委员会对案件讨论作出决定,再提请上级检察机

---

① See U.S. DOJ, Justice Manual § 9-28. 300 Principles of Federal Prosecution of Business Organizations.
② 参见朱孝清:《公诉裁量中的公共利益考量》,载《国家检察官学院学报》2023年第3期。

关核准的内部监督机制。也有观点主张适用更严格的审批程序,建议所有案件的启动都必须经过最高人民检察院的核准。笔者认为,如果每起合规考察案件都需要报最高人民检察院核准,且不说其不胜繁巨,也会因程序过于复杂影响检察官办案的积极性。此外,也无须在建立企业附条件不起诉制度时引入法院的司法审查。有学者认为,检察机关在涉案企业合规中形成了权力的"闭环","出罪"决定没有受到有效监督,建议借鉴域外企业犯罪暂缓起诉制度的做法,对企业涉嫌的重大犯罪建立由法院审查同意的企业附条件不起诉制度。"检察机关基于公共利益和刑事政策的考虑,拟对涉重罪企业通过合规整改暂缓起诉的,检察机关应在向法院起诉的同时,建议对涉罪企业进行合规整改;经法院审查同意后,暂时中止案件的审理,待涉罪企业通过合规整改评估合格后,由检察机关撤回起诉作出不起诉的处理。"①笔者认为,拟建立的企业犯罪附条件不起诉制度和未成年人附条件不起诉制度一样,都属于针对特殊主体的附条件出罪机制,既然未成年人附条件不起诉是由检察机关单独裁量适用,那么也不应使企业附条件不起诉接受法院的司法审查。何况,我国也没有法院对检察行为进行司法审查的传统②,即使是2018年《刑事诉讼法》增设的特殊不起诉制度,也只是规定需要经最高人民检察院核准。为保持不起诉制度的协调性,可以采取检察机关内部控制的方式防范程序启动权的滥用。在域外,针对企业的附条件出罪,虽有不少国家采取了以司法审查为主要手段的监督模式来防止检察官滥用裁量权,③但也有一些国家采取了和我国改革类似的做法。例如,在加拿大,检察官启动"补救协议"程序,需要得到司法部长(总检察长)同意。④

当然,随着改革的深入发展,企业合规整改也逐渐被纳入刑事审判环节,并初步形成了三种程序模式并存的局面。⑤ 一些涉案企业在审判环节被启动合规考察,并在合规整改合格后获得了法院(定罪后)的从宽处理。然而,对于企业而言,一旦被贴上"罪犯"的标签,就会影响其商业声誉,削弱其市场竞争力,如果是上市企业,还可能会被暂停或终止上市资格。基于我国的涉案

---

① 孙国祥:《企业合规不起诉法院司法审查的理据、模式和路径》,载《法学论坛》2023年第5期。
② 参见陶朗逍:《刑事合规出罪功能的比较考察与中国路径》,载《暨南学报(哲学社会科学版)》2023年第12期。
③ 参见唐彬彬:《检察机关合规不起诉裁量权限制的三种模式》,载《法制与社会发展》2022年第1期。
④ See Eleanor Dennis, "Using N/DPAs to Achieve Global Settlements: Lessons for Canada and Its Nascent Regime", 29 *Dalhousie Journal of Legal Studies* 45, 45-74(2020).
⑤ 参见李奋飞:《涉案企业合规纳入刑事审判的三种模式》,载《中国刑事法杂志》2023年第4期。

企业绝大多数为民营企业这一现实,为助推民营经济健康发展,加大民营企业司法保护力度,未来也可以考虑在"检法协同"启动合规考察持续探索的基础上,对一些虽已起诉到法院但却缺乏判刑必要性的企业犯罪案件寻找"非犯罪化"的出路,以避免定罪给企业经营带来严重的不利后果,损害社会公共利益。笔者曾建议在刑事诉讼法修改时确立合规撤回起诉制度,对于检察机关提出的合规撤回起诉申请,则须由法院作出是否准许的裁定。如果法院认为案件以"合规出罪"处理更有助于维护社会公共利益,也可以在充分听取涉案企业意见的基础上,建议检察机关撤回起诉,对企业启动合规考察程序。

最后,关于程序启动的方式、救济。未来应明确原则上只能依涉案企业及其辩护人的书面申请启动程序,以保障涉案企业作为程序主体的选择权,进而保障合规整改的积极性、主动性和实效性。在改革过程中,不少检察机关也常依职权启动程序,即对于符合改革适用条件的涉企刑事案件,并不告知企业提出合规考察的书面申请,而是在听取企业或"企业家"意见后,直接交由第三方机制管委会选任组成的第三方组织,对涉案企业的合规承诺进行调查、评估、监督和考察。之所以建议从"职权主导模式"走向"申请启动模式",是因为"职权主导模式"不符合协商性司法的运行规律,也难以有效保障企业合规整改的自愿性。实践中,甚至存在企业在毫不知情的情况下被启动合规整改的案件。当然,在审查起诉过程中发现案件符合企业附条件不起诉启动条件的,检察机关也应当告知涉案企业及其辩护人有提出适用申请的权利。涉案企业在向检察机关提出书面申请时,应同时提交合规自查报告、初步合规整改计划等材料,以向检察机关证明合规整改的意愿和能力,确保检察机关的审查能够建立在信息更加充分的基础之上,从而提高程序启动裁量的准确性和协商性。为进一步防止程序启动上的权力滥用,还应要求检察机关在拒绝对案件启动程序时,书面通知涉案企业及其辩护人,并说明理由。对检察机关拒绝启动的决定不服的,涉案企业及其辩护人既可以向作出决定的检察机关提出申诉,也可以向上一级检察机关提出复议申请。上一级检察机关认为案件符合程序启动条件的,可以基于检察一体原则指令下级检察机关重新审查或自行启动。

四、合规监督考察上的规制

在企业附条件不起诉程序正式启动后,检察机关需要在充分听取涉案企业意见的基础上,根据涉案企业的经营规模、业务范围、犯罪性质和后果、合规整改基础、合规整改难度等情况,在一至三年内为涉案企业裁量设置一个符合比例原则要求的考察期①,并需要以有效的方式监督涉案企业在考察期内履行包括合规整改在内的法律规定的条件。在这些条件中,最难解决的问题当属如何监督、指导企业落实合规整改,以及如何评估企业的合规整改是否合格有效。为解决合规监督、考察和评估的难题,确保企业合规整改取得实效,检察机关在汲取域外合规监管经验和教训的基础上,主动探索以社会力量规制检察裁量权。一方面,检察机关注重引入社会专业力量,并统筹行政机关、团体组织、律师、会计师、设计师等多方力量,建立了独具中国特色的企业合规监管制度,并初步明确了有效合规整改的本土化标准。另一方面,在考察期限届满时,检察机关注重发挥社会公众力量的监督作用,组织召开合规验收听证会。这一切,对于规范检察机关的合规考察裁量权,尤其是避免"虚假整改""纸面合规"问题,无疑发挥了一定的积极意义。但是,不可否认的是,在合规考察过程中,由于第三方机制的适用范围有待明确,企业合规整改的标准也较为抽象,实践中不仅存在着检察官要求企业进行过度整改的情况,也易发生检察官将无效合规认定为有效合规的现象。而且,在合规整改验收过程中,各地检察机关对于是否应当召开合规验收听证会等问题也存在一定分歧。为防范检察官滥用合规考察验收上的裁量权,未来应完善社会力量对检察裁量权的规制,并对第三方机制的适用范围、合规整改验收标准、合规验收听证程序、合规验收的法律后果等进行完善。

  首先,关于第三方机制的适用范围。在改革探索过程中,由于《第三方机制指导意见》未将第三方机制的适用范围和企业合规试点范围作出区分,导致不少检察官误以为只要办理企业合规案件,就需要启用第三方机制,无论是在小微企业涉嫌的常见犯罪案件中,还是在企业仅涉案而不涉罪的案件中,都主张能用尽用。正是在此背景下,笔者才建议明确第三方机制的启动原则,即只有在充分考量合规整改难度、合规监管难度等因素后,认为确有必要的情况下才予以启动,以免浪费合规监管资源,也避免给企业造成过重的合规负担。不过,如前所述,在未来刑事诉讼法正式确立企业附条件不起诉制度之后,企业附条件不起诉制度的适用对象,要么为重大单位犯罪案件,要

---

① 按照《第三方机制指导意见》的规定,由第三方组织根据案件具体情况和涉案企业承诺履行的期限,确定合规考察期限。笔者认为,合规考察期应该由检察机关在听取第三方组织和企业意见的基础上裁量决定,而不宜交由第三方组织确定。参见李奋飞:《涉案企业合规刑事诉讼立法争议问题研究》,载《政法论坛》2023 年第 1 期。

么为检察机关基于公共利益衡量原则和比例原则,裁量决定适用附条件不起诉程序处理的轻微单位犯罪案件。它们都需要进行"范式合规"整改,合规整改难度较大,应一律启用第三方机制,由第三方组织就涉案企业合规计划的可行性、有效性与全面性进行审查,提出修改或完善的意见建议,而不宜再采取检察机关自行监管的合规考察模式。这既有利于节约司法资源,保障合规监管的专业性,也可以确保检察机关对企业合规整改合格与否的认定,能够建立在第三方组织作出的合规考察书面报告的基础之上,从而提高合规整改验收的准确性和权威性。不过,第三方机制的启用只是由第三方组织代行了合规监管职能,对案件负有主导责任的检察机关仍担负着适度监督的职责,如发现涉案企业在预防违法犯罪方面制度不健全、不落实,管理不完善,存在违法犯罪隐患需要及时消除的,仍可以结合相关合规材料,向涉案企业提出检察建议。为防止检察机关在监督过程中违背比例原则精神,向企业提出不妥的甚至过分的合规整改要求(诸如实践中已然出现的要求企业在合规整改中转让股权等),使企业承受过度的和不必要的合规负担,应由(检察机关等多部门组成的)第三方机制管委会监督检察官对比例原则的落实情况。涉案企业或其责任人员发现检察官行为不当或者涉嫌违法犯罪的,也可以向第三方机制管委会反映或者提出异议。

其次,关于合规整改验收标准。在美国,"检察官似乎对如何衡量合规没有具体想法。美国律师协会正在为公司监督员制定一套最佳实践方案,但目前尚无。几乎没有证据表明大多数情况下进行了合规评估。一些协议说,公司应该评估和提高其有效性,或者接收该项目的监察报告,但是很少有关于应该如何进行审计的细节,充其量只有通用政策。"[①]在这方面,域外国家其实并不能为我国的涉案企业合规改革提供太多的经验。在改革过程中,《涉案企业合规办法》为第三方组织评价企业合规整改的有效性提供了初步标准。根据《涉案企业合规办法》的规定,被纳入合规考察的企业所建立的合规计划只有满足以下六大要素,才能被第三方组织和检察机关认为是合格的:第一,对涉案合规风险的有效识别、控制;第二,对违规违法行为的及时处置;第三,合规管理机构或者管理人员的合理配置;第四,合规管理制度机制建立以及人力物力的充分保障;第五,监测、举报、调查、处理机制及合规绩效评价机制的正常运行;第六,持续整改机制和合规文化已经基本形成。但是,该六要素

---

① 〔美〕布兰登·L. 加勒特:《美国检察官办理涉企案件的启示》,刘俊杰、王亦泽等译,法律出版社2021年版,第331页。

的要求还较为概括和抽象,给第三方组织、检察机关评估和认定企业合规整改的有效性带来了操作难题。例如,涉案企业究竟需要采取哪些合规整改措施,才能保障监测、举报、调查、处理机制及合规绩效评价机制的正常运行?涉案企业在规范合规举报制度时,是否应规定举报的相关流程?是否需要进行相关培训,让企业员工、合作伙伴及其他有关方面对公司内部违反合规管理规范的行为,以及一切有损于或可能有损于公司及其利益相关人利益,会给公司带来经济、声誉损失的行为进行举报,应当为举报人设置哪些举报方式?是否应当要求对举报人的身份进行保密?再如,涉案企业究竟需要采取哪些合规整改措施,才可以认定持续整改机制和合规文化已经基本形成?企业管理层是否应签署合规承诺书,并在全公司范围内进行公开?该承诺书中是否应表达企业管理层持续推动合规整改的态度与决心?是否应表明对违法违规行为采取零容忍的态度?企业是否应在经营场所醒目之处张贴合规标语、宣传合规要求?企业是否应在其官方网站上建立合规园地?企业是否应增加合规方面的奖项评选?是否应要求对于认真执行合规要求的人员给予一定的奖励,真正把合规的文化与精神融入企业的日常生产经营与员工的工作生活中?总之,随着改革的不断深入,尤其是在企业附条件不起诉制度正式确立后,应及时出台更为详细的合规整改评价标准,在凝聚社会专业力量的智慧、统筹本土合规建设经验的基础上,为企业的合规整改以及第三方组织、检察机关的评估和验收提供更为明确的指引。

再次,关于合规验收听证程序。在合规考察期届满后,第三方组织将对涉案企业的合规计划完成情况进行全面检查、评估和考核,并制作合规考察书面报告,报送负责选任第三方组织的第三方监督评估机制管委会和负责办理案件的检察机关。虽然,合规考察书面报告是第三方专家出具的验收结论,但是,实践中也可能会因为经验欠缺等原因出现差错,特别是将"无效合规"评定为"有效合规"的风险较高。如果检察机关对其验收结论"照单全收",并将其作为对涉案企业和责任人员不起诉等从宽处理的根据,极易导致放纵犯罪乃至酿成错案的后果。因此,需要建立督促检察官认真审查第三方组织验收结论的听证会机制,通过充分整合各类社会力量预防办案检察官滥用裁量权。按照《第三方机制指导意见》的规定,对于拟作不批准逮捕、不起诉、变更强制措施等决定的涉企犯罪案件,检察机关可以根据《人民检察院审查案件听证工作规定》召开听证会,并邀请第三方组织成员到会发表意见。由于这里用的是"可以",而不是"应当",从而使得检察机关在审查验收结论时是否召开听证会存在一定的不确定性。而且,检察机关在召开合规验收听证会时,由谁来主持,邀请哪些人参加,具体的听证程序如何安排,各地做法尚不统一。为确保第三方组织的验收结论得到有效的审查,应通过司法解释要求检察机关在作出司法决策前召开合规验收听证会,以保障案件处理结果的公开性、公正性、专业性。在明确应当召开合规验收听证会的基础上,还应当对合规验收听证会的具体程序进行统一规范。需要明确必须参加听证会的人员和可以应邀参加听证会的人员等,确定听证会的发言顺序,规范听证会的表意和决策方式。具体程序或可以这样设计:听证会由承办检察官主持,第三方组织成员、企业代表、辩护人、被害人、听证员、人民监督员、侦(调)查机关人员、相关行政监管部门人员作为必要成员参与。此外,检察机关还可以邀请人大代表、政协委员、专家学者等参与。先由企业代表(合规顾问)及其辩护人对企业合规整改的情况进行介绍,再由第三方组织成员代表就监督、考察、评估企业合规整改的过程和结论进行报告,以说明涉案企业的合规整改效果达到了预期。随后,听证员、人民监督员等可以向企业代表和第三方组织成员代表提问,并可以在必要时展开辩论。[①] 在充分听取各方意见后,听证员应进行秘密评议,并由首席听证员发表是否同意企业通过合规整改验收的意见。为防止参与案件评议流于表面,应确保听证员在听证会召开前能够亲身接触案件的相关证据材料。[②]

最后,关于合规验收的法律后果。如企业最终能通过合规整改验收,检察机关就可以结合其他条件的履行情况,对涉案企业作出不起诉处理。但是,如果第三方组织的验收结论为企业没有完成合规整改,或检察机关经过召开听证会等对企业的合规整改作出不予通过的认定,则检察机关应当作出何种决策?是直接对企业提起公诉,还是可以对其延长考察期?在提起公诉的情况下,是否可以将考察期内企业在合规整改方面所作出的努力和合规建设的进展情况作为宽大量刑情节,对其提出宽缓的量刑建议?对此,相关规范性文件并没有作出明确的规定,这显然给了检察机关较大的自由裁量权。

实践中,有的检察机关在第三方组织认定涉案企业合规考察结果"不合格"的情况下,直接对案件作出了提起公诉的决定。例如,在随州市L公司、夏某某非法占用农用地案中,第三方组织经过近两个月的合规考察后出具了

---

① 参见陈瑞华、李奋飞:《"涉案企业合规改革二人谈"(下)——推动企业合规改革,探索本土化的有效合规标准》,载《民主与法制》2022年第38期。
② 参见孙皓:《从检察听证到刑事审前程序诉讼化》,载《比较法研究》2023年第1期。

考察报告,认为:虽然经过法律政策讲解,L公司认识到其占用农地的行为不符合土地管理法,但仍然认为自身受当地镇政府邀请投资建设没有过错,导致现场整改不主动;多名股东对夏某某的整改处理意见提出异议,但并未得到尊重,夏某某的个人意见最终仍代表公司意见,《企业合规计划》中规定的完善内部决策程序、法务审核程序,加强与政府相关监管部门的协调配合等整改措施落实不到位,其申请适用企业合规程序的主要目的是想通过相关单位的协调,帮助其补办土地使用手续,企图将其非法占地行为合法化。在考察期届满时,该公司既未办理合法用地手续,也未拆除违建的厂房,其违法占用农用地的行为一直处于持续状态。综上,认定该公司合规考察结果为"不合格"。结合第三方组织的考察结果,随县人民检察院检委会于2021年8月3日经讨论决定,依法对L公司提起公诉,同时向随县自然资源和规划局发出公益诉讼诉前检察建议。2021年8月,随县人民法院支持随县人民检察院提出的量刑建议,依法判处L公司罚金2万元,夏某某有期徒刑7个月,缓刑1年,并处罚金8000元。目前,该判决已生效。随县自然资源和规划局在收到检察机关的检察建议后,也已对该公司作出行政处罚。

有的检察机关在涉案企业合规整改验收不合格的情况下,并未直接对相关责任人员提起公诉,而是作出了对其"延期考察"的决定。例如,在B市8家高新技术企业负责人买卖国家机关公文一案中,某区检察机关联合第三方小组对涉案的8家企业进行合规验收后认为,其中6家企业合规整改合格,2家企业合规整改不合格。对于合规整改合格的6家企业的8名企业负责人,某区检察机关作出了相对不起诉决定。对于被认定合规整改不合格的2家企业,某区检察机关决定对其延长合规考察期限3至6个月,待再次验收后视情决定。2022年9月,某区检察机关联合第三方小组对剩余2家企业再次开展合规验收,认为2家企业已达到合规整改要求,依法对2家企业的2名负责人作出相对不起诉决定。

为防止检察机关在合规验收法律后果上滥用裁量权,应对合规验收不合格后的处理作出规范。在域外以及我国改革探索过程中,检察机关在启动合规考察之后,会对涉案企业设置考察期,该考察期的确立已经考虑了涉案企业的合规整改基础和合规整改能力。如果是涉案企业由于主观原因导致合规验收不合格的,比如,企业领导层对合规整改重视不够,投入不足,不是真诚地去消除企业经营模式中的"犯罪基因",建立有针对性的专项合规管理体系,而只是希望通过简单拼凑合规要素获得从宽处理,就应当承担相应的不利后果,检察机关也不宜再给予其从宽机会,而应对其提起公诉。反之,在合规整改计划有效制定、涉案企业积极投入合规整改的前提下,如果因为客观原因未能按期完成全部整改计划,检察机关也可以考虑对其延长一次考察期。在前述买卖国家机关公文一案中,2家涉案企业在考验期届满时,仍存在"风险识别不全面、合规组织设置与企业经营规模不匹配、高风险业务合规管理制度不完善等问题",并被认定合规整改不合格,但检察机关基于其前期付出的合规成本决定对其"延期考察"。这实际上难以被看作可以例外延长考察期的情况,如果公之于众,怕也难逃"过度从宽"的质疑。

五、企业合规激励上的规制

在涉案企业合规改革初期,检察机关基本上只是将轻微企业犯罪案件作为试验对象,并大多采取了"并案处理"方式。即基于企业合规整改合格对涉案企业、责任人员都作不起诉处理。随着此项改革的深入推进,不少检察机关开始对一些较为严重的企业犯罪启动合规考察,并在认可其合规整改结果后,要么采取"并案处理"方式,对企业和责任人员同时向法院提起公诉,并提出轻缓量刑建议,要么采取"分案处理"方式,即对企业启动合规考察,并在合规整改合格后作出不起诉处理,而对责任人员单独向法院提起公诉,并对其提出轻缓量刑建议。这意味着,"并案处理"和"分案处理"都属于重大单位犯罪案件的处理方式,但由于缺乏必要的规范,检察机关在两种不同处理方式的选择上就拥有了较大的自由裁量权。尤其是,在企业合规宽大处理责任人员方面,也缺乏合理的限制,实践中检察机关普遍采取了以企业合规整改直接宽大处理责任人员的做法。甚至,有的检察机关对责任人员可能判处10年以上有期徒刑的单位犯罪案件也作出了"双不起诉"处理,存在消解"企业家"刑事责任的风险。例如,在某公司涉嫌走私普通货物罪一案中,涉案企业偷逃税款合计397万余元,责任人员的法定刑为10年以上有期徒刑或者无期徒刑,检察机关基于企业完成了合规整改,且具有从犯、补缴税款、认罪认罚等情节,对企业和责任人员都作出相对不起诉处理。未来,为防范企业合规激励上检察裁量权的滥用,解决合规整改对企业激励的不确定性问题,应采取立法规制与法院司法审查规制相结合的方式,明确作为企业附条件不起诉适用对象的企业犯罪分案处理原则,并对责任人员合理从宽处理。

首先,关于分案处理原则。未来,在作为企业附条件不起诉适用对象的单位犯罪案件中,应当采取"分案处理"模式,对涉案企业和责任人员分别追诉、分别认定情节、分别判断刑事责任份额。对于责任人员应当即诉即判,而企业在被纳入合规考察后,如果能够在考察期内完成包括有效合规整改在内的所附条件,检察机关就应当对其作出不起诉处理。如果责任人员在企业申请启动附条件不起诉程序中作出了积极贡献,检察机关也可以据此提出适度轻缓的量刑建议。这种"放过企业,惩罚责任人"的制度安排,既不存在理论障碍,也符合国际惯例和我国的司法传统,具有正当性和必要性。有学者曾以重大单位犯罪案件为切入点,对分案处理的正当性和必要性作出了专门的论证。在其看来,这种制度安排符合一种统一的司法理念,也就是一种建立在实用主义哲学基础上的有效单位犯罪治理理论。[①] 简而言之,只有对涉案企业和责任人员分案处理,并明确企业通过履行包括有效合规整改在内的所附条件后将获得确定的"出罪"处理机会,才有望避免"定罪"可能给企业带来的破产倒闭危机及其引发的"水漾式"的社会公共利益损害(诸如员工失业、投资者利益受损、合作方经营受损、行业信誉丧失等),也才可以提升企业进行合规整改的积极性,并通过合规整改剔除企业经营管理中的违法犯罪"基因",达到超越传统刑罚的犯罪预防效果。试想,如果企业在完成承认指控犯罪事实、补救挽损、配合调查、合规整改等所附条件后,仍有可能被起诉定罪,从而被贴上犯罪的标签,那么必然会有一些企业宁愿投入诉讼费用进行"对抗性辩护",以求获得无罪判决的机会,也不愿意选择可能需要投入更多人力、物力和财力的"交涉性辩护"。[②] 而不少企业犯罪案件本就是疑难案件,违法犯罪行为被复杂的企业治理结构、商业模式、经营模式所掩盖,且此类案件往往涉案主体较多,证据材料难以获取。一旦企业选择"对抗性辩护",办案机关要查清案件事实、明确责任追究、分辨法律争点等,就需要国家投入更多的司法资源,结案周期不可避免地会延长,有关被害群体的损失赔偿也将因此而延迟。这种状况既不利于一些企业犯罪案件的妥善解决,也不利于司法公正的实现。

至于对责任人员的追诉,由于未来在确立企业附条件不起诉制度后,设置的合规考察期限较长,再将企业合规整改合格作为对"企业家"宽大处理的依据,且不说有无正当根据(实际有违责任主义原则,不利于有效预防企业犯

---

① 参见陈瑞华:《单位犯罪的有效治理——重大单位犯罪案件分案处理的理论分析》,载《华东政法大学学报》2022 年第 6 期。
② 参见李奋飞:《涉案企业合规中的"交涉性辩护"》,载《当代法学》2024 年第 1 期。

罪),实务上可能也难以操作。而且,进行制度设计也应适度超前,不应一味迁就目前作为试验对象的一些"中小微"企业所有权和管理权不分,甚至法人与法定代表人或实际控制人"人格混同"的现状。即使考虑到"企业家"对企业附条件不起诉程序的启动发挥了积极的推动作用,通常也只能由检察机关结合自首、从犯、立功、认罪认罚、退赃退赔等量刑情节对其提出从宽量刑的建议,而不能轻易对其作出"出罪"处理。不过,基于我国企业经营的人身依附性较强,且"企业家"的人身危险性通常较低等特点,为最大限度地减弱办案对企业正常运行的负面影响,进一步规范检察机关在逮捕措施审批上的裁量权,应当严格限制检察机关对"企业家"适用逮捕措施,并将"企业家"在企业附条件不起诉程序启动上的积极贡献纳入社会危险性量化评估体系范畴。① 对于适用取保候审等非羁押性强制措施足以防止发生社会危险性的,应当依法对其适用取保候审等非羁押性强制措施。对于已经被逮捕的,检察机关应当及时对其启动羁押必要性审查程序。

其次,关于量刑建议的法院司法审查。对检察机关针对"企业家"提出的轻缓量刑建议,法院自然应当进行审查。不过,与其他案件相比,企业犯罪案件的特殊性在于,是否可以将"企业家"在企业附条件不起诉程序启动中发挥的作用作为对其适度从宽处理的依据。因此,此类案件的证据审查要点也在于,"企业家"对企业附条件不起诉程序启动的贡献情况是否有相应的证据材料予以支撑,这些证据材料是否真实可靠。因此,除应要求检察机关对此类案件的量刑建议充分说理外,必要时还应要求其对此情节进行举证。不过,对于有些(管理级别较低的)责任人员,如果没有证据证明其在企业附条件不起诉程序启动上作出了明显贡献,则不应当对其一并给予从宽处理。如法院结合其他量刑情节认为检察机关的量刑建议"明显不当",应当告知检察机关调整量刑建议。但是,对于审查后发现量刑建议不是"明显不当",而是"一般不当"的,法院宜作采纳处理,以提升企业合规从宽激励的确定性。对拟不采纳的,也宜告知检察机关调整量刑建议。

最后,关于企业合规从宽激励的限度。如前所述,企业合规整改开始越来越多地纳入刑事审判,甚至具有了全流程适用的态势。因此,对于如何规范这些环节中企业合规激励上的检察裁量权,也需要给予必要的关注。例如,合规整改合格是否能够成为二审时检察机关撤回抗诉的理由?在 T 公

---

① 参见高景峰:《涉案企业合规适用刑事诉讼全流程的相关问题研究》,载《中国刑事法杂志》2023 年第 4 期。

司、赵某某、王某某走私普通货物一案中,某海关缉私部门以 T 公司、赵某某、王某某涉嫌走私普通货物罪移送检察机关审查起诉。2021 年 12 月 3 日,检察机关以走私普通货物罪对 T 公司、赵某某、王某某提起公诉。2022 年 10 月 21 日,法院以走私普通货物罪判处 T 公司罚金 2200 万元(已全部缴纳);判处赵某某有期徒刑 3 年,缓刑 5 年;判处王某某有期徒刑 3 年,缓刑 3 年。同年 10 月 31 日,公诉机关认为量刑畸轻提出抗诉。2023 年 1 月 20 日,上级检察机关经审查,决定对 T 公司启动合规考察程序。同年 7 月 18 日,该检察机关依法研判全案事实,结合合规考察的实际效果,作出撤回抗诉决定。笔者认为,在二审期间,企业合规整改合格不应成为检察机关改变一审量刑畸轻这一观点的理由,而只能认为是企业在二审期间实施了新的悔过行为,二审法院据此直接对案件作出处理更为妥当。毕竟,二审抗诉在我国具有典型的法律监督属性,其提出的前提是检察机关认为一审裁判在事实认定上或法律适用(包括但不限于量刑)上"确有错误",目的是让二审法院纠正一审判决的错误,显然不应以二审中出现的新事实(企业合规整改合格)作为仅具有程序性效力的抗诉正确与否的判断标准。检察机关将企业合规整改合格作为重要考量对案件撤回抗诉,不仅会使自己陷入"自相矛盾"的尴尬境地,也有滥用抗诉权和二审程序之嫌。而且,不论检察机关是否撤回抗诉,只要二审法院对检察机关主导的合规整改能够加以认可,都应当综合全部情节对案件作出正确(罪责刑相适应)的处理。

再如,检察机关在探索将企业合规纳入刑罚执行环节的过程中,对于那些已在审判环节得到宽缓处理的"企业家",不应再将其在合规整改中的贡献情况,作为对其减刑、假释的有利因素向法院提出,以避免对其过度从宽,影响案件公正处理。合规激励纳入刑罚执行的本意应当是,可以通过减刑、假释等从宽处理方式,适度激励一些正在服刑的"企业家"推动尚未合规的企业开展合规整改,如果企业合规整改合格,再依据其在合规整改中的贡献,认定其属于"确有悔改表现"或"没有再犯罪的危险"的有利因素,从而增加其获得减刑、假释的可能性。[①]

六、余论

通过前文的讨论,笔者从办案模式选择、整改程序启动、合规监督考察以

---

① 参见李奋飞:《论涉案企业合规的全流程从宽》,载《中国法学》2023 年第 4 期。

及企业合规激励等几个关键环节入手,对涉案企业合规中检察裁量权的有效规制问题进行了全面梳理,并结合既有的改革经验提出了相应的完善方案。归结起来,不外乎是立法规制、检察内部规制、法院司法审查规制和社会力量规制四种基本路径。实际上,在涉案企业合规中,不仅检察裁量权的规制应是这样,法院的裁量权规制也应如此。例如,在合规考察程序启动环节,宜采取"检法协同"方式办理,由检察机关和法院共同把握案件是否符合合规考察条件;再如,在合规考察实施环节,即便法院将来成为第三方监督评估机制管委会的成员单位,也应将案件交由检察机关主导启动第三方机制,并由第三方组织代为行使合规监管职能;又如,在合规整改验收环节,应由法院组织开庭审理,由企业代表、第三方组织代表等就企业合规整改情况进行汇报,并协同检察机关对企业合规整改的有效性作出最终认定。如果不存在依法不公开审理的法定情形,庭审应当公开进行,法院可以邀请人大代表、政协委员、有关行政监管部门人员等到场旁听,使案件的处理结果充分接受社会监督。

当然,为确保办案机关能够在涉案企业合规中"因案施策",从而实现"个别化的正义",裁量权总是不可或缺的。然而,"一切有权力的人都容易滥用权力"(孟德斯鸠语),因此,即使在企业合规案件办理的所有环节都建构相应的监督制约机制,也无法完全避免裁量权的滥用问题。何况,任何改革本身都有一定的风险,在解决了旧问题的同时,必然会带来一些新问题。因此,在涉案企业合规改革中,检察裁量权在运行中出现一些偏差和失误也是在所难免的。在美国,审前转处协议制度在运行中也已经暴露出检察官滥用裁量权的风险[①],但这既不能作为否定改革的理由,也难以成为推迟企业合规刑事诉讼立法的根据。涉案企业合规改革不仅有法律依据和理论根基,也取得了较好的政治、法律、社会和经济效果,已经到了迫切需要通过刑事诉讼立法将其固定和确认的时候。

目前,企业合规出罪的正当性和企业合规程序立法的必要性,还面临着一些理论和实践上的争议。为进一步夯实此项改革的理论根基,凝聚企业合规刑事诉讼立法共识,这里仅对部分有争议的问题作出简短的回应。例如,有观点认为,在没有排除合理怀疑地证明企业或个人有罪的情况下,检察机关要求企业进行长时间的内部改造,承担合规整改负担,明显违背了无罪推

[①] See Gordon Bourjaily, "DPA DOA: How and Why Congress Should Bar the Use of Deferred and Non-Prosecution Agreements in Corporate Criminal Prosecutions", 52 *Harvard Journal on Legislation* 543, 549 (2015).

定原则。的确,适用合规考察程序的前提是,案件要符合起诉条件(包括证据条件),但这并不意味着将企业合规嵌入刑事司法与无罪推定原则等刑事诉讼法的基本理念不兼容。毕竟,无罪推定等刑事诉讼法的基本理念主要适用于对抗性司法程序,而合规考察程序本质上却是一种协商性司法程序。因为,无论是在当前的改革探索中,还是在企业附条件不起诉制度确立之后,启动合规整改都以企业放弃无罪辩护为前提。而企业一旦放弃无罪辩护,无罪推定原则这样的对抗性司法理念就不再具有适用的空间。而且,合规考察程序还是一种针对企业这种特殊主体所建立的附条件出罪程序,也不需要达到"排除合理怀疑"这种"入罪"时才要求的最高标准。再如,有观点认为,赋予企业通过合规整改实现"出罪"的机会违反了罪刑法定原则。其理由是,既然刑法已经将企业的行为规定为犯罪,原则上就应当依照法律对其定罪量刑,更何况作为合规考察程序适用对象的通常还是企业涉嫌的较为严重的犯罪。在笔者看来,罪刑法定的基本含义是,如欲对某一行为进行"入罪",必须有法律的明文规定。但这绝不意味着,只要法律有规定,就必须对其定罪处刑,罪刑法定原则并不排斥实体法或程序法上的"出罪"。作为一种附条件出罪程序,合规考察程序并非直接给企业"免罪",而是要在检察机关和第三方组织的"严管"下,在考察期内完成包括进行有效合规整改在内的多个附加条件,以确保企业"修复法益"、消除再犯风险。而且,让大量原本已经构罪的企业通过事后的合规整改实现"出罪",也不会带来放纵犯罪的风险,还可以避免刑事司法对社会公共利益的损害。

  至于其他针对此项改革的质疑,篇幅所限,这里就不再逐一回应了。笔者相信,随着此项改革的继续深化,尤其是在《刑事诉讼法》第四次修改将此项改革正式纳入之后,有些问题可能也就不再是问题了。

第六章 企业合规第三方机制的规范化研究
——以激活和发掘管委会职能为视角

在解决合规监管难题方面,我国检察机关探索与行政机关、团体组织等多方力量合作,建立了涉案企业合规第三方机制。作为一项本土化的制度安排,第三方机制虽对弥补检察机关自身监督和指导涉案企业实现有效合规的经验上的不足,防止"虚假整改""纸面合规",进而提升改革的权威性和透明度等发挥了积极作用,但其在运行中也出现了诸如第三方组织的选任、履职等需要进一步规范的问题。这些问题的发生,与作为议事协调机构的第三方机制管委会的职能作用发挥不到位有着直接的关系。为实现第三方机制的规范化运行,确保改革取得更好的治理效果,不仅需要激活和发掘第三方机制管委会在选任管理、履职监督、腐败防范、刑行衔接等方面的职能作用,也需要为第三方机制管委会履职提供必需的人力、财力、物力等条件保障。

一、问题的提出
二、第三方机制管委会的职能(1)——选任管理的承担者
三、第三方机制管委会的职能(2)——履职监督的扮演者
四、第三方机制管委会的职能(3)——合规腐败的防范者
五、第三方机制管委会的职能(4)——刑行衔接的助力者
六、余论

一、问题的提出

在涉案企业合规改革推进过程中,最高人民检察院在汲取域外合规监管制度经验和教训的基础上,及时会同司法部等发布了《第三方机制指导意见》,在国家层面建立了涉案企业合规第三方机制,组建了由最高人民检察院、国务院国有资产监督管理委员会、财政部、中国全国工商业联合会、司法部、生态环境部、国家税务总局、国家市场监督管理总局、中国国际贸易促进委员会等作为首批成员单位的第三方机制管委会①,共同负责与涉案企业合规整改相关的监督工作,从而探索出了具有中国本土特色的合规监管模式。

检察机关在办理涉企犯罪案件时,对符合涉案企业合规改革试点适用条件且有必要启用第三方机制的,可以商请本地区第三方机制管委会根据案件具体情况以及涉案企业类型,从专业人员名录库中分类随机抽取律师、会计师、审计师等专业人员组成第三方监督评估组织,并向社会公示。作为合规考察程序的重要参与者,也作为司法决策的辅助者,第三方组织对涉案企业的合规承诺进行调查、评估、监督和考察。在考察期满时,第三方组织作出的合规考察书面报告,将成为检察机关作出批准或者不批准逮捕、起诉或者不起诉、变更强制措施,以及提出量刑建议或者检察建议、检察意见的重要参考。2022 年 4 月,最高人民检察院、司法部、财政部等 9 部门又联合发布了《涉案企业合规办法》,为第三方组织评估企业合规管理体系有效性提供了初步标准,也为检察机关、第三方机制管委会评价第三方组织履职情况提供了初步依据。

显见不争的是,第三方机制的创设和运行,对于规范检察裁量权的行使,弥补检察机关监督和指导涉案企业实现有效合规经验上的不足,防止"虚假整改""纸面合规",提升改革的权威性和透明度,尤其是更加广泛地凝聚改革共识,从而确保改革顺利推进和取得实效,都具有十分重要的意义。甚至可以说,涉案企业合规改革之所以能取得显著成效,与第三方机制作用的积极发挥是密不可分的。但是,从笔者的调研观察来看,作为一项本土化的制度安排,第三方机制在运行中也出现了诸多不规范现象,突出表现为如下四点:

---

① 目前,人力资源和社会保障部、应急管理部、海关总署、中国证券监督管理委员会等已经加入第三方机制管委会。在江苏、北京等地,党委、政法委、发改委、海关、金融监管部门、知识产权局、互联网金融协会等单位也被列为第三方机制管委会成员单位。

其一，泛用第三方机制，造成了不必要的资源消耗。例如，在不少企业仅涉案而不涉罪的案件中，一些检察机关也是"能用尽用"。其二，第三方组织的选任虽然在一定程度上兼顾了人员的专业性和选任的公正性，但仍有进一步完善的空间。[①] 特别是，一些地方并未能做到真正随机，也未充分尊重涉案企业的意见。其三，一些第三方组织的合规监管质量有待提升。正如有学者指出的那样，有些合规监管人在监督和指导涉案企业进行合规整改时，只注重一些流程性的督导工作，动辄督促涉案企业"建章立制"，引入"成体系的合规管理制度"，而没有明确的合规整改目标，也没有较为具体可行的合规考察标准，难免发生"假合规""纸面合规"等问题。[②] 其四，合规监管的费用标准和支付路径有待明确，这既无法保障第三方组织履职的积极性，也为合规监管腐败埋下了隐患。毫无疑问，这些问题能否解决，对于此项改革能否持续深化可谓至关重要。在一定意义上可以说，只有解决好第三方机制运行中出现的上述突出问题，才算抓住了此项改革的"牛鼻子"。而第三方机制在运行中之所以会出现上述问题，又与作为议事协调机构的第三方机制管委会的职能作用发挥不到位有着直接的关系。也就是说，惟有激活和发掘第三方机制管委会的职能作用，才能实现第三方机制运行的规范化。

以往，关于第三方机制的研究成果主要围绕机制本身，提炼的实践问题较多且较为琐碎，难以发现问题的根源和解决问题的核心。有鉴于此，本章拟从重新审视第三方机制管委会的职能出发，以确保第三方机制的规范化运行为目的，对发挥第三方机制管委会在第三方组织的选任管理、履职监督、腐败防范等方面的作用提出初步的改进思路。在此基础上，本章还将对第三方机制管委会在助力刑行衔接方面应该进一步发挥的功能作出初步的展望，以期对刑行衔接难题的破解有所裨益。

二、第三方机制管委会的职能（1）——选任管理的承担者

成立第三方机制的核心目的就是选任合格的专家，组成参与企业合规案件办理的第三方组织，协助检察官指导、监督、考察、验收企业的合规整改。但是，实践中，第三方机制管委会在落实选任工作时仍面临许多阻碍和困惑，

[①] 参见刘艳红：《涉案企业合规第三方监督评估机制关键问题研究》，载《中国应用法学》2022年第6期。

[②] 参见陈瑞华：《合规监管人的角色定位——以有效刑事合规整改为视角的分析》，载《比较法研究》2022年第3期。

需结合域外经验，进一步规范我国第三方组织的选任和管理。

美国是合规监管制度的起源国，其检察机关基于近三十年的制度运行经验，首先明确的是，并非所有案件都应当约定适用合规监管人。只有依据案情，在有限的、必要的情况下，才应当适用合规监管人。检察官在与企业协商决定是否任命合规监管人时，应当始终考虑两个因素：第一，任命合规监管人能够为企业和社会带来的"潜在利益"；第二，任命合规监管人的成本，以及合规监管工作对企业运营的影响。在美国检察官与企业达成的暂缓起诉协议和不起诉协议中，仅有约四分之一要求聘请合规监管人，主要是那些涉及证券欺诈和违反《反海外腐败法》的案件。在选任合规监管人的程序方面，美国也建立了以"委员会"为中心的管理制度，但该委员会只是检察机关的内设机制。① 联邦检察官办公室及各部门应有一个常设或特设的合规监管人委员会，负责为各个案件选出最合适的候选监管人。该委员会至少应包括检察官办公室的道德顾问、检察官办公室刑事主任或司法部有关部门的负责人，以及至少一名有经验的检察官。企业、检察机关应考虑至少三位合格的候选监管人。具体而言，合规监管人委员会确定的合规监管人选任程序一般包含六个步骤：(1) 提名候选监管人。在协议生效后的 20 天内，企业代表人在办案检察官的建议下提出 3 名候选监管人。(2) 候选监管人的内部审查。办案检察官应当面试所有候选监管人，考察他们的资格。(3) 准备候选监管人建议备忘录。办案检察官确定候选监管人人选之后，应当向监管人委员会提出书面建议。(4) 监管人委员会审查建议的候选监管人。委员会通过投票的方式决定是否采纳检察官的建议，其有权面试所有候选监管人。(5) 助理司法部长审查候选监管人。助理司法部长审查监管人委员会建议的候选监管人，作出是否通过该建议的决定。(6) 司法部副部长办公室审批监管人。最终由司法部副部长办公室决定是否通过该监管人的任命。②

然而，在我国，《第三方机制指导意见》规定的第三方机制适用范围，实际上与改革试点的适用范围是一致的，导致不少人误将合规考察程序的启动等同于第三方机制的启用。③ 直至今天，也有不少人主张，应在企业合规案件办理中尽可能适用第三方机制。笔者认为，为避免合规监管资源的浪费，也为

---

① 这虽能在一定程度上制约办案检察官个人在合规监管人选任问题上的权力，但无法防止检察系统内在的独断专行和腐败风险。

② See DOJ, Justice Manual, https://www.justice.gov/archives/jm/criminal-resource-manual-163-selection-and-use-monitors (Last visited on December 5, 2023).

③ 参见李奋飞：《涉案企业合规改革中的疑难争议问题》，载《华东政法大学学报》2022 年第 6 期。

避免给涉案企业造成过重的负担,未来立法应当明确第三方机制的启动原则,即只有在充分考量合规整改难度、合规监管难度等因素后,认为确有必要的情况下才予以启动。尤其是,在企业仅涉案而不涉罪的案件中应尽量避免适用,在小微企业涉嫌常见犯罪的案件中应审慎适用。

在那些符合改革适用条件并确有适用第三方机制必要的涉企刑事案件中,检察机关应当商请第三方机制管委会启用第三方机制,并由后者从自己组建的专业人员名录库中分类抽取出适格的专业人员组成第三方组织。根据《第三方机制指导意见》及其实施细则的规定,目前第三方组织的选任程序主要包括抽选、异议等基本环节。在抽选环节,第三方机制管委会在收到检察机关的商请后,应当综合考虑案件涉嫌罪名、复杂程度以及涉案企业类型、规模、经营范围、主营业务等因素,从专业人员名录库中分类随机抽取人员组成第三方组织。专业人员名录库中没有相关领域专业人员的,第三方机制管委会可以采取协商邀请的方式,商请有关专业人员参加第三方组织。涉案企业、人员的居住地与案件办理地不一致的,案件办理地第三方机制管委会可以委托涉案企业、人员居住地第三方机制管委会选任第三方组织。第三方组织一般由3至7名专业人员组成,针对小微企业的第三方组织也可以由2名专业人员组成。这些专业人员通常由两类人员组成:一是社会专业人员,主要包括律师、注册会计师、税务师、企业合规师、相关领域专家学者以及有关行业协会、商会、机构、社会团体的专业人员;二是行政机关专业人员,主要包括生态环境、税务、市场监督管理等政府工作部门中具有专业知识的人员。在异议环节,第三方机制管委会应当将第三方组织组成人员名单及提出意见的方式向社会公示,接受社会监督。公示期限由第三方机制管委会根据情况决定,但不得少于5个工作日。公示可以通过在涉案单位所在地或者有关新闻媒体、网站发布公示通知等形式进行。涉案企业、人员或者其他相关单位、人员对选任的第三方组织组成人员提出异议,或者第三方组织组成人员申请回避的,第三方机制管委会应当及时调查核实并视情况作出调整。公示期满后无异议或者经审查异议不成立的,第三方机制管委会应当将第三方组织组成人员名单报送负责办理案件的检察机关备案。检察机关发现组成人员存在明显不适当情形的,应当及时向第三方机制管委会提出意见建议,第三方机制管委会应当及时调查核实并视情况作出调整。检察机关对第三方机制管委会报送的第三方组织组成人员名单,经审查未提出不同意见的,应当通报第三方机制管委会,并由第三方机制管委会宣告第三方组织成立。

本章之所以要详细列举第三方组织及其成员的选任过程，是想说明在第三方机制专业人员名录库（收录第三方组织成员人选的综合性人才库）目前尚未根据专项合规建设要求进行分类组建的情况下，即使上述规定在各地得到严格遵守，也只能解决第三方组织成员选任过程的公平性问题，而无法保证第三方组织成员具备特定领域的专业知识与技能，难以满足监督、指导涉案企业进行专项合规整改的需要。而且，当前的选任机制也无法充分尊重涉案企业在第三方组织及其成员选任过程中的意见，难以保障涉案企业和第三方组织的有机配合，或将增加企业合规监管工作的难度。虽然在制度层面，涉案企业、人员对选任的第三方组织组成人员有提出异议的权利，但是，在实践中，涉案企业行使此项权利的可能性并不大。而且，各地第三方机制建立时间并不一致，实践中也不一定都由第三方机制管委会根据案件的具体情况随机抽选。有的地方至今都还没有建立第三方机制，自然也无法由第三方机制管委会发挥选任第三方组织的职能。①

从制度完善的角度，未来应建立针对不同专项合规的第三方机制专业人员名录库。毕竟，每个涉案企业的经营领域、暴露出的合规风险不同，合规整改的侧重点也有所区别。只有充分考虑不同类型的专项合规需求，对符合相关条件的专业人员进行分类管理，才能确保第三方组织的履职能力和履职公信力。此外，在候选人抽选环节，可以考虑增加面试环节，对第三方监管人的专业能力、履职意愿、履职时间等进行考察，确保选任的第三方组织能够对涉案企业的合规承诺进行有效监管和督促。如果被抽选的候选人多次无正当理由拒绝，则应将其从第三方机制专业人员名录库中除名，以保障名录库中候选人的真实性。为充分尊重涉案企业在第三方组织选任过程中的意见，从而实现涉案企业和第三方组织、检察机关的有机配合，提升监管工作的质量，可以借鉴域外的做法，由检察官或涉案企业从被选任的成员中提名，由另一方在提名人选中选任一名首席合规监管人。

三、第三方机制管委会的职能（2）——履职监督的扮演者

涉案企业能否在考察期内完成有效的合规整改，既取决于涉案企业及其

---

① 从笔者的调研来看，至少在改革初期，第三方组织的成立主要有两种方式：一是检察机关直接联系第三方专业人员，其中又以律师为主；二是由涉案企业直接聘请第三方团队（通常也是律师），并支付一定的费用。

合规顾问自身的努力,很多时候也离不开第三方组织在合规计划设计、合规计划运行等环节的有效监督和指导。为此,第三方组织成立后,应当在检察机关的支持协助下,尽快了解企业的涉案情况,认真研判涉案企业在合规领域存在的薄弱环节和突出问题,合理确定涉案企业适用的合规计划类型①,对涉案企业申请启动合规考察提交的企业合规整改计划、企业合规风险自查报告等提出完善的意见建议,督促其及时提交确定版本的企业合规整改计划和企业合规风险自查报告。在合规考察期内,第三方组织可以定期或者不定期对涉案企业合规计划履行情况进行监督和评估,可以要求涉案企业定期书面报告合规计划的执行情况,同时抄送检察机关。在合规考察期届满后,第三方组织应当通过听取涉案企业及其合规顾问的汇报、审查涉案企业提交的合规整改报告等方式对涉案企业的合规整改效果进行评估,出具合规考察书面报告,并报送第三方机制管委会和检察机关审查。第三方组织的考察结果只有得到检察机关和第三方机制管委会的确认,才能成为检察机关对涉案企业作出处理的重要参考。

应当说,在涉案企业合规改革探索过程中,大多第三方组织成员都尽到了合理的合规监管职责,对涉案企业完成有效的合规整改发挥了非常重要的作用。但不容忽视的是,确有一些第三方组织在合规监管工作开始后存在疏于、怠于乃至错误履职等现象,甚至存在第三方组织专家派遣助手、律师助理等代为参与合规考察工作,而其本人对案件情况缺乏基本的了解的情况。以某企业涉嫌污染环境案中的第三方组织履职为例。在该案的合规监管过程中,第三方组织履职至少存在五个方面的问题:第一,在合规考察启动后,第三方组织没有告知涉案企业实施合规考察的步骤。检察官在决定启动合规考察之后,没有告知涉案企业第三方组织成员名单,甚至需要涉案企业的辩护律师、合规顾问等主动联系有关部门获取名单。在后续的合规整改活动中,也没有任何单位通知涉案企业第三方组织实施初次检查、中期检查、验收检查等的大致时间节点。这显然不利于涉案企业规划合规整改实施步骤、准备合规报告等。第二,第三方组织成员缺乏履职的主动性。第三方组织成员履行合规监督考察的职能过分依赖办案检察官个人的推动。例如,在启动合规考察工作3个多月后,第三方组织成员才在检察官的协调下初次到访企业。此前,没有任何一个第三方组织成员主动询问企业合规整改的情况,后续与

---

① 第三方组织应当根据涉案企业情况和工作需要,要求涉案企业提交单项或者多项合规计划,对于小微企业可以视情简化。

企业的沟通也主要通过检察官落实。第三，第三方组织个别成员缺席中期考察会议。在本案中，第三方组织和检察官初次到访涉案企业即开展中期检查，此时，仍有个别第三方组织成员因个人事务未能参与，也并未提交有关书面意见。第四，第三方组织成员对合规整改的过程不熟悉，要求涉案企业实施的措施、准备的材料不明确。自我国第三方机制建立后，各地第三方机制管委会发布的候选人名单中纳入了大量的律师、会计师、审计师等专业人士，但有许多人员从未参与过合规案件办理，对合规整改的基本过程和要求尚不熟悉。在本案中，第三方组织成员均较为缺乏相关办案经验，没有在合规考察启动时审查合规风险自查报告，更没有与企业协商确定合规整改计划。在合规考察的前三个月，第三方组织基本没有发挥任何监督和指导作用。在中期检查阶段，第三方组织也没有要求企业提交合规整改阶段性报告。第五，第三方组织成员提出的合规整改指导意见缺乏一致性。在中期检查会议上，到场的第三方组织成员采取听取涉案企业汇报、与涉案企业负责人交流、走访涉案企业工作区域等方式落实检查，但是，在提出意见时，第三方组织成员均独立发表观点，甚至有一些成员的意见和建议存在分歧，没有形成统一指导意见，更没有书面的记录或通知，这致使涉案企业对如何继续开展合规整改工作存在困惑。

此外，还有的第三方组织在指导涉案企业的过程中，明显忽视企业合规整改工作在专项性、针对性、全面性等方面的要求。以笔者在调研中了解到的某企业走私案为例。在该案中，在合规整改针对性方面，涉案企业实际缺乏针对违法犯罪风险的识别、筛选和有效预防。例如，合规尽职调查活动仅有员工问卷予以支撑，缺乏组织结构梳理、商业模式梳理、高管访谈等必要的风险识别手段，也没有对重点法律规范进行梳理、汇编、解读，企业经营的外部法律框架不清。同时，企业没有基于风险识别编制"合规风险清单"，也没有建立关键岗位人员的"合规义务清单"，更没有对直接涉案的违法犯罪人员作出相应内部处置。企业提交的合规整改汇报材料多集中于企业组织结构的搭建，缺乏针对具体风险点（特别是涉案风险点）采取的特别防控措施。在合规整改专项性方面，涉案企业建立的合规计划专项性特征不足，更多的是建立"大而全"的合规管理体系。《第三方机制指导意见》明确强调涉案企业应当建立专项的合规计划，对同类或相似的违法犯罪行为进行特别预防。虽然该企业已出台的文件涵盖了反商业贿赂、进出口、财税、外贸等多个法律领域，但难以看出目前的合规计划属于哪一个或哪几个专项，且现有规定较为单薄,难以避免"纸面合规"的嫌疑。实际上,即使是中兴通讯这样体量的企业,也仅在反商业贿赂、数据、进出口三个方向建立了专项合规计划,并分别形成了三大专项合规的章程、准则、岗位、法律规范库等。显而易见,与绝大多数有合规管理制度的企业相比,涉案企业即将完成的合规整改在专项合规风险的防范方面呈现不足。在合规要素的全面落实方面,涉案企业只象征性地建立了一些基础合规要素,而缺乏相应保障,难以确保合规管理的有效性。一是缺乏合规考试机制。涉案企业没有开展"合规考试",无法保障高管和员工都理解了两次合规培训的内容并能将其嵌入日常工作。二是缺乏合规文化建设措施。在各类合规标准中,合规文化建设一直是不可或缺的要素,而涉案企业仅关注制度建设,没有培育和宣扬合规文化的具体措施。三是没有设置合规专项资金。有效的合规整改需要有充分的人力财力物力保障,而涉案企业没有合规资金的规划和管理意识,更没有考虑考察期满后的长期经营中,应当如何规划和分配合规人员薪酬、合规顾问咨询费、合规日常管理投入等预算。遗憾的是,对于该涉案企业在合规整改中存在的上述问题,第三方组织在中期验收时竟然都没有能够提出,如果这种情况不能在随后的合规监管中得到改变,很难让人相信此案的合规整改(即使被验收合格)能够在有效预防同类犯罪再次发生上取得实质成效。

还有的第三方组织向涉案企业提出了过度乃至过分的整改要求,例如,有的第三方组织竟然要求某涉嫌非法采矿的企业在合规整改中停止开矿,还有的第三方组织竟然要求某涉案企业在合规整改中转让股权,等等。这不仅违背了企业合规整改的相称性原则[①],使涉案企业承受了过度的和不必要的合规负担,也直接侵害了涉案企业的合法权益。

可见,对第三方组织在涉案企业合规整改中监督和指导等权力的行使,也需要加强履职监督和失职追责,以防止其中可能产生的刚愎自用、独断专行乃至不当监管。虽然《第三方机制指导意见》第 18 条规定了第三方组织及其成员的责任追究机制,即当涉案企业认为其存在行为不当或涉嫌违法犯罪的,可以向负责选任第三方组织的第三方机制管委会反映或者提出异议,或者向负责办理案件的检察机关提出申诉、控告,但事实上,对于已陷入刑事困境、热切期盼通过合规整改获得出罪处理的企业而言,即使认为第三方组织及其成员的行为存在不当,甚至明显侵犯了自己的合法权益,也不大可能会

---

① 参见陈瑞华:《企业合规整改中的相称性原则》,载《比较法研究》2023 年第 1 期。

针对正在监管自己的第三方组织行使上述权利。更何况,第三方组织的履职不当(比如合规监管"走过场")并不总是会对涉案企业造成不利影响。因此,作为第三方组织管理者的第三方机制管委会的个案参与(监督)职能不仅不能弱化乃至"离场"[①],反而需要激活、强化和优化,以确保第三方组织依法、规范履行职责。根据《第三方机制指导意见》及其实施细则、《涉案企业合规第三方监督评估机制专业人员选任管理办法(试行)》(以下简称《选任管理办法》)等相关规范性文件的规定,第三方机制管委会可以对第三方组织及其成员的履职情况开展包括日常监督、巡回检查[②]、考核评价[③],以及对第三方组织报送的合规考察书面报告进行审查等在内的个案监督,并可以通过谈话提醒、批评教育,或视情通报其所在单位或者所属有关组织,重新组建第三方组织进行评估,以及将其调整出库等方式对相关人员进行追责。对于第三方组织或其组成人员故意提供虚假报告或者提供的报告严重失实的,第三方机制管委会还有权向有关主管机关、协会等提出惩戒建议。涉嫌违法犯罪的,第三方机制管委会则应当及时向有关机关报案或者举报,并将其列入第三方机制专业人员名录库禁入名单。

不过,令人遗憾的是,上述这些纸面上的监督机制大多没有得到激活。实践中,鲜有涉案企业等向第三方机制管委会举报第三方组织及其成员的情况发生,当然也就无从启动针对第三方组织及其成员的调查和处理,至于更换第三方组织专家的案例更是闻所未闻。或许,要确保第三方机制管委会对第三方组织的履职发挥有效的监督作用,可以考虑从以下几个方面进行制度完善。首先,基于实践中有的第三方组织专家拒绝单独前往涉案企业的情

---

① 有学者建议,应当将个案参与职能全面收归检察机关,使第三方机制管委会最大限度发挥综合管理职能。检察机关既熟悉案件情况、具备专业能力,又对合规整改和第三方监管负有监督职责,是负责第三方组织日常选任和监督检查的最佳主体。第三方机制管委会则在组建和管理名录库、培训、保障、纪律惩戒等综合管理方面具有天然优势,多部门联合组建的权威性使其适宜作为综合议事机构来发挥作用。

② 在最高人民检察院印发的第二批企业合规典型案例"山东沂南县Y公司、姚某明等人串通投标案"中,沂水县第三方机制管委会就制定了《沂水县企业合规改革试点巡回检查小组工作方案》,并结合该案案情,选取6名熟悉企业经营和法律知识的人大代表、政协委员、人民监督员组成巡回检查小组对第三方组织的履职进行了"飞行监督"。巡回检查小组和办案检察官通过不预先告知的方式,深入两个企业进行实地座谈,现场抽查Y公司近期中标的招标项目,对第三方组织履职情况以及企业合规整改情况进行"飞行监管"。通过现场核查,涉案企业整改到位,未发现第三方组织不客观公正履职的情况。

③ 根据《选任管理办法》第21条的规定,第三方机制专业人员有下列情形之一的,考核评价结果应当确定为不合格,并视情作出相应后续处理:(一)不参加第三方组织工作或者不接受第三方机制管委会分配工作任务,且无正当理由的;(二)在履行第三方监督评估职责中出现重大失误,造成不良影响的;(三)在履行第三方监督评估职责中存在行为不当,涉案企业向第三方机制管委会反映或者提出异议,造成不良影响的;(四)其他造成不良影响或者损害第三方组织形象、公信力的情形。

况,应明确在合规考察启动后,第三方组织专家可以自行决定前往涉案企业开展调查和抽查活动,但该行为需要提前向第三方机制管委会报备,预防第三方组织专家与涉案企业产生合规监管工作之外的不当交往。其次,应当要求第三方组织及其专业人员将履职过程中向涉案企业提出的监督和指导意见向第三方机制管委会以书面形式进行报备。第三方机制管委会也应当建立健全第三方组织专业人员履职台账,全面客观记录第三方组织履行职责情况,以作为确定考核结果的重要参考。在行为和建议都被充分记录和监督的前提下,第三方组织专家在决定是否参与监管活动和具体提出什么样的整改建议方面,都将变得更加慎重。最后,根据《第三方机制指导意见》的规定,检察机关在办理涉企犯罪案件的过程中,只能将第三方组织合规考察书面报告等合规材料作为检察决策的重要参考。这意味着,第三方组织和检察机关二者之间也可能会存在意见分歧。在这种情况下,应当要求检察机关将不采纳第三方组织意见的理由告知第三方机制管委会备案。

四、第三方机制管委会的职能(3)——合规腐败的防范者

域外合规监管制度的运行不仅有经验,还有教训,这是我国第三方机制完善过程中需要警惕的。在美国,由于检察机关在合规监管人的任免方面权力过大,加上合规监管人的追责和监督机制不健全,逐渐滋生了一些显著的腐败问题。首先,检察机关经常任命前任检察官或退休司法人员作为合规监管人,通过"强迫"企业支付合规监管人高薪进行利益输送,以"报恩"或期待自身未来"跳槽""退休"后的职业机会,这显然滋生了腐败风险。近两年,检察机关开始通过在网站公开历任合规监管人名录的方式,增强制度的透明性,但实际效果仍未可知。其次,合规监管人的薪酬数额经常是过高且不合理的,这无疑加重了企业的负担。例如,2007 年捷迈(Zimmer)公司因医疗贿赂行为而被美国司法部调查,最终双方达成为期 18 个月的暂缓起诉协议,协议条款包含任命一名合规监管人监督其协议履行、合规整改。在未经公告或竞价程序的前提下,美国司法部前任部长约翰·阿什克罗夫特(John Ashcroft)作为律师担任其合规监管人,约定该公司为 18 个月的监管工作支付总价为 2800 万至 5200 万美元的费用。[1] 最后,美国合规监管人制度没有建

---

[1] See Veronica Root, "the Monitor—'Client' Relationship", 100 *Virginia Law Review* 523, 580 (2014).

立明确的责任追究机制,实践中,存在合规监管怠于履职导致企业和社会利益受损的可能性。以百时美施贵宝(Bristol-Myers Squibb)公司案为例。2007年6月,该公司的合规监管期结束,即使当时已经发现可能存在新的违法行为,合规监管人仍然在报告中盛赞了该公司的合规整改成果,认为该公司的合规计划是杰出的:"公司实现了文化重整,塑造了合规的、诚信的、正直的、极佳的文化氛围,全公司贯彻公开的、交流的、充分参与的基本规则。"但是,在监管期结束之后,该公司新的价格欺诈行为迅速被发现,且公司的首席合规官参与了该项违法。2007年9月,该公司不得不就新的违法行为而再次与司法部达成暂缓起诉协议,支付5亿美元的高额罚款。[1] 由此可见,合规监管人并不总能妥当地、勤勉地履行合规监管工作,其工作的完成质量将深远地影响企业的命运。国家对于合规监管人缺乏监督机制,也缺乏解决企业、检察官、合规监管人之间分歧的纠纷解决机制,将严重影响合规监管人制度的信誉。

在吸取域外合规监管制度经验和教训的基础上,我国检察机关创造了独具中国特色的合规监管模式,既统筹了律师、会计师、审计师等专业人员的合规工作资源,又以司法、行政、行业联合督导的形式避免了合规监管工作混乱,不仅保障了合规整改工作的专业性,提升了合规监管工作的透明度,也有助于防止将"假合规"认定为"真合规"。尤其是,最高人民检察院、司法部、财政部等13部门启动的企业合规第三方监督评估信息化服务平台,还为第三方监管工作的便利化和公开化提供了技术保障。在便利化方面,平台设有第三方机制业务办理系统,供企业合规参与各方登录办理手续、提交文件,为复杂的多方工作提供高效协作条件;在公开化方面,平台整合各地第三方机制的运行规范,公开各地专业人员名录库名单,为公众监督第三方组织人员的选任和管理提供条件。未来,还有望就合规验收听证环节设置信息公开,特别是在那些不涉及商业秘密、个人隐私的案件中引入合规验收的信息公开。这不仅能更好地发挥公众的监督作用,提高合规整改和合规监管的工作质量,也能更好地发挥教育和警示作用。可以说,作为涉案企业有效合规整改的基本保障,第三方机制正渐趋成熟。

然而,遗憾的是,无论是《第三方机制指导意见》,还是《涉案企业合规办法》,至今都未对第三方组织的合规监管费用问题作出明确规定。这虽为各

---

[1] See Cristie Ford & David Hess, "Can Corporate Monitorships Improve Corporate Compliance?", 34 *Journal of Corporation Law* 679,724(2009).

地检察机关开展差别化、多样化的探索留出了宽松的空间,进而有助于发现更符合中国实际情况的费用承担模式和支付路径,但也给第三方组织的有效履职带来了一些负面影响。试点检察机关在企业合规第三方监管的探索过程中大体形成了两种薪酬模式:一是公益模式,即涉案企业不向第三方组织支付合规监管费用,仅由检察机关从办案经费或财政拨款中拿出微不足道的经费作为第三方组织的合规监管费用[1];二是市场模式,即大体上由涉案企业根据与第三方组织协商的价格直接向后者支付合规监管费用。两种模式各有利弊。应该说,在改革初期,合规整改的适用对象主要是小微民营企业,从保护民营企业权利和第三方组织中立性的角度来看,公益模式确实具有一定合理性。但是,从长远来看,这种公益模式既容易导致第三方机制中的专业人才流失,也难以有效激励第三方组织开展实质性的合规监管工作,无法保障合规整改的质量,甚至容易发生"纸面合规""虚假合规"的问题。而市场模式虽然具有理论上的正当性(毕竟,通过接受合规监管、完成有效合规整改,原本已经构成犯罪的企业最终能够获得无罪等从宽处理结果),也可以提升第三方组织合规监管工作的积极性,但是,在缺乏恰当的薪酬标准和支付路径的情况下,其不仅会影响第三方组织的独立性和中立性,也易发生第三方组织成员违背职业伦理、与企业发生利益勾连等合规腐败现象。

解决合规监管的费用难题,需要首先明确,我国第三方组织与域外的合规监管人在本质属性上存在一定差异。在美国,"独立性"是合规监管人的首要属性。"监管人是一个独立第三方,其不是企业的雇员或代理人,也不是政府的雇员或代理人。监管人是独立于董事、经理、雇员、企业其他代表的概念。监管人也不是企业的律师,因此企业不得向监管人寻求法律意见。同样,监管人也不是政府的派出人员。"[2]合规监管人对于检察机关的独立性主要体现在两个方面。第一,合规监管人不是国家公职人员,也不代行国家职权。与传统自然人案件中的监管人公职属性不同,企业合规监管人仍然保持私属性,他们在履职过程中无权替代国家机关作出有法律效力的行为。这些合规监管人系从事私人律师、会计、审计等营利业务的专业人士,只是基于自愿性和营利性参与到企业案件的处理流程当中,有偿地向国家、企业提供合

---

[1] 有学者认为,在中小微企业的合规监管过程中,从承担社会治理职责的视角来看,由执法机关分担一部分合规费用是合理的。参见马明亮:《论企业合规监管制度——以独立监管人为视角》,载《中国刑事法杂志》2021年第1期。

[2] See DOJ, Justice Manual, https://www.justice.gov/archives/jm/criminal-resource-manual-163-selection-and-use-monitors (Last visited on November 26, 2023).

规相关的专业服务。合规监管人是在充分尊重被监管企业的意愿、避免利益冲突的基础上共同选定的,而非由执法机关单项决定。此外,合规监管人的薪酬由企业支付,非由委任的执法机关派发。第二,合规监管人的合规整改评估和建议不代表国家机关的立场。对此,域外学者们较为一致地将合规监管人形容为"法律顾问"(legal counselor)[1],同时向企业和国家双方提供法律意见及法律服务,既评估和指导企业的合规整改工作,又搜集企业合规整改的相关信息向执法机关汇报。执法机关可以依据裁量权而自由地选择是否采信合规监管人提供的信息、是否采纳合规监管人的建议。

相较而言,我国的第三方组织不能被单纯定义为"法律顾问",而是更明显地具有"准司法人员"的身份特征。作为第三方机制管委会"分类随机抽取"的"独立的合规专家",第三方组织不仅要协助检察机关开展合规考察工作,遵守检察机关的指令和要求,接受检察机关的监督,向检察机关负责并提交合规考察进展报告,也要代表检察机关监督和指导涉案企业的合规整改工作,向涉案企业及其合规顾问提出开展进一步的合规风险自查、修正合规整改计划、保证合规计划有效运行的具体要求,督促涉案企业履行所作的合规整改承诺。[2] 正是因为第三方组织在履职方面所具有的公益性质,合规监管的费用支付需要兼顾商业性和廉洁性。也就是说,在引入市场化的薪酬支付机制从而保障第三方组织履职积极性的同时,又需要防止腐败和贿赂行为的发生,在避免收费不规范的同时规避合规监管人因为利益往来而出现弄虚作假、维护涉案企业的情况,防止合规监管人腐败。因此,第三方机制管委会作为第三方组织的组织管理者,应当承担起对合规案件监管费用的商定和支付程序的监督职责。

具体而言,在第三方机制启动后,第三方组织成员可以在检察官的见证下先根据合规监管和考察工作的任务量,与涉案企业协商签订费用支付合同。该合同需要报第三方机制管委会批准后才能生效。第三方机制管委应当根据合规整改的专项类型、案件的犯罪情节、案件发生的地域、企业的规模等因素,结合其他地区合规监管的基本收费情况,对合同约定价格的合理性进行评估。该费用应具有非惩罚性特征,即只涵盖评估和考察涉案企业合规整改工作的必要费用,不应当对涉案企业造成过大负担。因此,如果不能通

---

[1] See Veronica Root, "the Monitor—'Client' Relationship", 100 *Virginia Law Review* 523, 551 (2014).

[2] 参见陈瑞华:《合规监管人的角色定位——以有效刑事合规整改为视角的分析》,载《比较法研究》2022年第3期。

过第三方机制管委会的审查,该合同就不会生效。在这种情况下,第三方组织成员需要依据第三方机制管委会的意见在检察官的见证下重新与涉案企业协商确定适当的监管费用。在监管费用支付的程序方面,应当规定由涉案企业一次性或分期向第三方机制管委会支付,再由第三方机制管委会向第三方组织支付,以切断涉案企业与第三方组织间可能出现的利益勾连,确保第三方组织履职的独立性,避免引发合规腐败风险。第三方机制管委会向第三方组织支付监管费用大体可以分两次进行,第一次于合规考察启动时支付50%,第二次于合规考察验收程序终结后支付50%,以激励第三方组织提供尽职尽责的监管服务,从而提高合规监管的质量。

五、第三方机制管委会的职能(4)——刑行衔接的助力者

涉案企业合规改革与其说是一场司法改革,不如说是一场社会综合治理改革,其推行和深化离不开行政监管机关的全面配合。毕竟,在我国,企业犯罪绝大多数为行政违法行为转化而来的"行政犯",具有双重违法性,即同时构成行政违法和刑事犯罪。因此,无论是在企业行为定性、企业案件侦查、合规整改监管等案件办理方面,还是在对企业作出"合规不起诉"决定后追究企业的行政违法责任,抑或是试图扩大涉案企业合规治理效果,都需要实现刑事执法与行政执法的有效衔接。一些域外国家已经确立了"平行执法为原则、先后执法为例外"的新规则。[1] 在涉案企业合规改革探索过程中,检察机关也较为注重发挥行政监管机关的作用,在启动合规考察和第三方监督评估机制后,吸收行政监管机关参与合规监管、合规验收等,并尝试利用现有的制度空间作出了"办案衔接""合规互认""合规接力""行业合规"等"刑行衔接"机制探索。

所谓"办案衔接",是指在作出"合规不起诉"决定后,检察机关可以向行政监管机关提出对涉案企业处以行政处罚的建议,行政监管机关应当就案件有关的行政违法行为作出处理,并将处理结果告知检察机关。例如,在最高人民检察院发布的第一批企业合规典型案例"张家港市L公司、张某甲等人污染环境案"中,检察机关就依法向苏州市生态环境局提出对涉案企业给予行政处罚的检察意见,苏州市生态环境局根据《水污染防治法》有关规定,对

---

[1] 参见陶朗逍:《合规改革背景下企业犯罪行刑平行执法程序构建》,载《法学》2023年第2期。

涉案企业作出行政处罚决定。

所谓"合规互认",是指对检察机关主导的有效合规整改结果,行政监管机关应当予以认可,即有效的合规整改不仅应当作为检察机关对涉案企业作出宽大处理的依据,也应当成为行政机关对涉案企业作出宽大行政处理的依据,并尽量避免适用吊销营业执照、责令停产停业等可能影响企业生存的严重处罚。例如,在最高检印发的第二批企业合规典型案例"深圳 X 公司走私普通货物案"中,检察机关通过加强与行政机关的沟通协作,促进"合规互认",将企业合规计划、定期书面报告、合规考察报告等移送深圳海关,作为海关作出处理决定的重要参考,形成保护民营经济健康发展合力。

所谓"合规接力",是指在作出"合规不起诉"后,检察机关可以向行政机关提出检察建议或者检察意见,督促行政监管机关对涉案企业接力进行合规监管,监督涉案企业围绕行政监管法律规定继续深化企业合规建设,以便对违法犯罪进行一体预防。例如,常州市武进区人民检察院、常州市武进生态环境局就会签了《关于共同推进武进区企业提升生态环境保护合规水平的意见》,对合规接力等作出具体规定要求。在对涉企合规作出处理决定后,可由生态环境主管部门持续跟踪涉案企业合规建设情况。生态环境主管部门可以通过回访、听取报告等方式持续监管涉案企业,也可以要求涉案企业针对性增加专项环保合规建设。

所谓"行业合规",是指为实现对企业违法犯罪的源头治理,检察机关不仅着眼于对涉案企业的"个案合规整改",还需要在必要时将合规整改的对象扩展到整个行业,即由行业协会在行政监管机关的监督和支持下启动行业合规整改工作,督促和激励那些同一行业的非涉案企业都加入到合规管理体系建设中来。例如,在最高人民检察院印发的第二批企业合规典型案例"山东沂南县 Y 公司、姚某明等人串通投标案"中,检察机关向财政、教育、市场监管三部门发出完善招投标管理、堵塞制度漏洞等检察建议,建议进一步严格落实行贿犯罪查询、政府采购活动中违法违规行为查询等制度规定,加强对招标代理公司管理。当地市场监管等部门积极采纳检察建议,开展招投标领域专项整治,对 2021 年以来 60 余个招投标项目全面清查,发现标前审查不严格、招标代理机构管理不规范等问题 21 个,并针对问题逐项整改;举办行业管理人员、招标代理机构专题培训,建立健全投标单位标前承诺制度、违法违规行为强制查询制度,对专项整治以来中标项目进行动态跟踪,畅通违法行为举报途径、加大惩罚力度,强化行政监管,有效遏制了串标、围标等违法行为发生。再如,在最高人民检察院发布的第三批企业合规典型案例"广西陆川县 23 家矿山企业非法采矿案"中,陆川县人民检察院结合当地矿山行业经济发展特点,会同主管部门研究针对行业顽瘴痼疾的整治措施,以系列案推动行业治理,助力矿山行业领域形成合规建设的法治氛围。又如,在最高人民检察院发布的第四批企业合规典型案例"安徽 C 公司、蔡某某等人滥伐林木、非法占用农用地案"中,繁昌区人民检察院在依法对 C 公司和蔡某某等涉案人员作出不起诉决定后,充分总结该案暴露的行业治理问题,向行业主管部门制发检察建议,推动"个案合规"向"行业合规"延伸。行业主管部门根据检察机关的建议,在深入辖区内企业开展专项检查的基础上,召开全区矿山开采行业专题会议,通报 C 公司案件情况,要求各相关企业完善配套机制,强化制度执行,并对发现的问题限期整改。检察机关通过 C 公司环保合规案件的办理,推动行业治理,较好地实现了政治效果、法律效果和社会效果的有机统一。

虽然一些地方检察机关在改革过程中已就涉案企业合规的刑行衔接问题作出了多方面的探索并取得了积极成效,但是,行政执法机关并没有配合检察机关办理企业犯罪案件(包括但不限于企业合规案件)的法定义务,加上标准、规则和程序的缺乏,尤其是监察体制改革后检察机关的反贪、反渎和预防等职能部门被转隶至监察机关①,以法律监督为制度抓手的刑行衔接出现问题也就不可避免。以"合规互认"为例。由于合规对企业行政责任的减免作用尚未得到法律的确认,加上《第三方机制指导意见》《涉案企业合规办法》等改革顶层文件对"合规互认"也未作出明确的规定,行政监管机关未必能对此项改革的精神"心领神会",因而能否将检察机关主导的合规整改纳入行政处罚的考量因素具有一定的不确定性。更何况,"依据合规理论,企业在检察机关的监管下进行的是刑事合规整改,降低的是企业再次犯罪的风险,不包括企业再次违法的风险,这使得行政机关缺乏依据刑事合规而裁量从宽处罚的合理性。"②在某小微企业走私案中,检察机关基于涉案企业合规整改验收合格对其作出了不起诉决定,但是海关仍对其作出了涉税案款五倍的处罚。这极有可能使涉案企业难以承受,甚至面临"灭顶之灾",导致已动用了诸多资源和力量的合规整改功亏一篑。可见,在刑事与行政二元治理体制的背景

---

① 参见李奋飞:《检察再造论——以职务犯罪侦查权的转隶为基点》,载《政法论坛》2018 年第 1 期。

② 参见陶朗道:《合规改革背景下企业犯罪行刑平行执法程序构建》,载《法学》2023 年第 2 期。

下,要强化涉案企业合规刑行衔接,仅靠检察机关积极推进是不够的。

在"办案衔接"方面,目前存在的主要问题是,刑事执法机关和行政执法机关分属不同的系统。为优化改革适用条件,提升企业合规案件办理质效,应当以第三方机制管委会(联席会议机制)为纽带,探索在重大、疑难、复杂的涉企案件办理中组建临时的协同办案小组,以便统筹各机关执法司法资源,尤其是行政机关应在随机抽检、技术监督等方面给予刑事执法机关帮助。因此,对于企业涉嫌犯罪的案件,行政执法机关固然应当移送,移送后如公安机关已经决定刑事立案,行政机关不得先行作出处罚决定,但也不应当停止调查程序,而是应当与公安机关联合执法。此时,可以由检察机关进一步发挥法律监督职能,提前介入案件侦查。这既有助于共同发现企业犯罪案件的事实真相,也有助于及时消除在企业犯罪案件的定性、侦查路径、处理方式等方面可能存在的分歧,还有助于激励符合改革适用条件的涉案企业积极配合侦查。① 对于拟适用合规考察程序的重大案件,还可以考虑建立"合规准入联席听证制度",即在决定是否将涉案企业纳入合规考察时,检察机关原则上应举行听证会,并向第三方机制管委会报备,由第三方机制管委会办公室负责邀请相关行政机关派员参与并发表意见。这不仅可以体现对行政机关的尊重,也有助于检察机关在决定合规准入时更为充分地了解涉案企业的经营情况、违法历史、影响力等相关信息,确保企业犯罪案件的处理符合社会公共利益。

在"合规互认"方面,目前存在的主要问题是,合规对企业刑事责任和行政责任的减免作用没有被确认,行政执法机关和刑事司法机关之间也缺乏处罚手段配合原则和处罚结果互认原则。当检察机关作出不起诉决定时,刑事司法当然不会再对涉案企业施以任何刑罚,但如果行政机关的处罚裁量权不受限制,可以任意地决定对企业施以高额罚款、责令停业整顿、吊销营业执照等,显然难以保障合规激励的有效性。② 有鉴于此,可以考虑以第三方机制管委会为纽带,从两个角度来解决合规互认问题。一是可以考虑建立合规结果互认事先协议制度。在相关法律确立合规的责任减免功能以前,检察机关可以通过第三方机制管委会(办公室)商请行政监管机关一起与涉案企业达成包含补救措施在内的合规监管协议。涉案企业是否承诺履行以及在合规考察期内是否最终履行包括行政处罚在内的各种补救责任,也应当成为检察机关是否对其启动合规考察程序和是否对其予以从宽处理的重要依据。二是

---

① 参见李奋飞:《论涉案企业合规的全流程从宽》,载《中国法学》2023年第4期。
② 参见李奋飞:《涉案企业合规刑行衔接的初步研究》,载《政法论坛》2022年第1期。

基于第三方机制管委会可以以联席会议的形式"研究论证重大法律政策问题",未来可以通过修改《第三方机制指导意见》,明确合规整改成果在行政处罚中的运用。即,对于刑事程序终结后需给予涉案企业行政处罚的案件,可由第三方机制管委会直接将合规考察报告副本等合规材料移送相应的行政监管机关。行政监管机关在作出处理决定时,应当认可涉案企业的合规整改成果,并应结合企业违法情况,依法审慎对其从轻处理,尽量避免适用吊销营业执照、责令停产停业等较重处罚。

在"合规接力"方面,目前存在的主要问题是,涉案企业在短暂的考察期内所进行的合规整改,主要是为了去除"犯罪基因"。企业需遵守的刑事法律规定数量较少,只有在最严重的情况下才涉嫌犯罪,而行政监管才是确保企业依法依规经营的主要领域,企业建立的数据合规计划、环境保护合规计划等,主要合的也是行政法律的"规"。在企业涉嫌刑事犯罪后,其暴露出来的风险是刑事犯罪风险,合规整改工作围绕犯罪预防展开。虽然也会涉及前置违法行为,但以防范再次构成犯罪为主。在核心的刑事风险得到充分防范之后,涉案企业是否会在刑事程序终结后,继续围绕行政监管法律规定继续深化企业合规建设,更多属于行政监管机关需要负责解决的问题。不过,有效的合规整改不仅要求企业实现经营和管理模式的"去犯罪化",也要实现前置的"去违法化",才能防微杜渐。实际上,在企业治理的视角下,行政合规和刑事合规共享合规要素。未来《刑事诉讼法》修改后,如能为合规整改确立更长的考察期,涉案企业当然可以通过建立一套合规管理体系,实现刑事合规与行政合规的有效衔接[1],将其主要的行政违法风险和刑事犯罪风险进行一体化预防。不过,在当前的改革探索阶段,涉案企业在检察机关的主导下建立刑事合规计划只是第一步,在脱离刑事程序后,可能还需要继续深化相关专项领域行政合规计划的建设,才能真正成为守法的好企业。为此,第三方机制管委会可以在听取检察机关意见的基础上,直接向作为自己成员单位的相关行政监管机关提出建议,由行政监管机关开展"合规接力",继续监督涉案企业进行合规整改,从而深化涉案企业合规整改的效果。

在"行业合规"方面,目前存在的主要问题是,在推进企业开展合规管理方面,行业协会的作用尚未充分发挥出来。有学者指出,要充分发挥行业协会在行业合规整改中的作用,未来需要行政监管机关更多地"简政放权",将

---

[1] 参见郭华:《企业合规整改行刑衔接的协调机制》,载《华东政法大学学报》2022年第6期。

一些对企业的管理权、监督权和处罚权,转交给行业协会,以使行业协会在合规管理方面获得更大的制度空间。① 在当前的改革探索阶段,检察机关在案件办理过程中,如发现某种企业犯罪问题带有"行业性"和"普遍性"的特点,可以尝试商请第三方机制管委会发挥"桥梁纽带"作用,协调相关成员单位在企业合规领域对行业协会进行业务指导,加强对同类企业的监督和检查,推动地区治理、行业治理的合规发展。

六、余论

在涉案企业合规改革探索过程中,基于自身监督和指导涉案企业实现有效合规的能力有限,检察机关联合相关部门建立了第三方机制。为确保第三方机制规范运行,尤其是要保障第三方组织依法依规履行职责,防范合规监管腐败,促进刑行衔接,需要激活和发掘第三方机制管委会的职能作用。当然,要确保第三方机制管委会在第三方机制运行中真正扮演好前文所讨论的四种角色,还需要对其进行必要的改造完善,尤其要为其履职提供必需的人力、财力、物力等条件保障。

目前,由多部门组成的第三方机制管委会是一种较为独特的组织模式。在性质上,其是一个议事协调机构。在存在方式上,其具有"虚实结合"的特点。其日常工作由作为人民团体和商会组织的工商联负责承担,第三方机制管委会中涉及国有企业的日常工作则由国有资产监督管理委员会、财政部门负责承担。第三方机制管委会虽然下设办公室作为常设机构,负责承担日常工作,但办公室设在工商联,人员较少,且都为兼职,干与不干、干多干少,在薪酬待遇上也没有区别,工作热情和积极性难以持久,加上经费普遍紧张,目前维持下来都已经是勉为其难。因此,欲让第三方机制管委会发挥更大的作用,这些现实问题就必须得到适当的解决。未来,第三方机制管委会办公室应充分发挥"指挥部"的职能作用,不仅可以积极协调各成员单位视情况派员参与第三方机制管委会办公室工作,还可以探索遴选律师、注册会计师、税务师、专家学者等相关专业人员到该办公室挂(兼)职制度,全面提升企业合规工作专业化、规范化水平。

为了保障合规考察制度的慎重适用,笔者曾建议将合规考察案件交由设

---

① 参见陈瑞华:《行业合规的探索与反思》,载《民主与法制》2022 年第 15 期。

区的市一级以上检察机关办理①,相应地,第三方机制管委会原则上也只应在设区的市一级以上设立。国家层面的第三方机制管委会应负责对地方第三方机制管委会开展日常监督和巡回检查,省级层面的第三方机制管委会应负责对本辖区内的第三方机制管委会开展日常监督和巡回检查。基于我国法律服务市场上能承担合规监管职责的人员较为匮乏,地方第三方机制管委会在建立本地区第三方机制专业人员名录库时,可以打破专业人员地区限制。不过,第三方组织及其人员的遴选原则上不应跨地区进行。但是,对于重大、疑难、复杂的企业合规案件,地方第三方机制管委会在必要时,也可以商请省级层面或国家层面的第三方机制管委会,由其负责选任第三方组织及其成员,以保障合规监管工作的专业性。

---

① 参见李奋飞:《论企业合规考察的适用条件》,载《法学论坛》2021年第6期。

第七章　企业合规整改中的刑行衔接

涉案企业合规改革的推行和深化,离不开行政监管部门的全面配合。检察机关在涉案企业合规改革探索过程中,也较为注重发挥行政监管部门的作用,并尝试利用现有的制度空间解决好与行政监管部门的衔接配合问题。但由于行政监管部门并没有配合刑事执法机关参与办理企业合规案件的法定义务,加上衔接配合的规则和程序粗陋缺失,刑行衔接程序不畅的问题也就不可避免。不仅如此,在实体衔接和合规标准衔接方面,也存在着难以保障合规激励的有效性和对违法犯罪行为的统一预防等问题。涉案企业合规刑行衔接问题的有效解决,除了需要在法律上明确行政监管部门的法律职责,细化衔接配合的规则和程序以外,还需要检察机关联合相关行政监管部门一起制定刑行合规有效衔接的专项合规整改标准,确立企业犯罪侦查中的"检察引导"制度,并继续优化"双向衔接"机制。

一、问题的提出
二、企业合规刑行衔接的实践考察
三、企业合规刑行衔接的主要问题
四、企业合规刑行衔接的未来展望
五、余论

一、问题的提出

自 2020 年 3 月起,中国检察机关在加强民营企业司法保护的政策背景下,积极将办案职能向社会治理延伸,启动了涉案企业合规改革试点工作,尝试将企业合规纳入办理涉企案件的过程之中,使之成为对涉案企业或负有责任的自然人作出不起诉等从宽处理的重要依据,并形成了合规考察模式和检察建议模式两种基本办案形态。① 在检察机关的推动下,涉案企业合规改革试验取得了初步成效,特别是检察机关将"严管"和"厚爱"相结合,挽救了不少对经济发展有重要意义的企业。一些"情有可原"的企业通过合规考察制度提前实现"去犯罪化"经营,摆脱了被起诉、定罪的命运,避免了因此造成员工失业、科技创新流失、地区经济受损等连锁后果;也有一些高风险企业在企业合规检察建议的指导下②,进行了有针对性的合规整改,弥补了企业管理上的制度漏洞,消除了潜在的违法犯罪隐患。

涉案企业合规改革不仅是一场司法改革,更是一场社会综合治理改革,既离不开公安机关、人民法院的积极参与,也需要行政监管部门的全面配合。在涉企刑事案件的办理过程中,刑事执法机关需要在企业行为定性、企业案件侦查、合规整改监管和验收、制定专项合规计划等诸多方面得到行政监管部门的配合和支持。毕竟,受限于专业知识、办案经验、司法资源等现实情况,检察官监督和指导企业实现有效合规的能力有明显局限。而且,只有充分调动行政监管部门的积极性,才有望推动企业通过建立刑事合规与行政合规有效衔接的专项合规管理体系,对风险行为在构成行业违规、行政违法、构成刑事犯罪三个阶段进行层递式阻断,从源头上预防和治理企业的违法违规经营问题。

在美国等西方国家,企业可能因同一不当行为而触发大量的执法行动,包括被检察官起诉、被政府监管部门追究违法责任、被检察官提起公益诉讼等,并同时面临多重制裁。例如,在证券类案件当中,美国证券交易委员会(SEC)和司法部(DOJ)可能同时提起针对企业的民事诉讼和刑事诉讼。美国司法部(相当于联邦的检察机关)经常会同其他政府监管部门与涉案企业达

---

① 参见李奋飞:《论企业合规考察的适用条件》,载《法学论坛》2021 年第 6 期。
② 参见李奋飞:《论企业合规检察建议》,载《中国刑事法杂志》2021 年第 1 期。

成所谓的"一揽子和解协议"。① 但是,中国对行政违法与刑事犯罪采取的是"双轨执法体制"②,且企业犯罪一般属于"行政犯",都是违反行政法规在先,故对企业的违法犯罪,一般先由有关行政执法机关进行查处,发现违法行为涉嫌构成犯罪的,再移交公安机关立案侦查。行政处罚程序的"前置"地位,不仅引发了行政执法与刑事司法之间的衔接问题,也使涉案企业合规改革可能面临一些制度安排上的挑战。正如有学者所担心的,如果行政监管部门在行政执法环节已对涉案企业作出了诸如取消特许经营资格、取消上市资格、吊销营业执照等过于严厉的行政处罚,检察机关怕是很难再吸引涉案企业选择合规监管程序,所谓的"合规不起诉"也就无法实施了。③ 因此,在现行的"双轨执法体制"下,检察机关如何与行政监管部门加强衔接和沟通,争取其支持和配合,共同指导涉案企业实现有效合规整改,防止再次发生相同或者类似的违法犯罪,是涉案企业合规改革持续推进中一个亟待解决的难题。

在涉案企业合规改革试点探索过程中,一些地方检察机关尝试寻求与当地行政监管部门展开合作,或者在启动合规考察程序时听取行政监管部门的意见,或者邀请行政监管部门对涉案企业合规整改情况进行考察和验收,并以此作为是否对涉案企业提起公诉的参考依据。甚至,还有一些检察机关推动成立"企业合规监管委员会",吸收行政监管部门参与,推行刑事合规与行政合规的有机衔接,遴选若干家当地大型企业,督促其建立合规管理体系,实现企业违法违规行为的"源头治理"。④ 最高人民检察院等九部门联合发布的《第三方机制指导意见》),也正式将与企业监管相关的行政机关引入到涉案企业合规改革试点工作之中,共同负责与企业合规整改有关的监督工作。

不过,由于涉案企业合规改革目前仅由检察机关主导,而检察机关与行政执法机关又没有行政隶属关系,行政执法机关在企业已经涉嫌犯罪的情况下,不再对案件行使行政调查权和行政处罚权,行政执法机关并没有配合刑事执法机关办理企业犯罪案件(包括但不限于企业合规案件)的法定义务,加上标准、规则和程序的缺乏,刑事执法机关与行政执法机关在办案程序衔接上出现问题也就不可避免。此外,就实体衔接和合规标准衔接而言,既难以保障合规激励的有效性,也难以实现对违法犯罪行为的统一预防。有鉴于

---

① 参见陈瑞华:《企业合规视野下的暂缓起诉协议制度》,载《比较法研究》2020年第1期。
② 参见朱孝清:《企业合规中的若干疑难问题》,载《法治研究》2021年第5期。
③ 参见陈瑞华:《刑事诉讼的合规激励模式》,载《中国法学》2020年第6期。
④ 参见陈瑞华:《论企业合规的基本价值》,载《法学论坛》2021年第6期。

此,本章拟对涉案企业合规刑行衔接问题作出初步的讨论。本章将对各地检察机关探索涉案企业合规刑行衔接的经验进行尽可能充分的考察,并对涉案企业合规刑行衔接的主要问题作出有针对性的分析。在此基础上,本章还将对涉案企业合规刑行衔接的问题解决作出理论上的展望。

二、企业合规刑行衔接的实践考察

美国的执法系统是"多重执法"模式(multienforcer model),即多个联邦或州的检察机关和行政监管机构,以及私人诉讼当事人,在针对同一企业不当行为进行制裁时,有重叠性的权力。[1] 这一体系允许多个联邦机构提起并行的刑事诉讼、行政制裁、民事诉讼,也允许国家执法者和私人诉讼当事人提起并行的、连续的诉讼。例如,在2003年至2011年间,德意志银行(Deutsche Bank)伙同其他银行一起操纵伦敦银行间同业拆借率(LIBOR),以牺牲同行利益为代价,为自己的客户牟利。这一丑闻曝光后,美国以及其他国家和地区的执法机关对其展开了联合多重执法行动。以美国司法部、美国商品期货交易委员会(CFTC)、纽约州金融服务部(DFS)、英国金融行为监管局(FCA)为代表的许多执法机构都采取了行动。2015年,德意志银行支付25亿美元以达成和解,该款项的用途包括返还不当得利和支付罚款。德意志银行案成为迄今为止最大的同业拆借率案件。然而,德意志银行因该行为而需与执法部门达成和解的活动并未结束。2017年,德意志银行与45个州的检察官达成和解,支付2亿美元。2018年,德意志银行又以2.4亿美元了结了针对此事提起的私人反垄断集体诉讼。"多重执法"模式虽存在"经常造成对企业过分处罚"的弊端,但也具有能够整合并扩大执法资源的优势。毕竟,"检察官拥有其他执法者所缺乏的专业侦查知识和诉讼经验。与此同时,行政监管机构等其他执法者对复杂的监管体制有着细致入微的了解,这是一般检察官不可能(或也不想)达到的水平"[2]。

中国一些地方检察机关在涉案企业合规改革探索过程中,也较为注重发挥行政监管部门在涉案企业合规整改中的作用,并试图利用现有的制度空间解决好与行政监管部门的衔接配合问题。有的检察机关在决定对涉案企业

---

[1] See Elysa M. Dishman, "Enforcement Piggybacking and Multistate Actions", 2019 *BYU Law. Review* 421, 424 (2020).

[2] Anthony O'Rourke, "Parallel Enforcement and Agency Interdependence", 77 *Maryland Law Review* 985, 988 (2018).

适用合规考察制度前听取行政监管部门的意见;有的检察机关邀请或委托相关行政主管部门负责对涉案企业合规建设情况进行考察和验收;有的检察机关针对案件办理过程中发现的行政监管漏洞等行业普遍性问题,向行政监管部门发出检察建议书;还有一些检察机关甚至在企业犯罪案件发生之前,就试图引入行政监管部门的合规管理机制①,以使行政监管部门在预防企业违法行为方面发挥"防洪堤"和"阻隔墙"的作用。② 不过,从刑事执法机关办理企业合规案件的实践来看,刑行衔接主要体现在以下几个方面:企业犯罪立案侦查环节中的衔接、合规考察对象准入上的衔接、企业合规考察验收上的衔接以及"企业合规不起诉"后的衔接。

(一) 企业犯罪立案侦查环节中的衔接

企业所涉嫌的犯罪,绝大多数都属于"行政犯"。"与传统的自然犯不同,行政犯往往本身并无道德可谴责性,只是因为违反了国家行政法规,构成了行政违法,其行为的社会危害性已经达到了刑法调整的严重程度,这种双重违法性决定了对行政犯必须同时处以刑罚和行政罚。"③因此,《行政处罚法》第 8 条规定:"违法行为构成犯罪,应当依法追究刑事责任的,不得以行政处罚代替刑事处罚。"也就是说,企业对其实施的犯罪行为,通常既要承担行政责任,又要承担刑事责任。而行政责任和刑事责任又均属公法上的责任,"不仅在行政法和刑法上均应得到实现,而且须以正当的行政程序和刑事司法程序两种不同的路径分别予以实现"④。例如,企业污染环境的行为,首先构成了行政违法,有管辖权的生态环境主管部门将对该企业开展违法调查,并对确实构成违法的企业实施行政处罚,包括罚款、限制生产、停产整治、责令停业、关闭等。如果生态环境主管部门在调查过程中发现企业造成环境污染,后果严重,已经构成刑事犯罪,则应将案件交公安机关立案侦查。而公安司法机关在认定污染环境行为是否构成犯罪时,则须援引相关的国家行政管理

---

① 例如,宝安区人民检察院在开展多行业个人信息保护专项行动的巡查过程中发现,宝安区某商场入驻的 15 家商户存在不同程度的利用"扫码点餐"小程序强制获取手机号码、微信个人信息、地理位置、强制关注公众号等问题,负有监管职责的深圳市市场监督管理局宝安监管局存在怠于履行职责的行为。宝安区人民检察院经请示深圳市人民检察院后对该案进行立案,向宝安监管局发函督促其履行监管职责,对相关涉案企业进行个人信息保护行政合规。
② 参见陈瑞华:《论企业合规在行政监管机制中的地位》,载《上海政法学院学报(法治论丛)》2021 年第 4 期。
③ 参见张泽涛:《行政监管是企业合规之本》,载《民主与法制》2021 年第 29 期。
④ 田宏杰:《行政优于刑事:行刑衔接的机制构建》,载《人民司法》2010 年第 1 期。

法规,并结合《刑法》的相关规定,才能确定具体的罪名、入罪标准及其法定刑。

但是,在行政执法机关处理涉嫌犯罪的行政违法行为的实践中,多年来却一直存在着有案不移、有案难移、以罚代刑等现象。这也是为什么在行政执法与刑事司法的衔接工作中,较为强调行政执法机关发现涉嫌刑事犯罪案件向司法机关移送的原因。例如,《行政执法机关移送涉嫌犯罪案件的规定》第3条就明确规定:"行政执法机关在依法查处违法行为过程中,发现违法事实涉及的金额、违法事实的情节、违法事实造成的后果等,根据刑法关于破坏社会主义市场经济秩序罪、妨害社会管理秩序罪等罪的规定和最高人民法院、最高人民检察院关于破坏社会主义市场经济秩序罪、妨害社会管理秩序罪等罪的司法解释以及最高人民检察院、公安部关于经济犯罪案件的追诉标准等规定,涉嫌构成犯罪,依法需要追究刑事责任的,必须依照本规定向公安机关移送。"不过,从已有的研究来看,国家对"两法衔接"不畅问题的关注已经持续十几年,出台的规范性文件不少,但却都无太大成效。[1]

在涉案企业合规改革持续推进的大背景下,最高人民检察院2021年9月6日发布了《关于推进行政执法与刑事司法衔接工作的规定》(以下简称《行刑衔接工作规定》)。《行刑衔接工作规定》明确要求,人民检察院依法履行职责时,应当注意审查是否存在行政执法机关对涉嫌犯罪案件应当移送公安机关立案侦查而不移送,或者公安机关对行政执法机关移送的涉嫌犯罪案件应当立案侦查而不立案侦查的情形。人民检察院审查后,认为行政执法机关应当依法移送涉嫌犯罪案件而不移送的,经检察长批准,应当向同级行政执法机关提出检察意见,要求行政执法机关及时向公安机关移送案件并将有关材料抄送人民检察院。行政执法机关收到检察意见后无正当理由仍不移送的,人民检察院应当将有关情况书面通知公安机关。对于公安机关可能存在应当立案而不立案情形的,人民检察院应当依法开展立案监督。刑行衔接工作的持续推进,无疑有助于保障涉案企业合规改革的顺利实施。特别是在企业犯罪立案侦查环节,检察机关既可以通过强化对行政执法机关不依法向公安机关移送涉嫌犯罪案件的监督,确保企业犯罪案件能够顺利进入刑事程序轨道,又可以通过强化对公安机关对于单位犯罪立案侦查的监督,防止公安机

---

[1] 涉及"两法衔接"的宏观性文件就有6个,若具体到环保、烟草、税务、海关、农业、海洋、城管、工商行政管理、国土、住建等所有存在行政执法与刑事司法衔接问题的部门,出台的规范性文件可能有几百个之多。参见赵旭光:《"两法衔接"中的有效监督机制——从环境犯罪行政执法与刑事司法切入》,载《政法论坛》2015年第6期。

关在企业构成犯罪的情况下仅对自然人立案侦查的情况发生,从而为企业合规考察制度的适用奠定基础。

(二) 企业合规考察对象准入上的衔接

企业合规考察对象的确定问题,既是一个非常关键的问题,又是一个容易引发质疑的问题。因为,从涉案企业合规改革试点实施以来的情况来看,几乎所有被纳入合规考察的涉案企业和相关责任人,在经过 6 至 12 个月的合规考察之后,通常都获得了不起诉、轻缓量刑建议等宽大的刑事处理。从一些地方试点探索的情况来看,检察机关在拟决定对案件适用合规考察制度时,通常都要听取行政监管机关的意见(有的检察机关甚至赋予了行政监管机关否决权),并在充分考量其意见的基础上作出相关决定,这也是我国刑事诉讼中专门机关决策模式(听取意见模式)的应有之义。① 例如,辽宁省人民检察院等《关于建立涉罪企业合规考察制度的意见》第 8 条规定:"检察机关应当自企业犯罪案件移送审查起诉之日起三十日内,对案件是否适用合规考察制度进行审查,并向涉罪企业、行政监管机关征询是否适用合规考察制度的意见。检察机关经审查认为可以适用合规考察制度,涉罪企业、行政监管机关均同意适用的,应当适用合规考察制度;检察机关经审查认为不应适用合规考察制度,或涉罪企业、行政监管机关不同意适用合规考察制度的,检察机关应按照一般刑事案件处理程序对案件作出处理决定。"

相较于检察机关而言,行政监管部门对行业背景、企业情况等都更为熟悉,且行政监管部门本身即具有对企业行为进行规制的行政职权,"其可以通过行政许可、行政指导、行政检查乃至行政处罚促使企业合法经营"②,因此,检察机关在确定合规考察对象时听取行政监管部门的意见,不仅可以对企业自身状况、行业情况、配合情况等有更为全面的了解,进而更为客观地对案件是否符合合规考察的适用条件作出判断,也可以让行政监管部门参与到企业合规案件办理中,使其能够在企业合规监管程序的启动问题上施加自己的积极影响,从而为后续检察机关与行政监管部门的协调、配合乃至合作打下坚实的基础。

---

① 参见闫召华:《听取意见式司法的理性建构——以认罪认罚从宽制度为中心》,载《法制与社会发展》2019 年第 4 期。

② 参见时延安:《单位刑事案件的附条件不起诉与企业治理理论探讨》,载《中国刑法杂志》2020 年第 3 期。

在最高人民检察院发布的企业合规改革试点典型案例之一的"新泰市 J 公司等建筑企业串通投标系列案件"中,检察机关就曾多次到住建部门座谈,了解到 6 家企业常年承接全市重点工程项目,年创税均达 1000 万元以上,其中 1 家企业年创税 1 亿余元,在繁荣地方经济、城乡建设、劳动力就业等方面作出了突出贡献。如作出起诉决定,6 家企业 3 年内将无法参加任何招投标工程,并被列入银行贷款黑名单,将对企业发展、劳动力就业和全市经济社会稳定造成一定的影响。在最高人民检察院发布的企业合规改革试点典型案例之一的"张家港市 L 公司、张某甲等人污染环境案"中,检察机关在对 L 公司作出合规考察决定前,也听取了行政机关的意见。在最高人民检察院发布的企业合规改革试点典型案例之一的"上海市 A 公司、B 公司、关某某虚开增值税专用发票案"中,检察机关除向当地政府了解其纳税及容纳就业情况外,还到多地税务机关对企业提供的纳税材料及涉案税额补缴情况进行核实。

(三) 企业合规考察验收上的衔接

"从全球视野来看,科学、合理的监管制度是有效企业合规计划的前提与保障。"[1]中国检察机关在涉案企业合规改革探索过程中,也在积极探索监管制度建设,并设立了多种制度模式。有的采取了检察机关主导下的合规监管人模式(例如,深圳市南山区人民检察院设立了"刑事合规专员",在案件的启动审查、协议签订、监督考察等程序中协助配合承办检察官,并做好后续跟进工作);有的采取了由外部专业机构担任独立监管人的监管模式(例如,深圳市宝安区人民检察院创设了受犯罪嫌疑单位委托的"独立监控人",对涉案企业履行合规承诺和执行整改任务情况进行监督考察),还有的检察机关则采取了联合或委托行政监管部门担任考察机关的监管模式。

辽宁省人民检察院等《关于建立涉罪企业合规考察制度的意见》规定,由检察机关就涉案企业在合规建设中存在的问题与行政监管机关进行会商,由行政监管机关向检察机关提出考察建议。对涉嫌污染环境罪企业的合规考察,由检察机关与负有环境保护监督管理职责的部门共同完成;对涉嫌破坏自然资源罪企业的合规考察,由检察机关与自然资源保护监督管理部门共同完成;对涉嫌生产、销售伪劣产品罪企业的合规考察,由检察机关与市场监督管理部门共同完成;对涉嫌走私犯罪企业的合规考察,由检察机关与涉案企

---

[1] 马明亮:《论企业合规监管制度——以独立监管人为视角》,载《中国刑事法杂志》2021 年第 1 期。

业注册地海关共同完成;对银行业和保险业涉案企业的合规考察,由检察机关与银行保险业监管部门、地方金融监管部门共同完成;对地方金融组织涉案企业的合规考察,由检察机关与地方金融监管部门共同完成;对涉嫌危害税收征管犯罪企业的合规考察,由检察机关与税务机关共同完成;对涉嫌商业贿赂、扰乱市场秩序犯罪企业的合规考察,由检察机关与市场监督管理部门共同完成。

宁波市人民检察院出台的《关于建立涉罪企业合规考察制度的意见(试行)》则规定,企业合规的考察由政府行政主管部门或企业所在辖区的街道、乡政府部门担任,检察机关应当结合企业涉嫌犯罪的性质、合规的实际需要等,确定企业合规的考察机关,并在企业合规考察决定作出前与其积极沟通,确保监督考察取得实效。对于企业涉嫌税务犯罪的,由税务机关考察;对于企业涉嫌生产、销售伪劣商品犯罪的,则由市场监督管理部门考察;对于企业涉嫌破坏环境资源保护犯罪的,则由环保部门考察;对于企业涉嫌走私犯罪的,则由海关缉私部门负责考察;等等。将企业合规的监管,交由熟悉监管法规且本就对企业行为规制负有责任的行政监管部门承担,可以确保企业合规监管的专业性、权威性、有效性,但却有赖于检察机关与行政主管部门之间协作机制的有效建立。[①] "由行政主管部门来主持对犯罪嫌疑企业的监督考察,就又形成一个新的'行刑衔接'问题,更为准确地说是'刑行衔接',也就是检察机关如何让行政主管部门来进行监督考察。"[②]宁波市人民检察院《关于建立涉罪企业合规考察制度的意见(试行)》明确要求,检察机关在考察期间内应当加强与考察机关的沟通联系,切实掌握涉案企业合规计划实施情况,针对合规建设中存在的问题,及时向涉案企业提出整改意见。在考察期限届满后,承办检察官还应当根据考察机关出具的涉案企业合规考察报告,结合具体犯罪情节等对案件提出是否起诉的意见,经提交检察官联席会议讨论后,报检察长审批决定。对涉案企业是否起诉存在争议的,则可以采取公开听证等方式听取考察机关等的意见,并提请检察委员会讨论决定。黄石市人民检察院等12个部门制定的《关于建立企业合规第三方监督制度的实施意见(试行)》第30条规定:"检察机关对于拟作不起诉决定的涉企犯罪案件,应当根据《检察机关审查案件听证工作规定》组织召开听证会,并邀请有关行政主管

[①] 叶伟忠:《检察环节构建涉罪企业合规考察制度的探讨》,载《人民检察》2021年第5期。
[②] 参见时延安:《单位刑事案件的附条件不起诉与企业治理理论探讨》,载《中国刑事法杂志》2020年第3期。

部门和第三方监管人的人员到会发表意见。"在"张家港市 L 公司、张某甲等人污染环境案"中，检察机关就邀请相关行政主管部门等各界代表，召开公开听证会，参会人员一致建议对 L 公司作不起诉处理。检察机关经审查认为，对 L 公司作不起诉处理符合刑事诉讼法相关规定，当场公开宣告了不起诉决定。

作为涉案企业合规改革的顶层设计者，最高人民检察院对自身监督和指导涉案企业实现有效合规的专业能力和实际困难显然是有充分认知的。为加强与企业监管相关的行政机关、团体组织的联合协作，共同负责企业合规整改相关的监督工作，首先就出台了《第三方机制指导意见》。《第三方机制指导意见》明确规定，由最高人民检察院、国务院国有资产监督管理委员会等部门组建第三方监督管理机制管委会，负责研究制定涉及第三方监督管理机制的规范性文件，研究论证第三方监督管理机制涉及的重大法律政策问题，研究制定第三方监督管理机制专业人员名录库的入库条件和管理办法，研究制定第三方组织及其人员的工作保障和激励制度，对试点地方第三方监督管理机制管委会和第三方组织开展日常监督和巡回检查，协调相关成员单位对所属或者主管的中华全国律师协会、中国注册会计师协会、中国企业联合会、中国注册税务师协会、中国贸促会全国企业合规委员会（中国贸促会商事法律服务中心）以及其他行业协会、商会、机构等在企业合规领域的业务指导，研究制定涉企犯罪的合规考察标准等工作。《第三方机制指导意见》还明确要求第三方监督管理机制管委会各成员单位建立联席会议机制，由最高人民检察院、国务院国有资产监督管理委员会、财政部、全国工商联负责同志担任召集人，根据工作需要定期或者不定期召开会议，研究有关重大事项和规范性文件，确定阶段性工作重点和措施。各成员单位应当按照职责分工，认真落实联席会议确定的工作任务和议定事项，建立健全日常联系、联合调研、信息共享、宣传培训等机制，推动涉案企业合规改革试点和第三方监督管理机制相关工作的顺利进行。

(四)"企业合规不起诉"后的衔接

根据《刑事诉讼法》第 177 条第 3 款的规定，对被不起诉人需要给予行政处罚、处分或者需要没收其违法所得的，人民检察院应当提出检察意见，移送有关主管机关处理。有关主管机关应当将处理结果及时通知人民检察院。可见，不起诉只具有法律上宣告被不起诉人无罪并终结刑事诉讼进程的效力,并不意味着被不起诉人需要承担的所有责任都可以因此"一笔勾销"。对于那些被"合规不起诉"的涉案企业而言,其之所以被"出罪",主要的原因也不是犯罪情节轻微,依照刑法可以免除处罚,而是因为其在涉案后能够认罪认罚、积极配合、补救挽损,并进行了被验收合格的合规整改,消除了管理漏洞和治理缺陷,对于同类犯罪进行了有效的预防。① 但是,检察机关对被提出合规检察建议或者被纳入合规考察的涉案企业作出不起诉决定,并不能"一放了之",而是需要通过涉案企业的积极补救,对被侵害的"法益"进行及时修复,有效弥补犯罪行为所造成的社会危害,并使其受到相应的经济处罚,为自己的违法犯罪行为付出代价,并借此发挥刑罚所固有的惩罚和威慑功能。

不过,中国尚未建立行政处罚与刑事处罚一体化的责任制度,检察机关作为宪法和法律规定的国家法律监督机关,并不拥有对涉案企业进行罚款或科处罚金的权力,而只能通过检察意见等方式督促行政机关对涉案企业进行行政处罚。这就需要检察机关在办理涉企案件时依法做好不起诉与行政处罚、处分的有效衔接,督促行政执法机关积极履行职责,发挥检察机关与行政执法机关的执法合力。在涉案企业合规改革探索过程中,一些检察机关已经认识到"合规出罪"后刑行衔接工作的重要意义,并通过规范性文件作了明确规定。例如,辽宁省人民检察院等《关于建立涉罪企业合规考察制度的意见》第29条规定:"检察机关对涉罪企业作出不起诉决定后,认为需要给予行政处罚的,应将不起诉决定书一并移送行政监管机关,由行政监管机关依法依规处理。"再如,宁波市人民检察院《关于建立涉罪企业刑事合规考察制度的意见(试行)》第18条规定:"被不起诉的涉罪企业需要给予行政处罚的,检察机关应当提出检察意见,连同不起诉决定书一起移送有关主管机关处理,并要求有关主管机关及时通报处理情况。"又如,黄石市人民检察院等12个部门制定的《关于建立企业合规第三方监督制度的实施意见(试行)》第29条规定:"检察机关对涉案企业作出不起诉决定,认为需要给予行政处罚、处分,或者没收其违法所得的,应当结合合规材料,向有关行政主管部门提出检察意见,由行政主管部门依法依规处理,并将处理结果及时通报检察机关。"

在最高人民检察院发布的第81号指导性案例"无锡F警用器材公司虚开增值税专用发票案"(以下简称"第81号指导性案例")中,检察机关在对该公司及乌某某等四人作出不起诉决定后,就没收被不起诉人违法所得及对被

---

① 参见陈瑞华:《企业合规出罪的三种模式》,载《比较法研究》2021年第3期。

不起诉单位予以行政处罚,向公安机关和税务机关分别提出了检察意见。后公安机关对倪某、杜某某没收违法所得共计人民币4万余元,税务机关对该公司处以行政罚款人民币46万余元。在"张家港市L公司、张某甲等人污染环境案"中,检察机关也在对涉案企业"合规不起诉"后,依法向生态环境部门提出对该公司给予行政处罚的检察意见。在"新泰市J公司等建筑企业串通投标系列案件"中,检察机关在对J公司等6家企业作出不起诉决定后,依法向住建部门提出对6家企业给予行政处罚的检察意见,6家涉案企业缴纳171万余元行政罚款。上海长宁区检察院对一批虚开发票的企业及经营者作出相对不起诉决定后,向税务机关制发了检察建议书,除建议税务机关对涉案企业依法予以行政处罚外,还建议其督促和帮助企业查找漏洞,建立健全发票管理、税收申报等税务合规制度,通过对企业经营者和财务人员的教育和培训,提高涉案企业税务合规的意识和能力。[1]

三、企业合规刑行衔接的主要问题

美国司法部通过《霍尔德备忘录》确立了检察机关与其他机关合作的基本规则。[2] "每个联邦检察官办公室、部门、诉讼组成部分都应有相应的政策和程序,以适当地协调政府的刑事、民事、监管、行政救济。这些政策和程序应强调刑事的、民事的、机构的代理人员之间尽早进行有效的、定期的沟通,应在法律允许的范围内,找出最适合解决案件的途径。"[3]在中国的涉案企业合规改革探索过程中,一些试点检察机关尽管也注重发挥行政监管部门在涉案企业合规整改中的作用,并在办理企业犯罪案件的过程中加强与行政监管部门的衔接配合。但由于作为涉案企业合规改革主导者的检察机关与行政机关并无行政隶属关系,行政执法部门和刑事执法部门分属不同的系统,行政执法部门并没有配合刑事执法部门参与企业犯罪案件办理的法定义务,作为国家法律监督机关的检察机关通常只能在对涉案企业作出不起诉决定后,依法向行政执法部门发出对涉案企业进行行政处罚的建议。因此,刑事执法

---

[1] 参见《上海长宁检察如何护航企业"轻装"再出发?合规检察建议+相对不起诉!》,载百度百家号,https://baijiahao.baidu.com/s?id=16809905020573878777&wfr=spider&for=pc,访问日期:2021年11月17日。

[2] 实践中,美国证券交易委员会(SEC)和美国商品期货委员会(CFTC)与刑事机关的合作最多。

[3] U.S. DOJ, Justice Manual, 1-12.000 Coordination of Parallel Criminal, Civil, Regulatory, and Administrative Proceedings.

机关和行政执法机关在沟通、协商和配合上出现问题不可避免,特别是无法保障行政执法机关参与企业合规监管工作的积极性。加之相关标准(包括但不限于合规考察和验收标准)和规则的缺失,刑事执法机关与行政执法机关在办案程序衔接上出现问题更是不可避免。其次,就实体衔接而言,合规对企业刑事和行政责任的减免作用没有被确认,"双轨执法体制"下的涉案企业合规改革难以保障合规激励的有效性。最后,就合规标准衔接而言,涉案企业为换取合规激励,在较短的考察期内(试点探索过程中最长设置为12个月)进行的有针对性的刑事合规整改,通常只能完成"去犯罪化"改造,即使建立起有针对性的专项合规计划,也未能实现刑事合规和行政合规的有效衔接,难以对违法犯罪行为进行统一预防。

(一)程序衔接问题

虽然涉案企业合规改革已进行了几年,与此相关的刑行程序衔接的问题已暴露出来一些,但是,从"两法衔接"不畅问题多年来始终得不到有效解决的情况来看,公安机关和行政执法机关在配合检察机关办理企业合规案件方面存在敷衍、应付乃至抵触等现象,导致程序衔接不畅通问题,几乎是不可避免的。

一方面,作为涉案企业合规改革主导者的检察机关与对企业负有规制义务的行政执法机关分属不同的系统,并无行政隶属关系,行政执法部门并没有配合刑事执法部门参与企业合规案件办理的法定义务。作为国家法律监督机关的检察机关通常只能在对涉案企业合规考察不起诉后,依法向行政执法部门发出对涉案企业进行行政处罚的笼统的检察意见或检察建议。检察意见或检察建议尽管可被看作一种职权行为,但并未获得立法的"刚性赋权",如果行政执法机关无正当理由不予接受,检察机关往往也没有后续的制约手段。

从《行刑衔接工作规定》的相关表述来看,即使承担着移送涉嫌犯罪案件职责和义务的行政执法机关在收到检察意见后无正当理由仍不移送涉嫌犯罪案件,检察机关也只能将有关情况书面通知公安机关,而不能对涉嫌犯罪案件直接立案侦查。企业犯罪案件的立案侦查权,绝大多数都属于公安机关。但是,接到书面通知的公安机关最终是否立案,也带有很大的不确定性。毕竟,根据《刑事诉讼法》的规定,只有公安机关经过审查,认为有犯罪事实需要追究刑事责任,且属于自己管辖的,才会立案侦查。而诸如危害税收征管秩序、侵犯知识产权、污染环境、破坏网络安全管理秩序等企业犯罪的认定，既涉及援引内容极为繁杂又时常变动不居的国家行政管理法规（因而需要得到行政监管部门的支持），也会涉及诸多较为复杂的专业问题①，甚至有时还会面临行政违法和刑事犯罪的界限本身就难以准确界定的问题。而且，在中国的立案侦查实践中，即使对原本已经涉嫌构成犯罪的企业，公安机关也可能基于"没有追究刑事责任的必要"等各种理由，拒绝将涉案企业纳入侦查视野，或者侦查终结后拒绝将涉案企业移送审查起诉。② 检察机关要想将这些被遗漏的涉案企业纳入合规考察的轨道，只能通过提前介入、审查逮捕、退回补充侦查等方式，督促公安机关将涉案企业纳入侦查范围，从而为合规考察制度的适用打下基础，但能否成功仍存在不确定性。

另一方面，缺乏协作配合的规则和程序，也使得刑事执法机关与行政执法机关在办案程序衔接上出现问题不可避免，合规考察的效果也将带有很大的不确定性。例如，一些地方检察机关在对企业犯罪案件是否适用合规考察进行审查的过程中，要向行政监管机关征询意见。但是，对具体采用何种方式征询意见，是口头征询还是书面征询，相关的规范性文件却未予明确。被征询意见的行政监管部门通过何种途径获取案件信息，可以获取哪些案件信息？以什么方式在什么时间内回复检察机关？关于这些问题，与衔接配合有关的规则和程序都语焉不详。再如，在前期改革试验中，一些地方检察机关将企业合规的监督考察交由行政部门负责，但却仅仅宣示性地要求检察机关要结合企业涉嫌犯罪的性质、合规的实际需要，明确企业合规的考察机关，并在合规考察决定作出前与其积极沟通，确保监督考察取得实效。

但是，在此项改革由检察机关主导的背景下，并无法定职责的行政监管部门如果对专业复杂的考察工作不积极配合，检察机关又该如何处理？如果行政机关对检察机关的委托敷衍应付，例如，对涉案企业合规计划履行情况疏于检查和评估，导致合规考察流于形式，要不要承担以及承担什么责任？由于缺乏明确的沟通、配合的规则和程序，也缺乏必要的责任约束，检察机关更多地只能依赖"多动嘴、勤跑腿"的方式来推动和行政执法机关的配合衔接。在改革初期，刑事执法机关和行政执法机关或许都具有改革的热情和愿

---

① 有学者认为，"在具体环境执法实践中，不但必须综合运用化学、物理、生物、法学、管理学、逻辑学、医学、生态学、社会学以及经济学等跨学科知识，而且环境污染数据也需要精密仪器检测，即使是环保部门都难以认定行为人是否违反了《中华人民共和国环境保护法》，对于公安机关而言更是勉为其难"。参见张泽涛：《构建认定行政违法前置的行政犯追诉启动模式》，载《中国法学》2021年第5期。

② 参见孙国祥：《企业合规改革实践的观察与思考》，载《中国刑事法杂志》2021年第5期。

望,在配合衔接方面或许尚不至于出太多的问题。但是,在改革的热情退却之后,如果仍然没有必要的规则和程序,配合衔接中难保不发生推诿扯皮等问题。

（二）实体衔接问题

在实体法的层面,合规对企业刑事和行政责任的减免作用没有被确认,"双轨执法体制"下的涉案企业合规改革难以保障合规激励的有效性。一般而言,检察机关制发的检察意见书或检察建议书既不明确建议行政执法机关将"合规整改效果"作为行政处罚的考量因素,也不会建议行政机关对涉案企业减轻或免除处罚,更不会明确建议具体的处罚种类、内容和幅度等。假如行政执法机关不能够对涉案企业合规改革的精神"心领神会"、积极配合,甚至本身就对企业合规的罪责减免功能心存疑虑,不但未给予合规考察出罪的涉案企业从轻、减轻处罚,反而又对其作出了诸如取消特许经营资格、责令关闭、吊销营业执照等相比定罪后判处罚金更为严厉的行政处罚,将导致企业合规的激励效果大打折扣甚至毁于一旦,检察机关以企业合规保护民营经济的愿望也会落空。

"站在国家治理企业的角度,行政执法和刑事司法具有一定的相似性,包括证券监督管理委员会(证监会)、市场监管局、生态环境局等在内的一系列国家行政机关,具有对企业执法的强制力,其执法程序也具有一定的准司法性质,处罚决定与刑事判决同样会给企业的生存和发展带来严重影响。"①行政执法机关和刑事执法机关处理企业案件的程序衔接是手段,实现案件处理结果的实体公正才是目标。在域外,不仅刑事实体法将合规作为企业减免刑事责任的因素,行政法规也将有效合规计划规定为企业从轻甚至免除行政制裁的因素。无论企业是事先就建立了有效合规计划,还是在事后进行了有效合规整改,都有机会获得行政机关的从宽处理。② 此外,美国的多重执法模式也一再强调:"在解决一个企业案件时,若多个部门正在调查同一企业不当行为,执法人员应相互协调,以避免不必要的罚金、罚款、没收财物等。具体来说,每个部门的执法人员应将企业支付给其他部门的罚金、罚款、没收财物等考虑在内,无论这些财物是已经支付还是将要支付,只要它们是因同一不当

---

① 陶朗道:《论中国治理企业违法的和解合规模式》,载《东北大学学报(社会科学版)》2021年第2期。

② See U.S. SEC Enforcement Manual, 6.1.2 Framework for Evaluating Cooperation by Companies.

行为而起,这样才能实现追求案件公正结果的目标。"[1]这要求行政执法机关和刑事执法机关在对企业执法时,遵循处罚手段配合原则和处罚结果互认原则,在国家执法机关间形成配合,统筹可用的制裁性措施,以补救企业危害行为所带来的社会损害,既要追回案件利益相关方的损失,消除企业的再犯风险,又要防止企业因被重复处罚而面临不公正的结果。

然而,我国企业的刑事责任制度和行政责任制度都没有将合规作为减免责任的因素,行政执法机关和刑事执法机关间也缺乏处罚手段配合原则和处罚结果互认原则。在"双规执法体系"下,当行政处罚与刑事处罚发生竞合时,如果是"先罚后刑"的情况,同质罚相折抵,不同罚则各自适用;如果是"先刑后罚"的情况,同质罚不再罚,特有罚可再处罚。[2] 当检察机关作出不起诉决定时,刑事司法当然不会再对涉案企业施以任何刑罚,但如果行政机关的处罚裁量权不受限制,可以任意地对企业施以罚款、责令停业整顿、吊销营业执照等行政处罚,显然存在与刑事执法效果相左的风险。

值得肯定的是,已有一些试点地区出现了合规实体规定刑行衔接的制度雏形。例如,浙江省人民检察院等23部门联合发布的《关于建立涉案企业合规第三方监督评估工作机制的意见(试行)》第18条就明确了合规成果在行政处罚中的运用。即,对于刑事程序终结后需给予涉案企业行政处罚的案件,人民检察院应将合规考察报告副本移送相应行政机关,并视情以检察建议或其他适当方式,建议行政机关对涉案企业减轻或免除处罚,行政机关对企业合规情况和检察机关建议进行评估后,原则上应对涉案企业减轻或免除处罚。但是,该规定仅限于适用第三方监督管理机制的案件,还缺乏促使行政机关将合规纳入裁量的实体法律依据,检察机关主导的涉案企业合规改革实践仍有不被行政机关认可的风险。

(三) 合规标准衔接问题

检察机关自开展涉案企业合规改革试点以来,虽然办理了不少涉企合规案件,但截至2022年4月之前,尚未能出台合规考察标准。从一些地方检察机关(主导)最初发布的相关改革文件来看,有的只是要求涉案企业向检察机

---

[1] U.S. DOJ, Justice Manual, 1-12.000 Coordination of Parallel Criminal, Civil, Regulatory, and Administrative Proceedings.

[2] 参见黄小伦、罗关洪:《区别情形处理行政处罚与刑事处罚竞合使用》,载《检察日报》2017年6月26日,第3版。

关书面提交合规计划,而涉案企业制定的合规计划,须针对企业治理结构、规章制度等方面引发犯罪的问题与漏洞,其主要内容可包括制定完备的合规管理规范、建构有效的合规组织体系、健全合规风险防范及违规应对机制等。有的要求涉案企业提交的刑事合规计划须包括但不限于合规组织架构、合规管理规章制度、合规审查监督体系、合规风险预警及应对机制、合规审查评估机制、违规行为上报机制、合规奖惩机制、纪律处分程序、合规文化培养体系等。而有的则仅仅向涉案企业提出了诸如"堵塞制度漏洞""消除制度隐患""防范合规风险"等方面的要求。[1] 即使是《第三方机制指导意见》,也同样只是要求涉案企业提交的合规计划应主要围绕与企业涉嫌犯罪有密切联系的企业内部治理结构、规章制度、人员管理等方面存在的问题,制定可行的合规管理规范,构建有效的合规组织体系,健全合规风险防范报告机制,弥补企业制度建设和监督管理漏洞等。合规考察期届满后,第三方组织应当对涉案企业的合规计划完成情况进行全面检查、评估和考核,并制作合规考察书面报告。合规考察书面报告等合规材料,作为对涉案企业起诉或者不起诉的重要参考,可以说无论是在合规监管的启动方面,还是在合规评估验收方面,都还缺乏客观可操作的标准。这既不利于规范合规考察过程中的检察裁量权,也会给检察机关和(被委托担任考察机关的)行政监管机关的衔接配合带来不利影响。

涉案企业合规改革的实质和目的是,通过利用现有检察权能所蕴含的从宽处理空间,检察机关可激励和督促那些符合合规考察条件的涉案企业在合规考察期内进行有效的合规整改,对商业模式、经营模式、管理模式中的"涉罪因素"进行有针对性的消除,实现"去犯罪化"改造,堵塞和修复企业经营管理中导致犯罪发生的制度漏洞和缺陷,并针对相关的犯罪行为实施专项合规计划,以达到减少和预防相同或者类似违法犯罪再次发生的目的。这意味着,作为涉案企业出罪依据的合规整改,只有能够做到对相关违法犯罪管理漏洞的全面堵塞,并实现对违法犯罪行为的统一消除和预防,才能被认为是合格有效的。换句话说,涉案企业在第三方监督管理机制的监管下所建构的专项合规计划,不仅应实现刑事合规,能够预防刑事犯罪行为发生,还应实现与之相关的行政合规,能够预防前置行政违法行为发生。毕竟,如前文所述,企业犯罪行为绝大多数都是"行政犯",多是因为"未虑于微"才酿成大患的,

---

[1] 参见陈瑞华:《企业合规不起诉制度研究》,载《中国刑事法杂志》2021年第1期。

即"小错误"(行政违法违规行为)未及时阻断,以至于积累成"大错误"(刑事犯罪行为)。因此,检察机关要想通过此项改革达到从根本上预防涉案企业再次"犯大错"的目的,必须确保"合规整改"实现刑事合规和行政合规有效衔接,从源头上预防企业"犯小错"。这与域外的做法其实是一致的。暂缓起诉协议的合规整改要求,就不仅包括涉案企业不再违反相关刑事规定,还包括其遵守有关的行政法律法规。例如,2021年1月波音公司因向美国联邦安全官隐瞒飞机设计的信息而构成"密谋欺诈政府罪"一项罪名,但其暂缓起诉协议的合规整改部分则要求波音的合规计划能够"有效发现和预防所有违反美国欺诈相关法律的行为,这种欺诈不仅可能发生在波音与国内外的行政机关之间,也可能发生在其与监管机构、航空客户之间"①。

然而,遗憾的是,由于认识上的偏差(不少人认为,检察机关主导下的合规整改就是刑事合规),也由于合规考察期限过短的限制,目前涉案企业在试点检察机关的监督下所进行的有针对性的合规整改,基本上就是"去犯罪化"改造,可以说是以预防企业再次实施同类犯罪为归宿的。"这一目标实现了,检察机关对企业的合规整改也就成功了。"②至于如何对涉案企业进行"源头治理",避免其实施行政违法违规行为,则被认为是行政监管部门通过后续日常的合规监管所要解决的问题。当前试点探索中合规整改刑行衔接的整体缺位,或将导致"预防再次实施同类犯罪"的努力功亏一篑。

四、企业合规刑行衔接的未来展望

涉案企业合规刑行衔接问题,和其他各种"行"和"刑"的衔接问题具有一定的共性。比如,在衔接程序方面,都存在着行政执法机关向公安机关移送案件、公安机关受理移送案件以及检察机关对案件移送进行监督等环节的衔接问题。再如,在衔接不畅的原因方面,也都与"法律层面的职责及衔接程序设计粗陋"有关。但是,涉案企业合规刑行衔接问题,除了涉及刑事执法机关与行政执法机关在办案程序上的衔接问题以外,还涉及企业合规实体规定上的衔接问题和合规考察验收标准上的衔接问题。因此,涉案企业合规刑行衔接问题的有效解决,除了需要在法律上明确和细化行政监管部门配合刑事执

---

① U.S. Deferred Prosecution Agreement with Boeing Company, Attachment C, Corporate Compliance Program.
② 参见陈瑞华:《企业合规不起诉改革的八大争议问题》,载《中国法律评论》2021年第4期。

法机关办理企业合规案件的法律职责和衔接配合的规则、程序以外,还需要实现合规整改评估标准的"刑行协同",确立企业犯罪案件侦查中的"检察引导"制度,并对"双向衔接"继续优化。

(一) 合规整改评估标准的"刑行协同"

为促进与行政监管部门的衔接配合,有效规范合规考察过程中的检察裁量权,确保涉案企业合规改革持续深入开展和取得预期成效,检察机关需要尽快在社会危害性较强的企业行为规制领域制定专项合规整改评估标准,例如:针对涉税犯罪案件,需要制定税收合规标准;针对商业贿赂犯罪案件,需要制定反商业贿赂合规整改标准;针对侵犯商业秘密犯罪案件,需要制定知识产权保护合规整改标准;针对污染环境犯罪案件,需要制定环保合规整改标准;等等。

专项合规整改标准的制定,是一项专业性和技术性很强的工作,不仅需要依据特定领域的刑事法律规范,还需要参考该领域变化频繁、数量庞大的行政法律法规,更需要结合容易导致违法犯罪发生的常见管理漏洞、制度隐患等①,因此,专项合规整改评估标准的制定工作难以由检察机关独立完成。而且,检察机关主导的合规整改更倾向于"去犯罪化",以刑事思维为主,而行政机关发布和制定的合规标准注重"去违法化",预防的违规行为范围更广。要做到专项合规整改标准的刑行衔接,检察机关需要联合相关行政监管部门一起制定专项合规整改标准,不仅将犯罪行为作为预防对象,而且在前置违法阶段就防止行为升级为犯罪。就合规计划的内在运行原理而言,在已经搭建具备合规章程、管理层承诺、合规组织、内部举报、奖惩规则、员工培训、第三方管理等核心要素的合规管理体系之后,通过针对企业情况和行业风险的若干制度调整,就能够实现对同一类违法犯罪行为的协同预防,不会造成过大的成本负担。例如,在进行员工培训时,告知员工排放污水的行为会构成行政违法,而且达到一定排放量会涉嫌污染环境罪,明确企业管理制度和商业文化对这类行为的坚决抵制态度。

(二) 企业犯罪侦查中的"检察引导"

在美国等西方国家,对企业犯罪的侦查行为通常由检察官主导,警察处

---

① 参见陈瑞华:《企业合规不起诉改革的八大争议问题》,载《中国法律评论》2020 年第 4 期。

于次要地位。① 这不仅有利于确保这类犯罪案件得到专业化的处理,还有利于确保合规监管程序得以尽快启动,更有助于检察机关和行政监管部门展开联合执法行动。然而,在中国,企业犯罪的侦查主要由公安机关负责,检察机关虽可以通过审查批捕介入侦查环节,但通常只有在案件被移送审查起诉后,才能通过阅卷、讯问犯罪嫌疑人、听取公安机关意见等途径,对涉案企业是否符合合规考察条件有更为全面的了解。这显然既不利于对那些符合条件的案件尽快启动合规考察,影响了合规考察制度激励涉案企业积极配合侦查、节约侦查资源的功能发挥②,也不利于实现企业犯罪案件办理中行政执法机关、公安机关和检察机关的有效衔接。

为确保企业犯罪案件得到专业化的处理,特别是确保公安机关的侦查能够满足企业合规案件办理的需要,有必要在完善检察机关提前介入侦查制度的基础上③,确立企业犯罪案件侦查中的检察引导制度。这里的"检察引导",既不是让检察机关代替公安机关侦查,也不是让检察机关与公安机关联合侦查,而是让检察机关在尊重公安机关法定职权的前提下,通过立案监督、(受邀或主动)提前介入、审查批准逮捕等多种途径,对企业是否构成犯罪④、在案证据是否确实充分、案件是否符合合规考察的适用条件,以及在案件初步符合合规考察对象条件的情况下,公安机关后续应如何围绕合规案件办理展开侦查取证工作等发表引导性的意见和建议。未来即使不能在法律上明确检察机关的意见和建议对公安机关具有强制约束力,也应当使其成为公安机关办理企业犯罪案件的重要参考。

毕竟,目前我国公安人员办理企业犯罪案件的专业能力本就有待提升,尤其是在企业犯罪的调查取证方面,更是难以适应涉案企业合规改革的需要。如果公安机关能够在立案侦查环节获得检察机关的引导性意见,不仅有助于实现行政执法机关与刑事执法机关之间的配合衔接,也有助于公安机关及时调取诸如涉案企业的性质、商业模式、经营模式、管理模式、经营状况、纳税情况、容纳就业情况、发展前景、违法犯罪记录、违法犯罪事实、管理漏洞和

---

① 参见陶朗道:《美国企业犯罪的审前转处协议研究》,载《财经法学》2020年第2期。
② 参见李奋飞:《论企业合规考察的适用条件》,载《法学论坛》2021年第6期。
③ 参见陶朗道:《民营企业刑事合规的解构与展望》,载《浙江工商大学学报》2021年第1期。
④ 判断组织体是否构成犯罪是世界范围内的法律原理性难题。在中国的立案侦查实践中,行政执法机关和刑事执法机关也经常在企业是否构成单位犯罪的问题上存在分歧。判断"是不是企业犯罪"是考虑"是否应当以从宽处理激励企业落实合规整改"的前提,也是正确处理企业与企业家罪责关系的基础。

缺陷等信息,以及在当地的经济地位等与案件定性关系不大但却与适用合规考察程序密切相关的事实,从而可以帮助检察机关尽早对案件是否适用合规监督考察作出客观判断,并尽早将涉案企业纳入合规监管程序,减弱刑事诉讼给涉案企业带来的"殃及效果"。

(三)"双向衔接"的继续优化

《行刑衔接工作规定》发布后,"双向衔接"的提法进入了我们的视野。所谓"双向衔接",既包括对于涉嫌犯罪案件,检察机关通过监督督促行政执法机关及时向公安机关移送,也包括检察机关对已经进入刑事司法环节的拟不起诉案件,需要给予行政处罚的,在作出不起诉决定的同时向有关主管机关移送案件。而在涉案企业合规改革的背景下,"双向衔接"的两个面向需要继续优化。

一方面,对于涉嫌犯罪案件,行政执法机关固然应当移送,移送后如公安机关已经决定刑事立案,对同一违法行为原则上也不得先行作出行政处罚,而应当在司法机关作出最终处理之后再决定是否给予行政处罚。这里还存在两个程序衔接问题。其一,在案件移送公安机关前,行政执法机关是否可以先行实施行政处罚?对此,《行政处罚法》显然未予明确。《行政处罚法》第8条仅规定"不得以行政处罚代替刑事处罚",并未禁止其实施行政处罚后再移送。假如行政执法机关在移送前已先对涉嫌犯罪的企业实施了取消特许经营资格、取消上市资格、吊销营业执照等严厉的行政处罚,便会影响涉案企业接受合规监管、参与合规建设的积极性。其二,在案件移送公安机关后至正式立案前,仍然存在一个"时间差",假如行政执法机关在此期间对涉案企业实施了前述严厉的行政处罚,同样会影响涉案企业接受合规监管、参与合规建设的积极性。为解决上述问题,检察机关需要借助行政执法机关就刑事案件立案追诉标准、证据收集固定保全等问题咨询人民检察院,或者公安机关就行政执法机关移送的涉嫌犯罪案件主动听取人民检察院意见建议之机,提前介入到行政执法机关办理的企业违法案件中来,与行政执法机关就推动企业合规建设达成共识,争取其配合和支持,暂不对其实施行政处罚,或者不对其实施上述严厉的行政处罚。

另一方面,对被不起诉企业需要给予行政处罚的,检察机关固然能够提出检察意见,并将案件移送有关主管机关处理,有关主管机关也应当依法将处理结果及时通知检察机关。但是,在对涉案企业作出不起诉决定后,检察机关再向行政执法机关提出检察意见,要求行政机关对被不起诉企业进行行政处罚,不仅会面临刑行执法效果相左的问题,也难以给积极参与合规考察的涉案企业提供稳定可靠的心理预期。要推动企业合规与经济、行政处罚相衔接,在创设检察罚、法院罚之前①,检察机关有必要商请行政执法机关一起与涉案企业签署包含补救措施在内的合规监管协议。涉案企业是否承诺履行以及在合规考察期内是否最终履行包括行政处罚在内各种补救责任,也应当成为检察机关是否对其启动合规考察程序和是否对其予以从宽处理的重要依据。

五、余论

涉案企业合规整改中的刑行衔接问题,既涉及刑事执法机关与行政执法机关在办案程序上的衔接问题,也涉及企业合规实体规定上的衔接问题,还涉及合规考察验收标准上的衔接问题。这些问题的解决与否,既关乎企业合规考察程序能否顺利启动,也关乎企业合规激励效果能否充分发挥,更关乎企业犯罪能否实现"源头治理"。我们相信,如果能够在法律上明确行政监管部门配合刑事执法机关办理企业合规案件的法律职责,细化衔接配合的规则、程序,如果能够在实体法层面确认合规对企业刑事和行政责任的减免作用,以及如果能够制定出刑行合规有效衔接的专项合规整改标准,确立企业犯罪侦查的"检察引导"格局,并继续优化"双向衔接",涉案企业合规刑行衔接问题或将得到较好的解决。但是,这一切措施的落实,又都离不开涉案企业合规改革的持续深入推进。

作为一场国家层面的法律制度革新,涉案企业合规改革无疑需要统筹立法、司法、行政等多方资源,由检察机关牵头主导已明显力不从心。别的不说,公安机关、人民法院至今尚在此项改革中缺位,就很能说明问题。显然,检察机关继续推动这场改革,既需要与公安机关在企业犯罪立案侦查环节充分协调,又需要与法院就合规的罪责减免达成一致。例如,检察机关认为案件是企业犯罪案件,但公安机关仅对自然人立案,应当如何处理?公安机关是否可以通过建议检察机关适用合规从宽措施激励涉案企业配合侦查?检察机关依据涉案企业合规整改的情况对其提出从宽量刑建议,但法院不采

---

① 参见袁雪石:《整体主义、放管结合、高效便民:〈行政处罚法〉修改的"新原则"》,载《华东政法大学学报》2020年第4期。

纳,应当如何处理?

或许,要让这场意义重大、影响深远的改革得以持续深化,需要由党中央将其纳入政法领域全面深化改革的大框架,统筹推动公、检、法三机关全面配合协作。建议由党委政法委牵头成立涉案企业合规改革工作领导小组,确定公、检、法三机关在司法推动企业合规建设中的角色,系统化地分配职能、明确责任,形成公、检、法三机关协作推动涉案企业合规改革的实施办法,建立公、检、法三机关共同激励企业合规的制度体系,并在充分试验和效果评估的基础上[1],将司法推动企业合规建设的制度创新写入法律。企业在诉讼流程中提前实现有效合规,降低了再犯风险,再对其定罪并施以刑罚的必要性降低。合规整改作为涉案企业被从宽处理的事由,不应只适用于检察机关掌控的审查起诉环节。考虑企业犯罪案件的社会影响力和公众关注度,对其特别建立细密化分流的刑事诉讼程序具有正当性。对于那些情节显著轻微或涉罪风险较高的危险企业,有效合规整改应当能够成为公安机关对其免于立案的理由,在刑事诉讼的最早阶段就实现案件的初步分流;对于那些进入审查起诉阶段的涉案企业,由检察机关裁量决定是否作出合规不起诉决定或提出合规从宽量刑建议;对于那些进入审判阶段的涉案企业,法院也应当可以作出合规免责、合规从轻的判决结果。在第三方机制的保障下,由公、检、法机关在侦查、起诉和审判三个诉讼阶段要求企业落实合规整改,都不会造成过大的司法资源负担。

未来,党委政法委还应在司法改革经验的基础上,领导、推动行政监管机关在企业行政违法治理的过程中,纳入合规从宽、合规整改的制度设计,激励企业调整内部治理结构,去除隐藏于经营方式和商业模式中的风险根源,建立起专门化的行政监管合规体系,激活自我监管能力,培育合规文化,有效预防行政违规违法行为的发生,从而实现企业犯罪的"源头治理",提升营商环境法治化水平。

---

[1] 参见李奋飞:《司法改革的实验方法——以试点方案的类型化设计为研究对象》,载《法学》2017年第8期。

第八章 企业合规整改中的律师辩护

> 作为"交涉性辩护"的新发展,合规交涉中的律师辩护在辩护目标、取证范围、交涉筹码等方面都具有一定的特殊性,并因此对辩护律师有效维护当事人合法权益的专业能力和业务水平提出了新要求。作为涉案企业或"企业家"聘请的辩护人,律师在涉案企业合规中至少可以发挥以下三个方面的作用:一是申请启动合规考察;二是协助展开合规整改;三是促使兑现合规激励。但是,由于"交涉性辩护"本身的先天不足,加上涉案企业合规改革中存在着合规考察程序启动上的裁量性、企业合规从宽处理责任人的争议性、企业合规从宽激励的不确定性等问题,合规交涉中的律师辩护能否取得"好结果"存在很大的不确定性。要保障涉案合规交涉取得更好的效果,尤其是从制度发展的角度而言,未来应从建立合规考察申请与答复机制、预先确定合规从宽幅度、健全合规证明责任与有效标准等几个方面进行制度完善。

一、"交涉性辩护"的新发展
二、合规交涉中律师辩护的特殊性
三、合规交涉中律师辩护的"三重作用"
四、合规交涉中律师辩护的制度困境
五、合规交涉中律师辩护的未来展望

一、"交涉性辩护"的新发展

最高人民检察院部署推动的涉案企业合规改革,经过几年的探索试验,不仅取得了积极成效,也开始越来越多地向刑事审判阶段延伸,甚至有了全流程适用的趋势。① 可以说,涉案企业合规改革已不仅仅是一场司法制度的革新,也开始成为法院、公安机关、行政监管机关等多部门协同参与的社会综合治理改革。此项改革的推进既离不开律师作用的积极发挥,也为律师业务拓展提供了难得的契机。在合规监督考察过程中,律师除接受"企业家"的委托担任辩护人外,还可能发挥两个方面的重要作用:一是作为合规监管人对涉案企业的合规整改进行监督、指导和评估;二是作为合规顾问协助涉案企业完成合规整改工作。不过,无论是律师作为合规监管人在合规整改中的作用②,还是律师作为合规顾问在合规整改中的作用③,都已有学者作过专门的研究。然而,对于律师在合规整改中如何担任辩护人才能有效地维护委托人的合法权益,尚未有人进行系统的研究。

实际上,作为"交涉性辩护"④的最新发展,涉案企业合规中的律师辩护在辩护立场、取证范围、交涉筹码等方面都具有一定特殊性,从辩护律师在一些合规整改案例中提供的专业服务看来,其发挥的作用主要体现在申请司法机关启动合规考察、协助合规顾问开展合规整改、促使办案机关兑现合规激励三个方面。为此,辩护律师应在发现所代理的涉企刑事案件符合(或通过必要的努力可能符合)合规考察程序启动条件的情况下⑤,积极与办案机关进行沟通、协商和对话,说服后者在充分考量起诉和定罪的社会负效应的基础上,将涉案企业作为合规考察对象,从而为涉案企业或"企业家"争取合规从宽尤其是"出罪"的机会。这是涉企刑事案件中律师辩护最为关键的一步。不仅如此,辩护律师还可以在必要时向涉案企业推荐适格合规顾问,协助合规顾问开展合规自查,帮助涉案企业分析犯罪成因,唤醒企业领导层的合规意识,提高企业领导层对合规整改工作的重视,甚至还可以帮助合规顾问取得企业

---

① 参见李奋飞:《论涉案企业合规的全流程从宽》,载《中国法学》2023 年第 4 期。
② 参见陈瑞华:《合规监管人的角色定位——以有效刑事合规整改为视角的分析》,载《比较法研究》2022 年第 3 期。
③ 参见陈瑞华:《合规顾问在有效合规整改中的作用》,载《浙江工商大学学报》2022 年第 6 期。
④ 参见李奋飞:《刑事辩护的模式》,法律出版社 2023 年版,第 171 页。
⑤ 参见李奋飞:《论涉案企业合规考察的适用条件》,载《法学论坛》2021 年第 6 期。

领导层的信任和工作支持,等等。当然,在与办案机关进行合规交涉的同时,辩护律师还应同步进行传统的刑事辩护工作。例如,在"企业家"被羁押的情况下,辩护律师需要及时申请对其变更强制措施,以便其在合规整改中能够充分发挥作用,从而确保其在合规整改验收通过后得到从宽处理。再如,律师还可以通过积极的辩护促使办案机关认定自首、立功、构成单位犯罪,或把犯罪数额降下来,等等。

考虑到合规整改正式引入我国刑事司法仅有三年多的时间,许多律师尚不了解办理企业合规案件的基本方法,对合规整改中辩护人的角色缺乏清晰认识,也不大熟悉如何协助涉案企业开展合规整改工作,以致无法更好地维护涉案企业或"企业家"的合法权益,本章将首先分析合规交涉中律师辩护的特殊性,梳理合规交涉中律师辩护的基本角色,以总结和提炼合规整改中辩护律师发挥专业作用的基本规律。本章还将在对合规交涉中律师辩护所面临的制度困境进行分析的基础上,对未来的程序完善提出初步的设想,以期为未来的合规刑事诉讼立法提供有益参考。笔者认为,唯有建立合规考察申请与答复机制,预先确定企业合规从宽幅度,健全合规证明责任与有效标准,才能确保涉案企业合规中的"交涉性辩护"取得更好的效果。

二、合规交涉中律师辩护的特殊性

作为认罪认罚从宽制度推行后逐渐兴起的一种辩护形态,"交涉性辩护"的前提是被追诉人自愿选择认罪认罚,辩护律师对被追诉人构成犯罪本身通常也不再持有异议。其所追求的诉讼目标一般是,通过与检察机关的积极对话、协商和沟通,说服其基于被追诉人自愿认罪的事实,对被追诉人作出不起诉处理[①],或向法院提出更为轻缓的量刑建议。涉案企业合规改革的推行,使得合规激励机制被引入我国刑事司法程序之中,从而为"交涉性辩护"的发展提供了制度基础。但是,涉案企业合规中的"交涉性辩护",既具有"交涉性辩护"的共性,又具有一定的特殊性。其特殊性主要表现在三个方面:一是在辩护目标上,以"合规出罪"为导向;二是在取证范围上,以针对涉案企业的社会调查为主要内容;三是在交涉筹码上,以涉案企业实施了有效的合规整改或

---

① 有学者指出:"伴随着认罪认罚从宽制度的推行,以不起诉处理的认罪认罚案件在数量上不断上升。"参见闫召华:《认罪认罚不起诉:检察环节从宽路径的反思与再造》,载《国家检察官学院学报》2021年第1期。

"企业家"在有效合规整改中发挥了积极作用为核心。

(一) 辩护目标的特殊性

维护当事人的合法利益,并将该利益最大化,是律师辩护的首要义务。"交涉性辩护"也不例外。在认罪认罚案件中,律师虽然也可以通过自己的努力促使检察机关对被追诉人作出不起诉处理,但其主要的辩护目标还是以认罪认罚换取轻缓的量刑建议。而在企业合规案件中,律师通常需要将"合规出罪"作为辩护目标。毕竟,对涉案企业而言,获得"非犯罪化"的处理结果至关重要。相对于个人被起诉定罪,企业被起诉定罪的附随结果更为严重,对社会公共利益的破坏性也更大。因为,企业一旦被贴上"犯罪标签",极易走向破产倒闭,进而带来"水漾效应",损害公司的投资者、雇员、养老金领取者、客户、上下游产业等无辜第三人的利益。2002 年的安达信案就常被作为典型的例证。亚瑟·安达信会计师事务所曾是美国最大和最成功的会计咨询公司之一,共有 8.5 万名员工,年收入超过 93 亿美元。2002 年,安达信公司因其对安然公司的财务报告未尽到审计责任被美国得克萨斯州南部地区法院刑事定罪。虽然安达信公司提起了上诉,但依据初审判决,其从事注册会计业务的资格被暂停,这致使该公司几乎失去了所有的客户。2005 年,美国最高法院推翻了初审判决,然而,安达信公司所遭受的损害已经不可弥补。在此期间,该企业失去了所有客户,商业信誉严重受损,在美国的 2.8 万名员工全部失业,非美国地区的业务也被其他竞争对手接管,企业剩余财产被合伙人瓜分,曾经的行业巨头在短期内彻底消失。①

实际上,不仅给企业起诉定罪会带来"水漾效应",由于我国不少企业经营的人身依附性较强,有时对"企业家"起诉定罪也同样会对涉案企业乃至"企业家"控制的其他非涉案企业带来无法挽回的影响。以某公司涉嫌单位行贿一案为例。在该案中,涉案的责任人为其控制的非涉案公司贷款承担了个人无限连带责任担保。按照该公司与金融机构、投资人签订的各种协议,若责任人被追究刑事责任,则金融机构、投资人可要求公司提前归还贷款,已售资产在未过户的条件下也可要求退款。一旦金融机构、投资人要求该公司提前还款的情况出现,公司将无法承受还贷压力。该公司所欠款额近 7 亿元,涉及 294 个企业,运营公司欠款金额 5000 万元,涉及 115 个企业。一旦责任

---

① 参见陶朗逍:《美国企业犯罪的审前转处协议研究》,载《财经法学》2020 年第 2 期。

人被追究刑事责任,金融机构、投资人要求该公司提前还款,几百家非涉案企业也将陷入恐慌,甚至可能出现到运营现场讨债的情况。该公司申请缓缴的社保和医疗保险等 2200 万元也将无力缴纳。也就是说,如果责任人被起诉,将导致该公司无法正常运营,其为当地提供的就业岗位也将消失,这将严重打击当地的扶贫、就业等,严重影响当地经济发展和社会稳定。因此,作为"企业家"的辩护人,律师也应尽力说服检察机关对"企业家"作出不起诉处理,以免对涉案企业和非涉案公司带来无法挽回的后果,甚至出现影响当地经济发展和社会稳定的情况。

(二) 取证范围的特殊性

作为辩护律师调取、收集、核实能够证明犯罪嫌疑人、被告人无罪、罪轻或者减轻、免除其刑事责任等证据材料的一项重要诉讼权利,调查取证对实现有效辩护的重要性自不待言。但是,由于刑事诉讼法为律师调查取证设置了诸多禁止性规则,使得不少律师往往视调查取证如畏途。甚至,在一定程度上,调查取证已经成为刑事辩护律师自行设定的一大"职业禁区"。① 即便如此,还是有一些辩护律师为避免辩护流于形式,坚持进行必要的调查取证工作。但是,在涉案企业合规改革推行以前,刑事辩护律师在调查取证时大多只关注与案件犯罪事实相关的材料,以便能够改变案件的定性,降低办案机关对犯罪数额的认定,或为当事人争取自首、立功等量刑情节的认定,等等。

而在此项改革推行之后,接受涉案企业或"企业家"委托的辩护律师,如欲使涉案企业或"企业家"享受改革的"司法红利",除了需要对前述证据材料进行调查取证以外,还需要将诸多涉案企业的案外情况纳入考虑,包括企业既往的社会贡献(诸如涉案企业获得的荣誉,近几年每年向国家缴纳税款的情况,目前保障就业的情况,等等)、企业经营状况对科技和经济发展、行业、产业链等的影响(例如,某涉案企业一旦被定罪,有的经营资格如竞标、贷款、争取项目等可能被取消,上下游的业务渠道可能被中断,等等),以及企业犯罪的内部结构原因(例如,单位行贿罪的发生暴露出涉案企业在管理制度方面的漏洞,特别是高层反腐败管理、财务管理等方面存在缺失)、企业的合规整改基础(例如,在被刑事追诉前,有的涉案企业就已经自主进行了一些整

---

① 参见陈瑞华:《刑事辩护的艺术》,北京大学出版社 2018 年版,第 33 页。

改,提升管理水平,通过了多项国内外标准认证)、企业合规整改的可行性等,以便使检察机关能够在总体对比起诉企业和不起诉企业的预期后果的基础上作出对自己当事人有利的决定。

(三) 交涉筹码的特殊性

作为认罪认罚从宽程序的关键环节,量刑建议应是控辩双方协商一致的产物,这无疑为"交涉性辩护"的孕育和发展提供了制度空间。认罪认罚案件中的"交涉性辩护"以放弃无罪辩护,动员并说服犯罪嫌疑人选择认罪认罚从宽程序,以帮助检察官提高认罪认罚程序的适用比例作为主要"交涉筹码",从而使犯罪嫌疑人获得一定限度的从宽处理。未来,如果"认罪认罚"能够成为一种法定的减轻处罚情节,"交涉性辩护"将获得更好的效果。而就涉案企业合规中的"交涉性辩护"而言,"交涉筹码"主要是涉案企业进行了有效的合规整改,或"企业家"在涉案企业有效合规整改中发挥了积极作用,从而说服司法机关从宽处理。这一"交涉筹码"的特殊性在于,合规整改的验收标准尚不甚明确,即涉案企业的合规整改满足了哪些要求,才能被合规监管人和检察机关认定合格,从而给予涉案企业或"企业家"宽大处理。也就是说,即使在辩护律师的积极努力下,办案机关对涉案企业启动了合规考察,合规整改最终能否成为有效的"交涉筹码",说服办案机关对企业或"企业家"从宽处理,也带有一定的不确定性。①

涉案企业能否完成有效的合规整改,既取决于合规顾问的专业能力和重视程度,也取决于合规整改过程中第三方组织的监督指导水平(如第三方组织指导方向或内容失误,也可能导致涉案企业无法完成有效合规整改)。而且,如何评估合规整改的有效性,目前也缺乏明确的标准。虽然,2022年4月最高人民检察院、司法部等联合制定并印发的《涉案企业合规办法》第14条明确了有效合规管理制度的六个基本要素②,从而为第三方组织评估涉案企业合规整改的有效性提供了规范依据。涉案企业只有根据六大要素的指引

---

① 截至2023年3月,全国检察机关已累计办理涉案企业合规案件6000余件,其中就有近90家企业未通过监督评估,涉案企业或"企业家"被依法起诉追究刑事责任。参见高景峰:《涉案企业合规适用刑事诉讼全流程的相关问题研究》,载《中国刑事法杂志》2023年第4期。
② 《涉案企业合规办法》第14条规定:"第三方组织对涉案企业专项合规整改计划和相关合规管理体系有效性的评估,重点包括以下内容:(一)对涉案合规风险的有效识别、控制;(二)对违规违法行为的及时处置;(三)合规管理机构或者管理人员的合理配置;(四)合规管理制度机制建立以及人力物力的充分保障;(五)监测、举报、调查、处理机制及合规绩效评价机制的正常运行;(六)持续整改机制和合规文化已经基本形成。"

进行专项合规整改,才有望通过第三方组织的考察评估。但是,并不是每一起合规整改案件都会启用第三方监督管理机制。在那些没有启用第三方监督管理机制的合规整改案件中,检察机关判断企业合规整改的有效性是否也需要遵循这一标准?

此外,六大要素在具体整改落实中如何把握,仍然缺乏具体可行的标准。例如,涉案企业究竟需要采取哪些措施,才能保障合规风险得到有效识别和控制?涉案企业是否应当结合法律法规和监管政策以及经营管理的实际状况,对合规风险进行有效识别和评估,全面收集整理合规信息,及时向相关部门、各子公司发布?是否应定期或者不定期开展合规内部检查,每年将检查情况纳入年度合规管理报告,督促相关部门及时整改发现问题,对责任人启动问责程序?是否应针对重点领域、合规风险点、合规重点岗位进行合规工作检查?再如,涉案企业究竟需要采取哪些合规整改措施,才能达到保障合规管理机构或管理人员的合理配置的标准?是否需要成立董事会、监事会?是否应成立合规领导小组?是否应设立首席合规官?是否应增设法律合规部?是否应在业务部门设立合规工作联络员?这既给辩护律师和合规顾问落实合规整改带来了操作难题,实际上也对第三方组织评估合规整改有效性提出了一定挑战。由于缺乏具体可行的标准,实践中难免会出现这样的情况:辩护律师和合规顾问认为已协助涉案企业投入必要的人力、物力和财力,并根据企业的合规风险、规模、业务范围、行业特点等,制定了专项合规计划,完善了企业治理结构,健全了内部规章制度,形成了有效合规管理体系,但第三方组织却可能以"合规整改未达到有效预防同类违法犯罪再次发生的目标"为由不予通过,从而使辩护律师的合规交涉半途而废。

三、合规交涉中律师辩护的"三重作用"

无论是在哪个诉讼阶段,律师一旦接受涉案企业或"企业家"的委托,都可以以辩护人的身份为其提供多方面的法律服务,不仅可以为涉案企业或"企业家"分析案件是否适用以及如何进行合规整改,向涉案企业推荐适格合规顾问,协助唤醒企业领导层的合规意识,帮助合规顾问取得企业领导层的信任和工作支持,协助企业(合规顾问)开展犯罪成因分析等,还可以积极地与办案机关全程沟通协商,促使办案机关兑现从宽激励。毕竟现行《刑事诉讼法》没有确立合规顾问的地位,因此,即便涉案企业聘请了合规顾问,其也无法直接向办案机关递交合规考察申请手续,或与办案机关进行沟通、协商,而通常需要辩护律师"居间"传递。具体而言,在涉案企业合规从宽制度中,辩护律师大体上可以在三个方面发挥积极重要的作用:一是申请启动合规考察程序;二是协助企业(合规顾问)开展合规整改;三是促使办案机关(包括司法机关和行政机关)兑现合规激励。

(一) 申请启动合规考察

"合规不起诉"的实质是赋予涉案企业以合规整改换取出罪等从宽处理的机会,而合规考察程序的启动,通常是涉案企业或"企业家"享受这一"司法红利"的前提。在接受涉案企业或"企业家"的委托担任辩护人后,律师首先要做的工作就是分析研判案情,在发现案件没有"对抗性辩护"(无罪辩护)的空间时,要及时和当事人沟通,放弃不切实际的幻想,选择认罪认罚从宽程序,采取"交涉性辩护"的策略。此外,辩护律师还要与涉案企业或"企业家"重点讨论,案件是否符合或可能符合合规整改条件,以及还需要作出哪些努力,才能满足合规考察的启动条件。

从各地检察机关的改革探索情况来看,结合最高人民检察院等九部门发布的《第三方机制指导意见》的规定,合规考察的启动条件大体分为基础条件和裁量条件两部分。① 案件首先要符合基础条件,才能进入检察机关的考虑范围,再适用裁量条件,决定是否启动合规考察。基础条件主要包括四个:第一,案件属于公司、企业等市场主体在生产经营活动中涉及的经济犯罪、职务犯罪等案件,既包括公司、企业等实施的单位犯罪案件,也包括公司、企业实际控制人、经营管理人员、关键技术人员等实施的与生产经营活动密切相关的犯罪案件。这里的"经营管理人员",是指在企业生产经营中履行一定经营管理职责的人员,而并不一定是企业的高级管理人员。在集团公司中,即使行为人只是分公司中负有一定经营管理职责的人员,也应当认定为"经营管理人员"。即使是单位"挂靠"人员,如果以单位名义、为单位利益开展经营管理活动,也应被认定为单位的经营管理人员。这里的"等"应理解为等外等,即相关人员的范围不限于上述三类人员,只要与生产经营管理活动相关的人员,都可以划入该范围。这样理解,既符合最高人民检察院之前对于企业合规整改"能用尽用"的改革精神,也被已公布的典型案例所证实。因此,即使

---

① 参见李奋飞:《细化适用条件深入开展涉案企业合规》,载《检察日报》2022年9月13日,第3版。

行为人不能被认定为"经营管理人员",只要发挥了一定的经营管理作用,也符合《第三方机制指导意见》中启动企业合规整改的主体要求。第二,涉案企业、个人认罪认罚。认罪认罚是固定案件证据、衡量犯罪主体悔过意愿的重要依据。但是,认罪认罚的负面声誉,会降低企业合规整改的意愿。在涉案企业合规改革持续推进的背景下,已有检察机关开始探索优化改革适用条件,用企业承认指控事实替代认罪认罚这一条件,从而既能达到表达悔过意愿、固定案件主要证据的效果,也可以避免发生牵连无辜股东、损害企业信誉等问题。第三,企业能够正常生产经营。如果企业已经经营困难、停工停产、濒临破产,那么就没有开展合规整改的条件和必要。第四,企业自愿适用合规整改程序。企业合规建设属于企业内部的管理结构调整,本质属于自主经营权的范围,涉案企业合规需要以企业自愿接受和配合为前提。除了基础条件外,还存在三个主要的裁量条件,这些条件虽然未被规定在规范性文件中,但也需要办案机关综合考量。第一,案件的犯罪情节。虽然涉案企业合规改革最初主要以相对不起诉制度为依托,因而一般只能对"犯罪情节轻微"的案件适用①,但是,随着改革的深入推进,一些涉嫌实施较为严重犯罪的企业也开始被不少司法机关纳入试验对象的范畴。具体到个案中,则需要办案机关综合考量案件情节的轻重予以把握。第二,案件对社会公共利益的影响。检察机关需要综合考量涉案企业在经济发展、科技发展、稳定就业等方面的贡献,评估起诉后的社会效果。第三,企业涉罪后采取的补救挽损措施。检察官需要考察涉案企业在涉罪后是否存在自首、配合调查、赔偿被害方、自主进行合规整改等行为,如果存在这些行为,一般可以认为企业的悔过态度较好、社会危险性较低。

当然,要成功地说服办案机关启动合规考察程序,仅仅通过建议涉案企业或"企业家"认罪认罚、促成对被害人足额赔偿或对行政罚款足额缴纳、引导涉案企业开展合规自查与自主整改等促使案件满足改革适用条件是不够的,还需要向办案机关提交相应的证明材料,力求向其证明案件已满足合规考察启动条件。为此,辩护律师可以在必要时向涉案企业推荐适格的合规顾问②,并和合规顾问一起协助涉案企业(合规顾问)及时开展合规自查、起草初

---

① 实践中,通常是指主要责任人预期刑罚在3年有期徒刑以下的案件。
② 当然,辩护律师在得到涉案企业授权的情况下也可以自行担任合规顾问。虽然辩护律师比较熟悉案件情况,与企业或"企业家"沟通起来可能也比较顺畅,但通常却未必具备帮助涉案企业进行合规整改的专业能力和实操经验,勉强"双肩挑"可能错失合规整改的机会,进而难以有效地维护企业或"企业家"的合法权益。

步合规整改计划等合规准备工作,以为随后的合规考察申请奠定扎实的基础,从而提高合规考察申请的成功率。毕竟,随着涉案企业合规改革的深入推进,越来越多的检察机关开始将涉案企业是否进行了充分的合规整改准备,如合规自查情况、案发后的初步整改情况等,作为决定是否对其适用合规考察的重要考量因素。在及时申请启动合规考察程序的同时,辩护律师还应积极与检察机关进行同步沟通交涉,督促其尽可能对涉案"企业家"作出不批准逮捕决定。涉案"企业家"已被逮捕的,辩护律师也应申请检察机关对其进行羁押必要性审查,尽快对其变更强制措施,以便其在被取保候审后能够有效参与到涉案企业的合规整改中来,并在合规整改中发挥积极作用。

虽然此项改革推行以来,各地检察机关积极探索办理了一大批企业合规案件,但是,从一些律师反映的情况来看,要说服办案机关启动合规考察也并非易事。要取得好的交涉效果,律师不能"单打独斗",而应树立"协同"思维。在某种意义上,刑事辩护就是协同各种力量的艺术。辩护律师在申请启动合规考察的过程中,首先需要唤醒企业领导层的合规意识,提高对合规整改申请工作的重视程度,确保涉案企业最大限度地支持和配合自己的工作。这是合规考察申请取得良好效果的基础所在。对于那些重大、疑难、复杂的案件,律师还需要争取专家(包括但不限于法律专家、合规专家)的帮助和支持。在检察机关大体表示出拟将案件作为合规案件办理的意向后,辩护律师还应与检察机关就合规整改模式、合规考察期限等问题进行沟通协商,确保合规整改贯彻相称性原则的要求[①],从而更好地维护涉案企业的合法权益。当然,辩护律师可能使出浑身解数都无法使合规考察申请得到检察机关批准。[②] 在这种情况下,辩护律师还可以在案件被起诉至法院后,推动涉案企业自行开展合规整改,并积极与承办法官进行沟通交涉,督促法院对涉案企业的合规整改作出专业评估和社会效果评估,说服法院将合规整改结果作为对涉案企业宽大处理的依据。[③]

(二) 协助开展合规整改

辩护律师通过专业的申请说服司法机关将案件纳入合规考察程序,只是

[①] 参见陈瑞华:《企业合规整改中的相称性原则》,载《比较法研究》2023年第1期。

[②] 在不久前的调研过程中,某地级市的检察长向笔者反映,该市曾向省检察院报送了25个拟进行合规整改的案件,由于多种原因,最终只有3个案件获得批准。

[③] 参见余建华、薛敏:《办理一个案件,挽救一个企业,带动一个行业——绍兴上虞区法院审判阶段企业合规改革工作纪实》,载《人民法院报》2023年4月17日,第1版。

涉案企业或"企业家"获得合规出罪等从宽处理的第一步。要真正说服司法机关兑现合规从宽激励，关键还要看涉案企业在考验期内的合规整改能否被第三方组织和司法机关认定有效。而有效的合规整改，应当包含合规计划设计的有效性、合规计划执行的有效性以及合规计划结果的有效性三个方面。[①]

作为有效合规整改最为关键的一步，合规计划设计的有效性的实现有赖于涉案企业展开充分的合规自查，找出犯罪行为发生的根本原因，识别出企业的合规管控制度漏洞和隐患，并针对这些漏洞和隐患进行有针对性的制度纠错和管理修复，切断犯罪发生的因果链条，并在必要时引入专项合规管理体系，以有效预防同类违法犯罪行为的再次发生。这些合规整改工作仅靠合规顾问显然是难以完成的，因而离不开辩护律师的积极协助，特别是在合规顾问开展合规自查、分析犯罪成因时，辩护律师更能够发挥重要的作用。

如前所述，合规顾问在刑事诉讼中没有诉讼地位，无法如辩护律师那样通过会见、阅卷、调查取证等诸多诉讼权利的行使全面了解案件情况，这显然给合规顾问全面准确掌握企业违法犯罪事实，进而在此基础上形成有针对性的整改方案带来了一些不利影响。作为独立的诉讼参与人，辩护律师恰恰可以弥补合规顾问的这一短板，并与合规顾问形成合规整改合力，以共同帮助涉案企业或"企业家"获得出罪等从宽处理。例如，辩护律师可以向合规顾问介绍企业涉案情况、证据情况等，以协助其进行合规问题调查并分析违法犯罪行为发生的结构性原因，出具有针对性的合规整改方案。

此外，涉案企业的合规整改需要根据《涉案企业合规办法》的规定，贯彻落实"高层承诺原则"，这是涉案企业实现有效合规整改的重要制度保障。有学者指出："高层承诺原则包含三方面内容：一是企业最高层应履行搭建合规管理体系的职责，包括主持建立一个有效运行的合规领导机构，推动合规管理体系的有效制定和持续改进；二是企业最高层应在企业内部传达合规文化，包括作出合规治理承诺，向全体员工、股东、分支机构、商业伙伴传达合规理念、分享合规知识、介绍合规管理体系的进展情况；三是企业最高层应承担维护合规管理体系有效运行的职责。这主要包括：最高层应为合规管理投入充足的资源；最高层应当持续关注合规管理与业务管理的协调，消除可能发生的冲突。"[②]可见，合规顾问如果无法得到企业最高层的重视和支持，要协助

[①] 参见陈瑞华、李奋飞：《"涉案企业合规改革二人谈"（下）——推动企业合规改革，探索本土化的有效合规标准》，载《民主与法制》2022年第38期。

[②] 参见陈瑞华：《合规整改中的高层承诺原则》，载《法律科学（西北政法大学学报）》2023年第3期。

企业进行有效的合规整改几乎是不现实的。而在帮助合规顾问取得企业领导层的信任和工作支持方面,辩护律师显然可以发挥积极的作用。

(三)促使兑现合规激励

在合规考察期限届满前,办案机关通常会举行合规验收听证会,邀请人大代表、政协委员、行政执法机关人员、公安机关人员、合规专家、听证员等共同听取涉案企业的合规整改报告以及第三方组织的合规考察评估报告,并在听取各方意见的基础上,综合评估涉案企业是否进行了合格的合规整改。一般而言,检察机关举行的听证会由承办检察官主持,涉案企业合规负责人、涉案人员发言,第三方组织代表发言,听证员、人民监督员向第三方组织和涉案企业问询,听证会专家合议,涉案企业诉讼代表人最后陈述。虽然辩护律师在听证程序中通常并没有太多发挥作用的空间,但其到场参与也是具有积极意义的,尤其是可以及时掌握合规整改验收情况,进而将合规整改成果作为"交涉筹码",尽快促使办案机关对涉案企业或"企业家"作出不起诉等从宽处理。

当然,涉案企业在考察期内完成了有效的合规整改,以及涉案"企业家"对企业生产经营和合规整改发挥了不可替代的作用,只是检察机关在对涉案企业和"企业家"作出司法决策时的考量因素之一。检察机关最终会对案件作出什么样的司法决策,是起诉还是不起诉,是"一并起诉"还是"分离追诉",还取决于涉案企业或"企业家"的犯罪性质、情节、后果,以及案发后是否具有自首、立功情节等诸多因素。因此,辩护律师在与办案机关进行合规交涉的过程中,应与传统的辩护手段结合起来,力求说服办案机关能够认定自首、立功、案件构成单位犯罪等,或者争取把犯罪数额降下来,等等。例如,在某小微企业涉税合规整改案中,辩护律师同步对虚开增值税专用发票抵扣的税款数额进行辩护,理由是有一部分涉案金额,实际上是有真实交易的,只是不能一一对应,因此不能认定为虚开增值税专用发票犯罪。该辩护意见得到了检察机关的采纳,从而将数额从 200 余万元降至 50 余万元,最终让该案得到不起诉处理。再如,在某企业涉嫌单位行贿案的整改中,辩护律师也向检察机关指出,根据《刑法》的规定,在行贿犯罪中,行为人被受贿人索贿而实施行贿行为,且没有获得不正当利益的,行为人不构成行贿犯罪。如果行为人被受贿人索贿而实施行贿行为,通过行贿行为获得了不正当利益的,尽管不能将索贿作为出罪事由,但是由此可以反映出行贿人的主观恶性较小,体现出犯罪情节轻微,应当作为检察机关行使起诉裁量权的考量因素。综合案件事出有因,犯罪情节和后果轻微,涉案企业能够积极认罪悔罪、积极开展合规整改,涉案企业和"企业家"对国家、社会作出了重大贡献,一旦对涉案企业和"企业家"提起公诉将会带来严重的社会后果等诸多因素,辩护律师(协同相关专家出具《专家论证法律意见书》)建议检察机关对涉案企业和"企业家"作出不起诉决定,并最终得到检察机关的采纳。

一般而言,通过推动或者协助涉案企业开展合规整改,促使司法机关对涉案企业或"企业家"作出不起诉等从宽处理之后,辩护律师的工作也就基本结束了。但是,在一些刑行衔接的案件中,辩护律师可能还需要与检察机关进行积极沟通,促使其及时向相关行政监管部门制发检察建议,确保合规整改成果能够得到行政机关的认可,成为行政机关对涉案企业宽大处理的重要依据,以使涉案企业能够被减轻或免除处罚。① 在张某某、刘某某、朱某某涉嫌假冒注册商标罪一案中,厦门市思明区人民检察院经审查后认为,张某某实施假冒注册商标行为的事实不清,证据不足,刘某某、朱某某虽然实施了假冒注册商标行为,但犯罪情节轻微,遂依法对上述犯罪嫌疑人作出了不起诉决定。同时,思明区人民检察院认为,对刘某某、朱某某虽不予追究刑事责任,但上述人员在厦门市集美区实施了未经许可在同一商品上使用他人注册商标的涉案行为,违反了《商标法》第57、60条的规定。于是,思明区人民检察院通过检察意见书将刘某某、朱某某的前述违法行为移送给集美区市场监督管理局处理。在该《检察意见书》中,检察机关认定,张某某等人在案发后积极补偿被侵权人并取得谅解,张某某等人所在的公司也意识到企业在防范犯罪方面存在管理漏洞,并主动向思明区人民检察院提交了合规申请。经福建省人民检察院同意,思明区人民检察院对该公司适用了企业合规程序,并通过了合规整改验收。思明区人民检察院认为,刘某某、朱某某等人案发后主动消除违法行为危害后果,积极配合企业合规工作开展,防范违法犯罪风险,并据此建议集美区市场监督管理对刘某某、朱某某从轻或者减轻处罚。集美区市场监督管理局采纳了思明区人民检察院的意见。在《行政处罚决定书》中,集美区市场监督管理局认定,鉴于当事人实施商标侵权行为,但侵权产品经检验质量指标合格,当事人所在的企业案发后积极补偿商标权利人取得谅解,能够意识到企业在防范违法犯罪方面存在管理漏洞,主动向思明区

---

① 参见李奋飞:《涉案企业合规刑行衔接的初步研究》,载《政法论坛》2022年第1期。

人民检察院提出合规申请,企业合规第三方专家小组对于企业的合规整改过程和效果予以肯定,符合《行政处罚法》第32条第1项、第5项的规定,具有应当从轻情节,决定对当事人从轻处罚,仅对当事人处以违法经营额0.5倍的罚款。

四、合规交涉中律师辩护的制度困境

涉案企业合规改革推行以来,不少辩护律师通过与检察机关沟通协商,将符合改革适用条件的案件纳入合规整改程序,从而成功让自己的当事人享受到了"改革红利"。但是,也有不少律师在进行合规交涉的过程中,遇到了一系列的障碍和问题。一些符合合规整改条件的案件,要么迟迟无法进入合规整改程序,要么进入合规整改程序后被随意叫停,要么合规整改后得不到(理想的)从宽激励,有的案件甚至在"合规不起诉"决定作出后,仅因公安机关提出异议又被检察机关撤销。当然,涉案企业合规中的"交涉性辩护"能否取得"好结果",与司法机关推进此项改革的力度、辩护律师的合规交涉能力等诸多因素都存在密切的关系。这里主要围绕当前影响合规交涉的一些制度性因素进行分析。根据笔者的观察和访谈,这些制度困境除了"交涉性辩护"本身的局限性以外,主要体现在以下三个方面:一是合规考察程序启动上的裁量性;二是企业合规从宽处理责任人的争议性;三是合规从宽激励的不确定性。

(一)合规考察程序启动上的裁量性

根据《第三方机制指导意见》的规定,对于符合改革适用条件的涉企犯罪案件,检察机关可以根据案件情况适用合规考察程序。虽然合规考察程序的启动并非检察机关单方面的职权运作,但检察机关却享有较大的自由裁量权,并不是只要案件符合改革适用条件,检察机关就必须启动合规考察(最高人民检察院之前也只是要求"能用尽用")。实际上,对于辩护律师提出的合规考察启动申请,只要不具有《第三方机制指导意见》规定的不能适用情形①,

---

① 根据《指导意见》第5条的规定,对于具有下列情形之一的涉企犯罪案件,不适用企业合规试点以及第三方监督管理机制:(一)个人为进行违法犯罪活动而设立公司、企业的;(二)公司、企业设立后以实施犯罪为主要活动的;(三)公司、企业人员盗用单位名义实施犯罪的;(四)涉嫌危害国家安全犯罪、恐怖活动犯罪的;(五)其他不宜适用的情形。

能否纳入合规整改程序,实际上是需要检察机关结合案件的具体情况斟酌并作出决定的。

尽管最高人民检察院在改革的总体规划中,为防范合规考察启动权滥用的风险,要求各地的省级检察院对区级、县级和市级检察院启动合规考察的合法性和正当性进行审查批准,但由于顶层设计对检察机关的启动裁量权尚缺乏细致、明确的规范,又未要求检察机关在启动合规考察时向社会公布案件的具体情况和合规考察申请书等合规考察材料,导致检察官消极行使自由裁量权或者滥用自由裁量权的情况时有发生。一方面,一些可能并不符合整改条件的案件也被纳入合规考察程序,有的在作为典型案例公布后还引发了学者质疑[1];另一方面,对于一些符合改革适用条件的案件,辩护律师的申请始终无法得到办案机关的积极回应,导致涉案企业或"企业家"得不到合规从宽的机会。

例如,在某公司、邵某某涉嫌单位行贿罪一案的研讨中,专家们一致认为,该案作为企业合规案件办理,符合改革适用条件,应当对其启动合规考察并适用第三方机制,以避免对其起诉定罪可能带来的企业倒闭、员工失业、股民和投资人损失、国有资产损失、技术发展受损、法律科技服务效率降低等社会负效应。首先,案件具有单位犯罪属性,是公司在生产经营活动中涉及的经济犯罪,符合试点案件范围。责任人邵某某时任公司法定代表人、董事长、总经理,其以公司名义、为公司利益从事贿赂行为,涉嫌单位行贿罪。邵某某之所以能代表公司从事贿赂行为,暴露了公司在反商业贿赂管理、资金管理等方面存在制度漏洞。在涉案企业合规改革的过程中,将涉嫌单位行贿罪的案件纳入合规考察范围的做法较为常见。其次,案件犯罪情节轻微,符合认罪认罚的条件。涉案公司和邵某某自愿认罪认罚,在审查起诉阶段均签署了《认罪认罚具结书》,邵某某具有坦白情节,检察院对其量刑建议为有期徒刑1年6个月,并处罚金。由于改革以相对不起诉制度为依托,检察院一般仅在犯罪情节轻微的案件中启动合规考察,实践中,通常把握在责任人预期刑罚在3年有期徒刑以下的案件。该案符合这一范围。再次,涉案公司能够正常生产经营,承诺建立并完善企业合规制度。涉案公司是一家对地区经济发展、法律科技发展等有重大影响的大型上市民营企业,员工近6000人,约有5.7万名股东。涉案公司拥有诸多自主知识产权、专有技术等,被认定为"高新技术

---

[1] 参见黎宏:《我国刑法中的单位犯罪规定与企业合规不起诉改革实践》,载《江西社会科学》2023年第1期。

企业""国家企业技术中心",服务的重要客户涉及中央及全国31个省(自治区、直辖市),包含全国数千家机关,是法律科技服务的重要支撑,涉案时年纳税额超2亿元。涉案公司积极践行社会责任,累计公益捐赠超过1亿元。最后,涉案公司合规整改基础较好,具有较为完整的企业组织结构体系,且已在业务经营的许多方面建立了可执行的内部控制管理体系。在邵某某被调查之后,涉案公司深刻认识到其在经营和管理方面存在制度漏洞,多次向办案机关提出启动合规考察和第三方机制的申请,并已经自主进行合规自查和初步合规整改,聘请合规顾问团队,搭建合规管理制度体系,建设反商业贿赂专项合规计划。总之,该案符合涉案企业合规改革的适用条件,作为企业合规案件办理,完全契合改革的基本精神。但遗憾的是,无论是在审查起诉环节,还是在审判阶段,公司提交的合规考察申请均未得到办案机关的批准。最终,涉案公司被以单位行贿罪判处罚金300万元,邵某某也因单位行贿罪被判处有期徒刑2年6个月,罚金30万元。对此,辩护律师并无任何救济途径。合规考察程序启动上的裁量性,使得检察官或法官完全可能基于办案压力、减少风险等诸多方面的考虑,拒绝对原本符合改革适用条件的案件启动合规考察。而且,各地司法人员的裁量习惯差异较大,导致了各地办案数量不均衡、办案标准不一致的现象。此外,不少律师反映,检察机关拒绝启动合规考察程序,既不会向涉案企业及辩护律师送达任何书面决定,也未给涉案企业及辩护律师提供获得救济的途径。

(二) 企业合规从宽处理责任人的争议性

如前所述,在涉案企业合规案件中,律师作为辩护人,既可能是受涉案企业的委托,也可能是受涉案"企业家"委托。考虑到"企业家"犯罪案件数量更多,律师作为"企业家"委托的辩护人,参与到合规整改程序中的可能性还更大一些。截至2023年11月,在全国检察机关累计办理的8693件涉案企业合规案件中,被不起诉的涉案企业为3216家,而被不起诉的"企业家"则达到了5052人。如果再加上那些基于涉案企业合规整改获得宽缓处理的"企业家",人数就更多了。

与域外"放过企业,严惩责任人"的合规整改理念有所不同,我国的涉案企业合规改革基本坚持"既宽大处理企业,也宽大处理责任人"的合规整改精神,尤其是改革的适用对象本身就不仅包括单位犯罪案件,也包括"企业家"

实施的"与生产经营密切相关"的个人犯罪案件。① 这样一来，在审查起诉环节，企业合规整改宽大处理责任人也就具有了四种情形：一是在轻微单位犯罪中，基于涉案企业合规整改既对涉案企业作不起诉处理，也对责任人作不起诉处理；二是在普通单位犯罪中，基于涉案企业合规整改对涉案企业作不起诉处理，对责任人则提出轻缓量刑建议；三是在重大单位犯罪中，基于涉案企业合规整改既对涉案企业提出轻缓量刑建议，也对责任人提出轻缓量刑建议；四是在"企业家"实施的"与生产经营密切相关"的个人犯罪案件中，基于（不构成犯罪的）企业的合规整改宽大处理责任人，甚至对其作出不起诉处理。②

但是，这种以企业合规整改（直接）宽大处理乃至不起诉"企业家"的做法，已引发了较大的争议，也给涉案企业合规交涉中的律师辩护效果带来了一定的不确定性。在理论上，越来越多的学者认为，合规整改合格通常只能作为宽大处理涉案企业的理由，并不能当然地成为宽大处理"企业家"的根据。只有在"企业家"对涉案企业合规整改作出实质性贡献、发挥积极推动作用的情况下，涉案企业合规整改的成功才能够体现出"企业家"个人认罪悔罪、消除犯罪社会影响的努力，办案机关依据合规整改对其作出适当的宽大处理才具有正当性。从笔者了解的情况来看，在涉案企业合规改革初期，大多数检察机关直接将涉案企业的合规整改作为对"企业家"从宽处理的理由，并不关注"企业家"在合规整改中是否发挥了积极作用，以及发挥了怎样的作用。但是，涉案企业合规改革推进到现在，已经有不少检察官认识到，企业合规宽大处理"企业家"的正当性应建立其有效参与企业合规整改，并在企业合规整改中发挥积极作用的基础上，否则，就不仅有违反法律面前人人平等原则之嫌，也将产生负面影响。这意味着，作为"企业家"委托的辩护人，律师若想让自己的当事人享受到"改革红利"，不仅要积极申请启动合规考察，也不仅要积极推动涉案企业进行合规整改，而且需要与当事人充分协商和讨论，唤醒和激活其参与企业合规整改的热情和潜力。

"与生产经营活动密切相关"这个限定条件如何把握和理解，目前尚缺乏

---

① 这一改革举措的正当性主要在于，我国现阶段的单位犯罪案件数量总体较少，如改革只适用于单位犯罪案件，将使合规考察程序的适用范围大大受限，而"企业家"犯罪案件数量较多，且通常能反映出企业在日常经营和管理活动中存在重大治理缺陷和制度漏洞，因而有必要通过适度释放"司法红利"激励"企业家"积极推动单位开展合规整改。

② 参见陈瑞华：《合规关联性理论——对企业责任人员合规从宽处理的正当性问题》，载《法学论坛》2023年第2期。

具体和权威的解释说明。作为"企业家"委托的辩护人，律师当然希望自己的当事人能够尽可能地享受"改革红利"，甚至对"企业家"涉嫌的危险驾驶、职务侵占等纯正自然人犯罪案件，实践中也有申请启动合规考察的情况，而且确有检察机关对这样的案件启动了合规整改。不过，最高人民检察院目前正在强调，"让'高质效办好每一个案件'成为检察履职办案的基本价值追求"，"'有质量的数量'和'有数量的质量'必须统筹在更加注重质量上面"。而要提升企业合规案件的办理质效，检察机关对"企业家"犯罪案件的合规考察适用将更为审慎。① 这显然也会给辩护律师的合规考察申请带来一定的不确定性。

（三）合规从宽激励的不确定性

从笔者通过各种途径了解到的一些涉企刑事案件看来，在有的案件中，辩护律师虽然通过各种努力终于将案件纳入合规考察程序，并已经在检察机关的要求下聘请了专业的合规顾问团队，开展了大量的合规整改工作，但是却因为被发现同种犯罪事实直接被检察机关叫停。实际上，这种做法并没有明确的规范依据。前后事实叠加后预期刑罚无论是否超过3年，都不影响检察机关继续对涉案企业进行合规考察。只是，在超过3年的情况下，最后的从宽处理很可能不再是不起诉②，而是仅提出从宽量刑建议。

在一些案件中，检察机关虽然对涉案企业启动了合规考察程序，但却在未对涉案企业的合规整改进行验收的情况下，就对涉案企业和"企业家"提起了公诉。③ 在另外一些案件中，涉案企业虽然合规整改被验收通过，但还是和"企业家"一起被提起了公诉，导致企业仍会面临巨大的生存困境。因为涉案企业一旦被起诉、定罪，可能会被吊销相关资质，这对于涉案企业而言，无疑

---

① 笔者认为，要认定为"与生产经营活动密切相关"，"企业家"犯罪案件应满足两个基本条件：第一，"企业家"为企业利益而实施犯罪行为；第二，"企业家"的犯罪行为与企业的管理制度漏洞有关。参见李奋飞：《涉案企业合规改革中的疑难争议问题》，载《华东政法大学学报》2022年第6期。

② 在最高人民检察院发布的第二批企业合规典型案例"深圳X公司走私普通货物案"中，涉案企业偷逃税款合计397万余元，法定刑为10年以上有期徒刑或者无期徒刑，经过有效合规整改，检察机关最终对其作出了不起诉决定。

③ 当然，在这种情况下，辩护律师可以向法院申请对涉案企业的合规整改进行审查，以便涉案企业或"企业家"能够得到从宽处理。对此，一些地方司法机关出台的规范性文件已经给予确认。例如，辽宁省人民检察院、辽宁省高级人民法院联合印发的《关于联合推进涉案企业合规改革的实施办法》规定，对于在侦查环节、审查起诉环节已经在人民检察院的指导下完成企业合规整改的案件，人民法院应予以审查，依法作出从宽处理的决定。再如，江苏省高级人民法院、江苏省人民检察院联合印发的《关于加强涉案企业合规工作协同协作的座谈会纪要》规定，对于审查起诉期限届满但合规评估验收尚未完成、需要先行提起公诉的案件，涉案企业可以在审判阶段继续开展合规整改工作。

将是致命打击,由此也会导致影响当地经济发展和社会稳定的因素出现。甚至,在不少案件中,"企业家"被起诉定罪同样会给企业带来灭顶之灾。在有的案件中,涉案企业已经完成合规整改并被验收合格,由于"企业家"获悉检察机关不会对自己作不起诉处理,又在检察机关提起公诉前,否认了指控的犯罪事实(即发生了认罪认罚后反悔的情况),并聘请了新的辩护律师进行"对抗性辩护",从而使前期的合规整改努力前功尽弃。

当然,企业合规整改成功只是检察机关处理涉企刑事案件的重要参考。也就是说,有效合规整改与不起诉等从宽处理之间并不具有简单的一一对应的关系。对于辩护律师提出的合规考察申请,检察机关即使予以批准,一般也不会在启动时向其承诺在涉案企业合规整改合格后,企业或"企业家"具体会被如何从宽处理,是不起诉,还是仅提出从宽量刑建议,以及是否对企业与"企业家"同等从宽,等等。合规整改合格后以及其他所附条件成就时如何从宽处理未能在合规考察程序启动时被确定下来,这就给涉案企业合规中的交涉性辩护带来了一定的不确定性。

在合规整改合格而对涉案企业或"企业家"提起公诉的情况下,检察机关提出的"合规轻缓量刑建议"和"认罪认罚量刑建议"一样,都要经受法院的依法审查。而在合规尚未成为实体法确立的法定从宽依据的情况下,"合规轻缓量刑建议"能否得到审判机关的采纳,也存在一定的不确定性。毕竟,法院有权根据案件情况作出自主判断,并在某些情况下不采纳"合规轻缓量刑建议"。[1] 甚至,在有的案件中,检察机关在合规整改验收合格,已对涉案企业和"企业家"作出不起诉决定后,在案件事实没有发生根本改变的情况下,仅因公安机关提出异议(称案件需要进一步补充侦查)[2],就撤销了已经生效的不起诉决定。

---

[1] 参见李奋飞:《涉案企业合规纳入刑事审判的三种模式》,载《中国刑事法杂志》2023年第4期。
[2] 在某企业涉嫌侵犯公民个人信息罪一案的专家研讨过程中,笔者认为,公安机关提出的复议实际上缺乏正当依据。首先,公安机关全程参与了该案的"合规不起诉"程序,在此期间并未提出异议。在该案启动合规考察时,检察机关已经征求了公安机关意见,在合规验收听证会上,亦有公安机关代表出席。公安机关都未对"合规不起诉"的程序适用或不起诉结果提出异议,不应在程序终结后再提出复议请求。其次,公安机关未就该案"合规不起诉"程序的运行本身提出异议,也没有为检察机关提供应撤销"合规不起诉"的正当根据。在"合规不起诉"决定作出后,公安机关并没有就合规考察启动的适当性、企业合规整改的有效性、合规整改验收的正当性等问题提出异议,而是以案件的犯罪事实需要进行补充侦查为由提出复议,这显然不符合"合规不起诉"程序的运行规律。目前,不少地方已经出台了由公检法三机关会签的改革文件,这些文件大都明确规定了公安机关在"合规不起诉"程序中的配合责任。最后,"合规不起诉"不同于"存疑不起诉",其是在案件事实清楚、证据确实充分的前提下,在确定企业构成犯罪的情况下,作出的附条件"出罪"处理。也就是说,适用"合规不起诉"程序的前提是案件事实清楚、证据确实充分,公安机关在前次移送审查起诉时已经达到了该标准。

不仅如此，企业合规从宽激励的不确定性还体现在刑行衔接方面。目前，合规整改对企业行政责任的减免作用尚未被立法或顶层设计所确认，行政执法机关和刑事司法机关间也缺乏处罚手段的配合和处罚结果的互认。因此，涉案企业在"合规出罪"后能否"活下来""活下去""活得好"，在很大程度上也取决于行政机关对涉案企业合规改革的领会度和配合度。且不要说行政机关不认可检察机关主导的合规整改，仍对涉案企业采取责令停产停业、责令关闭、吊销许可证件等处罚措施，即便行政机关只是因把握不好合规从宽的幅度而对涉案企业施以高额罚款，也有可能导致已动用了诸多资源和力量的合规整改功亏一篑。即，涉案企业好不容易通过合规整改"救活了"，后续却可能又被"罚死了"。① 因此，有学者建议，未来《行政处罚法》修改时，应当将合规规定为处罚裁量因素，即在将合规直接规定为"应当从轻、减轻或免除处罚"事由的同时，也应避免对事后合规的企业作出较重的责令停产停业、责令关闭、吊销许可证件等行为罚和资格罚，以保障事后合规的企业回归市场的能力。②

五、合规交涉中律师辩护的未来展望

伴随着涉案企业合规改革的大力推行，交涉性辩护的空间逐步得到拓展。在维护当事人（涉案企业或"企业家"）的合法权益方面，辩护律师可以通过与当事人的积极协商沟通，建议其放弃诉讼对抗，选择认罪认罚，努力满足合规考察启动条件，协同合规顾问进行合规准备和相关的调查取证工作，并积极向司法机关提出合规考察申请，说服司法机关将案件纳入合规考察程序。在合规考察程序启动后，辩护律师还应协助合规顾问开展合规整改，并在合规整改验收合格后，积极与办案机关（包括司法机关和行政机关）进行交涉沟通，促使其兑现合规激励。可以说，涉案企业合规中"交涉性辩护"的独特运行方式，对传统的刑事辩护律师的专业能力和业务水平提出了一些新的要求。

但是，在认罪认罚从宽制度中的"交涉性辩护"因为交涉对象的强势、交涉规则的缺失、交涉能力的低下等原因在展开过程中面临诸多制约的情况

---

① 参见吴灵姗：《打造企业合规"深圳样本"出台多个行业指引》，载《南方都市报》2022年12月13日，第5版。
② 参见陶朗道：《合规改革背景下企业犯罪行刑平行执法程序构建》，载《法学》2023年第2期。

下,辩护律师的合规交涉也难免面临前文提及的各种各样的障碍。无论是合规考察程序启动上的裁量性,还是企业合规从宽处理责任人的争议性,抑或是合规从宽激励的不确定性,都给涉案企业合规中的律师辩护带来了一定的不确定性。尽管如此,不少辩护律师还是与办案机关展开了有效的合规交涉,并让自己的当事人享受到了"改革红利"。

不过,要使涉案企业合规中的交涉性辩护获得充分保障,从而达到更好的合规交涉效果,尤其是从制度发展的角度而言,应从建立合规考察申请与答复机制、预先确定合规从宽的幅度、健全合规证明责任与有效标准等几个方面进行制度完善。

首先,应建立合规考察申请与答复机制。目前合规整改程序有两种启动方式:一种是依职权启动,即检察机关在办理涉企犯罪案件时,对符合改革适用条件的,交由第三方机制管委会选任组成的第三方组织,对涉案企业的合规承诺进行调查、评估、监督和考察。对于不需要启动第三方监督管理机制的案件,检察机关可以在对涉案企业和责任人作出不起诉决定的同时,直接向涉案企业制发检察建议,柔性推动、督促其开展合规整改。二是依申请启动,即由涉案企业主动向司法机关提出启动合规考察程序的申请,由司法机关综合改革的前置条件和裁量条件来决定是否启动。建议未来刑事诉讼法修改时应明确,合规考察程序只能依涉案企业的申请而启动(辩护人也可以代为履行申请权),否则易侵犯涉案企业作为程序主体的选择权,也很难保障企业合规整改的自愿性和积极性。当然,司法机关在办理案件过程中发现符合合规考察适用条件的,有责任告知涉案企业有申请启动合规考察的权利。对涉案企业的申请,检察机关应当依法受理并及时审查,对于不予启动的,应当书面通知涉案企业及案件辩护人,并说明理由。

其次,应预先确定合规从宽的幅度。也就是说,涉案企业在合规整改验收通过后具体如何被从宽处理,是不起诉还是从宽量刑,是否对涉案企业与"企业家"同等从宽,都应该在合规考察程序启动时就确定下来。如认罪认罚具结书签署的方式一样,在涉案企业实现有效合规整改后,司法机关预先承诺的从宽处理方式就具有了约束力。为解决合规整改激励的不确定性问题,未来也需要对"合规不起诉"的撤销问题予以规范。"合规不起诉"的实质是赋予涉案企业以"合规"换"出罪"的机会,在企业投入大量人力、物力、财力实现有效合规整改后,检察机关应当根据双方达成的"合意"要求,对企业决定不起诉,并且不再以相同或相似理由起诉企业。从域外实践情况来看,西门子、摩根大通、空客、波音等诸多知名跨国企业都曾与各国的检察机关签署司法协议,所有检察机关均会遵守协议,涉案企业最终通过有效合规整改而被"出罪"处理。尚无在作出"合规不起诉"决定后,检察机关再行依据同一犯罪事实起诉企业的案例。也就是说,"合规不起诉"决定作出后,原则上检察机关不能予以撤销,只有发现案件不符合改革适用条件、合规整改最终被认定无效、案件事实发生根本变化等"确有错误"情形的,才可以决定撤销。

最后,应健全合规证明责任与有效标准。考虑到辩护律师调查取证上的局限性,以及公诉案件中被告人有罪的举证责任由检察机关承担,未来立法中应明确涉案企业社会调查、合规整改情况的证明责任都归属于检察机关。也就是说,对于涉案企业通过辩护律师提交的合规考察申请,检察机关难以判断是否符合启动条件时,可以联合公安机关等对涉案企业的经营状况、纳税就业、科技创新、社会贡献等情况开展深入的社会调查。这样既可以增强司法亲历性,也可以确保合规考察程序的启动建立在更为丰富、可靠的证据材料基础之上,从而可以提升合规整改案件的办理质效。随着改革的持续推进,企业合规整改越来越多地纳入刑事审判,企业合规从宽激励的兑现已不再由检察机关一家"说了算"。为规范合规整改程序中检法机关的角色、作用等问题,应明确合规整改情况的证明由检察机关承担,特别是在案件当事人及辩护律师持相反观点时,检察机关要提出确实而充分的证据。此外,司法机关还应在充分实践和试验的基础上,进一步健全有效刑事合规的标准,继续丰富六大要素的细节,以为合规顾问落实合规整改提供更为明确的指引,确保合规交涉中的律师辩护取得预期的效果。

第九章　企业合规整改中的疑难争议问题

> 检察机关主导、现已全面推开的涉案企业合规改革取得了较好的法律效果和社会效果,其发展前景也令社会各方充满期待。但是,随着此项改革逐渐进入"深水区",一些新的疑难争议问题也凸显出来,重点表现在"合规不起诉"的适用对象、企业犯罪分离追诉的可行性、检察建议模式的实践性质、合规考察和第三方监督评估的关系、合规整改验收的决策主体、有效合规与不起诉决定的关系、第三方监督评估的工作属性、合规犯罪预防功能的绝对化等八个方面。这些疑难争议问题的解决,是继续深化涉案企业合规改革,探索形成刑事立法修改方案的必要前提。

一、问题的提出
二、"合规不起诉"的适用对象问题
三、企业犯罪分离追诉的可行性问题
四、检察建议模式的实践性质问题
五、合规考察和第三方监督评估的关系问题
六、合规整改验收的决策主体问题
七、有效合规与不起诉决定的关系问题
八、第三方监督评估的工作属性问题
九、合规犯罪预防功能的绝对化问题
十、余论

一、问题的提出

"21世纪的大趋势不是对公司罚款和定罪,而是检察官改变公司的治理方式。如今,检察官正尝试重塑公司,协助建立和发现预防雇员犯罪机制。更广泛地说,培养内部的道德和诚信文化。"[①]自2020年3月起,在服务"六稳""六保"、优化营商环境、加强民营企业司法保护的背景下,我国开启了一场由检察机关主导的涉案企业合规改革,探索以更为谦抑和轻缓的方式办理涉企犯罪案件,尝试将合规作为从宽的理性依据。这场由最高人民检察院部署启动、现已推向全国的改革,最为原始的效仿对象和灵感来源是域外的"审前转处"程序。[②]可以说,正是在借鉴域外审前转处程序运转经验的基础上,我国检察机关在现有法律框架内创造性地提出了一种通过释放现有检察权能所蕴含的从宽处理空间(尤其是相对不起诉)来处理涉企犯罪案件的新思路。此项改革不仅在稳定就业、促进经济发展等方面发挥了积极效果,也为检察机关参与社会综合治理、维护社会公共利益开拓了实践路径。至2022年4月,此项改革试验已在全国范围内推开。

两年多来,各地检察机关在最高人民检察院的推进和指导下,将"严管"和"厚爱"相结合,积极延伸检察职能,大胆探索实践,办理了一大批企业合规案件[③],可以说积累了相当丰富的办案经验。也正是得益于实践经验的逐步积累,一些改革初期呈现的难题和争议已经基本解决[④],包括"合规不起诉"能否适用于"企业家"犯罪案件、中小微企业如何开展合规整改、如何建设第三方机制等,检察机关和社会各界已经形成了初步共识。

但是,随着改革试验的深入推进,一些更深层次的难题争议也凸显出来。例如,具体哪些"企业家"犯罪案件可以适用"合规不起诉"?在办理企业合规案件时,检察机关应当如何在检察建议模式和合规考察模式两种办案模式间作出合理选择?应当如何在检察机关和第三方组织间配置合规监管权?等

[①] 〔美〕布兰登·L.加勒特:《美国检察官办理涉企案件的启示》,刘俊杰、王亦泽等译,法律出版社2021年版,第7页。

[②] 2007年美国金融危机时期,司法制度的设计者们开始认识到,对企业定罪会带来巨大的负效应,损害社会公共利益,其前车之鉴就是2002年的安达信案件。参见陶朗道:《美国企业犯罪的审前转处协议研究》,载《财经法学》2020年第2期。

[③] 参见蒋安杰:《树高千尺总有根——新时代刑事司法走出中国特色社会主义法治之路》,载《法治日报》2022年9月28日,第1版。

[④] 参见陈瑞华:《企业合规不起诉改革的八大争议问题》,载《中国法律评论》2021年第4期。

等。本章以近期实践调研积累的信息和经验为基础,总结了改革现阶段的几个疑难争议问题,实际上也是需要避免的几个认识误区。这些疑难争议问题的解决,是继续深化涉案企业合规改革,探索形成刑事立法修改方案的必要前提。①

二、"合规不起诉"的适用对象问题

"合规不起诉"的适用对象包含涉案企业和涉案"企业家",这是改革现阶段的基本共识。但是,对于两个对象的具体指代、涵盖范围、概念限度等,尚缺乏清晰规定,这使得实践中产生了一些分歧和争议,也导致了一些认识上的误区。

(一) 涉案企业的概念范围

合规是专属于企业的词汇,是指企业为防范外部的法律风险而建立的内部管理体系。但是,"企业"并非既定法律概念,究竟哪些市场主体属于涉案企业合规改革所涵盖的对象,仍存在分歧。在雷某某涉嫌非法采矿一案的专家研讨过程中,笔者发现,分歧的核心在于,不具有法人资格的市场主体是否属于此项改革的适用对象。在该案中,涉案的主体是一家登记为个体工商户的采石场,不具有民商事法律意义上的法人资格。笔者之所以认为该主体属于涉案"企业",主要是因为我国刑事法律和涉案企业合规改革都不以法人资格限定市场主体范围。"公司、企业、事业单位、机关、团体实施的危害社会的行为,法律规定为单位犯罪的,应当负刑事责任。"这是我国《刑法》第 30 条针对单位犯罪作出的规定。其中,没有涉及法人资格的问题,而企业通常包含合伙企业、独资企业两种不具有法人资格的市场主体,许多人合性较强的律所、会计师事务所都属于此范畴。

实践中,只要市场主体依法成立,有独立于自然人的名义和财产,能够独立承担刑罚,就能够成为单位犯罪的主体。我国《第三方机制指导意见》第 3 条明确规定改革的适用对象包括"公司、企业等市场主体在生产经营活动中涉及的经济犯罪、职务犯罪等案件",这也将不具有法人资格的企业、个体工商户等市场主体包含在内。因此,"合规不起诉"的对象所包含的"涉案企

---

① 参见李奋飞:《"单位刑事案件诉讼程序"立法建议条文设计与论证》,载《中国刑事法杂志》2022 年第 2 期。

业",应当能够涵盖非法人市场主体,但也需要检察机关在个案中作出具体裁量,并审慎决定是否将其纳入合规考察程序。毕竟,合规改造涉及如何将合规机制融入现有的公司治理结构的问题,因此,对于那些个人与企业意志、行为、财产严重混同,没有独立管理结构的市场主体,可以将企业视作自然人的"犯罪工具",按照自然人犯罪案件处理,不宜将该"犯罪工具"纳为涉案企业合规改革试验的对象。

(二)涉案"企业家"的概念范围

"企业家"不是既定法律概念,社会各界较为一致地将其理解为负责企业经营和管理活动的自然人,包括企业实际控制人、董事长、总经理等。但实践中这些人所涉及的犯罪案件类型较为多样,具体哪些可以纳入涉案企业合规改革试验,也是争议较大的问题。有观点认为,所有"企业家"犯罪案件都可以作为企业合规案件办理;也有观点认为,仅少数"企业家"犯罪案件能符合涉案企业合规改革的适用条件。在企业涉嫌轻微单位犯罪的案件中,企业及"企业家"(作为单位犯罪的责任人)以企业合规整改换取检察机关的相对不起诉决定,不存在障碍。从最高人民检察院公布的企业合规典型案例来看,也已经呈现出了既放过企业又放过个人的"双不起诉"现象。①

但是,在"企业家"涉嫌个人犯罪的案件中,企业并不涉嫌犯罪,而仅仅是与案件有关,此时,企业进行合规整改是否能够成为对"企业家"个人不起诉等从宽处理的理由,争议较大。②《第三方机制指导意见》明确将可以纳入改革范围的"企业家"犯罪案件,限定为"公司、企业实际控制人、经营管理人员、关键技术人员等实施的与生产经营活动密切相关的犯罪案件",但尚未对"与生产经营活动密切相关"的限定条件作出具体的解释和说明。实践中,已出现"企业家"在涉嫌危险驾驶、职务侵占等纯正自然人犯罪的案件中,也申请启动合规考察的情况。此时,检察机关就面临着案件是否符合改革试点范围的判断难题。

对此,需结合我国涉案企业合规改革的基本精神,对"与生产经营活动密切相关"这一条件作出合理解释。一般认为,此项改革之所以将"企业家"个

---

① 参见李玉华:《企业合规本土化中的"双不起诉"》,载《法制与社会发展》2022年第1期。
② 有学者指出,"企业合规,本质上是企业自身具有独立意思的体现,是在企业经营活动中出现犯罪行为时,让企业全身而退、免受处罚的理由,而不是让其中的自然人免责的理由"。参见黎宏:《企业合规不起诉:误解及纠正》,载《中国法律评论》2021年第3期。

人犯罪案件也纳入范围,主要考虑两方面因素:一方面,"企业家"在生产经营活动中实施犯罪行为,有为企业集体利益考虑的一面,也与早期市场监管不力的历史原因有关,有情有可原之处;另一方面,在市场经济发展初期,受限于国家监管资源和企业管理能力,我国企业特别是不少民营企业在早期发展阶段就缺乏必要的规范,治理结构普遍存在着先天的缺陷。甚至,不少中小微企业存在着法人与法定代表人或实际控制人"人格混同"的问题,使得企业经营的人身依附性较强。因此,"企业家"在被起诉定罪后,企业往往也难逃经营严重受损甚至走向破产倒闭的命运。正所谓如不保护"企业家",就保护不了企业。而企业(尤其是大型企业)的命运又可能会与不少人(有的案件可能达到数万人)的就业密切相关,与一些(有时可能达到数十个)关联企业的生存相关,与地区发展和税收相关,甚至与行业经济和国家命运相关[①],因此,基于避免造成员工失业、地区经济受损等社会公共利益的考虑,检察机关与其"一诉了之",将定罪后果经由市场和经济链条传导给更多无辜者,不如以保住"企业家"的方式激励相关企业建立合规管理制度,弥补企业治理缺陷,消除企业经营和管理模式中的"犯罪因子",以促进企业依法依规经营,从根本上降低再犯风险。

笔者认为,在改革精神的指引下,"与生产经营活动密切相关"的"企业家"犯罪案件应当具备两个条件:第一,"企业家"为企业利益而实施犯罪行为。"企业家"实施挪用公款、职务侵占、违规发放贷款等个人犯罪行为,其目的一般只为个人利益,企业不会直接或间接获利,甚至可能成为案件的被害人。此时,要求企业为作为"罪魁祸首"的个人"出罪"花费成本、开展合规整改,于情于理都明显不合适。第二,"企业家"的犯罪行为需与企业的管理制度漏洞有关。企业开展合规整改的前提,是企业确实存在合规管理漏洞,"企业家"能够顺利实施犯罪行为,也与这种漏洞存在着因果联系。依据企业合规理论,合规能成为"出罪"等从宽处理的理由,是因为其修正了企业的治理结构,降低了企业及相关自然人的再犯风险,提前实现了犯罪预防,使刑罚不再具有落实的必要性。但是,在那些"企业家"犯罪与企业管理制度没有明确因果联系的案件中,合规无法预防该类犯罪,对"企业家"的刑罚有落实的必要性,因此,不宜作为企业合规案件办理。

在夏某某涉嫌操纵证券市场一案的专家研讨过程中,笔者之所以建议检

[①] 参见全国"八五"普法学习读本编写组编:《企业合规通识读本》,法律出版社2022年版,第38页。

察机关将该案作为企业合规案件办理,是因为夏某某作为上市公司的法定代表人、实控人(其持股比例为16%,是第一股东,第二股东仅持有2%的股份)、核心专利持有人,其违法行为与公司生产经营活动密切相关,暴露了公司在信息披露等方面存在管理漏洞。毕竟,按照《公司法》的规定,法定代表人的经营行为可以代表公司,其接盘大股东减持及后续演变成参与操纵,主要是担心大股东减持造成公司股价下跌。发布相关消息是其法定职责,后果是股票上涨,公司商誉提高,大小股东均获益。这一切既与公司经营密切相关,也暴露出了公司在信息披露等方面的合规漏洞。因此,将其作为合规案件办理,无论是采取合规考察模式,还是采取检察建议模式,都有助于通过保住实控人而维护企业的生存和发展能力,同时有助于督促企业修补信息披露等方面的管理漏洞,符合涉案企业合规改革的规定和精神。该案与最高人民检察院发布的第三批企业合规典型案例中的"王某某泄露内幕信息、金某某内幕交易案"具有一定的相似性。在后一案中,涉案公司是一家年产值超20亿元的汽车电子制造企业,该公司高管王某某因法律意识淡薄,将工作中获知的项目信息泄露给第三人,涉入一起泄露内幕信息案件。2021年8月,北京市人民检察院第二分院受理了该案,经该公司提交合规整改申请,启动合规考察和第三方机制。在验收合规整改合格后,对二位被告提出有期徒刑两年至两年半,适用缓刑,并处罚金的量刑建议。最终,北京市第二中级人民法院判决认为,检察机关开展的合规工作有利于促进企业合法守规经营,优化营商环境,可在量刑时酌情考虑,采纳该量刑建议。

三、企业犯罪分离追诉的可行性问题

涉案企业合规改革引发了对我国单位犯罪刑事责任制度的反思[1],特别是单位与责任人员的罪责关系问题。在英美法系国家,企业与自然人的刑事责任自产生之时起即为分离状态,企业和直接构成犯罪的自然人是同一个罪名的平行犯罪主体,二者分别承担刑罚,自然人并非作为企业犯罪的责任人而承担责任,而是构成独立犯罪、承担独立刑罚。所以,当企业通过合规实现"出罪"时,仍依据该罪名追究自然人的刑事责任,不存在任何障碍。[2] 而在我

---

[1] 有学者认为,"双罚制可能人为制造出数量众多的企业犯罪,不利于企业犯罪的预防"。参见欧阳本祺:《我国建立企业犯罪附条件不起诉制度的探讨》,载《中国刑事法杂志》2020年第3期。

[2] 参见李奋飞:《"单位刑事案件诉讼程序"立法建议条文设计与论证》,载《中国刑事法杂志》2022年第2期。

国,如涉案企业通过合规整改实现"出罪",检察机关是否仍需继续追究责任人的刑事责任,尚缺乏明确规定。在最高人民检察院发布的第一批和第二批企业合规典型案例中,"双不起诉"的做法较为常见①,但也出现了企业与"企业家"分离追诉的司法探索。例如,在最高人民检察院发布的行刑衔接工作典型案例中,"上海某电子科技有限公司、某信息技术有限公司涉嫌虚开增值税专用发票案"就采取了"放过企业、严惩责任人"的做法。该案中,涉案两公司因虚开增值税专用发票行为而涉嫌单位犯罪,后通过合规考察获得检察机关的不起诉决定。对单位犯罪直接负责的主管人员姜某,检察机关另案处理,提起公诉。

根源于对单位犯罪构成形态的认识误区,实践中,有不少人对涉案企业合规改革中单位和责任人分离追诉的做法并不认同,而认为应当依据我国单位犯罪双罚制的规定,认定单位犯罪具有牵连形态,单位构成犯罪是追究内部成员刑事责任的依据和前提,因此,司法机关需将单位犯罪和单位成员同案捆绑处理。② 正如有论者所指出的,"双罚制之下,企业和其员工之间处于'一损俱损、一荣俱荣'的连带关系。这种关系的直接结果是,对单位员工的业务违法行为只有两种选择:或者作为单位犯罪,被'双罚';或者作为个人犯罪,被'单罚'。绝无可能构成单位犯罪,但只处罚其员工'个人',单位不担责的选项"③。

但是,随着域外企业犯罪暂缓起诉制度的扩张,以及国内涉案企业合规改革的发展,企业犯罪治理遵循"放过企业、严惩责任人"原则的必要性逐渐清晰,即需要将企业内部违反合规文化的"毒瘤"剔除,不仅检察机关应当对涉案责任人员依法追诉,企业也需要依据内部规章制度作出降薪、开除、决定永不录用等制裁决定。这样穿透企业负责的管理结构,将刑事责任和违规责任落实到个人,能够更好地发挥制裁措施的威慑功能。④ 对此,我国早有学者提出,《刑法》规定的单位犯罪实为聚合形态,而非牵连形态,即单位犯罪是两类犯罪的聚合体:一类是客观实在的作为单位成员的自然人犯罪,另一类是

---

① 对此做法,已有学者提出了批评:"在企业合规改革中,一些地方将涉罪企业与涉罪的企业成员捆绑在一起,涉罪的企业成员也一并纳入合规考察的范围予以不起诉,这并不妥当。"参见孙国祥:《单位犯罪的刑事政策转型与企业合规改革》,载《上海政法学院学报(法治论丛)》2021年第6期。
② 参见李勇:《涉案企业合规中单位与责任人的二元化模式》,载《中国检察官》2022年第6期。
③ 参见黎宏:《企业合规不起诉改革的实体法障碍及其消除》,载《中国法学》2022年第3期。
④ See Nick Werle, "Prosecuting Corporate Crime When Firms Are Too Big to Jail: Investigation, Deterrence, and Judicial Review", 128 *The Yale Law Journal* 1366, 1366 (2019).

拟制的单位犯罪,二者是独立的两类犯罪行为。① 这为二者的分案处理和分离追诉提供了理论基础。

在法学理论方面,单位犯罪的聚合形态能够破解单位和责任人"双向牵连"的"反责任主义"困境:一方面,单位作为拟制的犯罪主体,受到责任人员行为的牵连而承担刑事责任;另一方面,主管人员、法定代表人等责任人员又因单位犯罪成立而被归罪。这两种情形都违反了刑法的罪责自负原则,易导致单位犯罪处罚范围的不当扩张。

在司法实践方面,我国单位犯罪的分案处理、分离追诉的做法也已被司法解释确认。最高人民法院《关于适用〈中华人民共和国刑事诉讼法〉的解释》(以下简称《刑诉法解释》)第340条规定:"对应当认定为单位犯罪的案件,人民检察院只作为自然人犯罪起诉的,人民法院应当建议人民检察院对犯罪单位追加起诉。人民检察院仍以自然人犯罪起诉的,人民法院应当依法审理,按照单位犯罪直接负责的主管人员或者其他直接责任人员追究刑事责任,并援引刑法分则关于追究单位犯罪中直接负责的主管人员和其他直接责任人员刑事责任的条款。"基于此,检察机关本就享有裁量决定是否追加单位被告人的权力,本就可以通过不追加企业为被告人而达到"放过企业、严惩责任人"的效果。这也佐证了我国单位犯罪为聚合形态的基本事实,即单位犯罪成立不以单位被追究刑事责任为前提。实践中,也有大量分离追诉的企业犯罪案件,即检察机关经过非正式的公共利益权衡,拒绝追加企业为被告人,而"企业家"仍被作为单位犯罪责任人定罪和处罚。

在涉案企业合规改革推进过程中,检察机关将涉案企业作为"合规不起诉"的对象,但对涉案"企业家"仍继续追诉,既不存在理论障碍,又符合我国司法实践的传统。而且,相较于传统司法中,一些检察机关通过不追加被告人而直接放过企业的做法,以"合规"为由对涉案企业进行事后考察出罪,能补足罚金刑再犯预防功能的不足,因而更具有正当性和可行性。毕竟,对合规整改合格的企业虽不再予以定罪处罚,但并非"一放了之"。正如有学者所指出的,"企业不仅为合规计划建设投入大量经济成本,还在治理结构、商业模式、组织人事等方面完成'断尾求生'式的自我改造,合规整改这种非刑罚制裁方式较之罚金刑更具严厉性"②。

---

① 参见叶良芳:《论单位犯罪的形态结构——兼论单位与单位成员责任分离论》,载《中国法学》2008年第6期。
② 参见刘艳红:《企业合规不起诉改革的刑法教义学根基》,载《中国刑事法杂志》2022年第1期。

四、检察建议模式的实践性质问题

试点检察机关在将企业合规纳入办理"涉企犯罪案件"的过程之中,大体形成了检察建议模式和合规考察模式(也称附条件不起诉模式)两种基本办案形态。① 在第一期试点中,检察建议模式为主要的办案形态。在最高人民检察院2021年6月3日公布的第一批(共4起)企业合规典型案例中,有3起采取了检察建议模式。其通常做法是,检察机关在对涉案企业或者负有责任的自然人作出酌定不起诉处理的同时,向涉案企业提出建立合规管理体系的检察建议,一般也不为企业设置确定的考察期。② 检察建议虽具有制发时间、对象较为灵活的独特优势③,但却存在着约束力不足、专业性不够等内在局限性;而合规考察模式则可以弥补检察建议模式的这一不足,因而成为了第二期试点的主要办案形态。在最高人民检察院2021年年底公布的第二批(共6起)企业合规典型案例中,全部采取的是附条件不起诉模式。其通常做法是,检察机关为那些被纳入考察对象的企业设立一定的考察期,并根据其在考察期内的合规整改情况,再作出是否对涉案企业或涉案"企业家"起诉的决定。

但是,笔者在调研的过程中发现,有的检察机关认为,企业合规案件的办理模式只有合规考察模式一种,这显然降低了改革工作的灵活度。从最高人民检察院公布的办案数据和典型案例来看,检察建议模式在第一期试点工作中的适用比例较高,而合规考察模式在第二期试点工作中的适用比例迅速提升。这种趋势导致有人误以为,检察建议模式不再属于企业合规案件的办案模式,检察机关应当首选以合规考察模式办理案件。在最高人民检察院发布的第二批企业合规典型案例"张家港S公司、睢某某销售假冒注册商标的商品案"中,张家港市检察院联合公安机关对只有3名员工的S公司也启动了合规监督考察程序,并为其确定了6个月的整改考察期。

实际上,两种办案模式虽各有利弊,但都属于涉案企业合规改革的办案模式,应当区别适用于不同类型的企业合规案件。在大型企业涉嫌的重大犯罪案件中,由于企业的"犯罪基因"掩藏于复杂的治理结构当中,开展合规整改的难度较高,选择有司法强制力支撑的合规考察模式,更具有必要性;在那

---

① 参见陈瑞华:《刑事诉讼的合规激励模式》,载《中国法学》2020年第6期;李奋飞:《涉案企业合规刑行衔接的初步研究》,载《政法论坛》2022年第1期。
② 参见刘译矾:《论企业合规检察建议激励机制的强化》,载《江淮论坛》2021年第6期。
③ 参见李奋飞:《论企业合规检察建议》,载《中国刑事法杂志》2021年第1期。

些中小微企业涉嫌的轻微犯罪案件中,企业的治理结构较为简单,涉嫌犯罪类型也较为单一,企业合规整改的难度不高,通常没有必要对其开展耗时费力的合规考察。检察机关在作出不起诉决定后,制发企业合规检察建议,一般就足以督促企业实现有效合规整改。如若担心检察建议的强制力不足,检察机关也可以考虑在审查起诉过程中向涉案企业提出企业合规检察建议,或向行政机关制发检察建议,督促行政机关继续监督企业完善合规建设。毕竟,行政机关通常更为熟悉监管法规,且本身就对涉案单位行为规制负有责任。此外,对于那些拒不整改的企业,检察机关还可以通过提起公益诉讼的方式,对其予以制裁。

而且,检察建议模式独具中国特色,不应当被排除在涉案企业合规案件的办案模式之外。尤其是,就学理而言,对于那些不构成犯罪的企业,检察机关适用柔性的合规检察建议,更有助于充分尊重合法企业的经营管理自主权。有学者认为,"如果企业的实际控制人、经营管理人员、关键技术人员等实施了与企业生产经营活动密切相关的犯罪行为,说明企业在内部管理与风险控制方面存在问题。因此,即使涉案企业没有受到追诉,要求其接受合规考察也完全符合涉案企业合规的制度目的"①。笔者认为,这种观点有待商榷。合规考察不仅具有保护功能,也具有惩罚功能(因此其才能有效地替代刑罚)。这种惩罚功能体现在,企业一旦被纳入合规考察,就需要承担诸如积极配合、退缴违规违法所得、补缴税款和滞纳金并缴纳相关罚款、提交合规计划、接受合规监管等义务,其最终付出的经济代价可能比起诉定罪后被判处的罚金还要多,因而才能够实现惩罚涉案企业、形成威慑作用的目的。② 而且,在企业不涉罪的情况下,如果检察机关对其启动合规考察,并为其设置一定的考察期,那么考察不合格又会产生何种法律后果呢? 因此,在这种情况下,适用柔性的检察建议模式可能更为妥当。即使启动合规考察,也应当以企业自愿申请为前提。例如,在最高人民检察院发布的第二批企业合规典型案例"随州市Z公司康某某等人重大责任事故案"中,曾都区人民检察院经审查认为,康某某等人涉嫌重大责任事故罪,属于企业人员在生产经营履职过程中的过失犯罪,同时反映出涉案企业存在安全生产管理制度不健全、操作规程执行不到位等问题。征询Z公司意见后,Z公司提交了开展企业合规的申请书、书面合规承诺以及企业经营状况、纳税就业、社会贡献度等证明材

---

① 参见周振杰:《涉案企业合规刑法立法建议与论证》,载《中国刑事法杂志》2022年第3期。
② 参见李奋飞:《论企业合规考察的适用条件》,载《法学论坛》2021年第6期。

料,检察机关经审查对 Z 公司作出合规考察决定。

五、合规考察和第三方监督评估的关系问题

"合规体系建设是专业性较强的公司治理问题",而受限于专业知识、办案经验、司法资源等现实情况,检察官要在所有案件中亲自监督和指导企业实现有效合规整改,可以说是无法完成的任务。在涉案企业合规改革推进过程中,我国检察机关对企业合规监管问题进行了卓有成效的探索,并主要形成了两种合规监管方式:一种是检察机关自行监管,即由检察官在合规考察期内调查、评估、监督和考察企业的合规整改活动;另一种是第三方监管,即聘请合规专家、律师、相关监管官员以及其他专业人员组成的第三方组织,由其弥补检察机关合规专业能力的不足,代行部分合规监管职能,对涉案企业的合规整改活动进行调查、评估、监督和考察,相关结论和建议可以作为检察机关"依法作出批准或者不批准逮捕、起诉或者不起诉以及是否变更强制措施等决定,提出量刑建议或者检察建议、检察意见的重要参考"。

相较而言,由检察官自行监管的便宜度较高,且因介入的主体较少而更为经济、节约,但检察官通常欠缺有关公司治理、合规管理以及企业犯罪学等方面的知识,也缺乏督导企业开展合规整改的经验和技能[1],而第三方监管的专业度较高,但第三方专家的选任、管理、履职等需要消耗大量的社会资源。

随着我国第三方机制的迅速发展,加上我国《第三方机制指导意见》规定的第三方机制适用案件范围,与我国涉案企业合规改革的适用案件范围相一致,一些人开始将涉案企业合规改革等同于第三方机制建设,或者将其中的合规考察活动等同于第三方监督评估活动,主张在所有企业合规案件中广泛地适用第三方机制。"无论是民营企业还是国有企业,无论是中小微企业还是上市公司,只要涉案企业认罪认罚,能够正常生产经营、承诺建立或者完善企业合规制度、具备启动第三方监督管理机制的基本条件,自愿适用的,都可以适用第三方监督管理机制。"[2]

笔者认为,为避免合规监管资源的浪费,应对合规考察条件与适用第三方机制的条件作出区分。即不是所有符合启动合规考察条件的案件,都同时

---

[1] 参见陈瑞华:《合规监管人的角色定位——以有效刑事合规整改为视角的分析》,载《比较法研究》2022 年第 2 期。

[2] 封莉:《涉案企业合规改革试点全面推开 适时推动完善立法》,载《中国经营报》2022 年 4 月 11 日,第 4 版。

符合启用第三方机制的条件。在那些企业规模较小、涉嫌罪名较为常见、犯罪情节较为轻微、合规整改难度不大的案件中,即使启动合规考察程序,通常也没有必要启用高消耗的第三方监管,否则就有"杀鸡用牛刀"之嫌。在美国检察官与企业达成的暂缓起诉和不起诉协议中,也仅有四分之一要求聘请合规监管员,其中涉及证券欺诈或违反《反海外腐败法》的案件最为普遍。[①] 未来,应当明确第三方监管的启动原则,即只有在充分考量合规整改难度、合规监管难度等因素后认为确有必要的情况下才予以启动,尤其是在企业仅涉案而不涉罪的案件中尽量避免适用,在小微企业涉嫌常见犯罪的案件中审慎适用[②],并进一步区分"范式合规"与"简式合规",鼓励检察机关采用自行监管方式办理简单案件。目前,已有试点检察机关认识到,应当审慎适用第三方机制。例如,在最高人民检察院发布的第三批企业合规典型案例"江苏 F 公司、严某某、王某某提供虚假证明文件案"中,考虑到涉案企业为仅有 39 名员工的小微企业,江宁区检察院决定开展"简式"合规,不启动第三方机制,而是由检察院自行履行合规监管职能,以便降低合规成本、减轻企业经济负担。

六、合规整改验收的决策主体问题

"合规计划的有效性评估充满挑战"[③],因此,涉案企业合规改革顺利推进离不开第三方机制的良好运行,这甚至可以被看作是涉案企业有效合规整改的基本保证。最高人民检察院等九部门联合发布了《涉案企业合规办法》,明确了第三方监督管理机制管委会和人民检察院审查第三方组织合规监管工作的方法,也规定了对第三方组织及其成员违规行为的基本处理流程,为第三方组织评估企业合规管理体系有效性提供了初步标准,也为检察机关、第三方监督管理机制管委会评价第三方组织履职情况提供了初步依据。这甚至可以被看作是我国第三方监督评估活动开启标准化和规范化进程的重要标志。

但是,随着第三方机制的广泛适用,有人误以为,第三方组织是涉案企业

---

① 参见〔美〕布兰登·L.加勒特:《美国检察官办理涉企案件的启示》,刘俊杰、王亦泽等译,法律出版社 2021 年版,第 215 页。
② 参见李奋飞:《完善第三方监督管理机制促进企业合规发展》,载《法治日报》2022 年 6 月 29 日,第 5 版。
③ 〔美〕菲利普·韦勒:《有效的合规计划与企业刑事诉讼》,万方译,载《财经法学》2018 年第 3 期。

合规整改的唯一验收主体,检察机关应当尊重其验收结论,没有责任就合规整改的有效性进行独立评估和验收。这种观点没有认识到第三方监督评估活动的司法辅助属性,易降低合规整改验收的准确性,难以有效预防"纸面合规"。

在我国,合规刚刚引入刑事司法,学校课程、职业培训等都尚未注重培育合规专业人才,许多被纳入第三方机制专业人员名录库的律师、会计师、行政机关工作人员等也是初学者,缺乏合规实践经验,对于企业如何开展有效合规整改,缺乏充分认识。在此背景下,如果检察机关仅仅依靠社会力量验收合规整改,将"纸面合规"错认为"有效合规"的风险较高。因此,检察机关作为办案机关,即使在有第三方组织参与的情况下,也应对涉案企业的合规整改承担主导责任,其不仅有权监督企业的合规整改工作,还可以对第三方组织的履职情况进行监督。即,涉案企业是否通过合规整改,最终要由检察机关作出决定。根据《第三方机制指导意见》的规定,第三方组织的合规整改验收结论只是"人民检察院依法处理案件的重要参考"。该规定与域外的通行做法一致,即将最终决策权交给检察机关,将第三方组织对合规整改效果的验收结论视为如"专家鉴定意见"一般的参考性意见,而不是唯一的依据,避免造成社会人员左右司法决策的结果。

作为合规整改验收的决策主体,检察机关有权独立审查第三方组织的验收结论,并可以依据《人民检察院审查案件听证工作规定》开验收听证会,邀请人大代表、政协委员、人民监督员和相关行业专家等参加,也可以邀请第三方组织成员到会发表意见,以对第三方组织的工作情况进行审查。[①] 有些试点地方还规定,检察机关可以对涉案企业进行回访检查,如发现涉案企业合规整改仍不够彻底,工作制度仍可能为犯罪提供便利条件,实现合规目的仍有困难,或者再次发生违法犯罪等情况的,经检察机关审查确认,还可以撤销原合格评定。[②]

---

① 未来,在明确合规验收应当召开听证会的基础上,应当对听证会的具体程序进行统一规范。需要明确参与听证会人员的数量、身份、组成方式等,确定听证会的发言顺序,规范听证会的表意和决策方式。有效的听证会应当主要围绕两个文件展开:一是企业方提交的合规整改报告;二是合规监管人提交的合规评估和验收报告。长期来看,也可以推动合规听证员的专业化,引入更有经验的合规专家参与,提升合规验收结果的公信力。

② 参见《深圳市检察机关企业合规工作实施办法(试行)》。

七、有效合规与不起诉决定的关系问题

对于涉案企业而言,其开展合规整改的主要目的是换取检察机关的不起诉决定。涉案企业合规改革试验推行以来,除了少数提出宽缓量刑建议和合规考察不合格的案件,绝大多数被作为企业合规案件办理的案件中的涉案企业和"企业家"也都获得了不起诉处理。以最高人民检察院发布的企业合规典型案例"深圳 X 公司走私普通货物案"为例。在该案中,第三方工作组通过查阅资料、现场检查、听取汇报、针对性提问、调查问卷等方式进行考察评估并形成考察意见。工作组经考察认为,X 集团的合规整改取得了明显效果,制定了可行的合规管理规范,在合规组织体系、制度体系、运行机制、合规文化建设等方面搭建起了基本有效的合规管理体系,弥补了企业违法违规行为的管理漏洞,从而能够有效防范企业再次发生相同或者类似的违法犯罪。检察机关因此对 X 公司及涉案人员作出了相对不起诉处理。

正因如此,有观点认为,只要企业开展了合规整改,弥补了企业管理上的制度漏洞,且合规整改的结果被验收为合格,检察机关就必须作出不起诉决定。这种观点过分关注了改革的合规整改面向,而忽略了检察机关裁量决定诉与不诉过程的复杂性。毕竟,涉案企业合规改革是由最高人民检察院部署启动的,尚未获得全国人大常委会的立法授权,检察机关通常只能在现行刑事诉讼法律的框架和范围内,将一些犯罪情节轻微、符合相对不起诉适用条件的涉企刑事案件作为试验对象。在不起诉裁量权缺乏明确标准和指引的情况下,究竟需要纳入何种考量因素,对一些轻微案件(包括但不限于"涉企刑事案件")予以"出罪"处理,实际上属于检察机关裁量的范畴。通过将企业合规因素纳入起诉裁量,检察机关可以激励和督促涉案企业在考察期内进行有针对性的合规整改。对于合规计划无效、合规整改不合格的企业,检察机关当然可以在考察期届满时提起公诉。例如,在随州市 L 公司、夏某某非法占用农用地案中,第三方组织在经过近两个月的合规考察后出具了考察报告,认为:虽然经过法律政策讲解,L 公司认识到其占用农地行为不符合土地管理法,但其仍然认为自身受当地镇政府邀请投资建设没有过错,导致现场整改不主动;多名股东对夏某某的整改处理意见提出异议,但并未得到尊重,夏某某的个人意见最终仍代表公司意见,《企业合规计划》中规定的完善内部决策程序、法务审核程序、加强与政府相关监管部门的协调配合等整改措施

落实不到位,其申请适用企业合规程序的主要目的是想通过相关单位的协调,帮助其补办土地使用手续,企图将其非法占地行为合法化。在考察期届满时,该公司既未办理合法用地手续,也未拆除违建的厂房,其违法占用农用地行为一直处于持续状态,综合认定合规考察结果为"不合格"。结合第三方组织的考察结果,随县人民检察院检委会于 2021 年 8 月 3 日经讨论决定,依法对 L 公司提起公诉,同时向随县自然资源和规划局发出公益诉讼诉前检察建议。①

不过,即使企业落实了有效合规整改,也只是检察机关行使起诉裁量权时的考量因素之一。除此之外,检察机关还需要将维护社会公共利益作为办理涉企刑事案件的新要求②,并结合企业的犯罪性质、配合调查、"法益修复"的情况等因素,作出综合性的司法决策。考虑到企业所涉嫌的犯罪绝大多数是"行政犯",道德可责性较低,而且,"相较于严格惩罚整个企业集体,公众更加愿意看到企业对社会的规范化、可持续服务"③,因此,对于合规整改合格的企业,检察机关应尽可能对其予以"出罪"处理,以激励更多的(涉案)企业能够"加入到合规管理体系建设中来"。

当然,笔者在调研中发现,有的涉案企业虽然完成了合格的合规整改,但在考察期内对认罪认罚反悔,或者拒绝充分修复受损法益,甚至涉嫌其他违法犯罪。此时,若检察机关仅依据合规整改的有效性决定是否追诉,不符合我国涉案企业合规改革"办理一案,治理一片"的价值目标。对于那些付出了合规整改努力,但没有达到有效合规标准的企业,以及那些存在其他因素导致合规考察不合格的企业,检察机关可以依法提起公诉,也可以同时提出从宽处罚的量刑建议。

值得肯定的是,在涉案企业合规改革试验过程中,合规考察程序的启动并非检察机关"单向性的法律适用活动"④,而是在涉案企业、个人认罪认罚的前提下,通过与涉案企业、犯罪嫌疑人的沟通、协商和对话,就涉案企业配合调查、采取补救措施、进行合规整改、接受合规监管等事项达成合意,从而将涉案企业纳入合规考察的轨道。未来,我国在建立企业附条件不起诉制度之

---

① 参见全国"八五"普法学习读本编写组:《企业合规通识读本》,法律出版社 2022 年版,第 70 页。
② 参见李玉萍:《论公诉裁量中的公共利益衡量》,载《政法论丛》2005 年第 1 期。
③ 陈学权、陶朗道:《企业犯罪司法轻缓化背景下我国刑事司法之应对》,载《政法论丛》2021 年第 2 期。
④ 参见时延安:《单位刑事案件的附条件不起诉与企业治理理论探讨》,载《中国刑事法杂志》2020 年第 3 期。

后,可以在立法中将此改革经验固定下来,即由检察机关和涉案企业在合规考察程序启动后,通过平等协商并在"附条件不起诉决定书"中明确考察条件,诸如承认涉案事实、在合规考察期内进行有效合规整改、配合(执)司法、赔偿损失、缴纳罚款等,并明确检察机关对符合条件的企业决定不起诉,对违反条件的企业提起公诉,以增加制度运行结果的确定性,实现合规从宽激励的稳定预期。①

八、第三方监督评估的工作属性问题

无论是《第三方机制指导意见》,还是《涉案企业合规办法》,都未对第三方组织的薪酬问题予以明确。在涉案企业合规改革前期探索过程中,一些地方检察机关在联合相关部门制作的规范性文件中明确了合规监督考察费用的承担问题。例如,湖北省黄石市人民检察院联合黄石市司法局制发的《企业合规第三方监管人选任管理办法》明确规定合规监管考察费用由涉案企业承担,并设置了"企业合规监管保障金",由市司法局统一管理、专款专用,用于支付第三方监管人及合规考察验收小组专家费用。《深圳市检察机关企业合规工作实施办法(试行)》第 17 条也明确规定:"第三方监控人进行监督考察所需费用以考察所发生的实际费用为准,由涉案企业承担。"

但是,也有不少检察机关至今仍将第三方监督评估工作视为公益性活动,不向第三方监管人支付费用,或者仅要求涉案企业支付微薄劳务费。应当承认,此举在改革试验阶段确实有其现实合理性。毕竟,所谓的"合规不起诉"就其性质而言就是相对不起诉。甚至,有些试点检察机关所制定的改革实施方案,就直接冠以"企业犯罪相对不起诉适用机制"之名。也就是说,即使在此项改革推行以前,检察机关原本也可以对其直接裁量"出罪"。因此,有学者也指出:"试点单位将该类企业纳入合规考察,以涉案企业承诺并履行合规计划、修复受损法益等事由为根据,不起诉企业是出于促进涉案企业改善内部控制机制从而预防犯罪的政策考虑。由于合规考察具有准刑罚性质,因此,对本可以通过相对不起诉程序获得宽大处理的轻罪范围内企业启用合规考察,不要求其承担制裁成本(监管费用)具有一定合理性。"②

---

① 参见孙国祥:《涉案企业合规改革与刑法修正》,载《中国刑事法杂志》2022 年第 3 期。
② 参见李本灿、王嘉鑫:《论企业合规第三方监管人启用机制》,载《江西社会科学》2023 年第 1 期。

不过,从长远来看,这样容易导致第三方机制中的专业人才流失,降低合规整改的质量。笔者在调研中发现,一些有能力、有经验的律师已经不再有改革初期的热情,对作为第三方监管人参与办理企业合规案件的兴趣并不大,而是更愿意担任企业的"合规顾问",以获取更高额的专业报酬。

在域外,担任合规监管人的专家资质较高、人员较为固定,其薪酬标准较高。例如,依据美国检察机关公布《合规监管人名录》,爱立信案的合规监管人曾经担任西门子、富乐斯多、兰万灵等多家著名跨国企业的首席合规官,沃尔玛案的合规监管人是前任联邦调查局局长,其在2010年就曾经担任戴姆勒案的合规监管人。[1] 依据媒体公布的信息,在为期18个月的合规监管工作中,合规监管人的费用总价甚至可能高达数千万美元。[2] 域外采取高额收费方式,是因为其法律服务市场本身专业费用标准较高,且大型企业的合规监管难度较大,需要以经济利益保障合规监管人的独立性,使其无需为后续的小额商业贿赂而改变监管立场。虽然这种收费标准并不一定适合我国国情[3],但是其也为合规监管行业的可持续发展提供了借鉴思路。

我国涉案企业合规改革应当为第三方监管人确定合理的薪酬标准,以不低于市场服务的价格吸引人才涌入。虽然律师、注册会计师、税务师等社会专业人员被选为合规监管候选人,纳入第三方机制专业人员名录库,能够为其带来声誉收益,并可以间接地为其带来商业利益。但是,一方面,各区、县、市等已发布多份合规监管人候选名单,甚至有大量律师事务所、社会组织被整体纳入[4],这导致合规专家声誉的商业价值急速下降;另一方面,律师、注册会计师、税务师(注册税务师)等中介组织人员一旦被选任为第三方组织组成人员,不仅在履行第三方监督评估职责期间无法接受可能有利益关系的业务,而且在履行第三方监督评估职责结束后一年以内,其及其所在中介组织也不得接受涉案企业、个人或者其他有利益关系的单位、人员的业务。也就是说,目前担任第三方监管人不仅较为费时费力(特别是在那些涉案企业规模较大、治理结构较为复杂的案件中),潜在收益也不高,而且还可能失去未来一年内的诸多商业机会,不支付报酬或仅支付微薄报酬,已无法起到足够的激励作用。

---

[1] See DOJ, List of Independent Compliance Monitors for Active Fraud Section Monitorships.
[2] See Veronica Root, "the Monitor—'Client' Relationship", 100 *Virginia Law Review* 523, 580 (2014).
[3] 毕竟,绝大多数被纳入试验对象的企业都是存在经济困难的"中小微企业",没有支付高额监管费用的能力,且其短期合规监管活动本身也并不复杂。
[4] 有学者建议,第三方监管人应由个人担任,由独立专家领衔组建监管人团队,而不应由机构担任。参见陈瑞华:《企业合规不起诉改革的八大争议问题》,载《中国法律评论》2021年第4期。

在这种情况下,要保障第三方监管人的积极性,保障合规整改的质量和成效,就需要改变工作的法律援助属性或公益属性,及时引入市场化的薪酬支付机制,尤其是未来在企业附条件不起诉制度确立在《刑事诉讼法》中之后,应明确规定由涉案企业按照市场价格支付合规监管费用。在第三方机制管委会和办案检察院的双重监管下,已经无需过分警惕第三方监管人的独立性和中立性问题,企业以高额薪酬贿赂第三方监管人的风险也大大降低,而是应当着手解决合规专家参与第三方组织的积极性不高的问题。只有确定恰当的薪酬标准和支付路径,才能保障第三方组织吸纳真正懂合规的专业人才,并确保其尽职尽责提供合规监管服务,避免合规监管流于形式,进而防止企业利益因第三方机制的运行而遭受损害。笔者建议,由第三方机制管委会确立统一的合规监管费用标准,由其向企业统一收取,形成支付隔离,以避免腐败。①

九、合规犯罪预防功能的绝对化问题

在涉案企业合规改革推行以前,不起诉权就存在不敢用、不愿用、不会用等现象。② 此项改革推行后,各试点地区的企业合规案件办理量存在很大差异。甚至,有些试点检察机关仅仅制发了规范性文件,几乎没有办理"合规不起诉"案件。笔者通过调研发现,一些检察机关"不敢""不愿"启动"合规不起诉"的原因主要在于,担心涉案企业通过合规考察后企业或责任人仍会再犯,导致案件成为"错案"。这种观点对合规的犯罪预防功能存在绝对化的认识误区,以"结果中心主义"的立场判断企业合规整改的有效性和企业合规案件办理的适当性。

刑罚理论的共识是,没有哪一种刑罚或措施能够完全预防所有罪犯再犯,其只能通过惩罚、矫正、失能等手段尽量降低再犯可能性。③ 企业合规整改亦然。与有血有肉的自然人不同,企业是一种法律拟制主体,其行为需要通过自然人代理实施,但企业无法完全控制其代理员工的行为,即使企业建立最完善的合规管理制度,也可能有员工实施犯罪。④ 从考察结果的视角出

---

① 参见陈瑞华、李奋飞:《"涉案企业合规改革二人谈"(下)——推动企业合规改革,探索本土化的有效合规标准》,载《民主与法制》2022年第38期。
② 参见童建明:《论不起诉权的合理适用》,载《中国刑事法杂志》2019年第4期。
③ See Albert Alschuler, "The Changing Purposes of Criminal Punishment: A Retrospective on the Last Century and Some Thoughts about the Next", 70 *University of Chicago Law Review* 1, 1 (2003).
④ See Maurice E. Stucke, "In Search of Effective Ethics & Compliance Program", 39 *The Journal of Corporation Law* 769, 799 (2014).

发,要求企业建立能实现完全犯罪预防的管理制度,严密管控和预防其代理人的所有行为,不具有期待可能性和现实可行性。因此,在评价企业合规管理制度的有效性以及企业合规案件的办理效果时,不能将涉案企业是否再犯作为唯一衡量标准。需要从"结果中心主义"走向"过程中心主义",客观地理解合规有限的犯罪预防效果。

在合规整改方面,只要涉案企业尽到了合理努力,建立了符合合规管理体系特征的制度,为该制度的运行投入了充分的资源,并确认该制度在实践中达到了降低犯罪发生概率的效果,就应当认定该合规整改为有效合规整改。即使合规考察期内有再犯事件发生,也不应该直接认定该合规整改为无效合规整改,应进行嵌入场景的具体分析,区分案件情况。对于那些违法违规事件是偶发的、难防控的情况,可以通过延长合规考察期、完善合规整改方案等方式,继续推动企业提升犯罪预防效果。对于那些违法违规事件是企业合规整改过程努力不足所导致的情况,才能确认合规整改的无效性,再据此对涉案企业提起公诉。在案件评价方面,只要检察机关及第三方组织按照办案流程和合规考察流程履行职责,在履职过程中尽到了合理注意义务,不存在故意或者重大过失[①],那么即使企业或者责任人员在合规考察结束后再次涉嫌违法犯罪行为,也不应当认定该案为"错案",更不能对承办检察官进行追责。

在域外,企业在合规整改后再涉嫌犯罪的案例不少。例如,捷迈邦美是美国的一家医疗器械制造公司,该公司于2012年因贿赂海外医疗人员而违反《反海外腐败法》,与美国检察机关达成第一个暂缓起诉协议,缴纳近2000万美元罚款,在合规监管人的监督下进行为期18个月的合规整改。在监管期内,该公司发现其巴西分支机构仍在继续实施贿赂行为,于是向合规监管人和美国检察机关自行披露,最终合规监管期被延长至2016年。但在合规验收合格后,该公司于2017年又因为海外贿赂和账目问题再次违反《反海外腐败法》,与美国检察机关达成第二个暂缓起诉协议,又缴纳近2000万美元罚款,进入为期3年的新合规监管期。[②]

再如,著名的摩根大通集团在2016年因贿赂外国官员而违反《反海外腐败法》,与美国检察机关达成不起诉协议,支付超过7000万美元罚款,进行为期3年的反腐败合规整改,最终于2019年解除监管。但是,摩根大通集团又

---

① 参见朱孝清:《错案责任追究的是致错的故意或重大过失行为——再论错案责任》,载《人民检察》2015年第21期。

② See Zimmer Biomet Holdings, Inc. DPA with U.S. DOJ.

于 2020 年因市场操纵行为而涉嫌欺诈类犯罪,再与美国检察机关达成暂缓起诉协议,约定支付 9.2 亿美元的罚款,进入为期 3 年的新合规监管期。①

可见,对许多大型企业而言,复杂的经营领域、巨大的员工数量、多重的管理结构导致企业管理的难度较高,违法犯罪的风险点较多,合规犯罪预防功能的有限性更为明显。此时,若检察机关采取"结果中心主义"的严格态度,则将加剧大型企业的生存困境,同时降低企业开展合规整改工作的积极性。因此,域外检察机关对企业合规整改后的再犯处理,采取了较为包容的司法态度。

在我国的改革试验过程中,涉嫌犯罪的企业在被纳入合规考察后,要进行有效的合规整改,除需要采取诸如停止犯罪行为、采取补救措施、处理责任人、堵塞和修复企业经营管理上导致犯罪发生的制度漏洞和缺陷等"去犯罪化"合规整改措施以外,还需要在必要时根据第三方组织的要求,针对相关的犯罪行为实施专项合规计划(即进行"体系化合规")。② 这意味着,在有限的考察期内,企业一般只能建立一种专项合规管理制度,而无法建立一个"大而全"或者"毕其功于一役"的合规管理体系。③ 其只能降低相同或类似犯罪行为的发生概率,既无法完全预防再犯,也无法预防企业构成其他类型的犯罪。因此,检察机关应当客观看待企业或者关联人员于合规考察合格后再涉嫌违法犯罪的情况,对完善企业合规建设采取逐步推进的"过程中心主义"方式,避免因对合规功能的刻板认识而阻碍改革的广泛推开。

十、余论

我国涉案企业合规改革已经进入"深水区",继续深化改革,除了需要在避免上述八大认识误区的前提下,办理更多的企业合规案件,保障涉案企业进行有效的合规整改,使其能够真正发挥超越刑罚的实质制裁和犯罪治理效果,还需要尽快形成公检法三机关协作推动涉案企业合规改革的实施办法,明确合规从宽制度体系的内涵,确定合规从宽制度的适用范围,制定合规整改的监督和评估标准,等等。只有这样,涉案企业合规改革才能获得更为充分的正当性,并凝聚更多的社会共识,也才有望通过《刑法》《刑事诉讼法》的

---

① See JPMorgan Chase & Co. DPA with U.S. DOJ.
② 有学者认为,专项合规计划的适用是例外而非原则。参见李本灿:《企业合规程序激励的中国模式》,载《法律科学(西北政法大学学报)》2022 年第 4 期。
③ 参见陈瑞华:《企业有效合规整改的基本思路》,载《政法论坛》2022 年第 1 期。

及时修改,将司法推动企业合规建设的制度创新和成功做法加以固定和确认,以促进中国特色的企业行为规制制度的发展完善,助力推进国家治理体系和治理能力现代化。

就此项改革对刑事诉讼理论的影响而言,笔者认为,涉企犯罪案件中逐渐形成的"附条件不起诉"办案样态,意味着一种以教育矫治和预防犯罪为价值追求的新型司法模式已在中国刑事诉讼中初步形成。这种新型司法模式,或可称为"诊疗性司法",以区别于传统的单纯注重查明案件事实、实现合法合理处理结果(起诉或者不起诉)的公诉模式(或可称为"查处性司法")。

作为协商性刑事司法理念的最新发展,"诊疗性司法"的本质特征就是,通过释放现有检察权能所蕴含的裁量出罪空间,激励涉案企业针对犯罪暴露出来的特定合规风险,进行有针对性的制度纠错和管理修复,乃至建立专项合规计划,以达到有效预防相同或类似犯罪再次发生的效果。因此,"诊疗性司法"虽脱胎于"协商性司法"(又称"合作性司法"),但却有别于"协商性司法",也不同于"恢复性司法",更与"对抗性司法"有着明显的区别。"协商性司法"的本质特征是,被追诉人在承认犯罪的前提下,与控诉方就某些事项达成合意。[①]"恢复性司法"则重在吸纳特定案件的利害关系人参与司法过程,并强调加害人与被害人之间的对话、协商,"以求共同地确定和承认犯罪所引发的损害、由该损害所引发的需要以及由此所产生的责任,进而最终实现对损害的最大补救这一目标"[②]。至于"对抗性司法",则是一种控辩双方围绕各自(不同)的诉讼立场,通过法律赋予的手段进行平等对抗,所形成的具有一定紧张(竞技)关系的刑事诉讼模式。[③] 而近年来方兴未艾的"附条件出罪"改革实践所孕育的"诊疗性司法",则重在激励、监督和教育涉案企业在考察期内调整内部治理结构,改造商业模式,去除犯罪基因,堵塞管理漏洞,消除制度隐患,以有效地防止再次发生相同或者类似的犯罪行为。未来,还可以针对特别犯罪类型,如"醉驾"案件,借鉴涉案企业合规改革的基本经验,以医学治疗、戒酒课程、社区服务等行为矫正措施替代刑罚,建立"矫正不诉""矫正轻缓量刑"等程序路径,探索在保障刑罚威慑力的同时,防止过度入罪损害社会公共利益。不过,论题所限,只能期待未来在获取更多经验事实的基础上,对这种新的司法模式进行系统论述了。

---

① 参见王新清:《合意式刑事诉讼论》,载《法学研究》2020年第6期。
② 〔美〕霍华德·泽尔:《恢复性司法》,载狄小华、李志刚编著:《刑事司法前沿问题——恢复性司法研究》,群众出版社2005年版,第46页。
③ 参见李奋飞:《论控辩关系的三种样态》,载《中外法学》2018年第3期。

第十章　企业合规对刑事诉讼模式的影响

作为"协商性司法"的升级和延伸,"合规不起诉"所蕴含的"诊疗性司法"理念不仅着眼于通过控辩协商一致节约司法资源,也不仅是为了避免传统"查处性司法"的负效应,而是更加注重以具有针对性的矫正措施替代传统刑罚,在消除再犯风险的同时帮助犯罪主体回归社会。为达此目的,检察机关特别引入了"第三方组织",以监督和指导涉案企业在分析犯罪行为发生原因、识别合规管控漏洞的基础上,进行有针对性的合规整改,从而实现企业经营和管理的"去犯罪化"。"合规不起诉"不仅是"于法有据"的改革探索,也有罪责自负原则、社会公共利益衡量、法益修复、企业犯罪的有效预防等理论支撑。虽存在着司法裁量滥用、程序消解实体、制裁和预防效果不足以及合规激励不确定等诸多有待破解的突出问题,但从长远来看,其终将为刑事诉讼法所吸收,并成长为单位刑事案件特别诉讼程序的有机组成部分。

一、"诊疗性司法"的兴起
二、"诊疗性司法"的基本特征
三、"诊疗性司法"的理论根基
四、"诊疗性司法"的突出难题
五、余论

一、"诊疗性司法"的兴起

虽然 1979 年《刑事诉讼法》就明确将"教育公民自觉遵守法律"确定为刑事诉讼法的任务,也一直有学者撰文呼吁"重视发挥刑事诉讼的预防教育作用",建议针对未成年人犯罪、成年人轻微犯罪、经济类犯罪等各种犯罪的原因和规律采取不同的诉讼程序和措施①,但是在 2012 年以前,我国刑事司法无论是针对自然人犯罪还是针对单位犯罪,基本上以查明案件事实、实现合法合理处理结果为价值目标,呈现出明显的"查处性司法"的特征。② 这种"查处性司法"往往既无法有效弥补犯罪对社会造成的损害,也容易导致司法资源浪费、司法效率下降,更难以通过刑事诉讼对被追诉者的行为进行有针对性和差异化的矫正,从而实现再犯预防的积极效果。

2012 年未成年人附条件不起诉制度的确立,为涉嫌《刑法》分则第四章、第五章、第六章规定的犯罪且可能判处 1 年有期徒刑以下刑罚的未成年犯罪嫌疑人提供了新的审前转处和"非犯罪化"途径③,既体现了对未成年人合法权益的特殊保护,也有助于其在接受行为上的教育矫治后顺利回归社会。这标志着"诊疗性司法"开始为我国立法所认可。这一新的刑事诉讼模式以"控辩合意"为前提,以"教育矫治"为举措,以"考察出罪"为激励,并以"再犯预防"为目标。"诊疗性司法"既不同于"协商性司法"(又称"合作性司法"),也不同于"恢复性司法",更与"对抗性司法"有本质的区别。

近年来,由于"以醉驾为主体"的危险驾驶罪逐年攀升,以及由此引发的前科负面效应(也称"犯罪标签效应")问题日益凸显,一些地方检察机关尝试探索将专业化社会公益服务引入到部分拟适用相对不起诉的危险驾驶等轻罪案件的帮教工作中,并将监督考察的效果作为是否提起公诉的重要考量因素。与之具有相似性的是,自 2020 年 3 月起,最高人民检察院开始探索革新企业犯罪治理模式,在借鉴域外企业犯罪暂缓起诉制度经验的基础上,部署推动了涉案企业合规改革(也被普遍称为"合规不起诉"改革,为行文方便、突出"诊疗性"特点,本章以"合规不起诉"改革称之)。此项改革以检察裁量权为主要制度依托,利用审查起诉期限和取保候审提供的制度空间,为符合适

---

① 参见程荣斌:《要重视发挥刑事诉讼的预防教育作用》,载《政法论坛》1994 年第 2 期。
② 参见李奋飞:《涉案企业合规改革中的疑难争议问题》,载《华东政法大学学报》2022 年第 6 期。
③ 参见何挺:《附条件不起诉制度实施状况研究》,载《法学研究》2019 年第 6 期。

用条件的涉案企业设置一定考察期,对合规整改难度较大的企业选任第三方监管人,并将有效合规整改作为对涉案企业或"企业家"不起诉等从宽处理的重要依据。此项改革已让一大批"情有可原"的涉案企业和"企业家"通过接受合规考察、开展合规整改摆脱了刑事制裁。

从未成年人附条件不起诉正式入法,到越来越多的地方检察机关在以"醉驾"为主的轻罪案件中引入附条件"出罪"机制,再到逐渐适用于刑事诉讼全流程的"合规不起诉"改革试验[①],一种以教育矫治和预防犯罪为基本价值取向的"诊疗性司法"模式,已在中国刑事诉讼中得到深入的发展,并大体形成了"自然人—矫正诊疗模式"和"组织体—合规诊疗模式"两种基本样态。为了对这一新型刑事司法模式作出较为系统的理论提炼,本章拟以方兴未艾但也引发了诸多争议的"合规不起诉"改革为分析对象,在揭示其基本特征的基础上,对其正当性进行理论上的论证,进而讨论其可能存在的几个突出难题,并对其发展趋势作出理性展望。

二、"诊疗性司法"的基本特征

我国《刑事诉讼法》具有典型的"以自然人为中心"的特点,在"合规不起诉"改革推行以前,刑事司法也未充分考虑企业与自然人作为犯罪主体的本质差异,以"查处"方式处理企业犯罪案件,并不关注企业后续经营中的违法犯罪预防问题。这种传统的企业刑事司法模式,既难以弥补犯罪对社会造成的损害,也会因处罚企业殃及无辜第三人。正是在反思传统企业刑事司法模式的基础上,我国检察机关在现行法的框架下,开始探索以检察裁量权为制度依托,以"不起诉"等宽大处理激励涉案企业投入必要的人力、物力、财力开展有效合规整改,以预防特定违法犯罪的再次发生,统筹实现治罪与治理的双重目标。为弥补自身合规监管能力的不足,促进企业"真整改""真合规",还建立了第三方机制。

(一)以检察裁量权为主要制度依托

在"合规不起诉"改革初期,有不少人质疑改革的正当性,主要理由是我国法律没有规定"合规不起诉"制度,因此,改革于法无据。实际上,此项改革

---

① 参见李奋飞:《论涉案企业合规的全流程从宽》,载《中国法学》2023年第4期。

虽未获得全国人大常委会的立法授权,但整体规划并不存在"超法规"实践的问题,而是在现行法律框架下进行的创新探索。因为,试点检察机关在审查批捕、审查起诉过程中探索出的"合规不捕""合规不诉"等,都是以检察裁量权为制度依托的。

以"合规不捕"为例。不论是批准或者决定逮捕,还是进行羁押必要性审查,社会危险性要件都是核心要件。根据《刑事诉讼法》第81条的规定,批准或者决定逮捕,应当将犯罪嫌疑人、被告人涉嫌犯罪的性质、情节、认罪认罚等情况,作为是否可能发生社会危险性的考虑因素。这里的"等"显然应作为"等外等"理解,因为这里列举的评估因素比较有限,显然并没有穷尽。因此,检察机关在审查批准逮捕时纳入涉案"企业家"是否推动涉案企业作出合规承诺等因素,不仅不违背任何法律制度,还有助于减少审前羁押。

再以"合规不诉"为例。其制度依托实际上是相对不起诉,又被称为裁量不起诉。即在那些依照刑法规定已经构成犯罪(且需要追究刑事责任),但却属于"情节轻微,依照刑法规定不需要判处刑罚或者免除刑罚"的案件中,检察机关享有"可以"不起诉的裁量权。作为起诉便宜主义的产物,相对不起诉本就具有一定的制度弹性,因而才可以成为我国检察机关发挥社会治理功能的重要制度载体。检察机关近年来探索推行的诸多不起诉形态,几乎都被纳入此种不起诉的制度框架之中。例如,在刑事和解制度正式被确立在刑事诉讼法中之前,不少地方检察机关基于维护社会和谐、化解社会冲突的初心,尝试对那些加害方与被害方达成和解的轻微刑事案件作出不起诉决定。这种"和解不起诉"依托的也是相对不起诉。再如,认罪认罚从宽制度在法律上得以确立后,"两高三部"《关于适用认罪认罚从宽制度的指导意见》就明确提出,要逐步扩大相对不起诉在认罪认罚案件中的适用。

因此,就其性质而言,"合规不起诉"实质上是相对不起诉,只是具有了附条件不起诉的制度效果。有些试点检察机关制定的改革实施方案就直接冠以"企业犯罪相对不起诉适用机制"。所谓"企业犯罪相对不起诉适用机制",是指检察机关针对需要进行企业刑事合规的情形,设立一定的考察期,对犯罪嫌疑企业、犯罪嫌疑人暂时不予起诉,并对企业刑事合规情况进行监督考察,期满后根据具体情况,对其作出起诉或者不起诉决定的机制。显然,检察官在法定的案件处理时限内,裁量对一些轻微涉企刑事案件作出相对不起诉决定时,纳入对企业合规整改因素的考量,既不违法,也无不妥。毕竟,在不起诉裁量权缺乏明确标准和指引的情况下,究竟需要纳入何种考量因素,对一些轻微案件(包括但不限于涉企刑事案件)予以"出罪"处理,属于检察裁量的范畴。更何况,通过将企业合规因素纳入不起诉裁量,还可以激励和督促涉案企业"改过自新"。

(二) 以"控辩合意"为适用的前提条件

作为审查起诉阶段适用认罪认罚从宽制度的必备形式要件,认罪认罚具结书需要由犯罪嫌疑人签署才能发生法律效力。而认罪认罚具结书的签署过程,实际上就是控辩双方达成"合意"的过程。作为这种"协商性司法"理念的最新发展,"合规不起诉"的程序启动,实际也是以"控辩合意"为前提的。例如,有的试点检察机关规定,经检察机关审查认为可以适用合规考察制度,涉案企业、个人均同意适用的,应当适用合规考察制度。检察机关经审查认为不应适用合规考察制度,或涉案企业、个人不同意适用合规考察制度的,检察机关应按照一般刑事案件处理程序对案件作出处理。有的试点检察机关规定,检察机关在适用企业合规监督考察前,应当专门听取犯罪嫌疑人、涉嫌犯罪企业的负责人、辩护人等的意见。涉案企业不接受合规考察的,不适用合规不起诉制度。还有的试点检察机关规定,检察机关在办理企业合规案件时,应当汇总企业存在的风险因素,对于认罪认罚的企业可以主动走访,确认其是否具有合规整改意愿。《第三方机制指导意见》第10条第1款规定:"人民检察院在办理涉企犯罪案件时,应当注意审查是否符合企业合规试点以及第三方机制的适用条件,并及时征询涉案企业、个人的意见。涉案企业、个人及其辩护人、诉讼代理人或者其他相关单位、人员提出适用企业合规试点以及第三方机制申请的,人民检察院应当依法受理并进行审查。"

可见,"合规不起诉"程序的启动,并非检察机关单方面的职权运作活动,而是在涉案企业、个人认罪认罚的前提下,通过与涉案企业、犯罪嫌疑人的沟通、协商和对话,就涉案企业采取补救措施、进行合规整改、接受合规监管等事项达成"合意",从而将涉案企业纳入合规考察的轨道。这意味着,即使案件符合"合规不起诉"的适用条件,但只要涉案企业不同意的,检察机关也不能强行对其适用,以尊重涉案企业享有的经营自主权。这和现行法中针对未成年人的附条件不起诉的适用要求也是一致的。即,只要未成年犯罪嫌疑人及其法定代理人对人民检察院决定附条件不起诉有异议的,检察机关就应当作出起诉的决定。

确保涉案企业对"合规不起诉"程序的充分参与,不仅有助于最大限度地防范检察裁量权的滥用,也有助于调动企业进行合规整改、消除再犯风险的积极性。毕竟,假如企业本身对合规整改并不自愿,就不太可能根据检察机关或合规监管人的要求,真诚地去除经营模式中的"犯罪基因",而很可能会"打卡"般地拼凑合规要素,甚至企图通过建立"形式化"的合规计划,来蒙骗检察机关。因此,只有充分保障涉案企业的自愿选择权,才能调动涉案企业投入必要的资源进行有效合规整改,从而发挥预防再次发生同类违法犯罪的作用。当然,在"合规不起诉"程序的启动上,这种"控辩合意"仍带有明显的"检察主导"色彩。这与作为认罪认罚从宽制度核心要旨的量刑协商程序的检察主导其实是一脉相承的。究其原因,这种"检察主导"色彩与权力本位的诉讼理念、法定主义的职权行使和检察机关的角色定位存在紧密的联系。[①]这既给涉案企业的权利保障带来诸多潜在的风险,也会使附条件"出罪"的正当性受到一定程度的影响。

(三) 以有效合规整改为关键疗愈举措

在"合规不起诉"改革推行以前,企业刑事司法和自然人刑事司法都呈现出"以惩罚为中心"的特点,即都强调刑罚的报应功能和威慑功能[②],这显然无法有效治理企业犯罪。"合规不起诉"改革的推行,使得企业刑事司法逐渐从"以惩罚为中心"走向"以矫正为中心"。检察机关在办理企业合规案件时,不仅要关注对涉案企业过往犯罪行为的处理,更要重视其后续经营中的违法犯罪预防问题。涉案企业被纳入合规考察程序后,要想获得不起诉等从宽处理,必须进行有效的合规整改。为此,企业不仅需要在停止犯罪行为、采取补救挽损措施、处理责任人员的基础上,针对导致犯罪发生的制度漏洞、管理隐患和治理结构缺陷,进行有针对性的制度纠错和管理修复,必要时,还应针对相关的犯罪行为实施有针对性的专项合规计划,并将行政合规与刑事合规进行有机结合,以达到减少和预防相同或者类似违法犯罪再次发生的目的。[③]

有效合规整改的"去犯罪化"与"体系化",不仅已在理论上形成了基本的共识,还得到了《第三方机制指导意见》和《涉案企业合规办法》的认可。《第三方机制指导意见》第 11 条第 2 款规定:"涉案企业提交的合规计划,主要围

---

① 参见李奋飞:《量刑协商的检察主导评析》,载《苏州大学学报(哲学社会科学版)》2020 年第 3 期。
② 参见陈瑞华:《单位犯罪的有效治理——重大单位犯罪案件分案处理的理论分析》,载《华东政法大学学报》2022 年第 6 期。
③ 参见陈瑞华:《企业有效合规整改的基本思路》,载《政法论坛》2022 年第 1 期。

绕与企业涉嫌犯罪有密切联系的企业内部治理结构、规章制度、人员管理等方面存在的问题,制定可行的合规管理规范,构建有效的合规组织体系,健全合规风险防范报告机制,弥补企业制度建设和监督管理漏洞,防止再次发生相同或者类似的违法犯罪。"其中,"主要围绕与企业涉嫌犯罪有关的企业内部治理结构、规章制度、人员管理等方面存在的问题"和"弥补企业制度建设和监督管理漏洞",大体上可以被看作是"去犯罪化合规"的内容,而"制定可行的合规管理规范,构建有效的合规组织体系,健全合规风险防范报告机制",则大体上可以被看作是"体系化合规"的内容。《涉案企业合规办法》更是明确要求涉案企业,不仅应全面停止涉罪违规违法行为,退缴违规违法所得,补缴税款和滞纳金并缴纳相关罚款,全力配合有关主管机关、公安机关、检察机关及第三方组织的相关工作(第3条),还应针对与涉嫌犯罪有密切联系的合规风险,制定专项合规整改计划,完善企业治理结构,健全内部规章制度,形成有效合规管理体系(第1条),以有效防止再次发生相同或者类似的违法犯罪行为(第5条)。

（四）以第三方监管人为核心制度保障

为了保障企业合规整改的质量和成效,避免合规整改流于形式,实现对同类违法犯罪有效预防的效果,检察机关对企业合规监管问题进行了卓有成效的探索,并大体上形成了自我监管、行政机关监管和第三方监管等几种监管方式。《第三方机制指导意见》形成了我国合规监管制度的基本框架。截至2022年12月,全国共建立32个省级管委会、319个地市级管委会、1457个县区级管委会,共有成员单位18000余家。在截至2022年12月全国检察机关累计办理的5150件涉案企业合规案件中,适用第三方机制的案件有3577件。具体而言,在适用第三方机制的案件中,由律师、会计师等专业人员组成第三方组织,开展合规监管工作,对涉案企业合规整改进行指导、监督、评估、验收等,相关结论和建议可以作为检察机关"依法作出批准或者不批准逮捕、起诉或者不起诉以及是否变更强制措施等决定,提出量刑建议或者检察建议、检察意见的重要参考"。可以说,第三方机制的建立和运行,已成为涉案企业有效合规整改的基本保证。《涉案企业合规办法》为第三方组织评估企业合规管理体系有效性提供了初步标准,也为检察机关、第三方机制管委会评价第三方组织履职情况提供了初步依据。这甚至可以被看作我国第三方监督评估活动开启标准化和规范化进程的重要标志。未来,不仅第三方监管人的督导权限有望得到明确,以使其可以查阅案件卷宗材料、参加与企业经营管理有关的会议等,以便对合规整改进行实质性督导,而且其适用范围也有望得到规范,在企业仅涉案而不涉罪的案件中应尽量避免适用,在小微企业涉嫌常见犯罪的案件中应审慎适用,防止造成多方资源浪费。此外,在第三方监管人的选任上,也应充分尊重涉案企业的意见,以实现涉案企业和第三方监管人的有机配合,从而降低监管工作的难度。

三、"诊疗性司法"的理论根基

"合规不起诉"改革的推行,不仅意味着检察机关放弃了过去那种"就案办案"的方式,赋予了一些已经构成犯罪的涉案企业通过完成以合规整改为核心的考察条件换取不起诉等从宽处理的机会,也意味着我国企业刑事司法正在从简单机械的"治罪"逐渐走向更为科学的"治理"。此项改革总体上虽已取得了阶段性成效,但也引发了诸多质疑。有学者认为,"合规不起诉"就相当于,自然人写保证书,然后就可以不定罪了。这显然是一种误解。企业合规整改需要消除犯罪基因,对管理结构充分矫正,而且需要经过考察合格才能得到"出罪"等从宽处理。而自然人的矫正,则大多需要通过传统刑罚,进行思维和行为的矫正。还有观点认为,"合规不起诉"会导致自然人和企业不平等的问题。笔者认为,限于企业的"合规出罪"并不违背平等原则。企业本就是拟制的集体,在很长的历史时期内,都没有企业犯罪的规定。甚至直到今天,企业在德国、意大利等很多国家仍然不是犯罪主体,其只需要承担行政违法责任。这与我国"合规不起诉"改革实施之后的效果是一样的。这些国家的经验都证明了,企业即使被完全"出罪",也不会产生极大的负面社会问题。更为重要的是,"合规不起诉"并不缺乏法学理论的支撑:一是罪责自负原则;二是公共利益衡量理论;三是法益修复理论;四是企业犯罪有效预防理论。企业是拟制的集体,刑罚会直接损害无辜投资人、股东、合伙人等的利益,不仅难以实现罪责自负,有时还会造成"水漾式"的负效应,这也是许多国家至今不将企业作为犯罪主体的重要原因。即使是在英国、美国这些承认企业犯罪的国家,也有暂缓起诉协议等制度对企业"非犯罪化"处理,以有效维护社会公共利益。此外,"合规不起诉"给予企业这种特殊主体从宽(包括但不限于"出罪")处理的机会并非任意的,而是有条件的。即企业被纳入合规考察后,既采取了配合调查、赔偿、挽损等补救措施,达到了"修复法益"的效果,也投入了必要的人力、物力、财力进行合规整改,实现了消除再犯风险的效果。

(一) 罪责自负理论

作为中国刑事司法不言自明的基本原则,罪责自负原则(又称个人责任原则)的基本要求就是,只有实施了犯罪行为的人才能承担刑事责任,刑罚只能及于犯罪者本人,不能株连没有实施犯罪而仅仅与犯罪者有亲属、朋友、邻里等关系的无辜者。虽然,从经验层面,刑罚总是难以避免地会波及、连累、冲击直至殃及无辜的他人①,但是,在自然人犯罪领域,不仅刑罚的殃及是有限度的,而且这种殃及也不能被看作对罪责自负原则的违反。因为,对自然人犯罪适用的刑罚,无论是管制、拘役、有期徒刑、无期徒刑和死刑等主刑,还是罚金、剥夺政治权利等附加刑,都只能落实到罪犯本人身上。即使罪犯本人没有能力支付罚金,最后由罪犯亲友(自愿)代为支付,也不构成对罪责自负原则的违反。

与自然人犯罪刑罚实施效果不同,对企业犯罪落实刑事责任(罚金),往往会背离罪责自负原则。因为,作为特殊的犯罪主体,企业人格具有拟制性,其只能以其财产(包括预期收益)承担刑事责任,这使得企业犯罪刑事责任的实际承担者很可能是无辜的出资人。尤其是,随着我国市场经济的不断发展,企业经营管理模式发生了很大的变化,不少企业(特别是具有一定规模的企业)的运转开始更多地依赖于管理团队。即企业的所有权与经营权发生了分离,大多数股东、合伙人等出资人不担任管理职务,而是雇佣职业经理人经营管理企业,这些职业经理人逐渐成为实际支配企业的人。② 在出资人没有授意也不知情的情况下,其完全可以"以企业名义"或者"为企业利益"实施犯罪行为,并因此导致企业被归责,最终让无辜的出资人实际承担其犯罪后果,而直接负责的主管人员和其他责任人员却可以躲藏于单位犯罪之后。这显然与罪责自负原则有所背离。而且,追究企业刑事责任对无辜出资人的殃及并不限于此,更为严重的殃及可能还是定罪所带来的一系列具有资格剥夺性质的附随后果。③ 因为,企业一旦被定罪,将被贴上"犯罪标签",商业信誉和

---

① 参见苏力:《从药家鑫案看刑罚的殃及效果和罪责自负》,载《法学》2011 年第 6 期。
② 参见陈学权、陶朗道:《企业犯罪司法轻缓化背景下我国刑事司法之应对》,载《政法论丛》2021 年第 2 期。
③ 参见王瑞君:《"刑罚附随性制裁"的功能与边界》,载《法学》2021 年第 4 期。

商业机会将受损,甚至经营资格有时也会被剥夺。如企业因此出现利润减少、经营困难乃至破产倒闭的情况,不仅可能导致无辜出资人的投资"打水漂",也可能会导致员工待岗、收入减少、失业等。

"合规不起诉"改革的推行,既为"情有可原"的企业提供了通过合规整改换取"出罪"等从宽处理的机会,也为企业刑事责任追究中落实罪责自负原则提供了可行路径。虽然,企业接受合规考察、建立有效合规计划需要投入必要的成本,从而才可以在一定程度上替代罚金刑的惩罚功能,但这种惩罚方式可以最大限度地减少传统刑事司法对无辜者的殃及。甚至,一些案件的合规整改还能降低企业运营成本。例如,在"全国首例审判阶段涉刑企业合规整改从宽处罚案件"①中,企业就通过合规整改使"危废物付费处理转为资源循环利用",从而既使企业实现了效益增收,又带动了行业绿色转型。

(二) 公共利益衡量理论

作为公共利益的"守护者",检察机关在行使公诉裁量权时,应当体现和遵守公共利益衡量原则,其核心要义是对那些虽符合起诉条件,但不起诉更符合社会公共利益的案件,可以决定不起诉,以确保案件的处理有效维护社会公共利益,即符合公众的整体意志和最大多数人的普遍期待。② 企业是社会经济发展的主要动力和重要载体,其命运往往与社会公共利益存在着更为紧密的联系。相较于严格落实刑罚,使一些"情有可原"的企业走向破产倒闭,公众可能更加愿意看到,企业在"改过自新"后,能为社会提供规范化的、可持续的服务。因此,在域外企业暂缓起诉制度的运行中,公共利益衡量居于核心地位。作为第一个和唯一一个引入暂缓起诉协议制度的大陆法系国家,法国甚至将这一制度直接命名为"基于公共利益的司法协议"。企业刑事司法中社会公共利益的考量主要涉及两个方面:一是企业倒闭导致的社会、经济后果严重,二是企业的刑事诉讼程序消耗大量的司法资源。③ 正是基于公共利益衡量原则,避免对一些企业的起诉定罪导致企业倒闭,损害社会公共利益,暂缓起诉协议正在越来越多地成为域外(尤其是美国)检察官处理企业犯罪的重要方式。

---

① 参见余建华、薛敏:《办理一个案件,挽救一个企业,带动一个行业——绍兴上虞区法院审判阶段企业合规改革工作纪实》,载《人民法院报》2023年4月17日,第1版。
② 参见朱孝清:《公诉裁量中的公共利益考量》,载《国家检察官学院学报》2023年第3期。
③ 参见陶朗道:《美国企业犯罪的审前转处协议研究》,载《财经法学》2020年第3期。

当然，公共利益的衡量因素是复杂多样的，并非单纯关注涉案企业的规模大小。不少人认为，美国适用暂缓起诉协议和不起诉协议的案件都是大型企业涉罪的案件。这是一种误解。实际上，对涉罪小企业适用暂缓起诉协议和不起诉协议的案件不在少数，这些企业不仅限于那些本身规模较小的企业，也包括大型企业的分公司、子公司、分支机构。以佩恩信贷公司案为例。佩恩信贷公司是美国一家小型信贷公司，员工人数约为90人。2021年，该公司CEO承认其在2014年以贿赂当地法院书记员为目的，为法院举办的女性庆祝活动承担费用，因为该书记员会为此而支持公司的债务催收工作。在该案中，CEO对个人的行贿行为认罪认罚，佩恩信贷公司则被指控构成共谋罪和行贿罪。最终，美国检察机关与该公司签订了为期2年的暂缓起诉协议，要求公司支付22.5万美元的罚款，并进行反腐败专项合规计划的建设。可见，除了企业的规模和经济影响外，各国检察官还需要考虑犯罪情节轻重、犯罪问题的普遍性、办案结果对行业的影响、企业及责任人员的悔改态度等多重因素，综合衡量公共利益的价值取向。

在"合规不起诉"改革以前，我国司法机关虽然也强调执法办案要实现"三个效果"（法律效果、政治效果和社会效果）的统一，但在总体上，无论是对自然人犯罪案件，还是对涉企刑事案件，刑事司法都存在一定的机械化（"就案办案"）倾向，与普通民众的是非评价观多有背离。一些涉企刑事案件（如"快播公司涉黄案"）的处理，不仅引发了控辩双方"针尖对麦芒"的激烈交锋，消耗了宝贵的司法资源，而且也没有将企业治好，有的甚至将企业"治死了"，引发了较为严重的"水漾效应"：众多员工失业、投资人权利严重受损、科技创新力量流失、区域经济发展受阻乃至行业声誉遭受冲击。总之，一些涉企刑事案件的起诉定罪带来的公共利益损害，可能远远高于对企业落实刑罚的社会收益。

"合规不起诉"改革的推行，使得检察机关可以通过对适用条件的把握，尤其是给予涉案企业通过合规整改实现"出罪"的机会，促使企业放弃诉讼对抗，承认涉案事实，积极配合公安司法机关工作，采取"法益修复"措施，进行合规整改，等等。这一切，显然比过去简单地起诉定罪，更有助于弥补犯罪给社会带来的损害，也更有助于实现对企业犯罪的有效治理，因而更有利于维护社会公共利益。在最高人民检察院公布的第一批涉案企业合规典型案例"新泰市J公司等建筑企业串通投标系列案件"中，检察机关就考虑到，如对6家企业作出起诉决定，将导致其3年内无法参加任何招投标工程，并被列入银行贷款黑名单,进而对企业发展、劳动力就业和全市经济社会稳定造成一定的影响,邀请人民监督员等各界代表召开公开听证会。参会人员一致同意对 J 公司等 6 家企业及其负责人作不起诉处理。检察机关当场公开宣告不起诉决定,并依法向住建部门提出对 6 家企业给予行政处罚的检察意见。可以说,"合规不起诉"改革的推行,不仅给检察机关处理涉企刑事案件提供了新的选项,也为检察机关"因案施策"维护社会公共利益提供了制度工具。

(三) 法益修复理论

犯罪的本质是侵害法益。因此,如果行为人涉罪后能积极修复法益,就应当对其予以从宽乃至"出罪"处理。这不仅在理论上具有正当性①,我国相关法律和规范性文件也已开始接纳通过"法益修复"实现从宽乃至"出罪"的理念。例如,2009 年 12 月 3 日,最高人民法院、最高人民检察院《关于办理妨害信用卡管理刑事案件具体应用法律若干问题的解释》规定:"恶意透支应当追究刑事责任,但在公安机关立案后人民法院判决宣告前已偿还全部透支款息的,可以从轻处罚,情节轻微的,可以免除处罚。恶意透支数额较大,在公安机关立案前已偿还全部透支款息,情节显著轻微的,可以依法不追究刑事责任。"由此可见,因法益修复而出罪绝非"空穴来风"。再如,2023 年 8 月,最高人民法院、最高人民检察院《关于办理环境污染刑事案件适用法律若干问题的解释》第 6 条明确规定:"……行为人认罪认罚,积极修复生态环境,有效合规整改的,可以从宽处罚;犯罪情节轻微的,可以不起诉或者免予刑事处罚;情节显著轻微危害不大的,不作为犯罪处理。"《涉案企业合规办法》第 3 条也明确规定:"涉案企业应当全面停止涉罪违规违法行为,退缴违规违法所得,补缴税款和滞纳金并缴纳相关罚款,全力配合有关主管机关、公安机关、检察机关及第三方组织的相关工作。"

与自然人犯罪相比,企业犯罪绝大多数都属于"行政犯",法益通常都具有可修复性,而且企业往往也比自然人更有能力修复法益。这意味着,"法益修复理论"更适用于企业刑事司法。之所以说"合规不起诉"并非单纯的厚爱机制,不会造成放纵犯罪的后果,不仅是因为企业需要投入必要的人力、财

---

① 至少包括以下几个方面:其一,"法益修复"有效降低甚至消除了犯罪的危害后果,因此,可以降低责任刑;其二,"法益修复"体现了被追诉人认罪悔罪的态度,特殊预防必要性显著降低;其三,"法益修复"所支付的费用很可能大于犯罪的收益,也可以在一定程度上实现一般预防的效果;其四,"法益修复"虽非"惩罚",但却提高了犯罪者的预期惩罚成本,同时降低了犯罪的社会成本。

力、物力完成合格的合规整改,也是因为,企业需要在认罪认罚的前提下,采取包括缴纳罚款、退赃退赔、补缴税款、修复环境等"补救挽损"措施,实现对受损法益的有效修复,从而减轻了犯罪造成的社会危害后果。

以最高人民检察院发布的第三批企业合规典型案例"上海 Z 公司、陈某某等人非法获取计算机信息系统数据案"为例。在该案中,Z 公司积极赔偿被害企业损失、消除影响,并取得了被害企业的谅解。再以第四批企业合规典型案例"安徽 C 公司、蔡某某等人滥伐林木、非法占用农用地案"为例。在该案中,C 公司主动委托第三方机构制定植被恢复治理实施方案,投入专项经费 460 余万元用于生态恢复治理,以弥补犯罪行为造成的环境损害,企业还明确表示,愿意缴纳保证金来保障后续治理费用。可见,"合规不起诉"可以发挥有效修复法益的功能,进而可以对企业犯罪实现较为理想的治理效果。当然,"不是每一个涉案企业都适合开展合规整改",未来,检察机关在审查是否启动合规整改时,不仅要看企业所涉嫌的犯罪是否具有法益上的"可修复性",也不仅要看企业是否能够"正常生产经营",还要看企业是否具备修复法益的能力,以保障合规整改有效实现法益修复,确保"合规出罪"能充分释放社会治理效能。

(四) 企业犯罪有效预防理论

在"合规不起诉"改革推行以前,无论是对于自然人犯罪,还是对于企业犯罪,刑事司法一般只关注查明过往犯罪行为,并希望通过贯彻罪刑法定、罪责刑相适应等一系列原则和制度,实现对犯罪行为的正确评价与精准量刑,以达到惩罚与预防的双重目的。对于自然人而言,这种"查处性司法"虽然也存在很大的局限性,但毕竟还可能产生一定的预防效果。因为,自然人实施的犯罪行为是个人意志的结果,通过对其的定罪处刑(比如自由刑),可以改造其不良习惯、消灭其主观恶性,从而实现再犯预防。然而,对于企业而言,指望通过落实刑罚(加大犯罪成本)来遏制其再次实施犯罪行为,是不大可能的。这是因为,罚金可能会被庞大的利益团体共担和分解,很多时候对股东的分红、高管的绩效、员工的工资等影响并不大。[①] 实际上,作为集体构成的拟制人,企业犯罪的原因通常不是对刑罚制裁后果缺乏认识,而是其组织管理结构中存在"犯罪基因",致使在生产经营活动中涉嫌单位犯罪。但我国针

---

① 参见全国"八五"普法学习读本编写组:《企业合规通识读本》,法律出版社 2022 年版,第 37 页。

对企业的刑罚种类却只有罚金刑,惩罚意义有余,但预防功能不足。[1] 即使直接实施犯罪的自然人已经被作为单位犯罪责任人制裁,企业也付出了一定的经济代价,但若企业内部导致犯罪发生的管理因素仍在,还可能有其他人员实施相同或类似行为,再犯风险仍然较高。

在20世纪70年代前,美国的企业犯罪规制也曾采取"经济模式",以为企业的经营以获取利润为动机,高额罚金刑可以增大潜在的犯罪成本,从而抑制企业作出违法决策;同时,高额罚金还可以弥补犯罪造成的损失,并对犯罪企业施加惩罚。然而,"经济模式"下的企业犯罪规制却并没有取得实效。因为,对大型企业而言,罚金往往被视作"不可避免的经营成本",无法显著影响企业的决策。[2] 对无法支付罚金的企业而言,高额罚金又会产生前述的"水漾效应",对无辜的员工、股东及债权人、消费者等产生不良影响。[3] 同时,法院判处罚金刑后,企业内部的组织结构、决策机制等并没有发生改变,企业犯罪的根源未能真正消除,导致"企业累犯"现象频繁出现。[4] 也就是说,罚金并未真正实现对企业犯罪的有效预防。而且,国家资源的有限性和企业运行的复杂性也决定了,对企业犯罪的预防需要通过国家企业合作模式实现。[5]

在此背景下,美国法院开始反思企业犯罪量刑的"成本—收益"模式,并逐渐向"结构修正"模式转变。[6] "结构修正"模式认为,罚金不能威慑企业内部的违法者,也无法为企业改变经营决策、治理结构等提供有效激励。[7] 因此,企业量刑应当提供"公正惩罚、充分威慑以及激励企业形成防止、检测和报告犯罪行为的内部机制"。换言之,通过刑事司法程序推进企业消除犯罪基因,形成犯罪风险识别、评估、控制的长效机制更有助于实现再犯预防。在"结构修正"模式的指引下,美国开始引入暂缓起诉协议、不起诉协议以及企业缓刑等多项机制,一定程度上解决了罚金刑"惩罚有余,预防不足"的困境。

---

[1] 参见李奋飞:《论涉案企业合规的全流程从宽》,载《中国法学》2023年第4期。

[2] See Christopher C. Stone, "The Place of Enterprise Liability in the Control of Corporate Conduct", 90 *Yale Law Journal* 1, 46-50(1980).

[3] See John C. Coffee, Jr., "'No Soul to Damn: No Body to Kick': An Unscandalized Inquiry into the Problem of Corporate Punishment", 79 *Michigan Law Review* 386, 388-407(1981).

[4] Section of Criminal Justice, ABA, Final Report: Collateral Consequences of Convictions of Organizations 80-82, 107-108(1991).

[5] 孙国祥:《刑事合规的理念、机能和中国的构建》,载《中国刑事法杂志》2019年第2期。

[6] See Christopher A. Wray, "Corporate Probation under the New Organizational Sentencing Guidelines", 101 *Yale Law Journal* 2017, 2019-2021 (1992).

[7] See George Spiro, "Where the Law Ends: The Social Control of Corporate Behavior", 1 ALSA F. 39-40 (1976).

我国"合规不起诉"改革在借鉴域外成功经验的基础上,将企业合规嵌入刑事司法,使预防企业犯罪成为国家与企业的共同责任,其所采取的合规考察模式比起罚金刑在预防企业犯罪方面具有明显优势。一方面,企业接受合规考察、修复受损法益、建立有效合规计划等,需要花费较高成本(通常会高于罚金),这一定程度上替代甚至超越了罚金刑的惩罚功能。另一方面,企业建立合格的合规计划,需以防止再次发生相同或者类似的违法犯罪为合规整改目标。为此,企业需要投入大量的人力、物力、财力进行合规自查,在准确发现和识别导致犯罪发生的制度漏洞、管理隐患和治理结构缺陷等的基础上,进行有针对性的制度纠错和管理修复,撤销或改造存在隐患的业务、产品、经营方式、商业模式,切断犯罪发生的因果链条,引入有针对性的专项合规管理体系。① 这将比落实罚金刑更有利于促进企业调整治理结构、消除制度隐患、改善企业文化,真正实现企业守法合规经营。因此,在"合规不起诉"改革中,涉嫌单位犯罪的企业并非被直接免于承担刑事责任,而是在合规考察的"严管"下,以提前落实"刑罚替代性措施"为基础,有条件出罪。② 可见,"合规不起诉"将企业的有效合规整改作为是否对其作出"出罪"等从宽处理的重要考量因素,并非单纯的"厚爱",而是"严管"与"厚爱"相结合,虽然落脚点在于预防,但仍有制裁属性,在处理好企业合规整改对个人刑事责任影响的前提下,并不会轻易导致放纵犯罪的后果。

四、"诊疗性司法"的突出难题

"合规不起诉"改革,既是司法制度的重大革新,也在成长为法院、公安机关、司法行政机关等参与的一场社会综合治理改革。这场改革虽然在理论上具有正当根据,实践探索也取得了阶段性成效,但与之伴随的争议乃至质疑却从未停止。随着改革探索的持续深入,不少争议已经得到初步解决,但是,仍有一些突出难题需要破解。例如,如何防范合规考察过程中司法裁量权的滥用;再如,如何解决合规整改制裁和预防效果不足问题;又如,如何避免有些学者所担心的程序消解实体问题;等等。对这些疑难问题进行讨论,不仅

---

① 参见陈瑞华:《企业有效合规整改的基本思路》,载《政法论坛》2022年第1期。
② 即使不认为合规整改是"刑罚替代性措施",仅从我国当下刑罚"并合主义"视角出发,企业经过合规整改,实现对同类犯罪的有效预防,即便不能免除责任刑,也应当作为预防刑的重要考量因素。

是回应"改革质疑论"的现实需要,也是推动改革走深走实的必要前提。

(一)司法裁量权滥用问题

"合规不起诉"改革的推行,必然会带来检察官乃至法官自由裁量权的扩张,也易引发人们对合规考察权滥用的担忧,诸如"以钱赎刑""威压和利诱(本不构罪的)企业俯首认罪"、选择性适用问题、将"假合规"认定为"真合规",等等。虽然,在改革的总体规划中,最高人民检察院已经为各地试点检察院建立了合规案件办理报省级检察院审查批准机制、第三方机制、合规验收听证制度三项权力制约机制,一定程度上降低了权力滥用的风险,但是,由于改革适用条件规定得比较模糊和粗疏,加上各种"法外因素"的影响,检察裁量权滥用风险仍然不小,特别是在合规考察程序的启动上,存在着平等性、公平性隐忧。

一方面,一些明显符合改革适用条件的案件无法获得合规从宽机会。以朱某某涉嫌虚开发票一案为例。涉案企业是具有一定规模的人力资源服务企业,主营业务为劳务派遣和劳务外包服务,近3年累计营业收入14.43亿元,纳税2468万元。朱某某是涉案企业的控股股东和实际控制人。在此案的研讨中,专家们一致认为,该案符合合规考察启动条件,建议对朱某某采取非羁押性强制措施。理由是,本案是公司在生产经营活动中涉及经济犯罪的案件,社会危害性较小。虚开发票罪属于常见经济犯罪罪名,罪名本身的社会谴责度较低。涉案企业在案发后,停止了违法犯罪的相关业务,认罪悔改、配合侦查,愿意补缴税款,接受行政处罚,正在努力消除违法犯罪行为所带来的负面影响。涉案企业能正常生产经营,承诺进行合规整改,并具有接受合规考察、认真开展合规整改的积极意愿;检察机关对涉案企业启动合规考察,符合"合规不起诉"改革的基本精神。开展涉案企业合规改革试点,直接的目的是防止不当办一个案件,垮掉一个企业;更高的目标是通过办好每一个案件,积极营造法治化营商环境,促进企业规范发展。涉案企业是一家对稳定就业、保障当地经济、促进科技发展等均有助益的重要民营企业,通过合规考察程序处理本案,能够避免涉罪给公司带来的企业倒闭、员工失业、行业发展受损等负面社会后果;如果对朱某某适用非羁押性强制措施,为其回归公司的管理和经营提供条件,有利于推动涉案企业开展合规整改,助力消除企业经营管理结构中的违法犯罪基因。在"合规不起诉"改革中,在案件符合合规考察启动条件的前提下,检察机关经常决定对涉案"企业家"适用非羁押性强制措施,确保其能够参与推动企业合规整改,在企业合规整改合格的情况下,依据"企业家"在整改活动中的贡献对其从宽处理。朱某某是涉案企业的实际控制人,但在该案中,其个人处于羁押状态,既不利于案件的补救挽损,也不利于合规整改活动的有效开展。

另一方面,一些可能并不太符合条件的案件也被纳入合规考察程序。在最高人民检察院发布的第二批企业合规典型案例中,"张家港 S 公司、雎某某销售假冒注册商标的商品案"就引发了一定的争议。S 公司在职员工只有 3 人,雎某某系该公司法定代表人、实际控制人。2018 年 11 月 22 日,张家港市市场监督管理局在对 S 公司进行检查时,发现该公司疑似销售假冒"SKF"商标的轴承,并在其门店及仓库内查获标注"SKF"商标的各种型号轴承 27829 个,价值金额共计 68 万余元。2018 年 12 月 17 日,张家港市市场监督管理局将该案移送至张家港市公安局。2019 年 2 月 14 日,斯凯孚(中国)有限公司出具书面的鉴别报告,认为所查获的标有"SKF"商标的轴承产品均为侵犯该公司注册商标专用权的产品。2019 年 2 月 15 日,张家港市公安局对本案立案侦查。2021 年 5 月初,张家港市检察院应张家港市公安局邀请,派员提前介入听取案件情况,此时该案立案已逾两年,属于"挂案"状态。张家港市检察院联合公安机关对 S 公司启动合规监督考察程序,确定 6 个月的整改考察期。同时,张家港市企业合规监管委员会根据第三方机制,从第三方组织人员库中随机抽取,组建监督评估小组,跟踪 S 公司整改、评估合规计划落实情况。在涉案企业通过合规考察后,检察机关综合考虑企业合规整改效果,向公安机关提出了撤销案件建议。虽然,检察机关将清理涉企"挂案"与合规整改相结合,具有一定的创新性和积极意义,但对证据不足原本就应作撤案处理的案件启动合规考察,并不符合"合规不起诉"程序的运行规律。适用"合规不起诉"程序的前提是,案件事实清楚、证据确实充分。①

(二) 制裁和预防效果不足问题

"合规不起诉"改革的推行,意味着企业合规激励被嵌入我国刑事司法之中。企业涉罪后可以申请通过开展合规整改,消除管理隐患,堵塞制度漏洞,从而实现长远的再犯预防效果。这是其获得"出罪"等从宽处理的重要根据。也就是说,对企业予以"出罪"等从宽处理的前提是,企业在考察期内的合规

---

① 参见李奋飞:《论企业合规考察的适用条件》,载《法学论坛》2021 年第 6 期。

整改必须是合格的。只有这样,合规整改才能有效替代罚金刑发挥惩罚和预防功能,使刑罚的落实不再具有必要性。然而,由于改革尚未获得全国人大的立法授权,检察机关只能在现有的法律框架内进行探索试验,受现行刑事诉讼法所设定的审查起诉期限的限制,一般只能为企业设定较短的考察期限。即使冒着"超法实践"的质疑,或业绩考评受到不利影响的风险,将取保候审期限与审查起诉期限混淆,或采取申请延长审查起诉、退回补充侦查等技术性手段,尽可能为涉案企业设置更长的考察期,有时也难以满足对一些大型企业长期实施合规考察的时间需要。

当然,在改革探索过程中,合规考察大量适用于小微企业①,办案机关如对其采取"简式合规"程序,又只为其设置 1 到 2 个月的考察期,有的案件的考察期甚至短至半个月以下。再加上,一些被纳入考察程序的企业合规整改基础和合规整改能力较差,企业和责任人没有(能力)聘请专业的合规顾问,在提交合规考察申请时,也未向检察机关提交合规自查报告和合规整改计划,而检察机关基于保护企业的考虑,有时并不对其适用第三方机制,即使在那些启用第三方机制的案件中,通常也不要求企业向第三方监管人支付费用,一定程度上影响了合规整改的质量。这一切,都为文件化的"纸面合规"留下了隐患。在检察机关三年多来办理的超过 6000 件的企业合规案件中,已有 100 多件被认定合规整改不实,相关企业或责任人员最终被依法追诉。

实际上,在有效合规整改标准不甚明确的情况下,即使在那些已经被认定合规整改合格的案件中,一些涉案企业所建立的合规计划是否能够融入企业管理体系之中,从书面的"合规方案"转变为"切实有效的内部监管体系",真正发挥预防和识别违法犯罪行为的作用,并确保企业形成依法依规经营的文化②,也让不少人心存疑虑。从笔者作为验收听证专家参与的一些案件来看,一些企业在纳入合规考察后只是做了一些"建章立制"工作。诸如,有的涉嫌单位行贿罪的企业在被纳入合规考察后,在不足一个月的时间内就制定和完善了《合规管理章程》《反商业贿赂专项合规管理制度》《反索贿制度》《常见商业贿赂风险的合规管理规定》《财务管理制度》《合规专项资金管理制度》《实物资产管理制度》《公司机动车及驾驶员管理办法》《投标管理制度》《合规举报制度》《员工手册》《内部培训管理制度》等文件。但是,要确保

---

① 别的不说,单是最高人民检察院发布的 4 批 20 件企业合规案件中,小微企业接受合规考察的案件,就占到了不小的比例。
② 参见陈瑞华:《有效合规的中国经验》,北京大学出版社 2023 年版,第 228 页。

这些制度在考察期结束、企业获得从宽处理后得到切实的落实和执行,使其在企业经营管理的各个环节发挥内部监管作用,从而达到预防合规风险、监控违规行为和应对违规事件的目标,往往是比较困难的。也正因如此,在参与验收听证时,笔者及其他专家时常建议检察机关可以在合规整改结束后,向行政机关提出检察建议或者发出检察意见,以督促行政监管部门对涉案企业继续进行合规监管,深化涉案企业合规整改的效果。

(三) 程序消解实体问题

与域外暂缓起诉协议制度"放过企业,惩罚责任人"的做法有所不同,我国的"合规不起诉"改革采取了"企业合规既宽大处理企业(包括但不限于'出罪'),也宽大处理责任人(包括但不限于'出罪')"的方案。也就是说,无论是在公司、企业等实施的单位犯罪案件中,还是在公司、企业实际控制人、经营管理人员、关键技术人员等实施的"与生产经营活动密切相关"的个人犯罪案件中,涉案企业所进行的合规整改一旦被认定合格,责任人员或者说"企业家"都有可能得到司法机关的宽大处理甚至"出罪"处理。

改革试验之所以允许司法机关依据涉案企业的有效合规整改对涉案"企业家"从宽处理,主要是因为我国涉案的企业大多是中小微民营企业,这些企业经营的人身依赖性较高,保护企业也就需要保护"企业家"。在涉案企业通过合规整改实现"去犯罪化"经营的前提下,对"企业家"作出不起诉决定或提出判处缓刑的量刑建议,符合我国保护民营企业的现实需要。而且,我国现阶段的单位犯罪案件数量较少,合规考察程序的适用范围有限,但"企业家"个人犯罪案件数量较多,且通常能反映出企业在日常经营和管理活动中存在重大治理缺陷和制度漏洞,将"合规不起诉"适用于"企业家"实施的"与生产经营活动密切相关"的个人犯罪案件,可以激励其积极推动涉案企业开展合规整改。依据这些涉案"企业家"在涉案企业合规整改中发挥的积极作用,依法适当降低其刑事责任份额,符合法治精神,也有助于激励其积极参与推动企业合规整改。

但是,这种以涉案企业有效合规整改(直接)宽大处理责任人的改革探索,也引发了一定的争议。有观点甚至认为,这种企业合规"既放过企业,也放过责任人"的做法,"不仅有直接违反我国《刑法》第3条、第4条规定的罪刑法定原则、刑法适用平等原则之嫌,而且也与国家有关机关在央企和到海外投资的企业当中所推行的企业合规制度的本意背道而驰,使我国的企业合规制度在一开始就被扭曲适用"①。也有学者为解决这一问题,创造性地提出了一种"合规关联性理论",强调依据企业合规对责任人员的宽大处理,不能是无条件的和绝对化的,而应建立在"责任人员对企业合规作出贡献和发挥作用"的基础之上。在之前向最高人民检察院提交的涉案企业合规刑事诉讼立法专家建议稿中,笔者也建议,可以根据责任人员犯罪的具体情况和其在合规整改中的表现,对其依法从宽处理。② 也就是说,如果责任人员对涉案企业合规整改没有发挥任何作用,那么,合规整改合格就不应作为宽大处理责任人员的理由。③ 否则,确有过度保护"企业家",背离法律面前人人平等原则之嫌。

尤其是,一些难以被认定为"与生产经营活动密切相关"的"企业家"个人犯罪案件,实践中也可能会作为企业合规案件办理,并因所在企业的合规整改合格对"企业家"给予从宽处理。在最高人民检察院发布的第三批企业合规典型案例中,"王某某泄露内幕信息、金某某内幕交易案"就引发了较大争议。在一些学者看来,"本案的基本事实,简而言之就是,具有发展前景的民营企业的高管,实施了与职务行为无关的犯罪(泄露内幕信息)。因为其对企业当下正常经营和持续发展确有重要作用,因此,在其所在企业合规整改之后,获得了从轻发落的优遇,本应被判处5年以上有期徒刑,最终却被处以缓刑"④。在其看来,该案以企业合规从宽处理责任人员,既违反了我国刑法有关单位犯罪的相关规定,也不符合"合规不起诉"改革的相关要求。在之前的研究中,笔者也曾指出,要认定"与生产经营活动密切相关","企业家"的个人犯罪案件应当具备两个条件:第一,"企业家"为企业利益而实施犯罪行为;第二,"企业家"的犯罪行为需与企业的管理制度漏洞有关。⑤ 该案中,王某某泄露内幕信息给其好友金某某的行为显然不会给企业带来利益,也难以认定该行为的顺利实施与所在企业的管理制度存在因果联系。对这样的"企业家"个人犯罪案件适用"合规不起诉",将导致企业合规刑事激励偏离法治轨道,消解刑法的一般预防功能,也易引发社会对"破格从宽""放纵犯罪"的担忧和

---

① 黎宏:《企业合规不起诉:误解及纠正》,载《中国法律评论》2021年第3期。
② 参见李奋飞:《"单位刑事案件诉讼程序"立法建议条文设计与论证》,载《中国刑事法杂志》2022年第2期。
③ 参见陈瑞华:《合规关联性理论——对企业责任人员合规从宽处理的正当性问题》,载《法学论坛》2023年第2期。
④ 参见黎宏:《我国刑法中的单位犯罪规定与企业合规不起诉改革实践》,载《江西社会科学》2023年第1期。
⑤ 参见李奋飞:《涉案企业合规改革中的疑难争议问题》,载《华东政法大学学报》2022年第6期。

质疑。

（四）合规整改激励不确定问题

获得"出罪"等宽大处理，是涉案企业和"企业家"对企业合规刑事激励的合理期待。其最终能否得到兑现，既关乎改革动力机制的建构，也关乎改革权威性和公信力的维护，更关乎企业和"企业家"利益的保障。否则，一些企业和公众难免不再信任"合规不起诉"所内含的"司法红利"，已经进入合规考察环节的企业合规整改的积极性也将受到打击。

但是，与域外企业暂缓起诉制度的运行有所不同，我国检察机关在改革探索过程中既不和涉案企业或"企业家"就考察条件、从宽方案等签署正式协议，通常也不就合规整改验收合格后是否从宽、如何从宽等作出口头承诺。一些涉案企业原本期待以有效合规整改换取不起诉处理，但办案检察官却从未考虑过对其作出不起诉决定，而只愿向法院提出从宽处罚的量刑建议，这显然为合规整改激励的兑现埋下了不确定性。一旦司法决策与涉案企业或"企业家"的预期有偏差，涉案企业、"企业家"乃至辩护律师等就可能对作为改革适用条件的认罪认罚产生动摇，进而导致案件被起诉定罪，既使之前的合规整改"前功尽弃"，也浪费了宝贵的社会资源。甚至，有的涉案企业和"企业家"合规整改验收合格被作出不起诉决定后，在案件事实没有发生根本改变的情况下，仅因公安机关提出异议就撤销了已经生效的不起诉决定。

上述情况虽不具有普遍性，但却暴露出了亟待解决的合规整改激励的不确定性问题。未来除了需要在合规考察启动时明确"所附条件"履行后的从宽方案，也需要考虑对"合规不起诉"的撤销问题予以规范。简言之，"合规不起诉"决定作出后，原则上检察机关不能予以撤销，只有发现案件不符合改革适用条件、合规整改最终被认定无效、案件事实发生根本变化等"确有错误"情形的，才可以决定撤销。

五、余论

近年来，尤其是随着认罪认罚从宽制度改革被 2018 年《刑事诉讼法》正式确认，"协商性司法"理念正在逐渐为我国司法机关尤其是检察机关所接纳。而"合规不起诉"所蕴含的"诊疗性司法"理念可以看作是"协商性司法"的升级和延伸，不仅着眼于以辩诉协商一致的方式节约司法资源，还更加注重以具有针对性的矫正措施替代传统刑罚,在消除再犯风险的同时帮助犯罪主体回归社会。在涉企犯罪治理的问题上,"合规不起诉"改革通过释放现有的"司法红利",来激励涉案企业开展"以合规为中心"的结构修正类处理举措,不仅是"于法有据"的改革探索,也有罪责自负原则、社会公共利益衡量、法益修复、企业犯罪的有效预防等理论支撑。

此项改革的最大突破,应当是对符合适用条件的涉企犯罪案件依照"合意"启动合规考察,引入"第三方组织"对涉案企业的合规整改进行监督考察,通过实现企业经营的"去犯罪化",消除再犯原因,来达到有效预防相同或类似的违法犯罪的效果。这标志着,我国在确立针对自然人的"诊疗性司法"之后,又接纳了一种针对组织体(企业)的"诊疗性司法"。虽然针对组织体的"诊疗性司法"还在探索形成过程中,也存在司法裁量滥用、程序消解实体、制裁和预防效果不足以及合规激励不确定等诸多有待破解的突出难题,但是,这并不影响我们对这一新的司法模式的未来作出展望。

毕竟,前文所讨论的一些难题都是改革所引发的,因而伴随着改革的持续深入推进,通过法院、检察机关、公安机关等多部门联动探索优化改革的顶层设计,尤其是通过《刑事诉讼法》《刑法》的修改,破解这些难题可能并不存在太大困难。例如,可以通过增加、优化、细化企业合规考察的启动条件①,尤其是细化公共利益衡量标准,尽可能将那些合规整改基础较好、合规整改能力较强的企业作为试验对象,尽力将那些"企业家"为个人利益、行为与企业管理漏洞关联度不高的案件排除在改革范围之外,以防止对"企业家"过分保护,违背法律面前人人平等原则。再如,在那些重大的单位犯罪案件中,应当将企业与"企业家"分案处理、分离追诉,企业通过合规考察程序实现出罪,"企业家"仍然需要作为单位犯罪责任人被起诉、定罪和处刑。又如,可以在"特别程序"一编中专章设立"单位刑事案件诉讼程序",并将"企业附条件不起诉"作为核心制度进行建构②,以便对那些规模较大、涉罪较为严重的企业根据相称性原则的要求,设置更长的合规考察期,启用第三方组织进行合规监管,督促其在精准诊断犯罪原因的基础上,进行有针对性的制度纠错,引入体系化的专项合规计划,以提升制裁和预防的效果。

但是,要使针对组织体的"诊疗性司法"真正实现超越刑罚的治理效果,

---

① 参见李奋飞:《涉案企业合规纳入刑事审判的三种模式》,载《中国刑事法杂志》2023年第4期。
② 参见李奋飞:《"单位刑事案件诉讼程序"立法建议条文设计与论证》,载《中国刑事法杂志》2022年第2期。

使涉案企业在脱离刑事程序后,真正成为守法的好企业,可能还需要完善行刑衔接这一保障性制度,这显然离不开行政机关和行业协会的积极配合。"合规不起诉"改革注定不仅是一场司法改革,更将成为一场社会综合治理改革。公、检、法、司的协同推进虽能增强改革的权威性和推动力,但只有充分调动其他行政监管主体的积极性,才能推动企业建立合规管理体系,对风险行为在构成行业违规、构成行政违法、构成刑事犯罪三个阶段进行层递式阻断,并整体提升我国营商环境法治化水平。

第十一章　企业合规刑事诉讼立法争议问题

> 随着涉案企业合规改革试验的全面铺开,需要及时修改《刑事诉讼法》《刑法》,在吸收和借鉴域外成功经验和本土改革经验的基础上,为企业合规确立刑事激励机制,尤其是要建立企业附条件不起诉制度,从而既可以为涉案企业提供"改过自新"的机会,也有助于在国家与企业之间形成犯罪治理的"合力"。就《刑事诉讼法》的修改而言,为改变"以自然人为中心"的刑事诉讼程序格局,宜在"特别程序"一编中专章设立"单位刑事案件诉讼程序",将"企业附条件不起诉"作为独立于"认罪认罚从宽"的核心制度进行建构,并重点解决好适用对象、条件设定等几个争议较大的问题。至于《刑法》的修改,建议继续采取刑法修正案模式,从单位犯罪的归责原则、事后合规作为单位刑事责任的基础、增设单位缓刑制度等几个方面,对《刑法》作出修改完善。

一、问题的提出
二、企业附条件不起诉的制度定位
三、企业附条件不起诉的立法模式
四、企业附条件不起诉的适用对象
五、企业附条件不起诉的条件设定
六、余论

一、问题的提出

随着检察机关主导的涉案企业合规改革试验的全面推开,《刑事诉讼法》《刑法》等相关法律的修改问题提到了日程上来。如何在吸收和借鉴域外成功经验和本土改革经验的基础上,将司法推动企业合规建设的制度创新和成功做法加以固定和确认,并在刑事法上为企业合规确立刑事激励机制,是当前理论研究无法回避的课题。实际上,一些刑事法学者在此项改革试点启动之初就曾提出,将现行《刑事诉讼法》中仅适用于未成年人的附条件不起诉制度,扩大适用于企业犯罪案件,并将那些涉嫌较为严重犯罪的企业承诺建立有效合规计划作为不起诉的附加条件。[1] 对于那些在合规考察期限内积极进行合规整改,并经第三方评估验收合格的企业,检察机关将正式对其作出不起诉决定。最高人民检察院发布的《"十四五"时期检察工作发展规划》也将"研究探索企业犯罪附条件不起诉制度"作为下一阶段的工作重点之一。

不过,对于如何将企业附条件不起诉制度融入中国刑事法律体系,以及具体法律条款如何设计,尚存在不同认识。究其原因,与研究者对企业附条件不起诉的制度定位的认识有很大关系。例如,有研究者就将企业附条件不起诉看作是认罪认罚制度框架下的一种特别不起诉制度。[2] 不过,也有研究者主张,不应将企业附条件不起诉制度和认罪认罚从宽制度加以混同、错误嫁接,而应将其作为一个独立的制度来设计。[3]

与此同时,对于如何将企业附条件不起诉作为一个独立的制度纳入中国刑事法律体系,研究者也有着不同的思路。有的学者主张,在《刑事诉讼法》中为企业合规案件设定特别诉讼程序,以纳入企业附条件不起诉制度[4];也有学者主张,在"特别程序"一编中专章确立"单位刑事案件诉讼程序",除了融入企业附条件不起诉等核心制度以外,还应涵盖办理单位刑事案件的方针与

---

[1] 参见时延安:《单位刑事案件的附条件不起诉与企业治理理论探讨》,杨帆:《企业合规中附条件不起诉立法研究》,欧阳本祺:《我国建立企业犯罪附条件不起诉制度的探讨》,均载《中国刑事法杂志》2020年第3期。
[2] 参见李勇:《企业附条件不起诉的立法建议》,载《中国刑事法杂志》2021年第2期。
[3] 参见陈瑞华:《企业合规不起诉改革的八大争议问题》,载《中国法律评论》2021年第4期;李奋飞:《论企业合规考察的适用条件》,载《法学论坛》2021年第6期。
[4] 参见杨宇冠:《企业合规与刑事诉讼法修改》,载《中国刑事法杂志》2021年第6期。

原则、诉讼代表人、强制性措施、责任主体分离追诉等基础条款。① 至于企业附条件不起诉制度的具体建构,研究者更是在适用对象、条件设定等问题上存在不同认识,因此有必要结合未来的制度设计,对其作出有针对性的讨论和分析,以为涉案企业合规刑事诉讼立法提出建设性的意见。

二、企业附条件不起诉的制度定位

在涉案企业合规改革探索过程中,试点检察机关普遍将涉案企业和相关责任人认罪认罚作为适用合规考察制度的前提条件。例如,《北京市检察院关于开展企业合规改革试点工作方案》明确规定"涉案企业、个人认罪认罚"是开展企业合规工作的条件之一;再如,《上海市金山区人民检察院关于试行企业刑事合规不起诉工作方案》也明确将企业"自愿认罪认罚"作为对其开展合规监督考察的条件之一。《第三方机制指导意见》第4条也明确规定,涉案企业、个人认罪认罚是适用第三方机制的基本条件之一。有学者不仅论证了此种做法的正当性,还认为认罪认罚从宽制度为企业附条件不起诉奠定了制度基础。也有学者认为应当"从操作程序上依托认罪认罚从宽的现有程序,增加合规考察不起诉程序,将其作为认罪认罚从宽的一种特殊情形与程序"②。或许也是受到了试点做法(将合规考察纳入认罪认罚从宽制度)的影响,有研究者在其提出的《企业合规诉讼程序立法建议稿》(以下简称《立法建议稿》)中也将涉案企业自愿认罪认罚作为适用企业合规诉讼程序的条件之一。虽然,在改革试验过程中,将企业认罪认罚作为对其适用合规考察的前提条件具有一定的合理性③,但在未来企业附条件不起诉制度的立法建构中,还是应当将其与认罪认罚从宽制度彻底区分开来。

首先,附条件不起诉与认罪认罚从宽的制度价值取向明显不同。虽然认罪认罚从宽制度的价值目标是多重且变化的,但是节约司法资源、提高诉讼效率仍然是其核心价值取向,甚至庭审样态也具有了较为明显的确认性④,以

---

① 参见李奋飞:《"单位刑事案件诉讼程序"立法建议条文设计与论证》,载《中国刑事法杂志》2022年第2期。
② 参见李玉华:《企业合规本土化中的"双不起诉"》,载《法制与社会发展》2022年第1期。
③ 毕竟,合规考察与认罪认罚都是合作性司法理念的体现,涉案企业"自愿承认指控的犯罪事实",也是配合执法机关的应有之义,否则也难以进行实质性的合规整改。
④ 参见李奋飞:《论"确认式庭审"——以认罪认罚从宽制度的入法为契机》,载《国家检察官学院学报》2020年第3期。

便"在尽可能短的时间内处理尽可能多的案件,通过将认罪认罚案件纳入诉讼程序的快速轨道,使诉讼效率得到提高,诉讼成本大幅度降低,司法资源得到节约并更多地被配置到那些适用普通程序审理的重大疑难案件之中"①。中共中央十八届四中全会《关于全面推进依法治国若干重大问题的决定》也将"完善刑事诉讼中认罪认罚从宽制度"作为"优化司法职权配置"的具体措施。《关于适用认罪认罚从宽制度的指导意见》也要求各级人民法院、人民检察院、公安机关、国家安全机关、司法行政机关要充分认识认罪认罚从宽制度"对及时有效惩治犯罪、加强人权司法保障、优化司法资源配置、提高刑事诉讼效率、化解社会矛盾纠纷、促进社会和谐稳定的重要意义"。而附条件不起诉制度的价值取向则不在于提高诉讼效率,而重在通过"非犯罪化处理",激励、监督和教育涉案企业调整内部治理结构,消除犯罪的制度根源,从而实现减少和预防其再次实施同类违法犯罪的积极效果。为达此目标,检察机关通常需要为其设置较长的考察期限,要求其在考察期内针对导致犯罪发生的制度漏洞、管理隐患以及治理结构缺陷进行制度纠错和管理修复等合规整改。在合规整改的过程中,检察机关可能自主对其进行指导和监督,也可能委任第三方监管人对其进行监管。考察期限届满时,检察机关一般会组织听证会,邀请人大代表、政协委员、行政主管机关、工商联、合规专家等各界代表,共同听取企业的合规整改报告,也可能通过走访企业等方式进行抽查,对企业的合规整改进行评估和验收,以判断其是否进行了合格的合规整改。只有对合规整改合格的企业,检察机关才会作出不起诉处理。正因为企业附条件不起诉制度要实现的价值目标与认罪认罚从宽制度不尽相同,在对其进行立法设计时,应将其和认罪认罚从宽制度区分开来。即,不应再要求企业签署认罪认罚具结书,而只要其有承认涉嫌犯罪的事实、积极配合侦查或调查、承诺进行合规整改、提交合规自查报告等悔罪表现的,检察机关就可以结合企业的犯罪情节和后果、经营和管理状况、违法犯罪前科、事后补救行为等与社会公共利益有关的因素对其作出附条件不起诉的决定。而且,《刑事诉讼法》已然确立的未成年人附条件不起诉制度,也不以未成年犯罪嫌疑人签署认罪认罚具结书为适用前提,而仅要求其"有悔罪表现",即犯罪后能够认罪,如实交代自己的罪行,反省自己犯罪的原因,以及向被害人道歉或赔偿等。

其次,要求企业认罪认罚面临着实务操作上的难题。从理论上讲,作为

---

① 参见陈瑞华:《企业合规不起诉改革的八大争议问题》,载《中国法律评论》2021年第4期。

一项刑事诉讼基本原则,"认罪认罚从宽"并没有适用主体、适用罪名和可能判处的刑罚等方面的限制,不仅可以适用于自然人犯罪,也可以适用于单位犯罪(主要是企业犯罪)。然而,企业作为一种法律拟制主体,虽然也可以通过自然人或集体决策体现其独立人格和独立意志,并依法享有诉讼权利能力,但由于其没有身体和灵魂,既不可能像自然人一样亲自实施危害社会的行为,也无法通过自己的行为参与诉讼活动,而只能通过适当的自然人代表其进行一定的诉讼行为,并维护其合法权益。这使得司法实践中检察机关对企业适用认罪认罚从宽制度时,时常面临着诸多操作上的障碍。毕竟,对于认罪认罚从宽制度的适用而言,自愿性判断是一项不可或缺的内容。自然人犯罪主体认罪认罚作出"自愿表示"没有问题,但是企业犯罪主体认罪认罚能否作出以及由谁作出意思表示,又如何判断其自愿性、真实性,都是存在争议的问题。实践中,一般由诉讼代表人代表企业签署认罪认罚具结书。由于企业法定代表人、主要负责人涉案后特别是被羁押的情况下,职工往往已"作鸟兽散",诉讼代表人时常由犯罪嫌疑人的亲属或朋友担任,在这种情况下,诉讼代表人实际上并不能真正代表企业意志,能否代表企业表示认罪认罚意愿并签署具结书也不无疑问。[①]

最后,要求企业认罪认罚容易产生与"定罪"相似的负面效应。企业附条件不起诉制度的本质是,通过对那些符合条件的企业暂不提起公诉的方式,来激励其在考察期限内,按照检察机关和第三方监管人的要求,进行有针对性的合规整改。考察期限届满,检察机关将根据其合规整改的效果,来决定是否对其提起公诉。对于实现有效合规整改的企业,由于其已通过赔偿被害人、补缴税款、缴纳违法所得等方式,对犯罪所侵害的"法益"进行了全面的修复,社会危害性已经基本消除,检察机关对原本已经构成犯罪的企业实现"非犯罪化"处理,有助于避免起诉定罪给其贴上"犯罪标签",进而有助于保护员工、客户、投资者、代理商、经销商等众多善意第三人的合法权益。但是,如果在对企业适用附条件不起诉制度时,要求其签署认罪认罚具结书,容易产生与定罪相似的负面效应,从而使"合规出罪"的效果大打折扣。毕竟,曾经签署认罪认罚具结书的事实一旦被公众知悉,同样会令企业蒙羞,声誉受损,高管也脸上无光。"公司高管往往非常在意家人、同事、客户、邻居,乃至健身房

---

① 参见张剑、徐碧雪、姚文军:《单位犯罪适用认罪认罚从宽制度实证分析》,载《中国检察官》2022年第3期。

熟人的看法。"①这就不难理解,为什么在那些强调适用审前转处程序应实现全流程公开的域外国家,检察官有时也会应企业要求承诺对协议秘而不宣了。然而,防止检察裁量权滥用、消除社会公众质疑的现实需要,又要求附条件不起诉的适用保持基本的公开性和透明度,将案件处理的流程通过一定的方式(例如检察机关网站)公之于众,以便公众能够对该制度的适用发挥监督作用。但从最高人民检察院发布的几批企业合规典型案例来看,涉案企业的真实名称都被隐去了,目的可能也是保住企业的"名节",防止其"认罪认罚"的事实对其声誉乃至正常运行带来不利影响乃至致命打击。

三、企业附条件不起诉的立法模式

就如何单独建构适用于单位犯罪案件的附条件不起诉制度,研究者主要提出了两种立法思路:一是特别程序制度增补说;二是单位特别诉讼程序说。前者基于企业合规刑事案件的特别性,建议在《刑事诉讼法》"特别程序"一编中为企业合规制定"特别程序";后者建议在"特别程序"一编中确立"单位刑事案件诉讼程序"。第一种思路也主张将附条件不起诉作为"特别程序"的核心内容,且有着凸显"合规"地位、易被立法者接纳等优势,但是单一的"企业合规特别程序"无法解决单位犯罪责任主体的双重性、表意机制的代议性、集体财产的共有性、诉讼行为的代行性等带来的固有诉讼问题。毕竟,单位犯罪案件在立案、侦查、审查起诉、审判、执行等诉讼环节相较于自然人犯罪案件诉讼程序有较大不同。而且,如果仅仅确立"企业合规特别程序",也与刑法对单位犯罪的规定不一致,恐难以适应未来改革发展的要求。第二种思路主张结合我国确立未成年人附条件不起诉制度的立法改革经验,在进行单位刑事案件诉讼程序立法时,除应将企业附条件不起诉制度作为核心条款确立以外,还应将先前已有的单位犯罪特别规定提炼纳入,同时兼顾了少捕慎押、检察机关提前介入、诉讼代表人等单位刑事案件诉讼程序的通用条款设计,以对单位刑事案件的诉讼程序进行"全流程"规范。这里拟从三个方面对确立单位犯罪特别诉讼程序的正当性作出理论上的论证。

首先,单位作为犯罪主体的特殊性。单位犯罪的主体是单位,其形式包括公司、企业、事业单位、机关、团体。与有血有肉的自然人不同,单位是一种

---

① 转引自〔美〕布兰登·L.加勒特:《美国检察官办理涉企案件的启示》,刘俊杰、王亦泽等译,法律出版社 2021 年版,第 206 页。

法律拟制主体,不可能亲自实施犯罪行为,其意志和行为必须通过负有代理责任的自然人(员工、主管以及其他利益相关人)才可能得以体现和实施。[①] 因此,就其性质而言,单位犯罪是一种拟制犯罪。这无疑会给单位和单位成员刑事责任的认定带来诸多难题。办案机关在判断单位犯罪是否成立时,对于是否需要判断其主观方面,如何判断其主观方面,自然人实施的危害行为究竟是单位行为还是个人行为,无论是理论上,还是实践中,都可能会存在认识上的分歧。加之《刑法》没有明确单位犯罪的归责原则,导致司法实践存在混乱,大量单位犯罪案件被以自然人犯罪案件处理。对于那些被认定为单位犯罪的案件,作为单位犯罪的责任承担者,单位犯罪中的关联人员是否属于独立的犯罪主体,其责任是否以及如何与单位责任实现分离,也都存在争议。在司法实践中,即使单位构成犯罪,检察机关也时常不将其列为被告人,而只对关联人员提起公诉,从而事实上将单位责任和关联人员责任进行了分离。总之,基于人格的拟制性、犯罪行为的代行性,单位犯罪(尤其是企业犯罪)与传统的自然人犯罪相比存在诸多显著差异,主要表现为两个方面:第一,犯罪行为更多地发生在秘密环境下,证据非常具有隐藏性,企业也更容易躲避和对抗司法,调查和发现真相需消耗巨大的司法资源;第二,犯罪行为经常非常复杂,隐藏在大量文件当中,相关证据还受到各种隐私条款的保护,然而政府的执法资源有限,难以满足调查犯罪的需要。正因如此,与传统的自然人犯罪相比,企业犯罪更加不好调查和追诉。[②] 为此,美国不仅通过规定企业不享有自然人所享有的一些诉讼权利(如不受不自证其罪原则的保护)等方式,降低企业的法律隐私保护程度,以使执法机关在信息获取上更加容易,还通过检察机关的内部规定建立了寻求企业主动放弃隐私、配合调查的路径。然而,中国现行《刑事诉讼法》是"以自然人为中心"进行设计的,未将单位作为犯罪主体予以特别对待,这给单位犯罪(尤其是企业犯罪)的妥善处理带来了诸多障碍。

其次,单位作为诉讼主体的特殊性。根据《刑法》第 31 条的规定,单位犯罪的,除分则和其他法律另有规定的以外,对单位判处罚金,并对其直接负责的主管人员和其他直接责任人员判处刑罚。这意味着,在实行"双罚制"的单位犯罪中,既要追诉单位,也要追诉关联人员。作为被追诉的对象,也作为刑

---

① 参见陶朗道:《民营企业刑事合规的解构与展望》,载《浙江工商大学学报》2021 年第 1 期。
② See Darryl K. Brown, "The Problematic and Faintly Promising Dynamics of Corporate Crime Enforcement", 1 *Ohio State Journal of Criminal Law* 521, 527 (2004).

事诉讼主体,单位当然享有获得律师帮助、提出排除非法证据的申请等广泛的诉讼权利,并承担相应的诉讼义务。但是,单位作为法律拟制主体,显然无法和自然人一样通过自己的行为参与诉讼活动,而只能通过诉讼代表人参与刑事诉讼,代其进行一定的诉讼行为。因此,在单位犯罪诉讼过程中,确定诉讼代表人就成为一个非常重要的问题。根据2021年《刑诉法解释》的规定,诉讼代表人原则上应当由单位自行委托,但是,由于单位表意机关存在着不确定性,诉讼代表人也时常面临着难以选定的情况。毕竟,"不同的单位针对不同的具体事项,决策机关和决策程序各不相同。或由单位的法定代表人或者主要负责人决定,或由领导层(董事会、理事会、厂委会)讨论决定,或由单位全体成员(股东大会、职工代表大会等)讨论决定,经过这些程序后单位成员的意志转化而形成了单位意志。"[①]这意味着,"能够代表单位意志"的主体,至少包括单位的决策机构(如董事会、股东大会等)、直接负责人、直接控制人,以及享有单位运营决策权和管理权的高级管理人员,甚至是经法定决策机构授权、指示的其他代理人。诉讼代表人依照法定程序确定后,其履职的法律后果能否因单位声称超出授权范围而被撤销?此外,在刑事诉讼进行过程中,单位还可能发生分立、合并,在这种情况下,如何选任诉讼代表人,才能最大程度地维护单位的合法权益?这些都是需要解决的现实问题。

最后,单位刑事诉讼目的的特殊性。我国《刑事诉讼法》虽历经1996年、2012年、2018年三次修改,但至今仍呈现出"以自然人为中心"的程序格局,而未对单位犯罪案件确立特殊的诉讼程序。不仅附条件不起诉制度并不适用于单位刑事案件,认罪认罚从宽制度虽没有适用罪名和可能判处刑罚的限定,但也是针对自然人犯罪案件来设计的。无论是对自然人犯罪,还是对单位犯罪,刑事诉讼活动长期以来都试图实现"惩罚犯罪"和"保障人权"的双重目标,并注重发挥"发现和甄别犯罪流水线"的功能。至于对行为人(除未成年人外)的行为矫正、犯罪预防等相关职能,则主要由刑罚执行部门在裁判生效后承担[②],并没有充分考虑单位(尤其是企业)犯罪案件的特殊性。也就是说,治理企业犯罪采取的基本上是"严刑峻法"模式("构罪就诉"),无论企业事后是否悔过,是否积极补救,是否配合执法。这既消耗了大量的司法资源,

---

[①] 万志尧:《单位犯罪宜更审慎认定——从"单位意志"与"责任人"入手》,载《法律适用(司法案例)》2019年第4期。

[②] 参见陈瑞华:《刑事诉讼的合规激励模式》,载《中国法学》2020年第6期。

也断绝了企业改过自新的机会。① 而一旦被检察机关提起公诉,企业通常都难逃被定罪的命运。这种传统的企业司法模式,既无法有效弥补企业犯罪对社会造成的损害,也难以有效治理企业犯罪问题,还会因处罚企业而殃及无辜第三人(例如不知情的股东、投资者、商业伙伴、员工、客户,等等),损害社会公共利益。这样的例子不胜枚举。即使出于保护企业生存和发展的考虑,检察机关例外地通过相对不起诉的适用(但相对不起诉的适用仍然处于较为低迷的状态),对一些犯罪情节轻微的企业裁量"出罪",在此项改革推行之前通常也不会对其提出合规整改的要求。由于企业管理制度上的漏洞、缺陷未能被及时堵塞和修复,难保不再发生同类违法犯罪行为。实际上,不少企业之所以走上犯罪的道路,主要是因为其合规管理的缺失。如果企业能够基于获得"出罪"机会、避免遭受更大损失的考虑,积极修复、消除合规管理漏洞和隐患,就可以大大降低再犯风险。或许,企业犯罪比自然人犯罪更容易实现有效预防,而且企业通常也比自然人更有能力赔偿被害方,恢复性正义理论更能适用于企业犯罪治理。②

总之,未来需要充分考虑单位(尤其是企业)与自然人作为犯罪主体的本质差异,转变单位犯罪司法的目的,调整单位犯罪的追究制度,尽快在《刑事诉讼法》中确立"单位刑事案件诉讼程序"。尤其应在借鉴域外审前转处程序运行经验的基础上,建构针对企业的附条件不起诉制度,以充分发挥程序法的"出罪"功能,激励企业进行有效的合规整改,自主承担部分犯罪治理责任,对内部的犯罪行为进行自我监督、自我发现、自我调查。美国司法部《司法手册》就"联邦起诉商业组织原则"作了专章规定③,对检察官处理商业组织犯罪案件的基本原则、检察官责任、企业刑事责任判断、特别裁量因素④、可适用的法律措施(包含 DPA 和 NPA)等作出了特别规定。毕竟,商业组织犯罪案件关乎的公共利益与自然人犯罪案件有较大不同。英国虽未对组织犯罪的诉讼程序作出特别规定,但却引入了"暂缓起诉协议",并将其独立成章,与违

---

① 参见陶朗道:《论中国治理企业违法的和解合规模式》,载《东北大学学报(社会科学版)》2021年第2期。

② See John Braithwaite, Gilbert Geis, "On Theory and Action for Corporate Crime Control", 28 *Crime & Delinquency* 292, 309 (1982).

③ See U. S. DOJ, Justice Manual, 9-28. 000—Principles of Federal Prosecution of Business Organizations, https://www.justice.gov/jm/jm-9-28000-principles-federal-prosecution-business-organizations#9-28.100.

④ 诸如企业历史、企业产权保护、企业配合调查情况、企业事前合规情况、企业补救措施、起诉企业的社会负效应以及其他民事诉讼,等等。

法所得没收程序、家庭法院程序、海关移民事项处理程序等并列,不仅明确了"暂缓起诉协议"仅适用于企业,也明确了检察官、法官处理企业犯罪案件时需要考虑的特别因素,还明确了案件信息的公开和保密规定等。加拿大、新加坡亦然,在引入"暂缓起诉协议"时,都作为独立一章规定,并明确相关内容只适用于企业。

四、企业附条件不起诉的适用对象

在确定了企业附条件不起诉制度的立法模式后,需要对该制度的适用对象这一重大争议问题展开讨论。实际上,在涉案企业合规改革探索过程中,合规考察的适用对象问题,就是个争议较大的问题。① 例如,合规考察制度是否应单独适用于"企业家"?如果只应适用于涉案企业,那么是适用于"中小微民营企业"还是"大企业"?是适用于"轻微企业犯罪"还是"严重企业犯罪"?又是否应对"非系统性企业犯罪案件"和"系统性企业犯罪案件"予以区别对待?② 这些争议问题有的已逐渐取得了基本共识,有的在当前仍有继续讨论的必要,尤其是拟建构的企业附条件不起诉是否可适用于"企业家"犯罪案件。

在涉案企业合规改革探索过程中,试点检察机关普遍将合规考察制度适用于"涉企犯罪案件",不仅包括企业本身构成单位犯罪的案件,还包括"企业家"个人实施的与生产经营活动密切相关的犯罪案件。例如,《烟台市检察机关企业合规改革试点实施细则(试行)》就明确规定,企业合规既适用于公司、企业实施的单位犯罪案件,也适用于实际控制人、高管、技术骨干等实施的与生产经营活动密切相关的犯罪案件;再如,《南山区人民检察院企业犯罪相对不起诉适用机制试行办法》也将"企业犯罪"解释为企业实施的单位犯罪,以及以企业名义或者为企业利益实施违反刑法规定的危害社会行为,但法律未规定追究单位刑事责任的犯罪。《第三方机制指导意见》第 3 条也明确了第三方机制(合规考察制度)的适用范围,既包括公司、企业等实施的单位犯罪案件,也包括"企业家"实施的与生产经营活动密切相关的犯罪案件。最高人民检察院发布的第二批企业合规典型案例"随州市 Z 公司康某某等人重大责任事故案"就属于这样的情形。在该案中,作为 Z 公司行政总监、安环部责任

---

① 参见李奋飞:《论企业合规考察的适用条件》,载《法学论坛》2021 年第 6 期。
② 参见陈瑞华:《企业合规出罪的三种模式》,载《比较法研究》2021 年第 2 期。

人、行政部负责人的康某某等人涉嫌重大责任事故罪,检察机关考虑到Z公司系外资在华企业,是当地引进的重点企业,每年依法纳税,并解决2500余人的就业问题,对当地经济助力很大,所属集团正在积极准备上市,如果公司管理人员被判刑,将对公司发展将造成较大影响,遂在征询Z公司意见后,对其作出合规考察决定,并在Z公司通过合规考察后,对康某某等人作出了不起诉决定。此举的合理性在于,有助于保护企业(尤其是民营企业)生存发展,也符合服务保障"六稳""六保"的要求。毕竟,那些被检察机关纳入试验对象的企业基本上都是"中小微企业",这些企业的生存和发展基本上依赖于涉案"企业家"的掌舵。如果不对其特别宽恕,而是"够罪就诉",就可能会发生"案子办了,厂子垮了"的局面。更何况,不少"企业家"实施的犯罪本质上就是企业犯罪,只是企业未被作为追诉对象而已。但即使如此,在进行立法设计时,还是不应将"企业家"犯罪作为附条件不起诉制度的适用对象。理由主要有二:

第一,从"放过企业家,顺带放过企业"的角度而言,现行制度已然提供了较大的空间,没有必要通过企业附条件不起诉对"企业家"特别出罪。现行《刑事诉讼法》规定了酌定不起诉,对于"犯罪情节轻微,依照刑法规定不需要判处刑罚或者免除刑罚"的"企业家"犯罪案件(刑期可能为三年以下有期徒刑或判处拘役、管制的案件),检察机关可以基于起诉"企业家"会对企业生存带来严重负面影响等考虑,对其予以裁量"出罪"。在纳入企业合规因素的改革试验中更是如此。认罪认罚从宽制度的确立,更为检察机关充分行使不起诉裁量权提供了重要的法律支撑。检察机关完全可以在那些轻微犯罪案件中,基于"企业家"认罪认罚等情节对其予以从宽处理。有研究指出,伴随着认罪认罚从宽制度的推行,以不起诉方式处理的认罪认罚案件的数量也在不断上升。[1] 当然,在司法实践中,检察机关在行使不起诉裁量权时仍然存在着"束手束脚"甚至"不敢用、不愿用、不会用"等情况[2],"企业家"犯罪也不例外。另外,对"企业家"犯罪,可在现行法的框架内"少捕慎押",慎用查封、扣押、冻结等措施。无论是对"企业家"的未决羁押,还是对涉案企业的查封、扣押、冻结等强制性处分,都会给企业的生产经营带来严重的影响乃至毁灭性的打击。实践中甚至时常出现"抓了一个企业家,就毁了一个企业"情形。然

---

[1] 参见闫召华:《认罪认罚不起诉:检察环节从宽路径的反思与再造》,载《国家检察官学院学报》2021年第1期。

[2] 参见童建明:《论不起诉权的合理适用》,载《中国刑事法杂志》2019年第4期。

而，在长期的司法实践中，即使是对承担经营和管理责任的"企业家"，羁押也是常态，甚至"一押到底"。近年来，最高人民检察院多次强调，对经营中涉嫌犯罪的民营企业负责人要"少捕慎押"，最大限度保证企业正常生产经营。对能够依法采取较为轻缓、宽和措施的，就不采用羁押、查封财产等强制性措施。在涉案企业合规改革试验过程中，不少检察机关都强调办理企业犯罪案件，应审慎适用羁押措施。有的地方规定原则上不采取逮捕的强制措施，已经逮捕的应当及时开展羁押必要性审查，依法予以变更或者建议变更。但办案理念的转换并不是一蹴而就的，在"企业家"犯罪案件中，"羁押率"目前仍在高位，超范围、超期限查封、扣押、冻结的情况也时常发生，导致不少涉案企业陷入无人管理、资金冻结的窘境。

第二，将企业附条件不起诉制度适用于"企业家"犯罪，对其特别"出罪"，容易被认为是对"有钱人"网开一面，进而引发公正性和正当性的质疑。毕竟，"对任何人犯罪，不论犯罪人的家庭出身、社会地位、职业性质、财产状况、政治面貌、才能业绩如何，都应追究刑事责任，一律平等地适用刑法，依法定罪、量刑和行刑，不允许任何人有超越法律的特权。"①因此，在改革试验过程中，不少人就对企业合规不起诉"既放过企业，又放过个人"的做法多有质疑②，认为这种处理方式尽管有其现实合理性，但却不符合法律适用平等原则。在不少人看来，既然这些"企业家"的行为已经被刑法规定为犯罪，其就应当依法受到追究，不能因为其对企业的生存发展具有重要作用，就设计特别的程序给予其特别"出罪"的机会。否则，就等于让犯罪的"企业家"拥有了（通过自己掌控的企业合规整改）免受刑事追究的特权，这既不符合公平正义的观念，也有放纵乃至鼓励"企业家"犯罪之嫌。虽然，"企业家"为社会创造了巨大的财富，其犯罪行为可能也考虑了企业利益或能够使企业实际受益，但是，其核心考虑仍然是自身利益③，并不值得特别同情，立法为其提供特别的"出罪"机会，缺乏充分理由。对"企业家"，"更多地应以个人犯罪的定罪

---

① 高铭暄、马克昌主编：《刑法学》（第八版），北京大学出版社、高等教育出版社 2017 年版，第 29 页。

② 有学者就指出，检察机关推行"企业合规改革"的目的，"与其说是保护企业，倒不如说是保护企业的经营者或者责任人"。参见黎宏：《企业合规不起诉：误解及纠正》，载《中国法律评论》2021 年第 3 期。

③ 参见陈学权、陶朗逍：《企业犯罪司法轻缓化背景下我国刑事司法之应对》，载《政法论丛》2021 年第 2 期。

量刑标准处理"①。更何况,即使是现行的附条件不起诉制度,也仅适用于未成年人涉嫌《刑法》分则第四章、第五章、第六章规定的犯罪且可能判处 1 年有期徒刑以下刑罚的案件,对情节较为严重(可能判处 3 年以上有期徒刑)已难以通过酌定不起诉"出罪"的"企业家"犯罪,设计特别"出罪"程序,既没有多少可行性,也不符合社会公共利益要求。

  总之,拟建构的企业附条件不起诉制度只能把涉嫌(重大)犯罪的企业作为适用对象,以实现与酌定不起诉的彻底分离。不过,不应以自然人可能判处的刑罚作为单位犯罪严重程度的根据,进而作为是否对其适用附条件不起诉的条件。② 至于罪名的范围,只要不是涉嫌危害国家安全犯罪、恐怖活动等犯罪,或者造成重大人员伤亡,以及其他检察机关认为不宜适用的犯罪,都可以适用。特别是《刑法》分则第三章"破坏社会主义市场经济秩序罪"、第五章"侵犯财产罪"、第六章"妨害社会管理秩序罪"、第八章"贪污贿赂罪"规定的单位犯罪,检察机关在裁量后认为符合适用条件的,应用尽用。③ 但无论如何,企业附条件不起诉都不应扩大适用于"企业家"。当然,检察机关如果经审查后认为"企业家"涉嫌的罪名实际是单位犯罪,可以追加企业为犯罪嫌疑单位,就如最高人民检察院第二批企业合规典型案例"海南文昌市 S 公司、翁某某掩饰、隐瞒犯罪所得案"一样。在这种情况下,检察机关将企业纳入合规考察对象,为其确定合规考察期限,并根据其合规整改情况来决定是否对其提起公诉,自然没有任何障碍。至于涉案"企业家",则可以与企业分开处置。④ 在此项改革试验过程中,检察机关在提起公诉时,通常都会根据案情,结合企业合规整改情况,对"企业家"提出轻缓量刑建议,以激励其积极推动、参与企业合规整改,且检察机关在现有法律框架内,为企业设置的合规考察期限也较短。但是,未来或将确立的企业附条件不起诉制度,合规考察期限较长,而"企业家"受审查起诉期限的严格限制,再以企业的合规整改情况作为对"企业家"宽大处理的依据,且不说有没有正当根据(实际有违责任主义原则,不利于有效预防犯罪),实务上可能也难以操作。一些域外国家(如英

---

  ① 参见孙国祥:《单位犯罪的刑事政策转型与企业合规改革》,载《上海政法学院学报(法治论丛)》2021 年第 6 期。
  ② 有学者认为,"法人犯罪与个人犯罪在罪责结构上有相互独立的法律期待,企业罪责与企业员工的罪责严重性并不具有必然关联"。参见陈卫东:《从实体到程序:刑事合规与企业"非罪化"治理》,载《中国刑事法杂志》2021 年第 2 期。
  ③ 参见李奋飞:《"单位刑事案件诉讼程序"立法建议条文设计与论证》,载《中国刑事法杂志》2022 年第 2 期。
  ④ 参见刘艳红:《企业合规不起诉改革的刑法教义学根基》,载《中国刑事法杂志》2022 年第 1 期。

国、法国)在适用暂缓起诉协议时,基本同时放过企业和"企业家"的做法也备受批判。而且,立法应适度超前,不应一味迁就目前作为试验对象的一些"中小微"企业所有权和管理权不分,甚至法人与法定代表人或实际控制人"人格混同"的现状。① 更何况,针对"企业家"涉嫌犯罪后企业出现管理空白、影响生产经营等问题,未来检察机关还可以与工商联共同探索建立"职业经理人托管涉案企业经营管理制度",由工商联指派相关行业职业经理人对涉案企业进行托管,确保涉案企业平稳过渡,减弱刑事追诉对涉案企业后续生产经营的影响。

五、企业附条件不起诉的条件设定

可以预见的是,企业附条件不起诉制度的确立,必然会带来检察裁量权的扩张,尤其是在程序启动问题上,检察机关必然拥有较大的裁量权。如何规范检察机关的自由裁量权,增强该制度适用的公平性和公信力,无疑是摆在立法者面前的重要课题。在之前的研究中,笔者曾以域外审前转处程序的适用为镜鉴,结合一些试点检察机关的初步探索,从六个方面对企业合规考察的适用条件进行了评析和重塑。② 这些条件对于规范企业附条件不起诉的程序启动大体上也是适合的,如果未来能够在立法上得以确立,特别是能够引入更多的控辩协商因子③,使得企业可以在程序启动、条件设定等相关诉讼事项上与检察机关进行平等的协商和理性的说服,无疑有助于防范检察裁量权的滥用,保障企业合规整改的顺利进行,进而有助于保障案件的处理结果符合社会公众的整体利益和普遍期待。篇幅所限,不再赘述,这里仅就企业附条件不起诉制度的条件设定中的几个争议问题进行讨论。

(一)合规考察期的设定问题

在涉案企业合规改革的推行过程中,合规考察期限的设定是个争议较大的问题。其中又包含三个方面的问题:一是合规考察期限的设定权限。在域外,暂缓起诉的协议条款(包括但不限于考察期)由检察机关与企业协商确

---

① 参见陈瑞华:《中小微企业的合规计划》,载《民主与法制》2022年第11期。
② 参见李奋飞:《论企业合规考察的适用条件》,载《法学论坛》2021年第6期。
③ 这不应该有任何理念障碍。毕竟,按照《第三方机制指导意见》的规定,"第三方机制"的适用是以涉案企业自愿为前提的。参见李奋飞:《论企业合规检察建议》,载《中国刑事法杂志》2021年第1期。

定。在涉案企业合规改革试验过程中,针对合规考察期限的设定权限,试点检察机关探索了几种不同的做法。有的地方由检察机关根据案件具体情况确定合规考察期限;有的地方由检察机关会同行政监管机关设定合规考察期限;而有的地方则交由第三方监管人根据案件具体情况和涉案企业承诺履行的期限,确定合规考察期限(《第三方机制指导意见》认可了此种做法)。有研究者在其提出的《立法建议稿》中主张,合规考察期限由第三方监管人根据案件情况和涉案企业承诺履行的期限来确定,但需经办案机关审查。笔者认为,合规考察期应该由检察机关在听取第三方监管人和企业意见的基础上裁量决定,而不宜交由第三方监管人确定。理由很简单,检察机关作为刑事审前程序的主导者[1],自然应当主导附条件不起诉程序。而作为附条件不起诉的有机组成部分,合规监督考察(包括但不限于考察期限的确定)同样也应由检察机关主导进行,因此,合规考察期限的确定,没有交给第三方监管人来确定的法理依据。

二是考察期限的具体时间。在涉案企业合规改革探索过程中,有的试点检察机关仅为涉案企业设置 1 至 2 个月的考察期;有的试点检察机关为被纳入合规考察的企业设置 3 个月的考察期,遇有需要延长的情况,可以延长至 5 个月;也有试点检察机关为被纳入合规考察的企业设置 1 个月以上 6 个月以下的考察期;还有一些试点检察机关利用对犯罪嫌疑人取保候审的期限(取保候审的期限最长为 12 个月,因此对自然人审查起诉的期限最长也可以达到 12 个月),为被纳入合规考察的涉案企业设置 6 个月至 1 年的考察期。[2] 显然,要求企业在如此短的时间内实现有效的合规整改是很困难的,甚至是无法完成的任务。"一项刑事合规计划的有效性应当体现在三个方面:设计的有效性、执行的有效性和结果的有效性。"[3]因此,未来立法必须合理设置合规考察的考察期限。目前对于应该设置更长的考察期这一问题,研究者显然已达成基本认识。有的学者建议,应在法定的审查起诉期限之外,为涉案企业设置 1 至 3 年考察期;也有研究者建议,将考察期设置为 6 个月以上 5 年以下。笔者认为,考虑到纳入附条件不起诉程序适用对象的一般为比较严重的

---

[1] 参见李奋飞:《论检察机关的审前主导权》,载《法学评论》2018 年第 6 期。
[2] 在美国,"2000 年至 2011 年协议平均履行限为 28 个月,最长的为 60 个月,最短的为 6 个月。"叶良芳:《美国法人审前转处协议制度的演进及其启示》,载陈兴良主编:《刑事法评论》第 31 卷,北京大学出版社 2012 年版,第 92 页。
[3] 参见郭小明、刘润兴:《如何确保刑事合规计划得以有效实施》,载《检察日报》2021 年 8 月 6 日,第 3 版。

企业犯罪,不仅需要对其经营模式和商业模式进行"去犯罪化"改造,通常还需要督促其建立有针对性的专项合规管理体系(尤其是对那些规模较大、合规管理较为复杂的企业),从而不仅可以有效降低其再次实施同类犯罪的可能性,还有助于从整体、全面和长远的角度发挥预防相关犯罪的效用。① 这就要求合规考察期不宜过短(以不少于1年为宜);另外,为了不影响企业进行合规整改的积极性,合规考察期也不宜设置过长(以不超过3年为宜)。具体到个案中,检察机关则应根据案件的实际情况(如犯罪行为的性质、情节、企业的规模、内部合规治理的情况等),并在充分尊重企业和第三方监管人意见的基础上,裁量确定。

三是考察期限可否因案调整。在涉案企业合规改革试验中,有的试点检察机关明确规定,可以根据实际情况延长或者缩短考察期限。② 在最高人民检察院印发的第二批企业合规典型案例"张家港S公司、睢某某销售假冒注册商标的商品案"中,经向上级检察机关请示并向张家港市企业合规监管委员会报告后,张家港市检察院联合公安机关对S公司启动合规监督考察程序,确定6个月的整改考察期。后鉴于该公司员工数少、业务单一、合规建设相对简易的情况,第三方监督评估小组提出缩短合规监督考察期限的建议。检察机关听取市场监督管理部门、税务部门意见后,决定将合规监督考察期限缩短至3个月。2021年8月16日至18日,第三方监督评估小组对该公司合规有效性进行评估,出具了合规建设合格有效的评估报告。基于此,有研究者建议,"人民检察院可以根据案件情况延长或提前结束合规考验期。"理由是,企业可能在考察期届满之前就完成了合规整改,因此应允许其向检察机关提出提前结束合规考察的申请,以提高其进行合规整改的积极性。另外,对于没有在考察期内完成合规整改的企业,检察机关考虑到其前期投入的合规成本,也可以决定适当延长考察期。

笔者认为,合规考察期设定后,不宜再赋予检察机关调整(缩短或延长)的权力。这不仅是因为域外鲜有这样的立法例,还因为"国外的合规实践表明,制定实施合规计划者众,但有效者较少"③。而在中国,作为此项改革试验对象(未来甚至很可能还要作为企业附条件不起诉的适用对象)的企业,绝大多数都是中小微(民营)企业,这些企业基本上都存在着规章制度严重缺失或

---

① 参见陈瑞华:《企业有效合规整改的基本思路》,载《政法论坛》2022年第1期。
② 如《上海市松江区人民检察院关于开展企业合规试点工作办法(试行)》。
③ 参见周振杰:《刑事合规的实践难题、成因与立法思路——以企业合规改革试点典型案例为视点》,载《政法论丛》2022年第1期。

者整体失灵的问题。也就是说,这些企业在经营和管理层面,既"无法可依",也"有法不依",甚至违法犯罪行为还时常会受到某种程度的鼓励。这些企业究竟是否能在考察期内完成建章立制、消除"基因缺陷"、激活治理结构等合规整改工作,已让人心存疑虑。因此,为了避免"纸面合规""虚假合规",确保合规整改的有效性,实现减少和预防再犯的效果,不应以企业提前完成合规整改为由对考察期予以缩短。另外,在考察期内根据监督考察机关的要求完成有效合规整改,建立一套有效预防犯罪的管理机制,是被附条件不起诉的企业应承担的核心义务。如其不能珍惜"合规出罪"的机会,真诚地去除经营模式中的"犯罪基因",建立有针对性的合规管理体系,而只是"打卡"般地简单拼凑合规要素,就应当承担相应的不利后果(包括但不限于被起诉以至于被定罪判刑成为犯罪单位)。因此,允许检察机关考量其前期付出的合规成本,并延长考察期,缺乏正当依据。

(二)"刑事罚"的增设问题

在涉案企业合规刑事立法相关讨论中,是否有必要增设"刑事罚"(或称"检察罚"),并将其作为企业附条件不起诉程序的考察条件,也是个争议较大的问题。从域外企业犯罪暂缓起诉制度的适用情况来看,涉案企业(尤其是大型企业)在与执法机关达成和解协议后,大多需要缴纳大额乃至天价的罚款。以空中客车行贿案为例。美国司法部以其违反贿赂犯罪有关法律为由,在哥伦比亚地区法院提起了公诉。最终,空中客车公司与美国、英国、法国的检察机关分别签署暂缓起诉协议,缴纳了共约40亿美元的罚款,其中6亿美元支付给美国,24亿美元给法国,10亿美元给英国。[①] 再以格力集团产品质量案为例。格力珠海(集团总部)及其旗下两个子公司格力香港、格力美国(格力香港是格力美国的大股东)因销售可能起火的不合格除湿机而面临刑事指控。格力香港、格力珠海最终与美国司法部达成暂缓起诉协议,同意支付9100万美元罚款,承诺对相关受害的消费者进行赔偿。在暂缓起诉协议制度推行过程中,企业通过履行足额缴纳罚款等各项义务,虽然获得了"出罪"处理,但也为自己的违法犯罪行为付出了代价。对于以营利为目的经济组织体而言,这实际上具有与"罚金刑"同样的惩罚和威慑效果,也被认为是对已经构成犯罪的企业予以"出罪"的正当依据所在。

---

① 参见全国"八五"普法学习读本编写组编:《企业合规通识读本》,法律出版社2022年版,第58页。

但是,中国尚未建立行政处罚与刑事处罚一体化的责任制度,检察机关作为国家法律监督机关并不拥有对涉案企业实施罚款等经济制裁的权力。在涉案企业合规改革试验中,检察机关通常只能在对涉案企业作出不起诉处理后,通过检察建议等方式督促行政监管机关对其进行行政处罚,从而让其为自己的"违法"行为承担相应的经济制裁(绝大多数企业犯罪都属于"行政犯")。但是,行政监管部门和检察机关毕竟分属不同的系统,难免在办案程序衔接上出现各种问题。① 正如有学者所指出的:"实践中,行政机关收到检察建议或者司法建议后,有的需要重新启动行政处罚程序,不仅时间长、效率低,还面临证据保存、移交等方面的问题。"② 这一切,无疑会影响拟建构的企业附条件不起诉制度在替代"罚金刑"方面的作用发挥,甚至可能导致企业犯罪在一定程度上被纵容。因此,建议在刑事诉讼法立法时增设作为罚金替代措施的"刑事罚",使检察机关可以在充分听取并考量行政机关和企业意见,并在结合行政处罚、刑罚裁量等因素的基础上,责令被列为附条件不起诉适用对象的企业向国库缴纳一定数额的罚款,而不必再等不起诉决定作出后,督促行政监管机关对其给予行政处罚。这不仅与检察机关的司法机关地位没有冲突,反而是检察机关作为企业附条件不起诉制度主导者的应有之义,具有正当性和必要性,尤其有助于避免和解决合规激励的不确定性等行刑衔接中的诸多问题。特别是当外国企业在华涉嫌违法犯罪时,"刑事罚"也能成为中国司法机关的有力武器。

(三) 合规整改的监管方式问题

从域外经验来看,有效的合规整改离不开科学、合理的合规监管。在涉案企业合规改革推进过程中,试点检察机关对合规监管进行了卓有成效的探索,并大体上形成了自我监管、行政机关监管和第三方监管等几种监管方式。2021年6月3日,最高人民检察院在借鉴汲取域外合规监管制度经验和教训的基础上,推动建立了"涉案企业合规第三方监督评估机制",与企业监管相关的行政机关、团体组织联合协作,共同负责企业合规整改的监督和指导工作。对于那些符合改革试点适用条件的案件,检察机关则交由第三方机制管委会选任组成第三方组织,对涉案企业的合规承诺进行调查、评估、监督和考

---

① 参见李奋飞:《涉案企业合规刑行衔接的初步研究》,载《政法论坛》2022年第1期。
② 参见袁雪石:《整体主义、放管结合、高效便民:〈行政处罚法〉修改的"新原则"》,载《华东政法学院学报》2020年第4期。

察。第三方组织的考察结果,可以作为检察机关对涉案企业作出处理的重要依据。这一监管方式既统筹了合规专家、律师、会计师、审计师和相关监管部门中具有专业知识的人等专业人员的合规工作资源,又以司法、行政、行业联合督导的形式避免了合规监管工作的混乱,已成为"一种得到各方普遍接受的方式"。①

未来立法时应将此种方式确认下来,并有必要明确检察机关自行监管和第三方监管之间的关系。虽然第三方机制的适用对实现有效合规整改至关重要,但并不是每个被附条件不起诉的案件都需要。② 尤其是随着涉案企业合规改革的深入推进,检察官办理企业合规案件的经验将越来越丰富,也会逐渐掌握公司治理、企业管理的专业知识和技能,特别是对于那些合规整改难度较小或者企业已经初步建立了自成体系的合规管理制度的案件,检察机关自主履行合规监管职能,监督和指导企业实现有效合规,完全可以胜任,也更能实现社会资源的优化配置。为避免实践中泛用第三方机制,从而造成不必要的资源消耗,未来最高人民检察院还可以通过司法解释进一步明确,第三方机制只适用于那些合规整改难度较大的案件,如企业规模较大、涉罪情节较重、合规基础较差等。对于适用第三方机制进行监督考察的,检察机关应当为其了解案件有关情况提供必要的便利。至于第三方组织的产生方式,可以借鉴域外国家的做法,由检察官提名三人或涉案企业提名三人,再由另一方在提名人选中选出。任命企业认可的第三方组织,是二者配合地落实合规整改工作的重要前提。③ 第三方组织的职责主要是监督和评估涉案企业的合规整改工作,确保合规整改到位,预防再次实施犯罪。其虽从企业处获取报酬,但却不是为企业工作,也不是为检察官工作,具有独立、中立的地位。此外,有研究者在《立法建议稿》中建议,除了应确立第三方监管外,还应确立委托行政机关监管的方式。虽然行政机关对企业负有规制责任,熟悉特定领域的法律法规,由其进行合规监管也能够保障监管的独立性、专业化和权威性。④ 但是,考虑到第三方机制已有行政机关的参与,且此种监管方式的有效性取决于行政监管部门能否积极配合,似已没有必要再在立法中确立此种监

---

① 参见陈瑞华:《合规监管人的角色定位——以有效刑事合规整改为视角的分析》,载《比较法研究》2022年第2期。
② 在美国检察官与企业达成的暂缓起诉和不起诉协议中,仅有四分之一要求聘请合规监管员,其中涉及证券欺诈或违反《反海外腐败法》的案件最为普遍。参见〔美〕布兰登·L.加勒特:《美国检察官办理涉企案件的启示》,刘俊杰、王亦泽等译,法律出版社2021年版,第215页。
③ 参见李奋飞:《论企业合规考察的适用条件》,载《法学论坛》2021年第6期。
④ 参见陈瑞华:《企业合规不起诉制度研究》,载《中国刑事法杂志》2021年第1期。

管方式。

六、余论

涉案企业合规改革的最终目标,是在充分试验的基础上[1]将司法推动企业合规建设的制度创新写入法律。为彻底改变中国长期以来"以自然人为中心"的刑事诉讼程序格局,笔者提出了单位特别诉讼程序的整体立法观,建议在"特别程序"一编中增设专章确立"单位刑事案件诉讼程序",并在该章中将"企业附条件不起诉"作为独立于"认罪认罚从宽"的制度进行建构。在此基础上,本章重点围绕适用对象、条件设定等企业附条件不起诉制度具体建构中的几个争议问题进行了讨论。

但是,企业合规作为单位犯罪刑事责任的减免事由,需要刑事实体法的确认。因此,要全面建立企业合规制度,除了需要对《刑事诉讼法》进行修改外,还需要对《刑法》进行同步修改,以便为《刑事诉讼法》立法修改融入合规的程序设计提供实体法依据。至于企业合规刑法立法模式问题,建议继续采取刑法修正案模式。从1997年《刑法》施行以来,中国现已颁布了十二个刑法修正案,可见刑法修正案已成为修改、补充现行刑法典的一种主要方式。建议未来刑法修正案能够围绕以下几个问题对《刑法》作出修改完善。

其一,明确单位犯罪的归责原则,并在其中纳入合规抗辩的规定。建议在《刑法》第30条后增加一条为"第30条之一":"【单位犯罪的归责原则】以单位名义实施犯罪,违法所得归单位所有的,是单位犯罪;但是,犯罪行为发生时,单位尽到合规管理义务的,不负刑事责任。"如前所述,由于《刑法》没有明确单位犯罪的归责原则,导致司法实践出现了不少问题,尤其是罪责刑适用错误。因此,立法明确合规的法律地位,需要以明确什么是单位犯罪为前提。最高人民法院于2000年发布《全国法院审理金融犯罪案件工作座谈会纪要》(以下简称《纪要》),这是中国唯一一次在正式文件中对单位犯罪的归责原则予以明确:"以单位名义实施犯罪,违法所得归单位所有的,是单位犯罪。"虽然《纪要》效力层级较低,鲜有司法人员在法律文书中直接援引,但却奠定了司法实践的基础共识,即单位犯罪的归责原则包括"以单位名义"和"为单位利益"两个客观要件。司法实践中的争议是,有司法人员认为严格责

---

[1] 参见李奋飞:《司法改革的实验方法——以试点方案的类型化设计为研究对象》,载《法学》2017年第8期。

任易导致单位过度归责,因此增加了"体现单位意志"或者"单位集体研究决定或者负责人决定"的判断要件。上述争议存在的根源在于,单位是拟制"人",是否判断其主观方面、如何判断其主观方面存在难度。如2017年兰州市中级人民法院雀巢"中国企业合规无罪抗辩第一案"判决所示,单位存在有效的合规管理体系主要证明其主观方面不存在过错,对预防犯罪尽到了注意义务,不应当承担刑事责任。这为判断单位主观方面提供了一种新思路,即以单位是否尽到"合规管理义务"的客观行为推断其犯罪是否存在主观过错,对无过错的企业免责。这一做法与域外绝大多数国家所采用的同一性规则本质相同。中国应当明确单位犯罪的归责原则,将《纪要》和实践所确认的"以单位名义实施犯罪,违法所得归单位所有"作为基础归责要件,同时赋予单位以"尽到合规管理义务"为由进行无罪抗辩的权利。这样,既可解决长期以来的单位犯罪主观认定难题,又能以无罪抗辩空间激励企业建立事前的、日常的合规管理制度,二者共同构造大小均衡的企业"犯罪圈"。

其二,明确单位事后合规可以从轻和减轻罪责。建议在《刑法》第68条后增加一条为"第68条之一"作为"第四节 单位合规":"单位在犯罪以后实现有效合规管理的,可以从轻或者减轻处罚。其中,犯罪较轻的,可以免除处罚。"以"自首"的法定从轻规定为参照,明确单位事后合规可以从轻和减轻罪责的基本定位,可以为企业附条件不起诉等诉讼程序设计提供依据。与自然人犯罪相比,单位犯罪的"社会可责度"一般较低,"污名化"带来的社会成本却通常较高。因此,与其严惩有罪企业,使其陷入生存困境,不如通过刑罚的减让激励企业进行合规整改,自主地实现对违法犯罪的有效预防。对于那些通过合规整改,实现有效合规管理的企业,刑罚的惩罚和预防目标已提前实现,缺乏继续落实罪名和刑罚的必要性。检察机关主导的这场改革试验之所以能取得较大成就,一定程度上也证明企业通过事后合规获得"出罪"资格的理念,已经能够为中国社会所接纳。考虑到"合规"与"自首""立功"都属于通过事后补偿性行为对事前罪责进行消减,在"刑罚的具体运用"一章,将其作为与之并列的法定从轻、减轻情节,符合中国的立法体例。考虑到单位在合规整改中需要花费大量的成本和资源,也考虑到"有效合规管理"在社会危险性消除、再犯预防等方面的突出作用,应当至少赋予"事后合规"与"自首"相当的从宽幅度,甚至可以在"犯罪情节较轻"的前提下达到免除处罚的结果。这样做的主要目的是为刑事诉讼法修改融入合规的程序设计提供实体法的依据。如同认罪认罚的从宽功能贯穿整个刑事诉讼程序一样,合规也正在成为单位犯罪诉讼全流程的从宽处理事由。但是,与"认罪认罚""自首""立功"等不同的是,单位"事后合规"需要经过一个长期过程,"有效合规管理"也需要经过司法人员的评估和确认,因此单位需要通过特别化的诉讼程序才能最终获得"出罪"或者其他从宽处理。对此,刑事诉讼法学界较为一致地认为,应当对单位犯罪建立特别诉讼程序,预期包含企业附条件不起诉、合规撤回起诉、合规量刑从宽等多环节转处的分流设计。然而,单位能在犯罪后进入特别程序,以有效合规管理换取宽缓处理的结果,需要以刑事实体法确认合规的罪责减免功能为前提,否则存在违背罪刑法定原则的隐忧。明确事后合规作为单位刑事责任的基础,就发挥了这样的功能,也为程序法以合规为核心的细密化分流和个案化考察提供依据。

其三,增设单位缓刑制度。建议在《刑法》第 77 条后增加一条为"第 77 条之一":"【单位合规缓刑】对于犯罪单位,尚未实现有效合规管理的,可以宣告合规缓刑。合规缓刑的考验期限为一年以上三年以下,从判决确定之日起计算。考验期满的,人民法院可以根据案件情况和犯罪单位合规整改情况,决定是否执行原判刑罚。"在域外,合规进入刑事司法领域就是从作为一种新兴的缓刑种类开始的。20 世纪中叶,随着一些企业犯罪"屡罚不止"情况的出现,美国司法机关开始认识到,以罚金为核心的传统刑罚手段难以充分实现犯罪预防的目标,于是法院开创了"合规缓刑"(也称"组织缓刑")[1],纳入了一种结构修正主义的刑罚措施。美国于 1987 年将"合规缓刑"正式写入《联邦量刑指南》,赋权法院在对组织依法定罪和处刑时,宣告 5 年以内的缓刑考验期,在此期间监督其进行合规整改,对那些实现有效合规的组织减免原判罚金。[2] 每年,美国合规缓刑的适用率高达 62%[3],中国中兴通讯公司也通过了美国合规缓刑的考验期。中国也可以考虑将"合规缓刑"作为《刑法》纳入合规的重要一环,赋权法院以减免罚金为激励,督促企业进行合规整改,进一步保证每一个经过审判的犯罪企业都能由内而外地改过自新。更何况,设置"合规缓刑",能更好地确保企业附条件不起诉、合规撤回起诉等前置合规激励程序发挥功能。实践中,企业进行合规整改,需要投入大量的成本,一些企

---

[1] See Marjorie H. Levin, "Corporate Probation Conditions: Judicial Creativity or Abuse of Discretion?", 52 *Fordham Law Review* 637, 638 (1984).

[2] See USSG, Section 8D.1.1(a)(3).

[3] See Homer, Emily M, "Examining Corporate Blameworthiness in Relation to Federal Organizational Sentencing for Probation and Corporate Monitors", Electronic Theses and Dissertations, University of Louisville, p. 15 (2020).

业甚至宁可被定罪和判处罚金,也不愿意费时费力地争取"合规出罪",而"合规缓刑"的存在就能消除这部分企业的惰性心理,因为与其等到最后被"强制合规",不如早些"自愿合规"。在合规缓刑的启动方面,人民法院可以根据单位的犯罪情节、案件对社会公共利益的影响、单位的再犯风险等因素决定宣告合规缓刑。根据域外企业进行合规整改的一般经验,合规缓刑的考验期应当为1年至3年,法院可以设置的考验条件与企业附条件不起诉的规定基本相同,包括缴纳罚金、赔偿损失、进行合规整改等。在合规缓刑的执行方面,涉案企业合规改革试验已经为合规监督考察工作的落实奠定了基础,不会造成过大的司法资源负担。法院在判决合规缓刑之后,可以交由第三方机制执行,并由检察机关以刑罚执行监督权为依托,全面督导合规监管工作,法院在考验期届满时进行验收,决定对那些实现有效合规的单位减免原判罚金,对那些无效合规的单位执行原判刑罚。

第十二章　企业合规刑事诉讼立法建议稿及论证

最高人民检察院部署推动的涉案企业合规改革试验取得了阶段性成效,其影响和前景获得了社会各方的高度认可。但是,公检法三机关对企业涉罪案件从宽处理,监督企业合规整改,需要刑事程序法的赋权。因此,随着涉案企业合规改革的深入推进,需对《刑事诉讼法》进行及时修改,将企业合规建设的制度创新和成功做法加以固定,从而于法有据地提升企业合规建设的司法推动力。就立法方案而言,为解决责任主体的双重性、表意机制的代议性、集体财产的共有性、诉讼行为的代行性等带来的固有诉讼问题,确保单位刑事案件得到妥善处理,宜在"特别程序"一编中设立"单位刑事案件诉讼程序"作为第二章。"单位刑事案件诉讼程序"除了包括合规附条件不起诉等核心条款以外,还应涵盖办理单位刑事案件的方针与原则、诉讼代表人、强制性措施、责任主体分离追诉等基础条款,以对单位刑事案件的诉讼程序进行"全流程"规范。

一、起草说明
二、立法条文设计说明
三、余论

一、起草说明

最高人民检察院近年来积极回应人民诉求和时代需要,在加强民营企业司法保护的政策背景下,将办案职能向社会治理延伸,创造性地将企业合规纳入涉企案件的办理过程之中,使之成为对涉案企业或负有责任的自然人作出不起诉等从宽处理的重要依据,并将"严管"和"厚爱"相结合,办理了一批企业合规案件,挽救了不少对经济发展具有重要作用的企业。虽然此项改革到现在也存在一些疑议,但其影响和前景却获得了社会各界的高度认可。

时任最高人民检察院检察长张军在2022年的全国检察长(扩大)会议上明确要求:"各地要积极主动争取党委政府支持,依法可适用合规监管整改的都要用,为推动立法打好基础。"涉案企业合规改革的归宿必然是一场国家层面的法律制度革新:一方面企业合规作为单位犯罪刑事责任的减免事由,需要刑事实体法的确认;另一方面公检法三机关对企业涉罪案件从宽处理,监督企业合规整改,需要刑事程序法的赋权。因此,随着涉案企业合规改革的深入推进,需要对《刑法》《刑事诉讼法》进行及时的修改,吸收和优化试点中的合规从宽实践经验,从而于法有据地提升企业合规建设的司法推动力。

就《刑事诉讼法》的修改而言,应考虑正式建立适用于单位犯罪案件的附条件不起诉制度。至于具体法律条款设计,研究者主要提出了两种立法思路:一是"认罪认罚从宽制度融合说";二是"特别程序制度增补说"。前者认为合规附条件不起诉是认罪认罚制度框架下的一种特别不起诉制度,与《刑事诉讼法》第182条规定的认罪认罚的特别不起诉制度具有"同源性",并主张在现行《刑事诉讼法》第182条之后增加两个条款作为第182条之一和第182条之二。① 后者基于企业合规刑事案件的特别性,建议在《刑事诉讼法》中为企业合规制定"特别程序",并将其作为《刑事诉讼法》特别程序体系中的第六种类型。②

无论是"认罪认罚从宽制度融合说",还是"特别程序制度增补说",都有其可取之处,但也都有待商榷。认罪认罚从宽制度和附条件不起诉制度的本质属性难以相融③,而如果只是设定"企业合规特别程序",不仅与《刑法》对

---

① 参见李勇:《企业附条件不起诉的立法建议》,载《中国刑事法杂志》2021年第2期。
② 参见杨宇冠:《企业合规与刑事诉讼法修改》,载《中国刑事法杂志》2021年第6期。
③ 参见李奋飞:《论企业合规考察的适用条件》,载《法学论坛》2021年第6期。

单位犯罪的规定不一致,也难以适应未来改革发展的要求,尤其是如果不建立配套的单位犯罪特别程序,无法解决责任主体的双重性、表意机制的代议性、集体财产的共有性、诉讼行为的代行性等带来的固有诉讼问题,进而会妨碍单位犯罪案件的妥善处理。有鉴于此,本章拟结合我国确立未成年人附条件不起诉制度的立法改革经验,起草"单位刑事案件诉讼程序"立法建议条文,并逐条进行论证。2012年《刑事诉讼法》修改时将"未成年人刑事案件诉讼程序"独立成章,而"附条件不起诉"只是作为其中的内容之一,该章将先前已经存在的未成年人辩护问题和公开审理问题纳入,并从原则、犯罪记录封存等角度进行整体化规范。基于这种相似的改革历史和立法整体观,我国在进行单位刑事案件诉讼程序立法时,也应当将先前已有的单位犯罪特别规定纳入,并在此基础上进行提炼和丰富,在"特别程序"一编中确立"单位刑事案件诉讼程序"作为第二章。

作为"单位刑事案件诉讼程序"的核心内容,"合规附条件不起诉制度"的相关条款设计,可以通过对未成年人附条件不起诉的程序改造来完成,主要包括程序启动、合规监督考察、法律后果三个方面的基础规定。其他相关细节问题则应通过司法解释或单行规定的方式予以明确,以避免法条繁杂。考虑到在办理单位刑事案件的整个诉讼过程中,都应允许、鼓励乃至要求涉案单位落实合规整改,需要专门设计合规撤回起诉条款,使检察机关在提起公诉后,仍可以以需要对被告单位作附条件不起诉处理为由向人民法院申请撤回起诉,人民法院也可以在必要时建议检察机关撤回起诉并作出附条件不起诉的决定。鉴于检察机关在涉案企业合规改革试点过程中创造的独具中国特质的"检察建议模式"有着制发时间、对象较为灵活的优势,立法时不仅应将其确立下来,还可以考虑把合规建议权扩展到其他办案机关。此外,"单位刑事案件诉讼程序"还涉及办理单位刑事案件的方针与原则、诉讼代表人、检察机关提前介入、强制性措施、责任主体分离追诉等基础条款。总之,只有对单位刑事案件的诉讼程序进行"全流程"规范,才有助于彻底改变"以自然人为中心"的刑事诉讼程序格局[①],并确保"以提供合规从宽机会为激励、以确认落实合规整改为归宿"的新型法律规则得以有效实施。

---

① 参见时延安:《单位刑事案件的附条件不起诉与企业治理理论探讨》,载《中国刑事法杂志》2020年第3期。

二、立法条文设计说明

第二百八十八条【方针与原则】

对涉嫌犯罪的单位实行合规从宽的方针,坚持依法惩处和平等保护相结合的原则。

监察机关、人民法院、人民检察院和公安机关办理单位刑事案件,应当注意维护社会公共利益和单位信誉,维护涉案单位正常运行。必要时,可以商请相关行政机关派员参与办理。

涉嫌犯罪的单位及其辩护人可以向监察机关、人民法院、人民检察院和公安机关承诺进行合规整改,请求从宽处罚。

说明:本条第 1 款参考"未成年人刑事案件诉讼程序"的规定(《刑事诉讼法》第 277 条)明确了办理单位刑事案件的基本方针和原则。就犯罪成因而言,未成年人刑事案件和单位刑事案件具有一定的共性。未成年人之所以走上犯罪道路,除了自控能力差等原因以外,主要还是因为成长环境、学校教育等未能培养起良好的生活学习习惯。而单位尤其是企业之所以实施危害社会的行为,也与市场经济发展初期国家监管资源有限、力度不够有关,致使一些企业的经营方式较为粗放,存在遗留的违法犯罪风险,甚至形成了通过越轨方式获取高额利润的野蛮式商业模式。有些企业不要说通过建立完善的企业内部控制机制对员工、客户、第三方合作伙伴和被并购方的经营活动进行必要的监管,甚至可能默许、放任乃至鼓励他们从事带有冒险性的甚至是违法犯罪的投资和经营活动。就犯罪治理而言,未成年人司法和组织体司法也遵循着大致相同的思路。对犯罪的未成年人,需要实行"教育、感化、挽救"方针,坚持"教育为主、惩罚为辅"原则,并通过附条件不起诉为未成年犯罪嫌疑人提供审前转处途径,同时也为其接受教育矫治、顺利回归社会提供机会和途径。而对于犯罪嫌疑单位、被告单位,办案机关尤其是检察机关也在逐渐转变司法理念,特别是涉案企业合规改革推行以来,检察机关开始更多地关注企业犯罪案件处理的"后半篇文章"[①]。一些试点地区通过释放现有检察权能所蕴含的从宽处理空间,尤其是相对不起诉,吸引、激励涉案企业根据检察机关的要求,在第三方机制的保障下进行合规整改,真正去除经营模式中

---

① 参见陈卫东:《从实体到程序:刑事合规与企业"非罪化"治理》,载《中国刑事法杂志》2021 年第 2 期。

的"犯罪基因",从而达到良好的犯罪预防效果。中共中央、国务院印发的《关于营造更好发展环境支持民营企业改革发展的意见》强调"健全执法司法对民营企业的平等保护机制"。将依法惩处与平等保护相结合,这与检察机关在改革试验中探索出的"真严管、真厚爱"理念一致。据此,本条第1款将办理单位刑事案件的基本方针和原则确定为"对涉嫌犯罪的单位实行合规从宽的方针,坚持依法惩处和平等保护相结合的原则"。

第2款是关于办案机关维护社会公共利益和单位合法权益以及行政机关配合参与的规定。首先,第2款要求办案机关在办理单位刑事案件时,应当注意维护社会公共利益。所谓"社会公共利益",是指社会公众都享有的非独占的、为一个社会生存所必需的利益。如果办案机关能够在办理单位刑事案件时将维护社会公共利益作为新要求,不仅可以有效地防止司法裁量权的不当行使,也有助于保障单位刑事案件的处理能够符合社会公众的整体利益和普遍期待。当然,公共利益衡量无法抽象实现,必须在个案中进行具体分析。办案机关在进行公共利益衡量时,应当重点考量单位涉嫌的犯罪性质、情节和危害后果、规模、运行状况、容纳就业情况、发展前景、是否有违法犯罪前科、单位高层的参与广度和深度,以及追诉单位对没有参与犯罪行为的员工等可能造成的负面影响大小等因素。其次,第2款还要求办案机关注意维护涉案单位的信誉和正常运行。在实践中,尤其应注意规范案件信息公开,以避免不适当的信息公开给涉案单位正常运行带来不利影响。最后,在单位刑事案件的办理过程中,办案机关时常需要得到行政机关的配合和支持。一方面,单位犯罪案件的侦查较为复杂,公安机关需得到行政机关的技术支持才能高效办理案件,包括污水检验、行业认证、数据监测等;另一方面,单位犯罪案件对社会公共利益的影响较大,检察机关在决定是否将案件纳入合规考察时,应当对单位经营情况、违法历史、在当地和行业中的影响力等进行社会调查,这一过程也需要行政机关的充分配合。为发挥行政机关的作用,解决好与行政机关的衔接配合问题,可以由检察机关在提前介入案件侦查时,主导成立"联合办案小组",统筹各机关的执法资源,共同发现单位犯罪案件的事实真相。因此,第2款明确了公检法机关在必要时,可以商请相关行政机关派员参与办理。

本条第3款明确赋予了涉嫌犯罪的单位及其辩护人通过提交"合规承诺"向办案机关请求从宽处罚的权利,以有效落实"合规从宽"的方针。这意味着,"合规从宽"已属于犯罪嫌疑单位、被告单位的一种权利,犯罪嫌疑单位、被告单位有权选择承诺进行合规整改,来换取办案机关的宽大处理。

第二百八十九条【诉讼代表人的确定范围和权利义务】

涉嫌犯罪单位的诉讼代表人,应当是法定代表人或者主要负责人;法定代表人或者主要负责人作为单位犯罪直接负责的主管人员因客观原因无法参与诉讼的,应当由涉嫌犯罪的单位委托其他负责人或者职工作为诉讼代表人。但是,有关人员作为单位犯罪的其他直接责任人员或者知道案件情况、负有作证义务的除外。

依据前款规定难以确定诉讼代表人的,可以由涉嫌犯罪的单位委托律师等单位以外的人员作为诉讼代表人。

诉讼代表人享有本法规定的有关犯罪嫌疑人、被告人的诉讼权利,承担相应的诉讼义务。

说明:本条在吸收《刑诉法解释》第336条规定的基础上明确了单位犯罪诉讼代表人的范围、权利义务。《刑法》第30条规定:"公司、企业、事业单位、机关、团体实施的危害社会的行为,法律规定为单位犯罪的,应当负刑事责任。"可见,单位犯罪的主体是单位,其形式包括公司、企业、事业单位、机关、团体。单位作为一种法律拟制主体,虽也具有独立人格和独立意志,并依法享有诉讼权利能力,但由于其没有身体和灵魂,既不可能像自然人一样亲自实施危害社会的行为,也无法通过自己的行为参与诉讼活动,而只能通过适当的"自然人"代表其进行一定的诉讼行为并维护其合法权益。尽管作为法律拟制人格,企业不能承担自由刑,从理论上说也不能死亡,但是,"公司却可能面临严重甚至致命的潜在后果,它们可能会被强制缴纳巨额罚金或声誉受损,一旦罪名成立,它们将会失去市场准入资格"[1]。既然刑事诉讼的进行会对犯罪嫌疑单位、被告单位的财产权利和其他权利产生重大而直接的影响,就应允许其通过诉讼代表人代表自己参与到诉讼中来,提出自己的意见、主张和证据,对不利于自己的证据和意见进行质证和反驳,与办案机关展开积极的协商、沟通和对话,这是程序正义的基本要求。

至于诉讼代表人的范围,本条第1款对单位的内部人员作为诉讼代表人作出了规定,将犯罪嫌疑单位、被告单位的诉讼代表人限定为单位内部的四类人员:法定代表人、主要负责人、其他负责人以及职工。不过,这四类人员应符合至少两个条件:一是没有参与单位犯罪,因为在其本身就是责任人的

---

[1] 参见〔美〕布兰登·L.加勒特:《美国检察官办理涉企案件的启示》,刘俊杰、王亦泽等译,法律出版社2021年版,第4页。

情况下,既可能因为遭受羁押而无法充分有效地行使诉讼权利,也可能因与单位主体之间存在责任分担问题,影响单位利益的维护;二是不承担作证义务。当然,要确保诉讼代表人有效地参与到诉讼中来,最大程度地维护单位的合法权益,最好由熟悉单位经营管理活动的人担任诉讼代表人。

本条第2款对单位以外的人(包括律师)作为诉讼代表人作出了规定。在单位法定代表人、主要负责人涉案特别是被羁押的情况下,单位职工往往"作鸟兽散",而且单位职工还可能作为证人,以至于实践中常常面临着难以找到合适的诉讼代表人的问题。① 因此,本条第2款将诉讼代表人的选定范围扩大到单位以外的人员,包括律师。在律师可以接受委托作为诉讼代表人的情况下,不仅可以基本解决过去司法实践中无法确定诉讼代表人的问题,而且作为"为当事人提供法律服务的执业人员",律师接受委托代表犯罪嫌疑单位、被告单位参与诉讼,可以最大限度地保障犯罪嫌疑单位、被告单位的诉讼权益,符合诉讼代表人制度的宗旨。而且,域外也有类似做法。例如,美国2018年《联邦刑事诉讼规则》第43条(c)(1)规定,"法人可以由全权代理的律师代表出庭"。

本条第3款规定了诉讼代表人的诉讼权利义务。诉讼代表人既然是代表犯罪嫌疑单位、被告单位参与刑事诉讼,就应当在刑事诉讼中享有一定的诉讼权利,并承担相应的诉讼义务。虽然其在实体上与案件的处理没有直接利害关系,在程序上也不处于被追诉者的地位,但却可以代表犯罪嫌疑单位、被告单位为一定的诉讼行为,因此,其应享有犯罪嫌疑单位、被告单位的诉讼权利,并履行相应的诉讼义务。《刑事诉讼法》修改时,应将诉讼代表人单列为第108条规定的"诉讼参与人"的一种,规定"'诉讼参与人'是指当事人、法定代理人、诉讼代表人、诉讼代理人、辩护人、证人、鉴定人和翻译人员"。

第二百九十条【提前介入】

经公安机关商请或者人民检察院认为确有必要时,可以派员介入单位刑事案件的侦查活动,参加公安机关对于重大单位刑事案件的讨论,对涉嫌犯罪的单位是否构成犯罪、是否需要商请相关行政机关派员参与办理等提出意见,监督侦查活动是否合法、及时。

经监察机关商请,人民检察院也可以派员介入监察机关办理的单位职务犯罪案件。

---

① 参见喻海松:《刑事诉讼法修改与司法适用疑难解析》,北京大学出版社2021年版,第263页。

监察机关、公安机关办理单位刑事案件,应当告知涉嫌犯罪的单位积极配合调查或者侦查可以被附条件不起诉等从宽处理的法律规定,并可以向人民检察院提出适用附条件不起诉的建议。

说明:本条第1款和第2款在借鉴《人民检察院刑事诉讼规则》第256条规定的基础上,明确了检察机关可以提前介入公安机关对单位刑事案件的侦查、提前介入监察机关办理的单位职务犯罪案件。在我国现行的司法体制和诉讼制度下,公安机关与检察机关各自独立,互不隶属。包括单位刑事案件在内的绝大多数刑事案件由公安机关进行侦查,侦查终结之后,再移送检察机关进行审查,以决定起诉或不起诉。检察机关虽然可以通过审查批捕等方式介入侦查环节,但通常只有在案件被移送审查起诉后,才能通过阅卷等途径对案件有更为全面的了解。这显然既不利于对那些符合条件的案件尽快启动合规考察,也不利于实现公安机关、行政机关和检察机关的有效衔接。为确保单位刑事案件得到更为专业化的处理,特别是确保公安机关的侦查能够满足合规考察制度运转的需要,有必要完善检察机关提前介入侦查制度,让检察机关适时介入公安机关的侦查活动,对犯罪嫌疑单位是否构成犯罪、是否需要商请相关行政机关派员参与办理、案件是否大体符合附条件不起诉的适用条件,以及公安机关后续应如何展开侦查取证工作等发表引导性的意见,以便尽早将犯罪嫌疑单位纳入合规考察程序,最大限度地减弱刑事诉讼对其带来的"殃及效果"。[1] 在监察机关办理职务犯罪(包括但不限于单位职务犯罪)案件的过程中,检察机关也可以经监察机关商请提前介入,对案件定性、调查取证等提出意见和建议。这不仅有助于监察机关在收集、固定、审查和运用证据时与刑事审判关于证据的要求和标准相一致,确保监察机关调查的事实证据能够经得起后续司法程序的严格检验[2],还有助于让那些符合附条件不起诉条件的单位职务犯罪案件尽快被纳入合规监督考察的轨道,从而避免给涉案单位尤其是涉案企业造成严重的不利影响。

本条第3款规定了单位刑事案件调查或者侦查中办案机关的权利告知义务和向检察机关建议适用附条件不起诉的权力。在侦查或者调查过程中,要求办案机关承担起向犯罪嫌疑单位或者被调查单位告知积极配合侦查或调查可以被附条件不起诉等从宽处理的法律义务,并赋予其附条件不起诉适用建议权,不仅有利于保障犯罪嫌疑单位或者被调查单位的程序选择权,也有

---

[1] 参见李奋飞:《涉案企业合规刑行衔接的初步研究》,载《政法论坛》2022年第1期。
[2] 参见李奋飞:《职务犯罪调查中的检察引导问题研究》,载《比较法研究》2019年第1期。

利于检察机关对案件作出全面的判断①,还有利于激励犯罪嫌疑单位配合办案机关的侦查、调查工作,从而有利于节约侦查或者调查资源、提高办案效率。特别是那些规模较大的企业,内部的治理结构和经营活动较为复杂,犯罪也比较隐蔽,侦查或者调查的难度往往也比较大。如果企业基于获得"出罪"机会的考虑,能够积极地配合侦查或者调查,向办案机关提供相关内部材料,鼓励员工接受办案机关的询问,帮助办案机关识别涉嫌违法犯罪的责任人,就可以大大节省办案机关的人力、物力、财力,减少执法机关在调查取证等方面的阻碍。

第二百九十一条【强制性措施】

对涉嫌犯罪的单位,应当依法审慎采取查封、扣押、冻结等措施,减少对涉案单位正常运行的影响。

对单位犯罪直接负责的主管人员和其他直接责任人员,应当严格限制适用逮捕措施,适用取保候审等非羁押性强制措施足以防止发生本法第八十一条第一款规定的社会危险性的,应当依法适用取保候审等非羁押性强制措施。

说明: 本条在吸收少捕慎诉慎押刑事司法政策精神的基础上,参考《刑诉法解释》第 343 条的表述方式,规定了单位刑事案件中的强制性措施。如果以处分对象作为区别标准,刑事诉讼中的强制性措施实际上可以分为对物强制性措施和对人强制性措施。对物强制性措施主要指的是查封、扣押和冻结,而对人强制性措施则指的是拘传、取保候审、监视居住、拘留、逮捕。

本条第 1 款对犯罪嫌疑单位、被告单位的对物强制性措施作了规定。根据《刑事诉讼法》和《刑诉法解释》的规定,在单位刑事案件办理过程中,公安机关、检察机关都可以根据侦查犯罪的需要,查封、冻结和扣押犯罪嫌疑单位的存款、汇款、债权、股票、基金份额、贵金属、珠宝、文物、字画、房屋、土地等财产。为了保证判决的执行,人民法院也可以先行查封、扣押、冻结被告单位的上述财产,或者由被告单位提出担保。所谓查封,是指对特定财产予以封存,禁止犯罪嫌疑单位、被告人转移或处分;所谓扣押,是指将特定财产保存于特定场所,从而使犯罪嫌疑单位、被告单位不能占有、使用和处分;而所谓冻结,则是指对特定财产的流动或变动予以阻止,从而使犯罪嫌疑单位、被告单位无法随意提取、处分。显然,查封、扣押和冻结等对物强制性措施的采

---

① 参见陶朗道:《论中国治理企业违法的和解合规模式》,载《东北大学学报(社会科学版)》2021年第 2 期。

取,必然会在一定程度上限制或剥夺犯罪嫌疑单位、被告单位的财产权。虽然,现行《刑事诉讼法》也对查封、扣押和冻结确立了较为严格的审批程序,但是,司法实践中仍然存在查封、扣押和冻结范围扩大化的倾向[①],不仅容易侵害犯罪嫌疑单位、被告单位的合法财产权利,也会给犯罪嫌疑单位、被告单位的正常运行带来严重的不利影响。因此,为防止办案机关在办理单位刑事案件的过程中滥用查封、扣押、冻结等措施,最大限度减少对单位正常运行的影响,有必要要求办案机关依法审慎采取查封、扣押、冻结等措施。

本条第2款是关于对单位犯罪直接负责的主管人员和其他直接责任人员应当严格限制适用逮捕措施的规定。作为我国刑事诉讼中最严厉的强制措施,逮捕措施一旦适用,犯罪嫌疑人、被告人的人身自由就将受到较长时间的剥夺,不少案件甚至"一押到底"。虽然我国刑事诉讼法对逮捕设置了较为严格的适用条件和适用程序,检察机关也在积极探索对审查逮捕进行诉讼化改造,但是由于逮捕功能在实践中被异化、逮捕条件难以把握等原因,羁押率(特别是轻罪案件)依然过高,"构罪即捕"等问题仍然较为突出。长期的司法实践表明,逮捕对后续司法程序的影响是极大的。有学者甚至认为,犯罪嫌疑人一旦被逮捕,在某种程度就等于踏上了通向"罪犯加工厂"的快车道,后续的诉讼活动,只不过是为这个已经"合格的产品"贴上罪犯的"标签"而已。[②] 不仅如此,逮捕措施的适用也会带来较为明显的"殃及效果",特别是对那些作为企业"主心骨"的民营企业家而言。如果办案机关不能对这些民营企业家少捕、慎押,而是"构罪即捕""一押到底",将对企业的生存和发展带来严重影响,甚至极有可能出现"案子办了,企业垮了"的局面。为了将办案对单位正常运行的负面影响降到最低,对单位犯罪直接负责的主管人员和其他直接责任人员应当严格限制适用逮捕措施;适用取保候审等非羁押性强制措施足以防止发生社会危险性的,应当适用取保候审等非羁押性强制措施。

第二百九十二条【合规建议】

监察机关、人民法院、人民检察院和公安机关在办案过程中,发现涉嫌犯罪的单位或者其他涉案单位在预防违法犯罪方面存在制度漏洞需要及时消除的,可以向其提出建立或者完善合规管理体系的建议。必要时,可以向相关行政机关制发建议,督促其推动涉案单位开展合规整改。

[①] 参见李奋飞:《刑事诉讼案外人异议制度的规范阐释与困境反思》,载《华东政法大学学报》2021年第6期。

[②] 参见李昌盛:《走出"逮捕中心主义"》,载《检察日报》2010年9月23日,第3版。

说明： 本条在吸收改革探索中检察机关创造的这种具有推动企业合规功能的社会治理检察建议并参考《人民检察院检察建议工作规定》第 11 条规定的基础上确立了合规建议。作为一种社会治理建议，这种合规建议，是办案机关立足办案职能，适时向那些制度不健全、管理不完善、存在监督漏洞的单位提出的。在实践中，最常见的合规建议是检察机关在对涉嫌轻微犯罪的企业作出不起诉决定时提出的。有观点认为，如果针对单位犯罪的附条件不起诉制度未来能够在法律上得以确立，应放弃此类检察建议。[①] 对此观点，笔者不敢苟同。合规检察建议不仅与检察机关的法律地位没有冲突，反而是检察机关回应社会需求、守护公共利益的应有之意，具有内在的正当性。而且，与"合规附条件不起诉"相比，合规检察建议也具有制发时间、对象较为灵活的独特优势。[②] 因此，不仅不应放弃具有鲜明中国特质的合规检察建议，还应明确规定，其他办案机关也具有向那些存在违法犯罪隐患、管理监督漏洞的涉案单位提出合规建议的权力。此外，办案机关还可以向行政机关制发建议，以督促其推动涉案单位开展合规整改。毕竟，行政机关可能更为熟悉监管法规，且本身就对涉案单位行为规制负有责任。

第二百九十三条【合规附条件不起诉】

对于涉嫌犯罪的单位，符合起诉条件，但有承认涉嫌犯罪的事实、积极配合侦查或者调查、承诺进行合规整改等悔罪表现的，人民检察院可以作出附条件不起诉的决定。

具有下列情形之一的单位刑事案件，不适用附条件不起诉制度：

（一）涉嫌危害国家安全、恐怖活动等犯罪的；

（二）造成重大人员伤亡的；

（三）其他人民检察院认为不宜适用的。

人民检察院在作出附条件不起诉的决定以前，应当听取监察机关、公安机关、涉嫌犯罪的单位、辩护人、被害人及其诉讼代理人的意见，并可以根据案件情况，决定是否启动公开听证程序。

对附条件不起诉的决定，公安机关要求复议、提请复核或者被害人申诉的，适用本法第一百七十九条、第一百八十条的规定。

涉嫌犯罪的单位及其辩护人对人民检察院决定附条件不起诉有异议的，

[①] 参见欧阳本祺：《我国建立企业犯罪附条件不起诉制度的探讨》，载《中国刑事法杂志》2020 年第 3 期。

[②] 参与李奋飞：《论企业合规检察建议》，载《中国刑事法杂志》2021 年第 1 期。

人民检察院应当作出起诉的决定。

说明： 本条在借鉴"未成年人刑事案件诉讼程序"规定(《刑事诉讼法》第282条)的基础上确立了合规附条件不起诉制度。附条件不起诉虽已在刑事诉讼法中得以确立，但却仅仅适用于未成年人涉嫌《刑法》分则第四章、第五章、第六章规定的可能判处1年有期徒刑以下刑罚的轻微刑事案件。值得肯定的是，一些试点检察机关借鉴域外审前转处程序的运转经验，在现行刑事诉讼法的框架下，通过暂不对那些涉嫌轻微犯罪且自愿承诺进行合规整改的涉案企业予以起诉，并与其签署合规监管协议、为其设置一般不超过1年的考察期，根据考察期内其合规整改的情况再决定是否对其予以起诉等方式，创造性地将合规机制引入酌定不起诉的适用过程之中，使酌定不起诉事实上具有了和"附条件不起诉"相似的效果，为涉案企业的合规整改注入了一定的激励因子。但是，由于涉案企业合规改革并未获得立法机关的授权，检察机关通常只能将一些犯罪情节轻微(相关责任人可能被判处3年有期徒刑以下刑罚)、符合相对不起诉适用范围的企业刑事案件作为试验对象。一些试点检察机关尝试探索将合规不起诉扩大适用到重大单位犯罪并延长合规考察周期，又会面临改革实践超越法律的质疑。实际上，正如有学者所指出的，对于那些轻微的单位犯罪案件，检察机关原本就可以直接适用酌定不起诉，而根本没有必要适用耗时费力的合规考察。只有对重大单位犯罪案件，才有必要推行合规考察制度。[①] 而要对重大单位犯罪适用合规考察制度，前提是将附条件不起诉制度的适用范围从原来的未成年人刑事案件扩大到单位刑事案件。

至于罪名的范围，只要不是涉嫌危害国家安全、恐怖活动等犯罪，或者造成重大人员伤亡，以及其他人民检察院认为不宜适用的犯罪，都可以适用。特别是《刑法》分则第三章"破坏社会主义市场经济秩序罪"、第五章"侵犯财产罪"、第六章"妨害社会管理秩序罪"、第八章"贪污贿赂罪"规定的单位犯罪，办案机关应能用尽用。毕竟，这几章规定的单位犯罪均为行政犯，道义上的可谴责性较低，相较于严格惩罚和单纯从宽，引入合规监督考察的附条件不起诉治理效果更佳。

对于是否需要为其适用限定刑罚条件，理论界则存在不同的认识。有研究者主张将单位犯罪附条件不起诉限定于关联人员可能判处3年有期徒刑以

---

① 参见陈瑞华：《企业合规不起诉改革的八大争议问题》，载《中国法律评论》2021年第4期。

下刑罚的案件。① 笔者认为,这种以关联人员可能判处的刑罚来决定是否对犯罪嫌疑单位适用附条件不起诉的观点,是有待商榷的。实际上,是否应对犯罪嫌疑单位适用附条件不起诉,即是否应当对犯罪嫌疑单位特别出罪,检察机关应当考量的重点,不应是关联人员的个人罪刑情节,而应是起诉单位是否会给社会带来过大的负效应。② 因此,本条第1款将单位责任与关联人员责任进行了彻底分离,不再以关联人员可能判处的刑罚高低来决定是否对犯罪嫌疑单位适用附条件不起诉制度予以"出罪"。此外,也扬弃了试点探索过程中普遍将签署认罪认罚具结书作为适用合规考察制度前提条件的做法,避免单位认罪带来负面效果,也避免单位诉讼行为难以界定的问题,只要求单位具有"自愿承认指控的犯罪事实""积极配合侦查或者调查""承诺进行合规整改"等悔罪表现,检察机关就可以在案件符合起诉条件的情况下,依据社会公共利益衡量决定是否对其适用附条件不起诉制度。

本条第3款在借鉴《刑事诉讼法》第282条第1款和辽宁省人民检察院等《关于建立涉罪企业合规考察制度的意见》第8条第2款规定的基础上,明确了附条件不起诉决定作出前的"听取意见"程序和"有条件"的公开听证程序。与合规附条件不起诉制度的确立相伴随的,必然是检察裁量权在单位刑事案件中的扩张,尤其是在附条件不起诉决定的作出上,检察机关将拥有较大的自由裁量权。为保障检察机关能够在充分了解涉案企业信息的基础上对案件是否符合附条件不起诉的条件作出客观判断,提升附条件不起诉决定的公信力,消除社会公众的疑虑和担忧,减少可能引发的排斥和信访,避免所作的附条件不起诉决定因为犯罪嫌疑单位及其辩护人等的异议而最终被撤销(本条第5款规定了异议后的处理),有必要规定,人民检察院在作出附条件不起诉的决定以前,应当将监察机关、公安机关、犯罪嫌疑单位、辩护人、被害人及其诉讼代理人都纳入听取意见的范围。此外,检察机关还可以根据案件具体情况,在必要时引入公开听证程序。"听证公开是抵御不当决定的一个重要措施。"③近年来,在拟不起诉案件中,检察机关积极尝试引入公开听证程序,邀请行政机关、公安机关、人大代表、相关专业人士等参与,并充分听取其意见,取得了较好的社会效果。为增强附条件不起诉适用的公开性和透明

---

① 参见李勇:《企业附条件不起诉的立法建议》,载《中国刑事法杂志》2021年第2期。
② 参见陈学权、陶朗道:《企业犯罪司法轻缓化背景下我国刑事司法之应对》,载《政法论丛》2021年第2期。
③ 〔美〕迈克尔·D.贝勒斯:《程序正义——向个人的分配》,邓海平译,高等教育出版社2005年版,第73页。

度,立法有必要将这类联席听证会议的做法予以制度化。

本条第 4 款、第 5 款分别参考了《刑事诉讼法》第 282 条第 2 款、第 3 款的规定,规定了合规附条件不起诉的救济程序,包括对公安机关要求复议、提请复核、被害人申诉以及犯罪嫌疑单位及其辩护人提出异议后如何具体处理的程序规定。

第二百九十四条【合规监督考察】

在附条件不起诉考验期内,由人民检察院对被附条件不起诉的涉嫌犯罪的单位进行监督考察。适用第三方监管人进行监督考察的,人民检察院应当为其了解案件有关情况提供必要的便利。

附条件不起诉的考验期为一年以上三年以下,从附条件不起诉决定作出之日起计算。考验期满以前,人民检察院应当启动听证程序,对涉嫌犯罪的单位合规整改情况进行验收。

被附条件不起诉的涉嫌犯罪的单位,应当遵守下列规定:

(一)遵守法律法规,服从监管;

(二)缴纳罚款;

(三)赔偿损失;

(四)按照监督考察机关的要求进行有效合规整改。

说明:本条参考"未成年人刑事案件诉讼程序"的表述(《刑事诉讼法》第283 条),规定了对被附条件不起诉犯罪嫌疑单位的合规监督考察。合规监督考察是合规附条件不起诉制度的灵魂。被附条件不起诉的犯罪嫌疑单位,一旦被检察机关纳入合规监管程序之中,其要想最终获得无罪处理,必须在检察机关或者第三方监管人的监督下进行合格的合规整改,以达到减少和预防相同或者类似违法犯罪再次发生的目的。

本条第 1 款明确了检察机关在合规监督考察中的地位。随着以审判为中心、认罪认罚从宽等刑事诉讼制度改革的深入推进,检察机关在刑事审前程序中的主导地位日益凸显。[①] 附条件不起诉作为刑事审前程序的有机组成部分,自然也应由检察机关主导。而作为附条件不起诉的有机组成部分,考验期内的合规监督考察,同样也应由检察机关主导进行。但是,受限于专业知识、办案经验、司法资源等现实因素,检察官监督和指导单位(主要是企业)实现有效合规的能力也有很大的局限性。因此,《第三方机制指导意见》,与企

---

① 参见李奋飞:《论检察机关的审前主导权》,载《法学评论》2018 年第 6 期。

业监管相关的行政机关、团体组织联合协作,共同负责企业合规整改相关的监督工作。这属于在域外第三方合规监管制度经验和教训基础上的本土化探索,既统筹了律师、会计师、审计师等专业人员的合规工作资源,又以司法、行政、行业联合督导的形式确保了合规监管工作有序展开。按照《第三方机制指导意见》的规定,对于涉案企业自愿适用第三方机制的,试点地区检察机关可以根据案件情况,决定交由第三方机制管委会选任组成的第三方组织,对涉案企业的合规承诺进行调查、评估、监督和考察。第三方监管人应当对合规计划的可行性、有效性与全面性进行审查,提出修改完善的意见建议。在那些引入第三方监管人作为合规监督、考察和评估主体的案件中,需要检察机关保障第三方监管人能够开展阅卷等工作,以掌握犯罪行为发生的全过程,识别导致违法犯罪行为发生的管控漏洞。因此,本条第 1 款参照《刑事诉讼法》第 173 条第 3 款的表述规定:"适用第三方监管人进行监督考察的,人民检察院应当为其了解案件有关情况提供必要的便利。"

本条第 2 款参照《刑事诉讼法》第 283 条第 2 款的表述规定了合规监督考察的考验期。在涉案企业合规改革探索过程中,检察机关在现有法律框架内,利用对犯罪嫌疑人取保候审的期限(最长可以达到 12 个月)所提供的制度空间,一般为被纳入合规考察的涉案企业、相关责任人等设置 6 个月至 1 年的考验期。有的试点检察机关甚至仅为涉案企业设置 1 至 2 个月的考验期。但实际上,涉案企业要在如此短的时间内完成有效的合规整改,对商业模式、经营模式、管理模式中的"涉罪因素"进行有针对性的消除,实现"去犯罪化"改造,堵塞和修复经营管理上导致犯罪发生的制度漏洞和缺陷,并针对相关的违法犯罪行为实施专项合规计划,是非常困难的。尤其是对于那些内部治理结构比较复杂的大型企业,要针对特定犯罪行为建立起有效的合规管理体系,真正达到预防违法犯罪的效果,无疑需要更长的合规考察期。有研究认为,要想让企业有效建立和运行合规管理体系,并将合规治理融入业务活动的每个流程之中,至少需要在法定的审查起诉期限之外为涉案企业设置 1 至 3 年考验期。[①] 具体到个案中,检察机关设置考验期时,应充分尊重犯罪嫌疑单位的意见,甚至可以和犯罪嫌疑单位协商确定。此外,本条第 2 款还在参考部分试点检察机关制定的改革实施方案的基础上,将合规整改验收上的成功做法加以确认,要求检察机关考察期满前一律启动听证程序,邀请人大代表、

[①] 参见陈瑞华:《企业合规不起诉改革的八大争议问题》,载《中国法律评论》2021 第 4 期。

政协委员、行政执法机关人员、法学专家等共同听取涉案企业的合规整改报告，以及考察机关或者第三方组织的合规考察评估报告，并在听取各方意见的基础上，综合评估涉案企业是否进行了合格的合规整改。

本条第 3 款参考《刑事诉讼法》第 283 条第 3 款，明确了被附条件不起诉的犯罪嫌疑单位应当遵守的规定。其中，第 1 项是对被附条件不起诉的犯罪嫌疑单位最基本的要求。如果其在考验期内实施新的犯罪或者严重违法，不遵守法律法规或者不服从监管，检察机关将撤销附条件不起诉决定，对其提起公诉。第 2 项是指考验期内，犯罪嫌疑单位应根据检察机关的要求缴纳刑事罚款。从欧美国家对暂缓起诉协议和不起诉协议的适用来看，只是让那些涉案企业暂时避免了被审判和定罪的命运，但却没有让其完全逃脱处罚。因为，在与执法机关达成和解协议后，涉案企业大多需要缴纳大额乃至天价的罚款，从而为自己的违法犯罪付出代价，并借此发挥刑罚所固有的惩罚和威慑功能。由于在我国检察机关作为宪法和法律规定的国家法律监督机关，并不拥有对涉案企业进行罚款的权力，因此，在涉案企业合规改革试点探索过程中，检察机关一般只是在作出不起诉决定后，通过检察建议等方式督促行政机关对涉案企业进行行政处罚。为了避免对犯罪嫌疑单位的过度保护，发挥合规监督考察的惩罚功能，从而达到特殊威慑效果，立法有必要创设作为罚金替代措施的"刑事罚"，使检察机关拥有责令被纳入合规考察的犯罪嫌疑单位缴纳罚款的权力。第 3 项是指在考验期内犯罪嫌疑单位须向被害人积极赔偿损失，从而保障被害人获得赔偿的利益诉求，有助于消解被害人对适用附条件不起诉的抵触情绪，避免不起诉可能引发的"后遗症"。第四项是对犯罪嫌疑单位的核心要求，犯罪嫌疑单位要按照监督考察机关的要求完成有效合规整改，不能只是"打卡"般地拼凑合规要素，而是要真正地去除经营模式中的"犯罪基因"。对于合规计划无效、合规整改不合格的犯罪嫌疑单位，检察机关仍然可以在考察期届满时提起公诉。

第二百九十五条【法律后果】

被附条件不起诉的涉嫌犯罪的单位，在考验期内有下列情形之一的，人民检察院应当撤销附条件不起诉的决定，提起公诉：

（一）实施新的犯罪或者发现决定附条件不起诉以前还有其他犯罪需要追诉的；

（二）违反行政管理秩序或者考察机关有关附条件不起诉的监督管理规定，情节严重的。

被附条件不起诉的涉嫌犯罪的单位,在考验期内没有上述情形,人民检察院应当作出不起诉的决定。

对被不起诉单位需要给予行政处罚或者需要没收违法所得的,适用本法第一百七十七条的规定。人民检察院可以根据涉嫌犯罪单位的合规整改情况,向有关主管机关提出从宽处罚的检察意见。

说明:本条第 1 款、第 2 款是在参照"未成年人刑事案件诉讼程序"规定(《刑事诉讼法》第 284 条)的基础上对撤销附条件不起诉决定提起公诉以及不起诉的情形作了规定。从效力上来看,附条件不起诉的决定作出后,实际上处于一种结果待定状态,如果犯罪嫌疑单位遵守了所有附带的条件,将被检察机关作不起诉处理,反之,则可能会被撤销附条件不起诉决定,提起公诉。也就是说,犯罪嫌疑单位通过承认指控的犯罪事实、积极配合侦查或者调查,提交书面合规承诺以及经营状况、纳税就业、社会贡献度等证明材料,获得检察机关的附条件不起诉决定,只是获得了通过合规整改"出罪"的机会,但是否能够最终获得无罪处理,还要看其在考验期内是否出现如下几种情形:一是实施了新的犯罪的。这种情形一旦发生,检察机关将直接对附条件不起诉予以撤销,提起公诉。二是发现决定附条件不起诉以前还有其他犯罪需要追诉的。这意味着,对于发现漏罪的情形,检察机关拥有一定的裁量权,以"是否需要追诉"为标准来决定是否需要撤销附条件不起诉。如不需要追诉,依然可以在考验期满后作不起诉处理。三是违反行政管理秩序或者考察机关有关附条件不起诉的监督管理规定,情节严重的。违反行政管理秩序情节严重的标准是,违反行政管理秩序,造成严重后果,或者多次违反行政管理秩序。违反考察机关有关附条件不起诉的监督管理规定情节严重的标准是,犯罪嫌疑单位拒绝缴纳罚款、赔偿损失,或者没有进行合格的合规整改,所建立的合规计划只是"形式化"的。犯罪嫌疑单位拒绝缴纳罚款、赔偿损失是显见的,而合规整改是否合格有效,则需要可操作的客观验收标准,以确保裁量权的正确行使,避免作出错误的决定。总之,只要犯罪嫌疑单位在考验期内没有前述几种情形,考验期满检察机关就应当对其作出不起诉的决定。这个不起诉决定也是最终的决定,一旦公开宣布,将立即产生法律效力,犯罪嫌疑单位就通过接受合规监督考察获得了无罪的结局,即使其确实构成犯罪。可见,合规附条件不起诉制度的确立,既会给被纳入合规考察的犯罪嫌疑单位带来不小的"压力"(如果不能在考验期内按照考察机关的要求进行合格的合规整改,就可能被起诉以至于被定罪判刑成为犯罪单位)①,也能给其带来强大的"动力"(只要在考验期进行有效的合规整改,实现"去犯罪化"改造,通过考察机关的验收,就可以获得无罪处理的"收益")。无论是压力,还是动力,都是对犯罪嫌疑单位以合规整改换取从宽处理的激励。

当然,这种激励除了刑事激励,还包括行政激励,即从宽处理还应体现在合规整改成果可以作为减免行政责任的依据。因此,本条第3款在参考浙江省人民检察院等23家单位联合发布的《关于建立涉案企业合规第三方监督评估工作机制的意见(试行)》第18条规定的基础上,明确了"合规整改效果"与行政处罚的有效衔接。行政执法机关和刑事执法机关在对单位执法时,应遵循处罚手段配合原则和处罚结果互认原则,在国家执法机关间形成配合,统筹可用的制裁性措施,以补救危害行为所带来的社会损害,既要追回案件利益相关方的损失,消除单位的再犯风险,又要防止其因被重复处罚而面临不公正的结果。虽然,根据《刑事诉讼法》第177条第3款的规定,对被不起诉人需要给予行政处罚、处分或者需要没收其违法所得的,人民检察院应当提出检察意见,移送有关主管机关处理。有关主管机关应当将处理结果及时通知人民检察院。但是,试点检察机关制发的检察意见书或检察建议书,一般既不明确建议行政机关将"合规整改效果"作为行政处罚的考量因素,也不会建议行政机关减轻或免除处罚。假如行政机关不能积极配合,甚至本身就对合规的罪责减免功能心存疑虑,不但未对合规考察"出罪"的单位从轻、减轻处罚,反而又对其采取了诸如取消特许经营资格、责令关闭、吊销营业执照等(相比定罪后判处罚金)更为严厉的行政处罚,将导致合规的激励效果大打折扣甚至毁于一旦。因此,本条第3款明确要求检察机关可以根据犯罪嫌疑单位合规整改情况,向有关主管机关提出从宽处罚的检察意见。虽然该条款中未明确检察意见的约束力,但绝不意味着行政机关可以任意对待。笔者认为,对于检察意见,除明显不当以外,行政机关一般应当予以采纳。如不予采

---

① 例如,在最高人民检察院发布的第二批企业合规典型案例中的"随州市L公司、夏某某非法占用农用地案"中,第三方组织在经过近两个月的合规考察后出具了考察报告,认为:虽然经过法律政策讲解,L公司认识到其占用农地行为不符合土地管理法,但仍然认为自身受当地镇政府邀请投资建设没有过错,导致现场整改不主动;多名股东对夏某某的整改处理意见提出异议,但并未得到尊重,夏某某的个人意见最终仍代表公司意见,《企业合规计划》中规定的完善内部决策程序、法务审核程序,加强与政府相关监管部门的协调配合等整改措施落实不到位,其申请适用企业合规程序的主要目的是想通过相关单位的协调,帮助其补办土地使用手续,企图将其非法占地行为合法化。在考察期届满时,该公司既未办理用地合法手续,也未拆除违建的厂房,其违法占用农用地一直处于持续状态。综合认定合规考察结果为"不合格"。结合第三方组织的考察结果,随县人民检察院检委会于2021年8月3日经讨论决定,依法对L公司提起公诉,同时向随县自然资源和规划局发出公益诉讼诉前检察建议。

纳,应在通知检察机关时说明理由。因为检察意见能否得到正常采纳,不仅关乎检察意见的权威性,更关乎合规激励效果的充分发挥。

第二百九十六条【单位责任和关联人员责任分离追诉】

对涉嫌犯罪的单位不起诉的,可以对单位犯罪直接负责的主管人员和其他直接责任人员继续追究刑事责任。但是,可以根据其犯罪的具体情况和在合规整改中的表现,依法从宽处理。

说明: 本条在借鉴一些试点检察机关改革经验的基础上,明确了单位责任和单位成员责任可以分离追诉。在英美法系国家,企业与自然人的刑事责任自产生之时起即为分离状态,企业和直接构成犯罪的自然人是同一个罪名的平行犯罪主体,二者分别承担刑罚:自然人并非作为企业犯罪的责任人而承担责任,而是构成独立犯罪、承担独立刑罚。所以,当企业通过合规实现"出罪"时,仍依据该罪名追究关联人员的刑事责任不存在任何障碍。而在我国,《刑法》第 31 条虽然规定,单位犯罪的,对单位判处罚金,并对其直接负责的主管人员和其他直接责任人员判处刑罚。但是,在司法实践中,绝大多数单位犯罪案件,都只是处罚了关联人员,而单位自始就未被立案、追诉。不过,在法院审判时,单位虽未被检察机关列为被告人,但关联人员依旧可以被判决作为单位负责人承担刑事责任。《刑诉法解释》第 340 条规定:"对应当认定为单位犯罪的案件,……人民检察院仍以自然人犯罪起诉的,人民法院应当依法审理,按照单位犯罪中的直接负责的主管人员或者其他直接责任人员追究刑事责任,并援引刑法分则关于追究单位犯罪中直接负责的主管人员和其他直接责任人员刑事责任的条款。"可见,司法实践早已走在了传统刑法理论的前面,不再机械地将单位责任与关联人员的责任捆绑在一起,在追究单位犯罪中关联人员的刑事责任时,并不必然以追究单位刑事责任为前提。

随着涉案企业合规改革的深入推进,一些试点检察机关也开始走出传统刑法理论的藩篱,尝试将合规不起诉的适用范围从关联人员可能被判处三年有期徒刑以下刑罚的轻微单位犯罪案件,扩展到一些关联人员可能被判处三年有期徒刑以上刑罚的重大单位犯罪案件,并对关联人员责任和单位责任进行了分案处置。例如,在 A 公司串通投标一案中,检察机关就在主管公司招投标工作的总经济师被起诉判刑后,对该企业启动了合规考察,并在合规整改评估有效后对其作了不起诉处理。① 可见,将单位责任和关联人员责任进

---

① 参见李勇:《涉罪企业合规有效性标准研究——以 A 公司串通投标案为例》,载《政法论坛》2022 年第 1 期。

行分离追诉是没有任何制度障碍的。正如有学者所指出的,虽然单位构成犯罪是关联人员构成犯罪的前提,但两者在承担刑事责任方面却具有相对的独立性。① 也就是说,在办理单位刑事案件时,检察机关如认为关联人员可能被判处的刑罚较重(例如3年有期徒刑以上),或者关联人员不认罪认罚,无法通过合规监督考察对单位和关联人员同时"出罪"(不起诉),完全可以将单位刑事责任和关联人员刑事责任进行分开处置,既可以在对犯罪嫌疑单位作出附条件不起诉的决定以后,对关联人员依法提起公诉,也可以在对符合合规整改等所附条件的犯罪嫌疑单位作出不起诉的决定后,再对关联人员提起公诉。但无论哪种情况,都应按照单位犯罪来追究关联人员的刑事责任。

第二百九十七条【合规撤回起诉】

在开庭后、宣告判决前,人民检察院以需要对涉嫌犯罪的单位作附条件不起诉为由申请撤诉的,人民法院应当进行审查,作出是否准许的裁定。必要时,人民法院也可以建议人民检察院撤回起诉并作出附条件不起诉的决定。

说明:本条在吸收借鉴域外暂缓起诉协议制度合理内涵的基础上,结合一些地方司法机关的初步实践,规定了合规撤回起诉制度。域外国家为企业合规确立的暂缓起诉协议和不起诉协议等刑事司法激励机制,为涉案企业推行有效合规计划提供了强大动力。特别是暂缓起诉协议制度,已为英国、法国、加拿大、澳大利亚等越来越多的国家所接受。本章所建议的第293条确立的合规附条件不起诉,不涉及人民法院的审查,类似一些国家的不起诉协议,而本条所确立的合规撤回起诉则有些类似于暂缓起诉协议。无论是确立合规附条件不起诉制度,还是确立合规撤回起诉制度,都离不开司法机关对协商性刑事司法理念的认可和接纳。近年来,随着认罪认罚从宽制度等一系列司法体制改革的深入推进,协商性刑事司法理念正在逐渐为我国司法机关尤其是检察机关所接纳。② 这是有目共睹的,也取得了很好的效果。作为这种协商性刑事司法理念的最新发展,涉案企业合规改革的本质就是通过释放现有检察权能所蕴含的从宽处理空间,来激励组织体进行"以合规为中心"的结构修正类处理举措,既避免了起诉定罪给其贴上犯罪标签所引发的"水漾效应",也比单一的经济类制裁措施更有助于预防犯罪的再次发生。因此,办案

---

① 参见陈瑞华:《企业合规不起诉改革的八大争议问题》,载《中国法律评论》2021第4期。
② 参见李奋飞:《量刑协商的检察主导评析》,载《暨南大学学报(哲学社会科学版)》2020年第3期。

机关在办理单位刑事案件的整个诉讼过程中,都应允许、鼓励乃至要求犯罪嫌疑单位、被告单位落实合规整改。在第三方机制的保障下,办案机关在三大诉讼阶段要求其落实合规整改,都不会造成过大的司法资源负担。

对于那些在审查起诉环节因为不承认指控犯罪事实等原因,而未被检察机关作出合规附条件不起诉决定的被告单位,如果在审判环节通过与检察机关的对话、互动与协商,选择放弃诉讼对抗并承诺进行合规整改,符合合规附条件不起诉适用条件的,检察机关也可以在人民法院宣告判决前撤回起诉,给予其以合规整改换取无罪处理的机会。对于检察机关以需要对被告单位作附条件不起诉为由申请撤诉的,人民法院应当进行审查,并在听取被告单位及其辩护人的意见后,作出是否准许的裁定。除有被告单位不构成犯罪或者不应当追究刑事责任,以及违背意愿承诺合规整改等情形以外,人民法院一般应当同意检察机关撤回起诉。对于人民法院作出的不准许撤回起诉裁定,被告单位有权提出上诉,检察机关认为确有错误也可以提出抗诉。在检察机关未主动提出撤回起诉的情况下,人民法院也可以在综合考量被告单位的犯罪情节、案件对社会公共利益的影响、单位合规整改意愿和条件等因素的基础上,建议检察机关撤回起诉并作出附条件不起诉的决定。检察机关同意撤回起诉的,应当根据《人民检察院刑事诉讼规则》第424条的规定,在30日内对其作出附条件不起诉的决定。

第二百九十八条【单位诉讼程序与普通诉讼程序的关系】

办理单位刑事案件,除本章已有规定的以外,按照本法的其他规定进行。

说明:本条对单位诉讼程序与普通诉讼程序的关系进行了明确。单位诉讼程序是对普通诉讼程序的补充,但在适用上应优先适用,本章没有规定的,才适用普通诉讼程序的规定。

三、余论

作为实现国家治理体系和治理能力现代化、统筹推进国内法治和涉外法治的积极举措,涉案企业合规改革具有重大的现实意义和深远的历史意义。随着此项改革的深入推进,认真研究如何修改《刑事诉讼法》,可谓现阶段理论研究无法回避的重要课题。为改变"以自然人为中心"的刑事诉讼程序格局,笔者提出了单位特别诉讼程序的整体立法观,建议在"特别程序"一编中确立"单位刑事案件诉讼程序"作为第二章。在起草立法建议稿时,笔者充分吸纳了域外成功经验和国内改革经验,在尊重既往立法技术和立法习惯的基础上,以"合规附条件不起诉"的条款设计为核心,同时兼顾了少捕慎押慎诉、检察机关提前介入、诉讼代表人等单位刑事案件诉讼程序的通用条款设计。对于那些尚需一步研究和探索的问题,则作了特意留白。总体而言,在第三方机制的保障下,由任一机关在任一诉讼阶段要求涉案单位落实合规整改,都不会造成过大的司法资源负担。

附:"单位刑事案件诉讼程序"立法建议条文

第二百八十八条【方针与原则】 对涉嫌犯罪的单位实行合规从宽的方针,坚持依法惩处和平等保护相结合的原则。

监察机关、人民法院、人民检察院和公安机关办理单位刑事案件,应当注意维护社会公共利益和单位信誉,维护涉案单位正常运行。必要时,可以商请相关行政机关派员参与办理。

涉嫌犯罪的单位及其辩护人可以向监察机关、人民法院、人民检察院和公安机关承诺进行合规整改,请求从宽处罚。

第二百八十九条【诉讼代表人的确定范围和权利义务】 涉嫌犯罪单位的诉讼代表人,应当是法定代表人或者主要负责人;法定代表人或者主要负责人作为单位犯罪直接负责的主管人员或者因客观原因无法参与诉讼的,应当由涉嫌犯罪的单位委托其他负责人或者职工作为诉讼代表人。但是,有关人员作为单位犯罪的其他直接责任人员或者知道案件情况、负有作证义务的除外。

依据前款规定难以确定诉讼代表人的,可以由涉嫌犯罪的单位委托律师等单位以外的人员作为诉讼代表人。

诉讼代表人享有本法规定的有关犯罪嫌疑人、被告人的诉讼权利,承担相应的诉讼义务。

第二百九十条【提前介入】 经公安机关商请或者人民检察院认为确有必要时,可以派员介入单位刑事案件的侦查活动,参加公安机关对于重大单位刑事案件的讨论,对涉嫌犯罪的单位是否构成犯罪、是否需要商请相关行政机关派员参与办理等提出意见,监督侦查活动是否合法、及时。

经监察机关商请,人民检察院也可以派员介入监察机关办理单位职务犯罪案件。

监察机关、公安机关办理单位刑事案件,应当告知涉嫌犯罪的单位积极配合调查或者侦查可以被附条件不起诉等从宽处理的法律规定,并可以向人民检察院提出适用附条件不起诉的建议。

第二百九十一条【强制性措施】 对涉嫌犯罪的单位,应当依法审慎采取查封、扣押、冻结等措施,减少对涉案单位正常运行的影响。

对单位犯罪直接负责的主管人员和其他直接责任人员,应当严格限制适用逮捕措施,适用取保候审等非羁押性强制措施足以防止发生本法第八十一条第一款规定的社会危险性的,应当依法适用取保候审等非羁押性强制措施。

第二百九十二条【合规建议】 监察机关、人民法院、人民检察院和公安机关在办案过程中,发现涉嫌犯罪的单位或者其他涉案单位在预防违法犯罪方面存在制度漏洞需要及时消除的,可以向其提出建立或者完善合规管理体系的建议。必要时,可以向相关行政机关制发建议,督促其推动涉案单位开展合规整改。

第二百九十三条【合规附条件不起诉】 对于涉嫌犯罪的单位,符合起诉条件,但有承认涉嫌犯罪的事实、积极配合侦查或者调查、承诺进行合规整改等悔罪表现的,人民检察院可以作出附条件不起诉的决定。

具有下列情形之一的单位刑事案件,不适用附条件不起诉制度:

(一)涉嫌危害国家安全、恐怖活动等犯罪的;

(二)造成重大人员伤亡的;

(三)其他人民检察院认为不宜适用的。

人民检察院在作出附条件不起诉的决定以前,应当听取监察机关、公安机关、涉嫌犯罪的单位、辩护人、被害人及其诉讼代理人的意见,并可以根据案件情况,决定是否启动公开听证程序。

对附条件不起诉的决定,公安机关要求复议、提请复核或者被害人申诉的,适用本法第一百七十九条、第一百八十条的规定。

涉嫌犯罪的单位及其辩护人对人民检察院决定附条件不起诉有异议的,人民检察院应当作出起诉的决定。

第二百九十四条【合规监督考察】 在附条件不起诉考验期内,由人民检察院对被附条件不起诉的涉嫌犯罪的单位进行监督考察。适用第三方监管人进行监督考察的,人民检察院应当为其了解案件有关情况提供必要的便利。

附条件不起诉的考验期为一年以上三年以下,从附条件不起诉决定作出之日起计算。考验期满以前,人民检察院应当启动听证程序,对涉嫌犯罪的单位合规整改情况进行验收。

被附条件不起诉的涉嫌犯罪的单位,应当遵守下列规定:
(一)遵守法律法规,服从监管;
(二)缴纳罚款;
(三)赔偿损失;
(四)按照监督考察机关的要求进行有效合规整改。

第二百九十五条【法律后果】 被附条件不起诉的涉嫌犯罪的单位,在考验期内有下列情形之一的,人民检察院应当撤销附条件不起诉的决定,提起公诉:
(一)实施新的犯罪的或者发现决定附条件不起诉以前还有其他犯罪需要追诉的;
(二)违反行政管理秩序或者考察机关有关附条件不起诉的监督管理规定,情节严重的。

被附条件不起诉的涉嫌犯罪的单位,在考验期内没有上述情形,人民检察院应当作出不起诉的决定。

对被不起诉单位需要给予行政处罚或者需要没收违法所得的,适用本法第一百七十七条的规定。人民检察院可以根据涉嫌犯罪的单位合规整改情况,向有关主管机关提出从宽处罚的检察意见。

第二百九十六条【单位责任和关联人员责任分离追诉】 对涉嫌犯罪的单位不起诉的,可以对单位犯罪直接负责的主管人员和其他直接责任人员继续追究刑事责任。但是,可以根据其犯罪的具体情况和在合规整改中的表现,依法从宽处理。

第二百九十七条【合规撤回起诉】 在开庭后、宣告判决前,人民检察院以需要对涉嫌犯罪的单位作附条件不起诉为由申请撤诉的,人民法院应当进行审查,作出是否准许的裁定。必要时,人民法院也可以建议人民检察院撤回起诉并作出附条件不起诉的决定。

第二百九十八条【单位诉讼程序与普通诉讼程序的关系】 办理单位刑事案件,除本章已有规定的以外,按照本法的其他规定进行。

附录1 企业合规改革前沿观察

从 2020 年 3 月最高人民检察院部署在 4 个省份的 6 个基层检察院开展首期改革试点,到 2021 年 3 月在 10 个省份、61 个市级检察院、381 个基层检察院开展第二期改革试点,再到 2022 年改革在全国范围内推开,涉案企业合规改革至今已历经多年时间。几年来,各地检察机关践行"严管"与"厚爱"相结合,大胆探索实践,办理了一大批企业合规案件,并对合规整改合格的数千家企业依法作出了不起诉决定。可以说,此项改革在依法保护民营企业、参与社会治理等方面已经取得显著成效,总体实现了"双赢多赢共赢"的预期改革目标。未来,不仅需要继续探索优化改革适用条件,统筹推动检察机关与公安机关、法院、司法行政机关等多部门的全面配合协作,也需要积极推动《刑事诉讼法》《刑法》的修改。

一、改革的主要动因

改革试验虽未经全国人大常委会立法授权,但检察机关以酌定不起诉和检察建议为主要制度依托,在检察裁量权行使的过程中,纳入对企业合规因素的考量,并不违背法律的基本规定,改革是于法有据的有益探索。在企业合规并非实体法确立的法定从宽依据的情况下,检察机关之所以主导推动这一改革,主要有三个方面的动因:

一是加强对民营企业的司法保护。在市场经济发展初期,受限于国家监管资源和企业管理能力,一些企业,尤其是在我国各地经济版图中占据重要地位的民营企业,经营方式较为粗放,内部的管理秩序和合规意识较差,面临较高的刑事风险。受新冠疫情影响,这些民营企业本就举步维艰、命悬一线。如果在其涉案后,司法机关按部就班地对其起诉、定罪,不仅会给其带来生存上的难题,还会带来诸多负面影响,可谓"办了一个案子、垮了一个企业、下岗一批职工"。可以说,正是基于民营企业面临的特有刑事困境,检察机关才创造性地推出了此项改革。改革试验允许依据涉案企业合规建设情况而对涉罪"企业家"从宽处理,主要也是因为我国企业(尤其是不少民营企业)的人身依赖性较高,保护企业也就需要保护"企业家"。此项改革虽不仅仅适用于民营企业,但却构成了一项强化民营企业司法保护的重要机制。更多的民营企业在涉案后,通过接受合规考察、开展合规整改获得了"出罪"机会,从而得以"活下来",并继续创新和发展。

二是有效消除企业再犯风险。改革虽体现了对企业的"厚爱",但绝非单纯的"厚爱"机制,而是"严管"与"厚爱"相结合的新型犯罪治理程序,涉案企业再也不能如改革之前那样被直接免于承担刑事责任。检察机关在办理企业合规案件时,不仅要关注对企业过往犯罪行为的处理,更要重视其后续经营中的违法犯罪预防问题。作为集体构成的拟制人,企业犯罪的原因通常不是对刑罚制裁后果缺乏认识,而是其组织管理结构中存在"犯罪基因"。如企业被"出罪"后不能从源头上消除那些导致犯罪发生的管理因素,其再犯风险仍然较高。改革在对企业和"企业家"进行不起诉等宽大处理的同时,也对企业管理机制和经营模式进行了"去犯罪化"改造。企业接受合规考察、进行合规整改,也须以防止再次发生相同或者类似的犯罪为目标。如其不能在考察期内进行合格的合规整改,仍然可能被起诉以至于被定罪判刑。在改革过程中,就有67家企业未通过监督评估,企业或"企业家"被依法起诉追究刑事责任,这也充分体现了改革的"严管"精神。正是合规考察所具有的惩罚功能,使其可以成为替代刑罚的制裁方式,不仅不会带来放纵犯罪的风险,还有助于实现长期的犯罪预防。

三是能动履职参与社会治理。作为国家法律监督机关,检察机关不仅应依法履职,也需要能动履职,打破"就案办案"的思维定式,将办案职能向社会治理领域延伸。在企业合规案件办理过程中,检察机关可以通过综合把握改革适用条件,激励和督促涉案企业在认罪认罚的前提下,积极配合调查、赔偿被害方、退缴违规违法所得、补缴罚款和税款,以最大限度减少社会损害,修复受损法益和社会关系,减少和避免社会对立面,厚植和谐善治根基。此外,检察机关还可以以涉案企业的合规整改为契机,建议行政机关督促相关行业协会,对尚未涉嫌犯罪但存在相关合规风险的同类型企业进行批量的行业合规治理,从而实现"办理一案、治理一片"的效果。可见,改革不仅是矫正涉案企业的有效工具,也已成为检察机关参与社会治理的重要手段。

二、改革的基本经验

随着改革的陆续开展和逐步推进,各地检察机关进行了诸多积极有益的

探索,积累了三个方面的基本经验,为改革的持续深入推进打下了坚实的基础:

一是两种办案形态大体形成。在改革过程中,检察机关探索出了检察建议模式和合规考察模式两种基本办案形态。前一种的通常做法是,检察机关在对涉案企业或者负有责任的自然人作出酌定不起诉处理的同时,向涉案企业提出建立合规管理体系的检察建议,一般也不为企业设置确定的考察期。后一种的通常做法是,检察机关为那些被列为考察对象的企业设立一定的考察期,并根据其在考察期内的合规整改情况,作出是否对涉案企业或涉案"企业家"起诉的决定。两种办案模式各有优势,可以区别适用于不同类型的企业合规案件。在大型企业涉嫌的重大犯罪案件中,由于企业的"犯罪基因"掩藏于复杂的治理结构当中,合规整改的难度较大,应选择有司法强制力支撑的合规考察模式。在那些中小微企业涉嫌轻微犯罪的案件中,企业的治理结构较为简单,所涉犯罪类型也较为单一,合规整改的难度不高,选择灵活度较高的检察建议模式,一般就足以督促其实现有效合规整改。

二是第三方监管机制渐趋成熟。在改革过程中,检察机关除通过自行监管方式办理一些较为简单的企业合规案件外,还探索出了我国的合规监管人制度。2021年6月,最高人民检察院会同其他8个部门发布了《第三方机制指导意见》,明确由第三方机制管委会和检察院共同选出第三方组织,代行部分合规监管职能,其相关结论和建议成为检察决策的重要参考。未来,第三方监管人的薪酬管理、督导权限等问题或将进一步得到规范。第三方机制的渐趋成熟,不仅保障了合规整改工作的专业性,提升了合规监管工作的透明度,也有助于防止将"假合规"认定为"真合规"。

三是有效合规整改标准初步明确。如何监督和指引性质、规模不同的涉案企业实现有效合规整改,是一门复杂的学问,需要一套客观而完善的标准。2022年4月,最高人民检察院会同全国工商联等相关部门印发的《涉案企业合规办法》,提出了我国第三方机制中的有效合规整改标准,明确了有效合规管理制度的六个基本要素,成为第三方组织评估企业合规整改有效性时所要考虑的重点。该规定可以逐渐发展为我国的有效刑事合规标准,在充分实践和试验的基础上,继续丰富六大要素的细节。

三、改革的未来展望

为回应社会对检察官滥用合规考察启动权的担忧,最高人民检察院在改革的总体规划中,初步明确了改革的适用条件,建立了包括三级审批在内的权力制约机制,以尽可能将那些"企业家"为谋求个人利益而实施的、行为与企业管理漏洞关联度不高的案件排除在改革范围之外。未来,还可以重点从三个方面深化这项"利国惠企益民"的改革:

一是继续探索优化改革的适用条件。建议顶层设计从以下几个方面优化改革适用条件:首先,基于企业认罪认罚面临着实务操作上的难题,也易产生与"定罪"相似的负面效应等原因,应将作为适用合规考察前提条件的"认罪认罚"修改为"承认主要指控事实";其次,将涉案企业是否开展了充分的合规准备(如"合规自查"),作为决定是否对其适用合规考察的重要考量因素;最后,应进一步明确判断社会公共利益的基准,或可要求检察机关重点考量企业涉嫌的犯罪性质、情节和危害后果,企业的经营规模、经营状况,在稳定就业等方面的贡献,是否有违法犯罪前科,等等。

二是统筹推动与多部门的全面配合协作。此项改革是一场国家治理企业犯罪方式的革新,需要统筹推动与公安机关、法院、司法行政机关、行政监管机关的全面配合协作。这不仅有助于解决在企业是否构成单位犯罪的问题上可能存在的分歧,也有助于推动企业建立既符合刑事法律又符合行政法规的内部管理体系,同步预防再次发生相同或类似的刑事犯罪行为和行政违法违规行为。

三是积极推动实体与程序"两法"联动修改。随着改革的深入,需要积极推动《刑事诉讼法》《刑法》的修改,以破解改革中的疑难和瓶颈问题,加快推进企业犯罪治理现代化进程。就《刑事诉讼法》的修改而言,宜在"特别程序"一编中专章设立"单位刑事案件诉讼程序",将"企业附条件不起诉"作为独立于"认罪认罚从宽"的核心制度进行建构。至于《刑法》的修改,可以从单位犯罪的归责原则、事后合规作为单位刑事责任的基础、增设单位缓刑制度等几个方面,对刑法作出修改完善。通过"两法"的联动修改,让"合规整改"成为和"认罪认罚"一样贯穿刑事诉讼全流程的法定从宽事由。

附录2 企业合规改革的深入呼唤刑事诉讼法的修改

自2020年3月起,在服务"六稳""六保"、优化营商环境、加强民营企业司法保护的背景下,我国开启了一场由检察机关主导的涉案企业合规改革。这场改革在借鉴域外审前转处程序运转经验的基础上,创造性地提出了一种通过释放现有检察权能所蕴含的从宽处理空间(尤其是相对不起诉)来处理企业犯罪案件的新思路。即,检察机关将企业合规纳入办理涉企刑事案件的过程之中,使之成为对涉案企业或负有责任的自然人作出不起诉等从宽处理的重要依据,并形成了合规考察模式和检察建议模式两种基本办案形态。无论在哪种办案形态下,那些"犯罪情节轻微,依照刑法规定不需要判处刑罚或者免除刑罚"的企业,如果能够在考察期限内根据检察机关的要求进行合格的合规整改,真诚地去除经营模式中的"犯罪基因",就将有机会获得检察机关的不起诉处理,即使该企业确实构成犯罪。

为消除社会公众的疑虑和担忧,减少可能出现的各种风险,试点检察机关一般会在考察期届满时组织听证会,邀请人大代表、政协委员、行政执法机关人员等共同听取企业的合规整改报告,也可能通过走访企业等方式进行抽查,综合评估企业是否真的实现了有效合规。只有那些"公认"合规的企业,才能获得检察机关的不起诉处理。对于那些企图通过建立"形式化"的合规计划来蒙混过关的企业,检察机关仍然会在考察期届满时提起公诉。而在那些企业没有涉罪的案件中,检察机关如果发现企业的治理结构、经营模式存在漏洞,也可以通过制发检察建议的方式督促企业落实合规整改。这场意义重大的改革探索,既不违背法律的基本规定,也与检察机关的法律地位没有冲突,还是检察机关作为公共利益守护者的应有之义。

从最初在深圳市宝安区人民检察院等6家检察机关的第一期试点,到2021年4月扩大至包括北京等10个省(直辖市)在内的第二期试点,再到2022年3月改革在全国铺开(时任最高人民检察院检察长张军在全国检察长扩大会议上明确要求,"依法可适用合规监管整改的都要用……"),改革试验取得了阶段性成效。尤其值得肯定的是,试点检察机关勇于担当作为,不仅协调相关部门制定出了较为可行的改革实施方案,还通过延伸办案职能,将"严管"和"厚爱"相结合,办理了一批企业合规案件,挽救了不少对经济发展具有重要意义的企业。在百余家试点检察机关的大力推动下,如最高人民检察院发布的相关典型案例所示,一些"情有可原"的企业通过合规考察实现了"去犯罪化"经营,摆脱了被起诉、被定罪的命运,避免了可能由此带来的商业机会丧失、员工失业、科技创新力量流失、地区经济受损等连锁后果;也有一些高风险企业在企业合规检察建议的指导下,进行了有针对性的合规整改,弥补了企业管理上的制度漏洞,消除了潜在的违法犯罪隐患,助力构建守法合规的营商环境。

在市场经济发展初期,受限于国家监管资源和企业管理能力,一些企业的经营方式较为粗放,存在违法犯罪风险。现阶段,需要深刻理解问题形成的历史原因,在企业治理现代化的过程中寓"教"于"罚"。而作为实现国家治理体系和治理能力现代化、统筹推进国内法治和涉外法治的积极举措,涉案企业合规改革不仅有助于改变检察机关在企业犯罪案件中的公诉方式,也有利于激励、监督和教育问题企业调整内部治理结构,去除隐藏于经营模式中的风险根源,对内部的违法犯罪行为进行自我监督、自我发现、自我调查,从而可以有效地减少和预防违法犯罪行为的发生,还有助于应对西方国家"长臂管辖",提升产品和服务的国际竞争力,进而获得更多的营收。因此,这项利国利民的改革试验虽然持续时间尚不长,也遇到一些新情况和新问题,但其影响和前景却获得了各方认可,有研究者将其誉为"一次伟大的司法理念革新"[①]。

显然,涉案企业合规改革不仅是一场司法改革,更是一场社会综合治理改革,既离不开公安机关、人民法院的积极参与,也需要行政监管部门的全面配合。判断组织体是否构成犯罪是世界范围内的法律原理性难题,我国公、检、法三机关经常在企业是否构成单位犯罪的问题上存在分歧。判断"是不是企业犯罪"是考虑"是否应当以从宽处理激励企业落实合规整改"的前提,也是正确处理企业与企业家罪责关系的基础。检察机关主导推动涉案企业合规改革,既需要与公安机关在企业犯罪立案侦查环节充分协调,又需要与审判机关就合规的罪责减免功能达成一致。例如,检察机关认为案件是企业犯罪案件,而公安机关却只对自然人进行立案侦查,应如何处理?再如,公安

---

① 参见陈瑞华:《企业合规不起诉改革的人大争议问题》,载《中国法律评论》2021年第4期。

机关是否可以通过建议检察机关适用合规从宽措施激励企业配合侦查？又如，检察机关依据企业合规整改的情况向审判机关提出从宽量刑建议，却得不到采纳，应当如何处理？这些问题的解决，无疑需要公、检、法机关对推动企业合规建设形成共识。而在涉企刑事案件的办理过程中，公、检、法机关又时常需要在企业行为定性、企业案件侦查、合规整改监管和验收、制定专项合规计划等诸多方面得到相关行政执法机关的配合和支持。

为此，最高人民检察院联合相关部门及时发布了《第三方机制指导意见》，与有关企业监管的行政机关、团体组织联合协作，共同负责企业合规整改相关的监督工作。这属于在域外企业合规监管制度经验和教训基础上进行的本土化探索，既统筹了律师、会计师、审计师等专业人员的合规工作资源，又以司法、行政、行业联合督导的形式确保了合规监管工作合理有效地展开。可以说，公安机关、审判机关、行政监管机关的积极参与和全面配合，既关乎企业合规考察程序能否顺利启动，也关乎企业合规激励效果能否充分发挥，更关乎企业犯罪能否实现"源头治理"。

但是，由于这场改革是由最高人民检察院部署启动的，并未获得全国人大常委会的立法授权，公安机关、人民法院、行政监管机关参与办理企业合规案件的积极性能否得到保障，还在一定程度上取决于试点检察机关的沟通协调能力，这也可能会影响改革试验的效果。尤其是，由于未获得立法机关的授权，检察机关通常只能在现行刑事诉讼法律的框架和范围内，将一些犯罪情节轻微、符合相对不起诉适用条件的企业案件作为试验对象，这也可能会在一定程度上影响试验效果。一些试点检察机关尝试探索扩大适用案件范围、延长合规考察周期，又将面临着改革实践超越法律的质疑。因此，涉案企业合规改革的深入推进，需要对《刑事诉讼法》进行及时的修改，在吸收和借鉴企业合规相关理论研究成果的基础上，将司法推动企业合规建设的制度创新和成功做法加以固定和确认，以促进中国特色的企业行为规制制度的发展完善，特别是要正式建立企业附条件不起诉制度。

实际上，一些刑事法学者在改革试点启动之初就大胆提出，将现行刑事诉讼法中仅适用于未成年人的附条件不起诉制度，扩大适用于企业犯罪案件，并将那些涉嫌较为严重犯罪的企业承诺建立有效合规计划作为不起诉的附加条件。对于那些在合规考察期限内积极进行合规整改，并经第三方评估验收合格的企业，检察机关将正式作出不起诉决定。最高人民检察院发布的《"十四五"时期检察工作发展规划》也将"研究探索企业犯罪附条件不起诉制度"作为下一阶段的工作重点之一。不过,"企业"本身并非法律通行概念,难以界定,而单位能够包括企业,组织体的诉讼程序设计具有共性,因此附条件不起诉制度应适用于单位。

目前,对附条件不起诉制度的具体法律条款设计,研究者主要提出了两种立法思路:一是认罪认罚从宽制度融合说;二是特别程序制度增补说。前者认为企业犯罪的附条件不起诉是认罪认罚从宽制度框架下的一种特别不起诉制度,与《刑事诉讼法》第182条规定的认罪认罚的特别不起诉制度具有"同源性",并主张在现行《刑事诉讼法》第182条之后增加两个条款作为第182条之一和第182条之二;后者基于企业合规刑事案件的特别性,建议在《刑事诉讼法》中为企业合规制定"特别程序",并将其作为《刑事诉讼法》特别程序体系中的第六种类型。

无论是"认罪认罚从宽制度融合说",还是"特别程序制度增补说",都有其可取之处,但也有待商榷。认罪认罚从宽制度和附条件不起诉制度的本质属性难以相融,认罪认罚从宽制度以节约司法资源、提高诉讼效率为主要目标,而附条件不起诉制度的价值目标则更多地侧重于推动企业变革治理结构,预防其再次实施同类违法犯罪。只有在制度设计上将两者区分开来,才便于立法为企业设置与合规整改难度相适应的合规考察期限,进而有助于检察机关从容不迫地推动企业进行有效的合规整改。而如果只是设定"企业合规特别程序",不建立配套的单位犯罪特别程序规定,无法解决责任主体的双重性、表意机制的代议性、集体财产的共有性、诉讼行为的代行性等带来的固有诉讼问题,仍会阻碍企业犯罪案件的妥善处理。

有鉴于此,《刑事诉讼法》再修改时,应结合我国确立未成年人附条件不起诉制度的立法改革经验,在"特别程序"一编中确立"单位刑事案件诉讼程序"作为第六章。2012年,《刑事诉讼法》修改时将"未成年人刑事案件诉讼程序"独立成章,而"附条件不起诉"只是其中的内容之一。该章将先前已经存在的未成年人辩护问题和公开审理问题纳入进来,并从原则、犯罪记录封存等角度进行了整体化规范。基于这种相似的改革历史和立法整体观,在进行单位刑事案件诉讼程序立法时,也应当将先前已有的单位犯罪特别规定(《刑诉法解释》)纳入,并在此基础上进行提炼和丰富。

因此,单位附条件不起诉制度应当属于"特别程序"应新设的第六章的内容,主要包括程序启动、合规考察、法律后果等几个方面的基础规定。相关细节问题或可通过司法解释或单行规定的方式予以明确,以避免法条的繁杂性。当然,"特别程序"第六章除了应包含单位附条件不起诉制度的相关条款以外,还应包括办理单位刑事案件的方针与原则、单位刑事案件的诉讼代表人、单位刑事案件的强制性措施、单位责任和单位成员责任分离追诉等基础条款。此外,还需要认真研究,除检察机关可以通过单位附条件不起诉制度对那些进入审查起诉环节的涉案企业裁量出罪或提出合规从宽量刑建议以外,对那些情节轻微或涉罪风险较高的危险企业,是否可以考虑将其有效合规整改作为公安机关对其免予立案的理由,从而可以在刑事诉讼的最早阶段就实现案件的初步分流。在《刑法》未来能够确认合规的罪责减免功能的情况下,法院对于那些进入审判环节的涉案企业,也可以作出合规免责、合规从轻的判决。实际上,在第三方机制的保障下,由任一机关在任一诉讼阶段要求企业落实合规整改,都不会造成过大的司法资源负担。总之,只有对单位刑事案件的诉讼程序进行"全流程"规范,才能彻底改变我国长期以来"以自然人为中心"的刑事诉讼程序格局,并确保"以提供合规从宽机会为激励、以确认落实合规整改为归宿"的新型法律规则得以有效实施。

附录3　刑事诉讼法如何吸收企业合规改革的成果

——关于刑事诉讼法修改的学者对话录

涉案企业合规改革于2020年3月份启动,2021年3月试点范围扩展至全国10个省市检察机关,2022年4月已经面向全国检察机关全面推开。涉案企业合规改革在维护市场经济秩序、实现企业经营方式的去犯罪化、确保检察机关有效参与社会综合治理等方面发挥积极作用,成为近年来我国最重要、最成功、社会效果最为显著的刑事司法改革。2021年3月至2022年6月底,全国检察机关共办理合规案件2382件,其中适用第三方机制的案件1584件,对整改合规的606家企业、1159人依法作出不起诉决定。上述数据充分说明涉案企业合规改革实现了有效保护企业的预期目标,满足了社会各界对改革的强烈期待,具有重大的政治意义和普遍的社会意义,成为国家治理体系和治理能力现代化的重要体现。为巩固改革成效、推动国家法治发展完善,当务之急是修改刑事诉讼法,吸收企业合规改革的成果,解决改革面临的重大疑难问题,以立法修订的方式指引改革走向深入。有鉴于此,有必要对刑事诉讼法如何吸收涉案企业合规改革成果展开充分讨论。北京大学法学院陈瑞华教授、中国人民大学法学院李奋飞教授从六个角度对刑事诉讼法如何吸收涉案企业合规改革成果的问题进行充分讨论,《法治日报》(2023年2月8日)对本次讨论进行了全文刊载。

一、刑事诉讼法修订的必要性

陈瑞华教授:根据我国刑事诉讼法律制度发展的基本规律,一项法律制度的形成首先要经过自下而上的探索与试验,经过考察、总结和评估,对于能够发挥积极的政治、经济、社会效果的富有生命力的改革,通过正式的立法程序将其上升为国家法律规范。涉案企业合规改革一开始在基层检察机关进行试验,后来逐步扩大试点范围,经过三轮改革探索,迫切需要将改革的成熟经验上升为国家法律,刑事诉讼法的修订已经势在必行,到了临门一脚的关键时期。具体而言,刑事诉讼法修订的必要性包括以下几个方面:第一,通过修改刑事诉讼法吸收涉案企业合规改革的成熟经验,将其最终转化为国家法律规范,使其具有普遍的法律效果;第二,通过修改刑事诉讼法赋予涉案企业合规改革正式法律效力,赋予其制度合法性,对社会各界关于改革合法性的质疑给予必要回应;第三,通过修改刑事诉讼法,可以及时解决涉案企业合规改革面临的疑难、争议、瓶颈问题。只有通过刑事诉讼法修改正式确立改革成果,才能消除体制障碍、开拓改革道路,使涉案企业合规改革继续向前推进,获得广阔的发展空间。

李奋飞教授:重大改革要求于法有据,通过法律修改将涉案企业合规改革制度创新的成功经验加以吸收固定,才能解决改革面临的一系列问题。例如,目前只能在审查起诉期限内,利用取保候审的制度空隙争取合规考察期限,但取保候审作为强制措施被用于延长办案期限引发了较大争议,只能作为立法修改之前的权宜之计,缺乏立法支持必然不具有可持续性。又如,在法律修改之前,"合规不起诉"只能在可能判处三年有期徒刑以下刑罚的案件中探索,一些合规基础较好的涉案企业由于涉嫌重大单位犯罪而失去了合规出罪的机会。再如,有效合规标准如果没有得到立法的明文确立,检察机关启动合规考察程序、涉案企业开展合规整改、合规监管人进行合规考察和验收评估等活动都没有明确标准,容易导致办案人员滥用自由裁量权,也难以为改革树立公信力。以刑事诉讼法修改为契机,如能使合规考察期、重大单位犯罪案件的分案处理机制、合规考察标准等制度得以正式确立,则可充分回应改革实践和社会各界的期待。

二、刑事诉讼法修订的立法体例

李奋飞教授:关于企业合规刑事诉讼立法,研究者主要提出了两种立法思路:一是认罪认罚从宽制度融合说;二是特别程序制度增补说。前者认为合规不起诉是认罪认罚从宽制度框架下的一种特别不起诉制度,主张在《刑事诉讼法》第182条之后确立合规附条件不起诉制度;后者基于企业合规刑事案件的特别性,建议为企业合规制定"特别程序",作为刑事诉讼法特别程序的第六种类型。两种立法思路都有其可取之处,但也都有待商榷。认罪认罚从宽制度和合规不起诉制度的本质属性难以相融;认罪认罚从宽制度以节约司法资源、提高诉讼效率为主要目标,而附条件不起诉制度的价值目标侧重于推动企业变革治理结构,预防其再次实施同类违法犯罪。此外,如果只增设"企业合规特别程序",不建立配套的单位犯罪特别程序规定,无法解决责任主体的双重性、表意机制的代议性、集体财产的共有性、诉讼行为的代行性等带来的固有诉讼问题,仍会阻碍企业犯罪案件的妥善处理。

陈瑞华教授: 企业合规考察制度属于单位案件刑事诉讼特别程序的有机组成部分。未成年人作为一种特殊的诉讼主体,适用特殊的刑事诉讼政策、原则和程序,因此专章设置了未成年人刑事案件诉讼程序。单位作为特殊的诉讼主体,也拥有一套独特的诉讼理念和诉讼参与方式,应当专章设立单位案件刑事诉讼特别程序,置于未成年人刑事案件诉讼程序之后。这种立法体例具有两大明显的优势:第一,可以将我国目前刑事诉讼法有关单位犯罪案件的相关理念、制度和规则加以统合,设置专章进行集中规定;第二,可以将涉案企业合规改革的经验完整、准确地予以确立。企业合规考察制度与认罪认罚从宽制度具有本质区别,前者并不以认罪认罚为前提,而是以涉案企业承认指控的犯罪事实、愿意进行合规整改为适用条件,将其置于认罪认罚从宽程序中反而会冲淡企业合规考察制度的独立价值。当然,单位犯罪刑事诉讼基本条款确立后,相关部门可以出台司法解释、实施细则和规范性文件,为司法机关办理单位刑事案件制定具有可操作性的具体规则,使合规考察制度得到充分落实。

三、单位犯罪案件诉讼程序的基本理念

陈瑞华教授: 通过对我国涉案企业合规改革试点经验的总结和提炼,在立法中增设单位案件刑事诉讼特别程序时应当贯彻五大基本理念。首先由我阐述其中三项理念。一是有效合规整改的理念。有效合规整改是企业合规程序启动、考察、评估、验收的出发点和最终归宿,检察机关一旦对涉案企业启动附条件不起诉,应确立有效合规整改的基本目标,督促涉案企业改变治理结构、堵塞管理漏洞、消除制度隐患、建立依法依规经营的企业文化。二是预防犯罪的理念。检察机关启动合规考察程序主要是考虑到,一方面对涉嫌犯罪的企业不能动辄起诉,对企业定罪量刑会带来连锁性的消极后果;另一方面,也不能对构成犯罪的企业一味纵容,如果不通过合规整改消除违法犯罪基因、改变病态经营方式,其仍然会继续实施犯罪。因此,企业合规立法应当引入预防犯罪的理念,督促企业通过有效整改消除犯罪发生的结构性原因,防止其再次走上犯罪道路。三是相称性的理念。企业在开展合规整改时,无论是建立的合规组织、配置的合规人员还是投入的管理资源,都要与企业面临的合规风险和所要达到的合规整改目标成正比、相适应,应当综合考

虑企业规模、行业特点、业务范围、合规风险状况、再犯罪可能性等因素,对不同企业的合规有效性标准应根据以上因素实行差异化对待。

李奋飞教授:接下来由我论述单位犯罪案件诉讼程序的其他两项基本理念。一是依法惩处与平等保护相结合的理念。最高人民检察院要求涉案企业合规改革贯彻"真严管""真厚爱"的理念:合规考察具有惩罚功能,合规成为替代刑罚的制裁方式,提前实现了刑罚功能;合规考察也成为涉案企业获得宽缓处理甚至不起诉决定的依据,赋予企业出罪机会。当然,合规考察程序既适用于大中型企业,也适用于小微企业;既适用于民营企业,也适用于国有企业;既适用于国内企业,也适用于域外企业,这样才能体现平等保护的理念。二是公共利益考量的理念。将维护社会公共利益作为办案机关处理企业犯罪案件的新要求,不仅有助于保证单位刑事案件的处理能够符合社会公众的整体利益和普遍期待,也可以有效防止惩罚企业带来的"水漾效应",避免案件办理对社会公益造成负面影响,还能够规范司法裁量权,回应涉案企业合规改革扩大司法裁量权之后,社会公众对权力滥用的担忧。

四、刑事诉讼法修订涉及的核心内容

陈瑞华教授:本次立法修改的核心议题是增设涉案企业合规考察程序,主要包括合规整改模式、适用条件、适用对象、考察和验收流程等内容。在企业合规整改的模式选择方面,立法应当确立涉案企业合规改革形成的两种合规整改基本模式,即相对不起诉/检察建议模式,以及附条件不起诉/合规考察模式。在附条件不起诉模式中,也应吸收行之有效的改革经验,设置简式合规和范式合规两种合规整改方式。在合规附条件不起诉制度的适用条件方面,涉案企业应当自愿承认指控的犯罪事实,对刑事执法活动进行有效配合,全面停止犯罪活动,及时处理对犯罪负有责任的内部人员,以及承诺或者履行补救挽损措施,具体包括积极补缴税款、缴纳罚款、缴纳违法所得、赔偿被害人以及修复受损环境资源等。涉案企业还应当提供符合社会公共利益的相关证明材料,提交有效的企业自查报告,出具有针对性的合规整改方案。

李奋飞教授:关于适用对象和制度流程的内容,我认为在合规考察程序的适用对象方面,该制度可适用于重大单位犯罪案件和轻微单位犯罪案件,以及大中型涉案企业和小微涉案企业。此外,该制度既可以适用于在生产经营活动中涉嫌单位犯罪的涉案企业,也可以适用于内部人员实施与生产经营活动密切相关的自然人犯罪的涉案企业。在制度流程方面,主要涉及合规考

察程序的关键环节和重要问题,如合规考察期、考察条件、合规监管人、合规验收评估听证会的设置,以及合规验收后的案件处理方式等,这些核心内容都应在刑事诉讼法修订中予以体现。

五、刑事诉讼法修订亟待解决的争议问题

陈瑞华教授: 通过修改刑事诉讼法,在吸收涉案企业合规改革成果的同时,也应当对改革实践中的争议问题提供框架性解决方案。首先是合规考察程序的启动问题。改革推行至今,检察机关在启动合规考察程序方面一直采用依职权启动的方式,许多涉案企业及其辩护律师和合规顾问向检察机关提出启动合规考察的申请时,检察机关有时不作答复,在拒绝启动合规考察时既不给予明确答复,也不说明相关理由,更不会提供有效的救济途径。这使得合规考察程序的启动尚未被纳入诉讼轨道,导致一些符合合规整改条件的案件无法被纳入合规考察程序,同时也会影响程序的平等适用,容易引发各界对检察机关滥用自由裁量权的质疑,损害涉案企业合规改革的公信力。因此,从建立和完善合规考察程序的角度而言,应当对其进行诉讼化改造。涉案企业及其辩护律师和合规顾问一旦提出启动合规考察的申请,检察机关应当受理并进行审查,根据明确的法定条件作出是否启动合规考察的决定。在拒绝启动程序时,检察机关应当作出附拒绝理由的决定书,并给予涉案企业申请救济的机会,比如可以申请检察机关复议,也可以向上级检察机关申请复核。

还有重大单位犯罪案件能否适用分案处理机制的问题。从试点案例的情况来看,"江苏 F 公司、严某某、王某某提供虚假证明文件案"作为适用分案处理机制办理的案件,已经被纳入最高人民检察院第三批涉案企业合规典型案例。重大单位犯罪案件的分案处理有三个理由。首先,我国刑事诉讼法和相关司法解释已有先例,司法机关对单位犯罪可以分案处理,检察机关只起诉单位犯罪责任人员的,法院应当依法受理。其次,分案处理体现实体法中单位责任和责任人责任的分离,特别是在非系统性单位犯罪案件中,责任人员的犯罪往往是直接实施的故意犯罪,因为犯罪行为造成严重危害后果而承担责任。而单位构成犯罪则是因为未充分尽到管理义务、存在管理失职行为,承担失职责任,因此单位进行合规整改、建立合规管理体系可以起到消除犯罪诱因的效果。最后,分案处理符合社会公共利益考量原则,对于重大单位犯罪案件的责任人员无法作出不起诉处理,应当予以追诉,但是对于合规整改合格的企业作出宽大处理，有利于维护员工、股东、投资人和利益相关方的利益，也有利于维护国家利益和社会公共利益。

李奋飞教授：关于责任人员能否宽大处理的问题，我认为无论是单位犯罪案件还是自然人犯罪案件，企业进行合规整改只能成为企业宽大处理的依据，并不当然导致自然人获得宽大处理。从企业有效合规整改到实现责任人员宽大处理，还需要满足两个独立的前提条件。其一，责任人有效参与企业合规整改，对企业整改发挥积极作用、作出不可替代的贡献，由于责任人员的推动，企业合规体系得以建立和运行，达到预防犯罪再次发生的效果。其二，在单位犯罪案件中需要引入两套附条件不起诉机制，针对单位建立以企业合规整改为核心的附条件不起诉制度，针对责任人员建立以教育矫正为核心的附条件不起诉制度，责任人员在接受帮教、行为矫正、教育培训，消除犯罪的内在动因之后，才能够获得宽大处理。

还有考察期限的合理确定问题。涉案企业有效合规整改需要较为充足的时间，从欧美国家的经验来看，合规考察期一般在1年以上3年以下，针对一些大型企业在3年合规考察期的基础上还可以继续延长。合规整改涉及企业治理结构调整、制度体系完善、管理流程修正，还包含经营方式和企业文化的根本性改变，因此需要足够的时间投入，应当在刑事诉讼法修订中适度延长合规考察期。根据相称性的基本理念，建议适用简式合规整改的考察期规定为1年以下，适用范式合规整改的考察期规定为1年以上3年以下，具体期限可由检察机关与涉案企业根据案件性质、企业规模、整改难度、合规基础等因素协商确定。对有效制定了合规整改计划，但由于客观原因未能按期完成全部整改计划的，可以准许延长一次考察期，简式合规整改考察期延长不超过半年，范式合规整改考察期延长不超过1年。但是，合规考察期不允许缩减，因为第三方合规组织会为涉案企业设置针对性、可操作的合规整改日程表，一旦缩减合规考察期，就意味着压缩了合规整改的预期目标和推进步骤，无法实现有效合规的基本目标。

陈瑞华教授：关于有效合规整改的基本标准问题，涉案企业有效合规整改应当包括三大要素：首先是合规计划设计的有效性，即在识别和诊断企业合规管理漏洞的前提下，建立一套可以有效预防合规风险、监控违规行为和应对违规事件的合规管理体系；其次是合规计划执行的有效性，即企业根据合规计划所承诺的加强内部控制的方案，在企业的经营管理中逐一得到落实和执行，使其在企业管理的各个环节发挥内部监管作用；最后是合规计划结果的有效性,即企业的合规整改产生积极的效果,形成依法依规经营的企业文化,最终达到预期的合规整改目标。根据相称性理念,简式合规主要适用于小微企业,但也应当符合有效合规的最低标准,建立的合规体系应包括通用合规的基础性要素和专项合规的专门性要素;范式合规则是一种标准化合规,应达到有效合规的基本要求,包含合规政策体系、合规组织体系、合规预防流程体系、合规识别流程体系、合规应对流程体系等完备的有效合规计划要素。

六、企业合规考察的配套保障措施

陈瑞华教授:刑事诉讼法修订需要在侦查、起诉、审判乃至合规整改后与行政机关的刑行衔接等维度,贯彻有效合规整改的理念,巩固涉案企业合规改革成果,以达到最佳制度效果。从有效发挥侦查机关在企业合规考察制度中的作用角度,一方面,涉案企业可以在侦查阶段提出合规考察申请,侦查机关应当记录在案,并尽可能加快侦查进度,甚至实现诉讼阶段的跳跃。检察机关也可以在侦查阶段提前介入,接受涉案企业作出的合规承诺,这样既有利于提高侦查效率,也有利于审查起诉阶段合规考察程序的顺利衔接。另一方面,侦查机关应贯彻少捕慎诉慎押的刑事政策,对于准备移送检察机关按照企业合规程序办理的案件,一般不得对责任人员适用逮捕羁押措施,而应尽可能适用取保候审等非羁押性强制措施;对涉案企业也不得使用查封、扣押、冻结等强制性侦查处分,不得妨碍涉案企业的正常生产经营活动,由此才能为检察机关启动合规考察程序创造前提和基础。

李奋飞教授:下面由我阐述保障法院和行政机关有效参与的配套措施。在审判环节,需要重新界定法院在企业合规考察程序中的角色定位。审判机关需要回应涉案企业合规整改的现实需求,涉案企业在审判阶段选择放弃诉讼对抗并承诺进行合规整改,符合合规考察程序适用条件的,检察机关也可以在人民法院宣告判决前撤回起诉,给予其合规整改的机会。检察机关提出合规撤回起诉的申请,法院经审查准许的,可以作出准许撤回起诉的裁定。法院认为案件符合合规考察条件的,也可以建议检察机关撤回起诉。撤诉后刑事诉讼程序将倒流回审查起诉阶段,检察机关对合规考察合格的涉案企业可以作出不起诉决定,对于合规整改合格但由于客观原因无法作出不起诉处理的案件,可以向法院提起公诉并提出轻缓量刑建议,对此法院可以采纳,而责任人员如果在合规整改中发挥积极作用、作出重大贡献,法院也可以对其依法从宽量刑。

　　刑事诉讼立法还应针对行政机关的有效参与问题,设置案件处理决定作出后的合规刑行衔接机制。首先是确立合规互认制度。涉案企业有效合规整改不仅应当作为检察机关作出宽大处理的依据,也应当得到行政机关的认可,成为行政机关对涉案企业作出宽大行政处罚的依据。其次是建立合规检察建议和检察意见制度。检察机关在合规整改结束后,可以向行政机关发出检察建议或者检察意见,建议行政监管部门对涉案企业继续进行合规监管,必要时针对存在合规风险的其他领域督促企业增设相关专项合规计划。再次是确立行业合规制度。为实现企业违法犯罪活动的源头治理,对于带有结构性和行业性特征的企业违法违规现象,检察机关应当以合规整改为契机,建议行政机关督促行业协会对尚未涉嫌犯罪但存在相关合规风险的同类型企业进行成批量的行业合规治理。最后是建立刑行联合执法机制。作为刑行衔接机制的发展趋势,必要时应当借鉴域外国家有关经验,由检察机关会同行政监管部门对涉案企业联合开展合规考察,实施统一的合规整改方案,建立刑事和行政一体化的违法预防机制。

附录4 企业合规改革二人谈(上)

——修改刑事诉讼法,建立企业附条件不起诉制度

目前,我国涉案企业合规改革已经经历了三个发展阶段:2020年3月最高人民检察院部署在6个基层检察院设立改革试点,2021年4月试点范围扩大至北京、辽宁、上海等10个省市,2022年4月试点在全国推开。这项改革在依法保护民营企业、去除企业经营管理结构中的违法犯罪因素、推动检察机关积极参与社会治理等方面取得了积极成效,基本满足了社会各方的期待,是国家治理现代化的重要体现。2021年3月至2022年6月底,全国各地检察机关累计办理涉企业合规案件2382件,其中适用第三方机制案件1584件,对整改合格的606家企业、1159人依法作出不起诉决定。这些数据证明,这项改革基本实现了"双赢多赢共赢"的预期改革目标,在稳定就业、促进经济发展等方面发挥了积极效果,同时,改革也带来了检察理论的革新,为检察机关参与社会治理、维护社会公共利益开拓了实践路径。基于此,涉案企业合规改革正逐渐成为我国近年刑事司法改革中最重要、最成功、最显著的一项改革。目前,急需推动刑事诉讼法修改,以便全面吸收改革成果,推动国家法治化进程。此外,还需要对本次改革所引发的争议予以回应,解决改革中的疑难和瓶颈问题,以推动改革继续深入发展。

在此背景下,北京大学法学院陈瑞华教授和中国人民大学法学院李奋飞教授就"企业合规改革与刑事诉讼法修改"问题进行对话研讨,具体涉及九大关键方面:刑事诉讼法修改的必要性、企业合规整改的模式选择、企业合规不起诉的适用条件、企业合规不起诉的适用对象、附条件不起诉制度的立法构建、合规整改与侦查机关的角色、合规整改与法院的作用、合规有关的刑行衔接问题、有效合规的标准与评估。《民主与法制》周刊2022年第38期分上、下两部分对该对话内容进行了刊载。

一、刑事诉讼法修改的必要性

陈瑞华教授:根据我国法律发展的基本规律,确立法律制度需要先经过

自下而上的探索和试验,再经过对改革创新的考察和评估,选取那些有利于解决社会问题的、能够发挥积极政治和经济效果的,将改革的做法上升为国家的正式法律制度,这是我国立法发展的基本经验。迄今为止,我国的认罪认罚从宽制度、刑事和解制度、少年司法体制改革等都经历了相似的法律形成过程。最高人民检察院在启动涉案企业合规改革之初,就选择了一些基层检察院作为试点,随后逐渐扩大试点范围,至今,修改刑事诉讼法势在必行。修改刑事诉讼法的必要性主要体现在两个方面。第一,吸收涉案企业合规改革的成熟经验,将经验转化为生效立法。改革是对旧有制度的突破,不可避免地具有探索性和试验性,因此,容易引发质疑和争议。只有修改刑事诉讼法,将有关制度纳入立法,才能赋予其合法性和正当性。第二,解决改革中的疑难、争议和瓶颈问题。这些问题无法依靠地方试点检察院试验解决,甚至无法由检察机关一家予以解决,因为有些问题涉及国家司法制度中的宏观和全局问题,需要立法部门站在完善国家法律制度、改进国家司法体制的高度进行顶层设计。只有修改刑事诉讼法,正式确认涉案企业合规改革的成果,才能消除改革障碍、开拓改革道路,推动改革继续发展。

李奋飞教授:涉案企业合规改革是一项重大司法改革,在维护社会公共利益等方面取得了显著成效,应当转变成为"于法有据"的制度实践。目前,由于改革只能在现有法律框架内进行,许多探索有"超法规"实践的嫌疑。例如,试点检察机关在审查起诉期限内确立合规考察期,经常将取保候审期限与审查起诉期限混淆,以申请延长审查起诉、退回补充侦查等技术性手段满足长期实施合规考察的时间需要。因为涉案企业开展合规整改,往往不能在短短数月内就实现有效合规,可能催生文件化的"纸面合规",所以,检察机关需要在审查起诉阶段确立较长的合规考察期。目前,这种将审查起诉期限延长至6个月至1年以满足合规考察需要的做法,没有立法的赋权,面临着正当性方面的质疑,不能成为可持续的法律实践。再如,对于一些责任人员预期刑罚在3年有期徒刑以上的重大单位犯罪案件,即使企业的合规基础较好、有强烈的合规整改意愿,也受限于相对不起诉制度的范围,没法获得出罪的机会。又如,如果法律没有明确有效合规的标准,检察机关和合规监管人的考察、评估、验收缺乏明确依据,就难免带来办案人员滥用权力的风险,影响改革的公信力和权威性。

二、企业合规整改的模式选择

陈瑞华教授:在刑事司法领域,合规基本可以分为事先合规和事后合规两大类型。事先合规是企业在没有犯罪时进行的合规体系建设,其目的主要在于增强企业的商业竞争力和应对合规监管的能力。事后合规是企业在涉及刑事诉讼程序之后开展的合规整改,其目的在于以合规换取司法机关的宽大处理。经过涉案企业合规改革的 3 年探索,事后合规逐渐形成了以下几种实践模式。

第一,相对不起诉模式(也称为检察建议模式)与附条件不起诉模式(也称为合规考察模式)。相对不起诉模式在改革之初适用案件数量较多,主要用以解决小微企业的轻微犯罪案件,其局限性在于约束力和激励性均有不足。但是,该模式仍具有适用空间,可以较好地适用于那些合规整改难度不高的案件,一般包括治理结构简单的小微企业案件和事先合规管理体系已经较为健全的企业案件。这些案件没必要启动合规考察程序,检察机关可以直接作出不起诉决定,随后以制发检察建议的方式督促其落实有效合规整改。因此,建议立法将这种模式予以保留,针对责任人预期刑罚在 3 年有期徒刑以下的轻微单位犯罪案件,规定原则上可以适用相对不起诉模式。检察机关不设置合规考察期和任命合规监管人,只需设置合规整改期,督促企业定期提交合规整改报告,于合规整改完成后再提交终期报告,由检察机关以跟踪回访的方式保障约束力。附条件不起诉模式是涉案企业合规改革中适用最多、效果最好、应用价值最大的实践模式,也需要立法予以纳入。未来,在那些责任人预期刑罚在 3 年有期徒刑以下的轻微单位犯罪案件中,如果涉案企业没有建立合规管理体系,且存在重大合规风险,规定检察机关应当启动附条件不起诉模式。在那些责任人预期刑罚在 3 年有期徒刑以上的重大单位犯罪案件中,如果符合适用条件,规定检察机关一律适用附条件不起诉模式。具体来看,附条件不起诉模式需要按照附条件不起诉制度的基本框架进行立法设计,包含明确适用条件、限定适用对象、设立考察期、设置合规考察条件、指派合规监管人、建立合规验收评估程序等。

第二,根据涉案企业的规模,各试点地区检察院探索出了简式合规和范式合规两种合规整改的实践模式。最高人民检察院第三批典型试点案例中的"江苏 F 公司、严某某、王某某提供虚假证明文件案"就涵盖了这种概念界分,表明了改革领导者的认可态度。就简式合规而言,其主要适用于小微企业、公司治理结构完善、合规风险不严重等合规整改难度不高的案件,但在适用的过程中,需注重保障落实有效合规的最低标准。例如,企业可以不设合规委员会,但至少须有合规工作领导小组,体现高层合规承诺。再如,企业即使没有合规部,也应当有合规管理人员,有长期稳定的合规顾问,并贯彻合规审查原则,必要时给予合规管理人员"一票否决权"。再结合合规章程、合规培训等基本体系要素,达到有效预防同类或相似违法犯罪行为再次发生的目标。就范式合规而言,需要按照有效合规的基本标准予以设置,至少需要包括合规章程、合规政策、合规员工手册、合规组织等,确保合规组织人员履职的独立性。此外,还需要注重将合规嵌入公司治理流程,从管理的视角,使合规成为人事考核、职务晋升、奖金发放等常规事宜的重要依据,从业务的视角,使风险性业务接受合规审查,引入合规预防体系、合规监控体系、合规应对体系。

李奋飞教授:修改刑事诉讼法,应当将以附条件不起诉模式为核心的改革试验成果确立下来,建立能够适用于企业犯罪案件的附条件不起诉制度,以继续拓宽和规范我国的合规不起诉实践。对此,可以适当借鉴我国未成年人附条件不起诉制度的立法体例。我国早在2012年已经针对未成年人建立了附条件不起诉制度,对涉罪未成年人实行教育和挽救的方针。事实上,未成年人和企业具有一定的相似性。一方面,未成年人和企业都不能完全控制自身行为。未成年人因为心智和身体发育不成熟等因素,可能作出一些不受理智控制的行为,而企业则因为"拟制人"的属性,以及所有权和经营权相分离的管理结构,无法控制每一个员工的行为。另一方面,涉罪未成年人和企业都有矫正的空间。对于未成年人而言,可以通过设置学校课程、监管项目矫正其行为,而对涉案企业也可以通过合规实现矫正。因此,针对涉案企业建立附条件不起诉制度,既能将涉案企业合规改革的成果纳入,也符合我国刑事法律体系的传统。基于此,我国应当采取在刑事诉讼法特别程序中设置专章的方式,将"单位刑事案件诉讼程序"作为"未成年人刑事案件诉讼程序"之后的第二章,既可以集中规定单位犯罪涉及的刑事诉讼问题,也能够将附条件不起诉模式和合规整改问题完整引入。

当然,立法并不意味着改革结束,而只是改革阶段性成果的体现,并具有引领改革继续发展的作用。在单位犯罪刑事诉讼程序的基本条款确立后,改革应当持续推进,相关部门可以出台司法解释、实施细则和规范性文件,为司法机关办理单位犯罪案件提供具有可操作性的具体规则,使简式合规和范式合规实践得到充分落实和进一步发展。

三、企业合规不起诉的适用条件

李奋飞教授:目前,我国涉案企业合规改革的适用条件主要可以分为基础条件和裁量条件两大组成部分。

所谓基础条件,主要包括四个:第一,案件属于公司、企业等市场主体在生产经营活动中涉及的经济犯罪、职务犯罪等案件,既包括公司、企业等实施的单位犯罪案件,也包括公司、企业实际控制人、经营管理人员、关键技术人员等实施的与生产经营活动密切相关的犯罪案件。第二,涉案企业、个人认罪认罚。认罪认罚是固定案件证据、衡量犯罪主体悔过意愿的重要依据。第三,企业能够正常生产经营,承诺建立或者完善企业合规制度。如果企业已经停工停产、濒临破产,那么,就没有开展合规整改的条件。第四,企业自愿接受合规考察。企业合规建设属于企业内部的管理结构调整,本质上属于自主经营权的范围,涉案企业合规需要以企业自愿接受和配合为前提。

除了基础条件外,还存在三个主要的裁量条件,这些条件虽然未被规定在规范性文件中,但也需要办案检察官综合考量:第一,案件的犯罪情节。目前,涉案企业合规改革以相对不起诉制度为依托,所以一般只能对"犯罪情节轻微"的案件适用,实践中,通常是指主要责任人预期刑罚在3年有期徒刑以下的案件。这需要检察官综合考量案件情节的轻重予以把握。第二,案件对社会公共利益的影响。检察机关需要综合考量涉案企业在经济发展、科技发展、稳定就业等方面的贡献,评估起诉后的社会效果。第三,企业涉罪后采取的"补救挽损"措施。检察官需要考察涉案企业在涉罪后是否存在自首、配合调查、赔偿被害方、自主进行合规整改等行为,如果存在这些行为,一般可以认为企业的悔过态度较好、社会危险性较低。

陈瑞华教授:未来,在企业附条件不起诉制度入法以后,我国现有的适用条件还需要从以下四个方面继续完善。

第一,企业只需要承认主要犯罪事实,无需认罪认罚。企业附条件不起诉制度与认罪认罚从宽制度的本质难以相容,企业在程序启动阶段只需要承认主要犯罪事实,就能起到表现悔过意愿、固定案件主要证据的效果。域外经验和我国试点经验都表明,企业认罪认罚,存在表意模糊、牵连无辜股东、损害商业信誉等问题,应以承认主要犯罪事实予以替代。

第二,若企业实现"补救挽损"确有困难,能以作出承诺替代实际履行。在一些案件中,企业难以在程序启动阶段就落实缴纳罚款、赔偿被害方、修复环境损害等措施,因此只要企业作出"补救挽损"的书面承诺,并证明自身具有实现承诺的现实可能性,检察机关就可以视为其满足条件。这更符合企业实施"补救挽损"措施需要时间的现实情况,能挽救更多具备发展潜力但面临暂时性资金困境的企业。

第三,优化社会公共利益衡量条件,将这种衡量分为积极方面和消极方面两部分。积极方面指的就是企业本身的社会和经济贡献,包括在税收、就业、科技发展、行业进步等方面的积极作用,也包括企业既往的守法表现。检察机关需要考察企业是否已经存在相关违法犯罪前科,判断其涉嫌的犯罪是系统性单位犯罪还是非系统性单位犯罪,评估违法犯罪行为在企业内部的普遍性。消极方面指的是起诉企业的负面社会效果,包括企业是否会面临经营资格的剥夺,企业员工是否会走向失业,当地和行业经济发展是否会受到阻碍等。

第四,应当增加企业合规准备作为程序启动的基础条件。企业需要在程序启动阶段完成合规自查,对违法犯罪行为的根源进行调查,提交书面的合规自查报告。随后,企业也需要拟定初步的合规整改方案,结合企业现有的治理资源和合规管理体系建设情况,聘请合规顾问,拟定书面的企业合规整改计划,供检察机关审查开展合规考察的可行性。

四、企业合规不起诉的适用对象

陈瑞华教授: 企业合规不起的适用对象主要涉及三方面的争议问题,需要进一步明确,并在刑事诉讼法修改的过程中予以落实。

第一,适用于重大案件还是轻罪案件。依据改革试验的基本经验,企业合规不起诉既可以适用于轻罪案件,也可以适用于重大案件。实践中,一般以3年有期徒刑作为划分标准,将责任人预期刑罚在3年有期徒刑以下的单位犯罪案件称为轻罪案件,将责任人预期刑罚在3年有期徒刑以上的单位犯罪案件称为重大案件。对于轻罪案件,由于其本身属于相对不起诉制度的适用范围,既可以通过合规不起诉处理,也可以通过相对不起诉解决,所以需要对二者的适用场景进行细致区分。若企业涉嫌的犯罪呈现出明显的治理结构缺陷、存在严重的合规风险、有较高的再犯风险,那么简单地对企业作出相对不起诉的决定,难以预防同类或相似违法犯罪行为的再次发生。因此,有必要适用合规不起诉,未来也应当以立法确立的企业附条件不起诉制度解决。对于重大案件,涉案企业只能通过立法确立的附条件不起诉制度处理。这还需要建立在企业与责任人员分离追责的基础上,甚至应当将依法处理责任人作为涉案企业适用附条件不起诉制度的前提条件。并且,依据合规整改的相称性原则,应当对涉罪情节更为严重的企业适用更为严格的合规考察条件,例如,建立更长的合规考察期、提出更为严格的合规整改要求、组成人数更多的第三方组织等。

第二,适用于大中型企业还是小微企业。依据我国涉案企业合规改革的基本经验,无论企业规模大小,都可以适用合规不起诉制度。无论是大中型企业还是小微企业,涉罪都表明其在治理结构上存在缺陷,要预防再犯,都需要堵塞犯罪漏洞、弥补治理缺陷,因此,存在合规整改的必要性。但是,需要对大中型企业和小微企业进行差异化对待,对于大中型企业适用更为严格的合规考察标准,而将小微企业的合规考察限制在符合特定条件的案件范围之内。例如,对小微企业实际控制人指导实施的系统性单位犯罪案件,不宜启动合规考察,但对那些具有现代治理结构、实现法人人格与自然人人格分离的企业,可以优先适用附条件不起诉制度。这里需要特别明确的是,如果一些小微企业是大型企业的下属子公司或项目工程部,其涉嫌犯罪反映出母公司的管理漏洞,也可以启动合规考察程序,但需要将母公司纳入合规整改的范畴,要求母公司与子公司一并建立有效合规管理制度。

第三,适用于单位犯罪案件还是管理人员犯罪案件。在我国涉案企业合规改革中,合规不起诉的适用对象分为两类,单位犯罪案件和单位管理人员在生产经营过程中实施的个人犯罪案件。这种适用对象的设定较为符合我国国情,因为我国现阶段的单位犯罪案件数量较少,合规考察程序的适用范围有限,而单位管理人员犯罪案件数量较多,且通常能反映出单位在日常经营和管理活动中存在重大治理缺陷和制度漏洞,有必要推动单位开展合规整改。但是,争议的焦点在于,合规能否成为单位管理人员被从宽处理的依据,即企业实际控制人、经营管理人员、关键技术人员等能否因企业通过合规考察、实现有效合规整改而被从宽处理。将企业合规整改直接作为自然人被从宽处理的理由,不仅在刑法理论上毫无依据,也不能在改革实践中产生正面的社会、经济、政治效果。因此,有必要增加限制性条件。一方面,管理人员需要有效参与企业合规整改,在企业整改中发挥积极作用,甚至应当是由于这些自然人的贡献才使得企业得以建立有效的合规管理制度,达到预防违法犯罪再次发生的效果。另一方面,需要引入两套附条件不起诉机制,针对单位建立以企业合规整改为核心的附条件不起诉制度,而针对企业管理人员建立以教育矫正为核心的附条件不起诉制度,要求有责任的自然人接受帮教、参与教育培训、实现行为矫正等,在消除这些人员的内在犯罪动因之后,才能够让其最终获得宽大处理的结果。

李奋飞教授：就企业管理人员的个人追责而言，还需要在犯罪具体情节方面限制合规从宽的案件类型。我国涉案企业合规改革将合规从宽可适用的单位管理人员犯罪案件限制在"与生产经营活动密切相关"的范围内，但没有对该情节条件作出具体说明，这导致了实践中的一些争议。有企业管理人员涉嫌职务侵占、酒驾等与企业利益和名义完全无关的犯罪，也期望通过企业的合规整改而被从宽处理。还有涉罪管理人员同时参与若干家企业生产经营的情况，与实施犯罪密切关联的那一家企业在涉案后被注销，但该管理人员却希望与本案无关的两家企业开展合规整改，以此为依据换取其个人的宽大处理。这些做法显然与法理和合规原理不符。

未来，应当明确规定，企业管理人员的个人犯罪案件，若适用合规从宽，需要具备两个具体条件：第一，管理人员为企业利益而实施犯罪行为。管理人员从事挪用公款、职务侵占、违规发放贷款等个人犯罪行为，一般只是为了个人利益，涉案企业不会直接或间接获利，甚至可能成为案件的被害人。此时，要求企业为作为"罪魁祸首"的个人"从宽"而花费成本、开展合规整改，于情于理明显不当。第二，管理人员的犯罪行为须与企业的管理制度漏洞有关。企业有必要开展合规整改的前提，是企业确实存在合规管理漏洞，个别管理人员能够顺利实施犯罪行为，与这种漏洞的存在有因果联系。依据企业合规理论，合规能成为"出罪"等从宽的理由，是因为其修正了企业的治理结构，降低了企业及相关自然人的再犯风险，提前实现了犯罪预防，使刑罚不再具有落实的必要性。因此，在那些企业管理人员犯罪与企业管理制度没有明确因果联系的案件中，企业实施合规整改也无法预防该类犯罪行为的再次发生，针对犯罪个人落实刑罚具有必要性，犯罪个人也不应因合规而被从宽对待。

附录5 企业合规改革二人谈(下)

——推动企业合规改革,探索本土化的有效合规标准

五、附条件不起诉制度的立法构建

两位教授都认为,在确立适用于企业犯罪案件的附条件不起诉制度时,需要明确考察期、考察条件、合规监管人、合规验收评估听证会等关键问题。

(一) 考察期

李奋飞教授: 企业实现有效合规整改,需要有较为充足的时间。从欧美国家的经验来看,合规考察期一般应当设定在1年以上3年以下,其中,针对一些大型企业,在3年合规考察期的基础上还可以继续延长。合规整改涉及企业治理结构调整、制度体系完善、管理流程修正等问题,需要对企业的经营方式和企业文化进行根本性改造。特别是针对大中型涉案企业,转变其商业模式和管理机制、实现企业经营的去犯罪化,需要合规监管人的长期多次指导。企业通过反复打磨合规整改计划、测试计划运行效果,才能实现有效合规整改的目标。因此,应当在附条件不起诉制度中确立较长的合规考察期。此外,针对合规考察期延长问题,也需要慎重设置限制性条件。合规考察期届满时,如果企业没有正当理由,没有达到有效合规整改标准,那么就应当提起公诉。

陈瑞华教授: 合规考察期的设立还可以与合规整改的方式相结合。依据合规整改的相称性原则,建议将采取简式合规的案件考察期规定为1年以下,将采取范式合规的案件考察期规定为1年以上3年以下,具体期限可由检察机关与涉案企业根据案件性质、企业规模、整改难度、合规基础等因素协商确定。在合规整改计划有效制定、涉案企业积极投入合规整改的前提下,如果企业因为客观原因未能按期完成全部整改计划,应当准许其延长一次考察期,简式合规整改考察期延长不超过半年,范式合规整改考察期延长不超过1年。但是,合规考察期不应允许缩减,因为检察机关和第三方组织会为涉案企业设置有针对性的、具有可操作性的合规整改日程表,一旦缩减合规考察期,就意味着压缩了合规整改的预期目标和推进步骤,无法实现有效合规的

总体目标。

(二) 考察条件

陈瑞华教授：企业在附条件不起诉程序启动时会作出一些承诺,包括承诺实施补救挽损措施、承诺配合刑事司法活动、承诺实现有效合规整改等,而考察条件可以概括地总结为企业需要"落实程序启动时所作出的所有承诺"。例如,涉案企业在程序启动时承诺缴纳罚款、修复环境损害,那么考察条件就包括企业是否在考察期内缴纳全额罚款,是否将遭到破坏的自然环境治理和修复到犯罪发生以前的状态。再如,涉案企业在程序启动阶段承诺配合侦查机关的司法活动,那么合规考察条件就应当包含要求企业在合规考察期内践行配合侦查的承诺。又如,涉案企业在程序启动时承诺进行有效合规整改,那么考察条件就包括合规计划的执行是否有效,合规是否能渗透到企业的管理和业务环节之中,达到事实有效,产生预防相同和类似违法犯罪行为发生的效果。

李奋飞教授：实践中,如果企业在一次性缴纳罚款、赔偿被害方等方面确有困难,那么其可以在程序启动阶段作出相应承诺,与检察机关和相关主体协商采取分期付款、支付利息等方式确立合规考察条件,在合规考察期内逐步落实该承诺条件。这种方式更加符合企业经营中的资金流动特性,能够给予企业更大的恢复和生存空间。

(三) 合规监管人

李奋飞教授：虽然我国已经建立了第三方机制,对合规监管人问题进行了较为细致的规范,但其要作为企业附条件不起诉制度的有效保障机制,还需要对合规监管人的适用范围和履职权限规定进行完善。目前,我国合规监管人的适用范围与涉案企业合规改革的适用范围相一致,实践中,具体哪些案件应当启动第三方机制,缺乏统一规范。对此,可以进一步明确,第三方机制仅适用于那些合规整改难度较高的案件,而那些企业规模较小、涉罪情节较轻、合规整改难度较低的案件,可以由检察机关自行履行合规监管职责,无需组成第三方组织并消耗更多的社会资源。此外,还需要明确合规监管人的权限,应当明确赋予其查阅案卷、走访企业、访谈员工、抽查企业文件等必要权力。

陈瑞华教授：在合规监管人的管理方面,还需要警惕职业伦理问题,规范费用支付的标准和方式。合规监管人履职需要避免利益冲突,遵守任职冷静期的规定,接受第三方机制管委会的管理。实质上,合规监管人具有准司法人员的属性,因此,需要在合规监管费用的规定中平衡其履职的公益属性和商业属性。如果合规监管沦为法律援助,监管人只收取极为低廉的费用,那么难免降低专业人士参与合规监管工作的积极性,导致合规整改无效的结果。但是,也不应当如域外一样,完全采取商业化的收费模式,因为那样容易滋生腐败风险。基于此,该费用标准应当由第三机制管委会统一确定,确保其符合专业人员从事合规顾问、担任辩护律师等相似工作的平均水平。另外,由于合规具有一定的惩罚性,该费用不应当由国家承担,而应当由企业承担。建议由第三方机制委员会确立统一的合规监管费用标准,由其向企业统一收取,形成支付隔离,以避免腐败。该合规监管费用应当由若干部分组成,包括合规监管人的工作费用,也包括检察机关实施合规考察、进行合规评估和验收、举办合规听证会等过程中所产生的必要费用。例如,在许多案件中,检察机关需要开展异地监管、飞行检察等活动,也需要支付邀请合规专家、人民监督员、人大代表等参与听证会的费用。这些费用都应当由第三方机制管委会一揽子向企业收取,再由委员会按照统一规范支付给检察机关、合规监管人等。

(四) 合规验收听证会

陈瑞华教授:在当前的涉案企业合规改革实践中,许多试点检察院会在合规验收环节举行听证会。一般而言,该听证会由办案检察官主持,先由企业、企业合规顾问、案件辩护人就企业合规整改的情况进行介绍,再由第三方组织成员代表报告合规监管工作情况、说明合规验收结论。随后,听证员、人民监督员、第三方机制成员单位代表进行提问,如有疑点,可以展开辩论。在建立附条件不起诉制度时,应当规定在考察期届满时,检察机关原则上应当举行合规听证会,这有利于保障案件处理结果的公开性、公正性、专业性。

李奋飞教授:在明确应当召开听证会的基础上,还应当对听证会的具体程序进行统一规范。需要明确参与听证会人员的数量、身份、组成方式等,确定听证会的发言顺序,规范听证会的表意和决策方式。有效的听证会应当围绕两个文件展开:一是企业方提交的合规整改报告,二是合规监管人提交的合规评估和验收报告。长期来看,也可以推动合规听证员的专业化,引入更有经验的合规专家参与,提升合规验收结果的公信力。

六、合规整改与侦查机关的角色

陈瑞华教授:涉案企业合规改革主要由检察机关主导和推动实施,已经取得了积极成效,在未来,企业合规考察制度应当成为侦查机关、检察机关、审判机关共同推进的事业,通过将其贯彻于刑事诉讼全过程来获得更大的制度作用空间。在此过程中,应当注重发挥侦查机关的作用。一方面,涉案企业可以在侦查阶段提出合规考察申请,侦查机关应当记录在案,并尽可能加快侦查进度,甚至实现诉讼阶段的跳跃,对达到侦查终结条件的企业合规案件尽早移送检察机关,以便尽早启动合规考察程序。检察机关也可以在侦查阶段提前介入,接受涉案企业作出的合规承诺,这样既有利于提高侦查效率,也有利于审查起诉阶段合规考察程序的顺利衔接。另一方面,侦查机关应贯彻"少捕慎诉慎押"的刑事政策,对于准备移送检察机关按照企业合规程序办理的案件,一般不得对责任人员适用逮捕羁押措施,而应尽可能适用取保候审等非羁押性强制措施;对涉案企业也不得使用查封、扣押、冻结等强制性侦查处分,不得妨碍涉案企业的正常生产经营活动,这样才能为检察机关启动合规考察程序创造前提和基础。

李奋飞教授:未来,应当吸收侦查机关参与推动合规的实践经验,在企业附条件不起诉制度的立法构建中,确立检察机关"提早介入"的基本规则,赋予侦查机关程序启动的建议权。对于那些符合适用条件的案件,经公安机关商请或者检察院认为确有必要时,可以派员介入单位刑事案件的侦查活动,参加公安机关对于重大单位刑事案件的讨论,对涉嫌犯罪的单位是否构成犯罪、是否需要商请相关行政机关派员参与办理等提出意见,监督侦查活动是否合法、及时。同样地,经监察机关商请,人民检察院也可以派员介入监察机关办理的单位职务犯罪案件。此时,监察机关、公安机关办理单位刑事案件,应当告知涉嫌犯罪的单位积极配合调查或者侦查可以被附条件不起诉等从宽处理的法律规定,并可以向人民检察院提出适用附条件不起诉的建议。

七、合规整改与法院的作用

李奋飞教授:在涉案企业合规改革中,已出现企业在审判阶段希望通过合规整改被从宽处理的案例。有一些涉案企业因为未赶上改革的好时机或者某些自身原因,未能在审查起诉阶段被纳入合规考察,案件已经进入审判阶段,但企业仍希望能够通过合规整改换取被从宽处理的机会。因此,我在设计单位刑事案件诉讼程序时,主张增加撤回起诉的条款设计:"在开庭后、宣告判决前,人民检察院以需要对涉嫌犯罪的单位作附条件不起诉为由申请撤诉的,人民法院应当进行审查,作出是否准许的裁定。必要时,人民法院也可以建议人民检察院撤回起诉并作出附条件不起诉的决定。"

撤回起诉的规定可以与附条件不起诉的规定相互配合。对于在审查起诉环节因为不承认指控犯罪事实等原因，而未被检察机关纳入合规考察范围的被告单位，如果在审判环节通过与检察机关的对话、互动与协商，选择放弃诉讼对抗并承诺进行合规整改，符合合规考察程序适用条件的，检察机关也可以在人民法院宣告判决前撤回起诉，给予其合规整改的机会。检察机关提出合规撤回起诉的申请，法院经审查准许的，可以作出准许撤回起诉的裁定。与此同时，在检察机关未主动提出撤回起诉的情况下，人民法院也可以在综合考量被告单位的犯罪情节、案件对社会公共利益的影响、单位合规整改意愿和条件等因素的基础上，建议检察机关撤回起诉并作出附条件不起诉的决定。撤诉后刑事诉讼程序将倒流回到审查起诉阶段，检察机关对合规考察合格的涉案企业可以作出不起诉决定，对于合规整改合格但由于客观原因无法作出不起诉处理的案件，可以向法院提起公诉并提出轻缓量刑建议，对此法院可以采纳，责任人员在合规整改中发挥积极作用、作出重大贡献的，法院也可以对其依法从宽量刑。

陈瑞华教授：在域外国家，不起诉协议的启动和生效都由检察机关在审查起诉阶段独立决定，但暂缓起诉协议的生效发生在审判环节，需要经过法院的司法审查程序。美国两种协议兼有，但英国、法国、加拿大等国家在建立制度时，都选择只引入暂缓起诉协议，排除不起诉协议。以英国为代表的国家还特别赋予法院以公共利益为衡量标准，对暂缓起诉协议进行实质性审查的权力，这主要是从约束检察官自由裁量权角度出发作出的制度设计，但这同时促使法院参与推动企业合规整改成为被普遍认可的司法实践。如果我国增设合规撤回起诉的程序环节，为检察机关在审判阶段启动合规考察提供机会，也为法院参与推动企业合规整改提供正当根据，那么将会有更多的企业可以受惠于此。企业合规从宽与认罪认罚从宽具有一定的相似性，合规也应当能够成为贯穿刑事诉讼全流程的从宽事由。

八、合规有关的刑行衔接问题

陈瑞华教授：在检察机关的合规考察结束后，如何进行有效的刑行衔接，既是涉案企业合规改革面临的重大难题，也是刑事诉讼法修订需要确立的配套措施。对此，应当吸收各地检察机关3年以来的经验，在立法中明确以下四项制度。

第一,确立合规互认制度。对于检察机关开展合规考察,最终认定企业实现有效合规整改的案件,这种合规整改不仅应当作为检察机关作出宽大处理的依据,也应当得到行政机关的认可,成为行政机关对涉案企业作出宽大行政处理的依据。也就是说,行政机关应当对检察机关主导合规整改的结果加以认可。

第二,建立合规检察建议和检察意见制度。检察机关在合规整改结束后,可以向行政机关提出检察建议或者发出检察意见,建议行政监管部门对涉案企业继续进行合规监管。必要时,行政机关可以针对存在其他合规风险的领域,增设相关专项合规计划。

第三,确立行业合规制度。为实现企业违法犯罪活动的源头治理,检察机关对于带有结构性和行业性特征的违法违规现象,应当以涉案企业的合规整改为契机,建议行政机关督促相关行业协会对尚未涉嫌犯罪但存在相关合规风险的同类型企业进行成批量的行业合规治理,建立统一的行业性专项合规标准,并开展针对性的合规监督考察活动。

第四,建立刑行联合执法机制。作为刑行衔接机制的发展趋势,必要时可以借鉴域外国家有关经验,由检察机关会同相关行政监管部门对涉案企业联合开展合规考察,建立统一的合规整改方案,同步预防再次发生相同或类似的刑事犯罪行为和行政违法违规行为。长期来看,可以建立刑事和行政一体化的违法预防机制,待条件成熟时,可以构建一套完整的检察机关和行政机关联合执法、联合合规考察、联合合规验收的企业合规案件办理程序。待联合执法办案程序结束后,对于合规风险较大的案件,行政机关也可以通过回访、听取报告等形式持续监管企业的长期合规活动,深化涉案企业合规整改的效果。

李奋飞教授: 现阶段,建立企业合规刑行衔接机制的必要性主要体现在两个方面。一方面,检察机关对涉案企业作出合规不起诉的决定后,若是仅"一放了之",将导致"不刑不罚"的现象。我国尚未建立行政处罚与刑事处罚一体化的责任制度,检察机关并不具有对涉案企业进行罚款或科处罚金的权力,因此只能通过检察意见等方式督促行政机关对涉案企业进行行政处罚。另一方面,假如行政执法机关不能够对涉案企业合规改革的精神"心领神会"、积极配合,甚至本身就对企业合规的罪责减免功能心存疑虑,不但未对合规考察"出罪"的涉案企业从轻、减轻处罚,反而又对其作出了诸如取消特许经营资格、责令关闭、吊销营业执照等(相比定罪后判处罚金)更为严厉的行政处罚,将导致企业合规的激励效果大打折扣甚至毁于一旦,检察机关以企业合规保护民营经济的愿望也会落空。因此,需要检察机关在办理涉企案件时依法做好不起诉与行政处罚、处分的有效衔接,督促行政执法机关积极履行职责,发挥检察机关与行政执法机关的执法合力,这就催生了合规互认制度、合规检察意见制度等实践萌芽。

在企业附条件不起诉制度确立以后,建立上述四项合规行刑衔接制度能够达到更好的社会治理效果。企业犯罪行为绝大多数都是行政犯,多是因为"未虑于微"才酿成大患的,即"小错误"(行政违法违规行为)未及时阻断,以至于积累成"大错误"(刑事犯罪行为)。因此,检察机关要想通过此项改革达到从根本上预防涉案企业再次"犯大错"的目的,必须确保"合规整改"实现刑事合规和行政合规的有效衔接,从源头上预防企业"犯小错"。具体来看,可以由行刑机关针对常见的企业违法犯罪类型,联合出台专项有效合规标准,要求涉案企业对风险行为在构成行政违法、构成刑事犯罪方面进行层递式阻断,从源头上预防和治理企业的违法犯罪问题。

九、有效合规的标准与评估

陈瑞华教授:涉案企业有效合规整改的标准以及评估的流程,应当包含以下三个方面。

首先,合规计划设计的有效性。具体指的是涉案企业在承认主要犯罪事实、停止违规业务、采取补救挽损措施的前提下,经过对合规风险的识别,对管理漏洞、制度隐患和治理结构缺陷的调查,在对相关管理制度和治理结构作出适当调整的基础上,引入有针对性的合规管理体系。在一定程度上,合规计划的设计应当是合规整改方案的核心部分,是在对现行管理制度作出纠错和调整的基础上,建立一套可以发挥合规风险预防、监控和应对作用的内部控制体系。通常来说,这一内部控制体系尽管在每个案件中都会有所侧重,而不可能具有整齐划一的模式,但至少应包含合规章程、合规政策和程序、合规组织体系和人员保障、合规风险预防体系、合规风险监控体系以及违规事件应对体系等基本构成要素。

其次,合规计划执行的有效性。具体指的是企业根据合规计划所承诺的加强内部控制的方案,在企业的经营管理中逐一得到落实和执行,使其在企业管理的各个环节发挥内部监管作用。例如,企业根据所作的书面承诺,应尽快制定或修订合规章程,将"对合规管理的高层承诺和重视"落实到企业行为准则之中；企业根据合规计划，应针对所涉嫌实施的犯罪类型，发布专项合规政策和员工手册，将法律法规中有关禁止专门性违法违规行为的规范条款，内化为企业员工和商业伙伴所要遵循的行为规范；企业根据书面承诺，应设立合规管理组织和合规管理人员，使其保持独立性、权威性并具有足够的资源；企业根据合规计划，应激活旨在发挥预防、监控和应对作用的管理体系，包括开展合规风险定期评估、对商业伙伴的尽职调查、合规培训、合规报告、合规举报、定期合规风险监测和审计、合规风险报告、合规内部调查、不断改进合规体系等流程性管理活动。

最后，合规计划结果的有效性。相对于合规计划在设计和运行环节的有效性而言，合规计划结果的有效性注重的是合规整改所产生的积极效果。这种效果既不等于提出了良好合规管理的书面承诺，也不等于执行了一整套全新的合规管理体系，而是发挥了预防合规风险、监控违规行为和补救制度漏洞的实际作用。通过合规管理体系的实际运行，企业在合规考察期之内在依法依规经营方面发生了显著的变化：从消极方面说，有效地防止了可能发生的合规风险，可以在决策、经营、财务、人事等各个管理环节加强内部自我监管，有效预防类似的犯罪行为；而从积极方面看，则是企业合规体系实现了对高管、员工和商业伙伴的自我监管，形成了依法依规经营的企业文化。

简式合规主要适用于小微企业，但也应当符合有效合规的最低标准，范式合规主要适用于大中型企业，合规的标准化程度更高，二者都应当包括通用合规的基础性合规要素和专项合规的专门性合规要素。所谓"基础性合规要素"，主要是指那些对于预防任何犯罪都具有积极效果的合规管理要素。这些要素通常表现为三个方面：一是合规章程和商业行为准则；二是合规组织体系；三是合规的程序，即包括合规审查、预防、监控和应对在内的程序流程。所谓"专门性合规要素"，则是指在搭建"基础性合规体系"的前提下，将那些与某一类型犯罪预防有关的制度要素，渗透到合规章程、政策、组织和程序流程之中，使得合规管理具有明确具体的指向目标，而不至于流于形式。在一定程度上，"基础性合规要素"主要体现在一些合规理念、组织体系和管理流程上，属于合规管理体系的架构和形式，而"专门性合规要素"则属于一系列带有实体性规范效力的标准和政策，形成了合规管理体系的基本"内核"。

李奋飞教授：2022年4月，全国工商联、最高人民检察院、司法部等部门联合制定并印发了《涉案企业合规办法》，提出了我国第三方机制中的有效合规整改标准。该《办法》对合规整改的目标再次予以明确:"涉案企业制定的专项合规计划,应当能够有效防止再次发生相同或者类似的违法犯罪行为。"可见,企业合规整改的核心目标在于去犯罪化。

在大合规和专项合规的选择方面,该《办法》选择以推动专项合规建设为主,其第1条规定:"涉案企业合规建设,是指涉案企业针对与涉嫌犯罪有密切联系的合规风险,制定专项合规整改计划,完善企业治理结构,健全内部规章制度,形成有效合规管理体系的活动。"这也是因为专项合规更具有针对性,能够更好地达到"去犯罪化"的总体目标。特别是对于那些建立简式合规的小微企业而言,在合规资源有限的前提下,需要将资金和人力等集中于防控核心专项风险,而非建立"大而全"的合规管理制度体系,产生"头痛医脚"的负面效果。

在合规管理体系的细节建设方面,该《办法》第14条明确了有效合规管理制度的六个基本要素:"(一)对涉案合规风险的有效识别、控制;(二)对违规违法行为的及时处置;(三)合规管理机构或者管理人员的合理配置;(四)合规管理制度机制建立以及人力物力的充分保障;(五)监测、举报、调查、处理机制及合规绩效评价机制的正常运行;(六)持续整改机制和合规文化已经基本形成。"这是第三方组织评估企业合规整改有效性时所要考虑的重点。

在建立企业附条件不起诉制度以后,上述规定可以继续发展为我国有效刑事合规标准,在充分实践和试验的基础上,继续丰富六大要素的细节,也针对专项合规建设提供具体的指引。有效合规整改是一项复杂的学问,没有哪一种合规管理制度体系能够防范所有犯罪行为。有时,即使企业建立了最为完善的合规管理体系、投入了丰富的资源,也可能有违法犯罪行为发生。这时,如何认定企业的归责问题,如何判定企业的合规基础,如何指引企业实现有效合规整改等,都需要一套客观而完善的标准。由于我国刑事司法纳入合规的时间不长,需要结合我国企业的经营和管理体系特征,探索出本土化的有效合规标准。

附录6 有效合规的理念与路径
——简评《有效合规的中国经验》

在推进国家治理体系和治理能力现代化的进程中,检察机关主导革新企业犯罪治理方式,人民法院、公安机关、行政监管部门等多方积极参与推动,形成了备受瞩目的涉案企业合规改革。此项改革基于依法保护民营企业、有效预防企业再犯、积极参与社会治理的基本动因,探索以更为谦抑和轻缓的方式办理涉企犯罪案件,尝试将合规整改作为从宽的理性依据,以避免"就案办案"的负效应,激励和督促涉案企业投入必要的人力、物力、财力进行有针对性的合规整改,对存在缺陷、隐患和漏洞的治理结构、商业模式、管理方式等进行实质性改造,从而实现企业经营的"去犯罪化"。此项改革总体上虽已实现了预期效果,并赢得了社会各方的广泛认可,但也引发了诸多疑难争议问题。且不说改革大量适用于治理结构存在严重缺陷的小微涉案企业,也不说其广泛适用于"企业家"个人犯罪案件,更不说其以涉案企业合规直接宽大处理责任人,单是短则一两个月长则三五个月的合规整改即被检察机关认定合格,就让很多人心生疑虑。何况,如何评估合规整改的有效性,目前也缺乏明确的标准。

可以说,这场前所未有的司法改革,不仅呼唤法学理论的创新,也急需法学研究者对如何监督和指引经营规模、业务领域、涉罪性质不同的涉案企业实现有效合规整改等疑难争议问题给出理论上的回应。陈瑞华教授《有效合规的中国经验》一书回应了改革的理论需要,集实践经验之大成,是中国有效合规研究的开山之作。以往,企业合规被看作"舶来品",相关问题的解决需要效仿域外经验,但自该书面世起,可以认为,中国企业特色化的合规建设之路已经基本形成。该书的核心思想,其实就是书名中概括的:涉案企业被纳入合规考察后,如何在检察机关、第三方组织的监督和指导下,针对自身规模、治理结构、业务范围、涉罪性质等,投入必要的合规资源,在消除犯罪发生的制度原因的基础上,建立有针对性和差异化的专项合规管理体系,以达到有效预防和发现相同或者类似犯罪发生的效果。在我看来,该书所提出的诸多创新性观点,之所以具有解释力、说服力和生命力,是因为其并非作者在书斋里"苦思冥想"出来的,而是在近距离跟踪观察改革实践的基础上思考提炼出来的。其已不仅仅是一本"理论专著",还是合规案件办理者——无论是司法官还是律师——值得拥有的"实用工具"。

有效合规计划的基本标准

该书开头两章首先讨论了有效合规计划的基本标准问题,为企业开展合规建设提供具体方法。第一章是对有效合规计划的宏观性考察。通过梳理有效合规计划面临的难题,作者对"有效合规计划"进行了反思并重新作出了界定,在此基础上区分了大中型企业和小微企业的合规计划,提出了有效合规计划的差异化思路。此外,本章还总结了无效整改的常见情形,以帮助办案人员逐渐掌握合规整改的规律,引导涉案企业走上"有效合规整改"的道路。第二章讨论了有效合规整改的基本要素,提炼了合规整改的"针对性"和"体系化"两种思路。该书认为,只有将二者进行有机结合,方可实现合规整改的基本目标,即涉案企业通过制度纠错和建立合规体系,建立一套有效预防犯罪的管理机制。在作者看来,对于任何一个涉嫌犯罪的企业而言,一旦被列为合规监督考察的对象,无论是适用"简式合规模式",还是适用"范式合规模式",都要采取以下三个方面的整改措施:一是在认罪认罚的前提下停止犯罪行为,积极配合刑事追诉行动,采取补救挽损措施,处理责任人;二是查找犯罪原因,发现导致犯罪发生的制度漏洞、管理隐患和治理结构缺陷等;三是针对上述漏洞、隐患和缺陷,进行有针对性的制度纠错和管理修复,切断犯罪发生的因果链条,避免同类犯罪的再次发生。作者在本章中指出,对于适用范式合规模式的涉案企业而言,尤其是那些建立了现代公司治理结构的大型企业、上市或拟上市企业,仅仅做到上述三方面的整改要求,还远远不够,这些企业要建立一种整体的、全面的和长远的犯罪预防机制,就要引入合规管理体系。不过,与日常性合规管理体系不同,合规整改所要建立的合规体系是一种具有针对性的专项合规管理体系,这种体系要将同类犯罪的再次发生作为预防的对象。

有效合规实现的制度路径

该书在第三章至第五章中讨论了有效合规实现的三个制度路径,解决了企业合规建设中的常见难题。其一是相称性原则,要求企业的合规整改工作应与所要达到的合规目标相契合，并与企业的规模、涉罪性质、行业特点、业务范围、合规风险等相适应。相称性原则在我国相关规范性文件和试点案例中已经得到初步的确立，这对于实现有效合规整改的目标无疑是一种重要的制度保障。本章分析了这一原则的内涵、外延和理论基础，对英国、法国和美国的合规法律中所确立或吸收的相称性原则作出比较考察。在此基础上，作者还对我国检察机关规范性文件和试点案例中引入的相称性原则作出分析和评论，并从合规整改模式的选择与合规体系的构建这两个角度阐述了我国法律未来全面确立相称性原则的基本思路。在合规整改中贯彻相称性原则的要求，除了需要做好整改模式选择以外，还需要设置差异化的合规管理体系。为实现有效合规整改的目标，在引入最低限度的合规要素的前提下，应当根据企业的规模、所涉嫌犯罪的轻重程度、行业特点、业务范围等情况，建立相对应的合规管理体系。其二是高层承诺原则，强调企业董事会、执行团队应当在领导、监督和实施合规治理方面发挥关键的作用。作者在本章中通过比较法的考察，以美国、英国和法国反腐败合规标准的确立为范例，对这些国家在企业合规管理中实施高层承诺原则的情况作出分析，并在此基础上揭示了高层承诺原则的基本内容和理论基础，对高层承诺原则的四项要素——合规领导机构构建、合规文化传达、合规管理资源投入和合规与业务冲突解决作了系统的分析。尤其是，针对我国涉案企业合规改革中所面临的相关问题，作者对如何通过合规整改贯彻这一原则提出了一些初步的理论设想。其三是专项合规计划。这是针对犯罪所暴露出的特定合规风险，以预防相同或类似犯罪再次发生为目标，由涉案企业所建立的专门性合规管理体系。最高人民检察院通过总结各地检察机关的合规改革经验，已经接受了"专项合规整改"的思路，并将其确立在指导性规范文件之中，使其成为合规改革的基本理念。究其原因，在短短几个月的考察期内，只有进行专项合规整改才更具有针对性，也才能够更好地达到"去犯罪化"的总体目标。特别是对于那些建立简式合规的小微企业而言，在合规资源有限的前提下，需要将资金和人力等集中于防控核心专项风险，而非建立"大而全"的合规管理制度体系，产生"头痛医脚"的负面效果。

有效合规实现过程中的争议问题

在第六章至第八章中，该书讨论了重大单位涉罪案件的分案处理问题、企业合规对个人刑事责任的影响问题以及企业合规整改的刑行衔接问题等有效合规实现过程中的三个重大争议问题。针对重大单位涉罪案件的分案处理机制,该书提出并论证了"有效单位犯罪治理理论"。尽管面临理论和实践层面的多重质疑,但其在分离单位与个人责任、规避企业定罪附随后果、实现法益修复和预防犯罪的效果上具有正当性,应当在涉案企业合规改革中得到贯彻。实际上,相较于传统司法中一些检察机关通过不追加被告人而直接放过企业的做法,以合规整改为由对涉案企业进行事后考察出罪,能补足罚金刑再犯预防功能的不足,因而更具有正当性和可行性。毕竟,对合规整改合格的企业虽不再予以定罪处罚,但并非"一放了之"。涉案企业不仅为合规计划建设投入了相应的经济成本,还在治理结构、商业模式等方面完成了"断尾求生"式的自我改造,因此,合规整改这种非刑罚制裁方式较之罚金刑实际上更具严厉性。针对企业合规对责任人员刑事责任的影响,该书富有创见性地提出了"合规关联性理论",认为相关责任人员只有在对企业合规整改作出实质性贡献、发挥积极推动作用的情况下,才能依据企业合规得到司法机关的宽大处理。也就是说,企业进行有效的合规整改,只能成为对企业宽大处理的依据,并不当然导致责任人员获得宽大处理。从企业有效合规整改到实现责任人宽大处理,需要责任人员有效参与企业合规整改,对企业整改发挥积极作用、作出不可替代的贡献。正是因为责任人员的推动,企业合规体系得以建立和运行,达到预防同类犯罪再次发生的效果。未来,在单位犯罪案件中,或需引入两套附条件不起诉机制:针对单位建立以企业合规整改为核心的附条件不起诉;针对责任人员建立以教育矫正为核心的附条件不起诉,责任人员在接受帮教、行为矫正、教育培训,消除犯罪的内在动因之后,才能够获得宽大处理。针对涉案企业合规刑行衔接问题,本书第八章总结了刑行衔接在实践中的表现形式,着重讨论了"行业合规"的问题,在此基础上展望了检察机关与监管部门联合合规考察的可行性和行政机关推进企业合规的空间。涉案企业进行合规整改,主要是为了去除犯罪基因,虽然也会涉及前置违法行为,但以防范再次构成犯罪为主。在核心的刑事风险得到充分防范之后,企业是否继续围绕行政监管法律规定继续深化企业合规建设,属于行政监管机关需要负责解决的问题。但是,行政合规和刑事合规间的联系较为紧密。在企业治理的视角下,二者共享合规要素,企业可以通过建立一套合规管理体系,将其主要的行政违法风险和刑事犯罪风险一体化预防。涉案企业建立刑事合规计划只是第一步,在脱离刑事程序后,还需要继续深化建设相关专项领域的行政合规计划,才能真正成为守法的好企业。

有效合规整改的基本保障

该书最后两章分别讨论了合规考察程序中的两个重要角色——合规监管人和律师。二者均是实现有效合规整改的基本保障。涉案企业的有效合规整改离不开甚至依赖于合规监管人的专业合规考察工作。作者认为,与有效合规计划的三要素相对应,合规监管人在合规考察过程中要扮演三种角色:"合规计划设计的监督者""合规计划运行的指导者"和"合规整改验收的评估者"。在第九章中,作者根据有效合规的基本理念,分析合规监管人的三种角色定位并对合规监管人在合规计划设计环节、运行环节以及合规整改效果验收环节的独特作用和工作方式作出有针对性的总结和分析。在合规整改过程中,合规监管人应对涉案企业书面化和体系化的"合规计划"保持一定的警惕和怀疑,应注重合规计划的执行、落地和激活,使其切实发挥预防同类犯罪再次发生的效果。在该书的最后一章,作者对律师作为合规顾问在企业合规整改中的作用问题作出了精到的研究。结合一个较为成功的合规整改案例,本章分析了合规顾问究竟从事了哪些合规服务工作,以便从中找到合规顾问发挥专业作用的一些规律。在此基础上,作者将合规顾问的诉讼角色确定为三个方面:检察机关启动合规考察程序的申请者、第三方组织监督考察的应对者以及合规整改验收听证的答辩者。为提供有效的合规服务,合规顾问应注重帮助涉案企业满足合规考察程序启动的若干基本条件,针对企业发生犯罪的内生性结构原因,协助企业开展有针对性的制度纠错工作,不仅如此,合规顾问还应针对企业涉嫌犯罪的类型,帮助企业引入一种专项合规管理体系,并确保该合规计划得到有效的实施和运行。

此外,在该书最后的附录部分,作者还纳入了五篇有关有效合规问题的比较研究成果,将研究视野拓展至英国、法国和美国,具体分析了这三个国家制定的有效合规标准,帮助读者进一步了解域外有效合规的发展情况,以作为进一步研究合规问题的参考。

陈瑞华教授通过《企业合规基本理论》一书将合规的概念引入中国,助推涉案企业合规改革,而《有效合规的中国经验》作为合规研究的第二篇章,建立了更加丰富的理论体系,能够更为具体地指引企业、司法人员、合规监管人、顾问律师等开展合规工作,进一步破除法学与企业管理间的知识壁垒。涉案企业合规改革正逐渐演变为一场社会综合治理改革,有效合规的实现是改革走深走实的前提,《有效合规的中国经验》一书为我国的企业合规建设奠定了坚实的理论基础。

附录7 我国反垄断合规的突破性进展
——评最新《经营者反垄断合规指南》

2024年4月,国务院反垄断反不正当竞争委员会印发修订的《经营者反垄断合规指南》(以下简称《指南》),其增设了第五章"合规激励",系我国首个明确建立合规激励制度的法律文件,是行政合规建设领域的重大突破。该《指南》以看得见的"法律红利"推动存在垄断风险的经营者自主建立并实施有效的反垄断合规管理制度,有助于提升我国反垄断工作的质效。

一、确立反垄断合规激励制度的背景

近来年,回应营商环境法治化的现实需要,"合规"作为规范企业行为的重要手段,开始更为普遍地出现在我国的法律制度中。"合规"存在广义和狭义两层含义,广义泛指"合乎法律规定",狭义则指的是"企业为了防范外部的法律风险所建立的内部管理制度"。在与企业治理相关的法律语境下,一般采用其狭义含义。鉴于企业是以营利为目标的组织体,要推动其投入人力、物力、财力等建立合规管理制度,就需要有外部法律制度予以推动。因此,合规激励制度是必要的法律制度创新,其赋权执法机关通过宽大处理、减轻处罚、免除处罚等法定方式给予建立有效合规管理制度的企业以"法律红利"。在刑事司法领域,检察机关主导的涉案企业合规改革就是探索合规激励制度的重要尝试,并且已经取得了显著成效。

众所周知,垄断、腐败是破坏市场公平竞争秩序的两大主要不法经营行为,域外行政监管领域的合规法律制度构建也是围绕反垄断合规、反腐败合规展开的。随着我国社会主义市场经济体制的日益完善,我国反垄断立法水平和执法能力不断提高,立法者早已认识到合规在治理经营者垄断行为方面的重要作用。2020年9月,原国务院反垄断委员会印发了《经营者反垄断合规指南》,为企业等经营者建立反垄断合规管理制度提供具体指引,但该文件没有合规激励制度,致使经营者缺乏主动投入、开展反垄断合规建设的动力。

时隔四年,国务院反垄断反不正当竞争委员会对该文件进行了修订,其首要创新就是新增第五章"合规激励"专门规定,相当于,除了向经营者阐释"什么是有效的反垄断合规管理制度"之外,还明确告知经营者"建立反垄断合规管理制度有哪些法律上的好处"。

二、反垄断合规激励制度的规则内涵

《指南》第五章"合规激励"部分共有七条规定,涉及合规激励的原则、实现合规激励的制度环节、审查合规有效性的程序三个主要方面。

首先,反垄断执法机构在调查和处理违法行为时,可以酌情考虑经营者反垄断合规管理制度的建设实施情况。以往,反垄断合规执法更多地强调查清事实、落实处罚,较少关注对经营者内部管理结构的矫治,这导致一些企业的垄断行为"屡罚不止",因为其涉嫌垄断违法的管理诱因没有被根除。对此,《指南》调整了反垄断执法的基本原则,纳入"加强合规激励"这一总体目标。

其次,反垄断执法机构可以在案件调查前、承诺制度、宽大制度、罚款幅度裁量四个主要环节落实合规激励。虽然我国《反垄断法》《行政处罚法》等有关规定没有直接提及"合规",但其所包含的制度均有融入合规激励制度的法解释空间。例如,《行政处罚法》第33条规定了"轻微不罚""首违不罚",但没有对什么构成该条所称的"及时改正"作出说明。对此,《指南》通过规定反垄断执法机构可以将经营者反垄断合规管理制度建设实施情况作为认定其是否"及时改正"的考量因素,使得存在有效反垄断合规管理制度的经营者比没有该制度的经营者更容易获得"不罚"的结果。与之相似,经营者的反垄断合规管理制度建设实施情况,成为了经营者承诺制度中执法机构决定是否中止调查的考量因素,也是垄断协议案件中决定宽大处理时的考量因素,还是执法机构在决定处罚方式、罚款幅度时的考量因素。

最后,经营者建立的反垄断合规管理制度,只有经过反垄断执法机构的实质性审查,才能获得激励。由于对合规管理制度的有效性开展评估认定的难度较高,存在经营者以"纸面合规""无效合规"骗取激励结果的可能性,《指南》建立了实质性审查程序,规定在经营者申请合规激励的前提下,由反垄断执法机构对合规管理制度的建设实施情况进行全面审查,对于通过审查的经营者予以合规激励,对于未通过审查的经营者不予激励。该程序能够最大程度地保障激励对象的可靠性,即因合规而被从宽处理的都是那些"真合规"的经营者。

三、确立反垄断合规激励制度的意义

《指南》是我国行政监管领域首个出现"合规激励"表述的法律文件,即使其只是一般性指引,不具有强制性,但也代表了我国开始探索"互惠共赢"的垄断治理新模式。

一方面,《指南》所确立的合规激励制度有利于企业等存在垄断风险的经营者。以往,即使经营者在涉嫌垄断违法之后积极整改,建立并实施了反垄断合规管理制度,也难以对处罚结果产生实质影响。因此,绝大多数的经营者仅关注停止违法行为、返还违法所得、缴纳罚款等法定的责任承担方式,未对导致违法行为发生的内部管理根源进行筛查,建立反垄断合规管理制度的积极性较差。在后续的经营中,因为导致垄断违法发生的管理隐患未被根除,经营者容易再次涉嫌同类或相似的违法行为,面临更为严厉的处罚。在《指南》明确合规激励制度后,经营者一则可以通过合规建设寻求被免于调查、被纳入承诺制度、被从轻处以罚款等宽缓处理结果,降低违法事件所带来的负效应;二则能通过申请实质性审查,在反垄断执法机构的监督下建立真正有效的反垄断合规管理制度,提高再犯预防能力。长远来看,这些合规的经营者更容易获得投资人、合作伙伴、消费者等的信任,反垄断合规能为企业带来实际的商业利益。

另一方面,《指南》所确立的合规激励制度有助于提高垄断治理效果。随着市场经济发展,企业数量增多、规模增大,垄断不法行为复杂化,有限的国家资源难以应对日益增长的监管需要。在合规免于调查、合规免于处罚、合规从轻处罚等一系列激励措施的推动下,将有更多企业自主选择建立反垄断合规管理制度。得益于该制度的运行,企业能在日常经营中实现对反垄断违法行为的自我发现、自我调查、自我预防。例如,反垄断合规管理制度要求企业设立举报热线、举报信箱、内联网意见反馈等沟通渠道,确保员工、第三方、客户等能在发现潜在违法违规行为时担任"吹哨人",秘密而安全地向相关管理人员反映问题。再如,反垄断合规管理制度还要求企业在发现违法违规事件时,能及时启动内部核查程序,在发现确实构成违法时联系执法机关,将证据材料提交并进一步配合执法。可见,企业在实施反垄断合规管理制度后,

能分担一部分市场监管职能,从单纯的"监管对象"变为"监管主体"和"执法配合者",有效缓解国家的反垄断监管和执法压力。

总之,《指南》在推动我国反垄断合规建设方面作出了突破性的尝试,未来,合规激励制度能否发挥预期功效,经营者和反垄断执法机构办案人员能否在指引下认识到反垄断合规管理制度的价值,还有待实践的检验。

附录8 《刑事诉讼法》第四次修改如何回应企业合规改革

从2020年3月至今,备受社会关注的涉案企业合规改革已经走过了四年多的发展历程。在最高人民检察院部署指导下,各地检察机关大胆探索实践,办理了一大批企业合规案件,在企业合规整改模式、企业合规监管等诸多方面积累了较为丰富的经验。截至2023年12月,全国检察机关已累计办理企业合规案件9016件,基本涵盖了虚开增值税专用发票、污染环境、侵犯公民个人信息、串通投标、走私普通货物等与企业生产经营相关的绝大多数罪名。数千家企业通过合规整改摆脱了被定罪的命运,既避免了冗长的诉讼程序浪费司法资源,也避免了企业走向破产倒闭造成员工失业、科技创新人才流失、地区经济衰落等司法负效应,还及时弥补了犯罪行为给受害者、投资人、利益相关方等带来的损害。尤其是,涉案企业通过有效合规整改消除了潜在的违法犯罪隐患,再次实施同类违法犯罪的可能性被大大降低。总之,这场对企业犯罪治理影响深远的社会综合治理改革已经取得了较好的政治、法律、社会与经济效果。

虽然,改革在推进过程中,由于未获立法机关授权,加上检察裁量权运行中出现一些偏差和失误等,引发了不少的争议乃至质疑,但实际上改革并非没有法律依据,而且检察裁量权行使中出现一些偏差和失误,既不应作为否定改革的理由,也难以成为推迟企业合规刑事诉讼立法的根据。目前,《刑事诉讼法》的再修改已被十四届全国人大常委会列入立法规划。如何在充分尊重本土制度创新和适当借鉴域外经验的基础上,将此项改革中一些较为成熟和争议不大的制度创新纳入我国刑事诉讼法律体系,尤其是为企业合规出罪设置必要的法律规范,解决改革面临的"合法性质疑"和制度供给不足难题,是当前法学界和实务界非常关注的话题。

实际上,在此项改革启动之初,一些刑事法学者就曾提出,将现行《刑事诉讼法》中仅适用于未成年人的附条件不起诉制度,扩大适用于企业犯罪案件,并将那些涉嫌较为严重犯罪的企业承诺建立有效合规计划作为对其不起诉的附加条件。对于那些在合规考察期限内积极进行合规整改,并经第三方评估验收合格的企业,检察机关将正式对其作出不起诉决定。在此前的研究中,笔者也曾指出,为改变"以自然人为中心"的刑事诉讼程序格局,赋权检法机关给予符合条件的涉案企业"改过自新"的机会,宜在"特别程序"一编中专章设立"单位刑事案件诉讼程序",将"企业附条件不起诉"作为独立于"认罪认罚从宽"的核心制度进行单独建构,并重点解决好适用对象、条件设定等几个争议较大的问题。

在适用对象方面,"企业附条件不起诉制度"只能把涉嫌(重大)犯罪的企业作为适用对象,以实现与酌定不起诉的彻底分离。至于罪名的范围,只要是《刑法》分则第三章、第五章、第六章、第八章规定的单位犯罪,检察机关在进行公共利益衡量后如认为符合适用条件的,应能用尽用。但无论如何,企业附条件不起诉的适用对象都不应扩大适用于"企业家"。当然,检察机关如果经审查后认为"企业家"涉嫌的罪名实际是单位犯罪,可以追加企业为犯罪嫌疑单位,为其确定合规考察期限,并根据其合规整改情况来决定是否对其提起公诉。至于涉案"企业家",则应与企业分开处置,并分别认定情节、分别判断刑事责任份额。如果责任人员在企业申请启动附条件不起诉程序中作出了积极贡献,检察机关也可以据此提出适度轻缓的量刑建议。当然,对于改革探索过程中时常作为合规考察对象的"与企业生产经营密切相关"的"企业家"个人犯罪,虽不能再作为附条件不起诉的适用对象,但如果"企业家"自愿认罪认罚、积极配合调查、采取补救挽损措施、承诺推动涉案企业合规整改,满足犯罪情节轻微,依照刑法不需要判处刑罚或者可以免除刑罚条件的,检察机关可以在对其作出相对不起诉处理时,向涉案企业制发合规检察建议,并通过跟踪回访等方式督促涉案企业进行合规整改,去除企业经营和管理方面的隐患。

在启动条件方面,"企业附条件不起诉制度"应当优化《第三方机制指导意见》所确立的合规考察启动条件。《第三方机制指导意见》第4条确立了启动合规考察的基本条件,这些条件也被各地法院与检察院会签的改革文件所认可。上述条件具体指的是:"(一)涉案企业、个人认罪认罚;(二)涉案企业能够正常生产经营,承诺建立或者完善企业合规制度,具备启动第三方机制的基本条件;(三)涉案企业自愿适用第三方机制。"在确立企业附条件不起诉制度时,应当对以上条件进行适度调整,即不要求涉案企业认罪认罚,只要求其承认主要的指控犯罪事实。在涉案企业合规改革推进的过程中,司法机关和涉案企业就企业是否构成犯罪、构成何种犯罪、应当如何量刑的问题争议较大,此时要求企业及责任人完全认罪认罚缺乏合理性。域外国家在设置启动条件时,均只要求企业及个人承认主要指控犯罪事实,以达到固定证据的作用,以防万一后续出现违反暂缓起诉协议或不起诉协议,需要对企业继续追诉和审判的情况。因此,我国在确立企业附条件不起诉制度后,也应当仅要求涉案企业和个人承认主要指控的犯罪事实,结合其他"涉案企业能够正常生产经营,承诺建立或者完善企业合规制度"和"涉案企业自愿适用"两大条件,形成检察官裁量是否启动附条件不起诉制度的基础。随后,检察机关需要结合案件的具体情况进行公共利益衡量,如果适用企业附条件不起诉制度是对社会公共利益更有利的选择,那么就适用该制度。

在合规考察的执行方式上面,企业附条件不起诉制度应当针对企业合规整改建立1至3年的考察期,由第三方机制代行检察官的部分合规监管职能。在涉案企业合规改革探索过程中,检察机关在现有法律框架内,利用对犯罪嫌疑人取保候审的期限(最长可以达到12个月)所提供的制度空间,一般仅为被纳入合规考察的涉案企业、相关责任人等设置数个月的考验期。显然,在如此短的时间内,涉案企业要完成有效的合规整改,对商业模式、经营模式、管理模式中的"涉罪因素"进行有针对性的消除,堵塞和修复经营管理上导致犯罪发生的制度漏洞和缺陷,并针对相关的违法犯罪行为实施专项合规计划,是非常困难的。尤其是对于那些内部治理结构比较复杂的大型企业,要针对特定犯罪行为建立起有效的合规管理体系,真正达到预防违法犯罪的效果,无疑需要更长时间的合规考察期。一般而言,要想让企业有效建立和运行合规管理体系,并将合规治理融入业务活动的每个流程之中,至少需要在法定的审查起诉期限之外为涉案企业设置1至3年考验期。具体到个案中,检察机关则应在充分尊重犯罪嫌疑单位和第三方组织意见的基础上,为涉案企业设置适当的考验期。

此外,企业附条件不起诉制度还应当要求检察机关在考察期满前一律启动听证程序,邀请人大代表、政协委员、行政执法机关人员、法学专家等共同听取涉案企业的合规整改报告,以及考察机关或者第三方组织的合规考察评估报告,并在听取各方意见的基础上,综合评估涉案企业是否进行了合格的合规整改。总之,对于通过修改《刑事诉讼法》确立能够适用于企业犯罪案件的附条件不起诉制度,法学界和实务界已达成了基本的共识。这样,企业即使涉嫌较重的犯罪,也有机会通过该制度,并基于实现了有效的合规整改获得"出罪"处理。

考虑到企业合规逐渐被纳入审判环节,已出现了一批检察机关与法院在一审阶段协同启动合规考察的案件,其中,一些犯罪主体在企业合规整改合格后,还被法院判决"免于刑事处罚"。不过,这种"定罪免刑"的处理结果只能使涉案企业免于支付罚金,或者使涉案"企业家"免于被执行刑罚,因而其意义具有一定的局限性。对于企业和"企业家"而言,定罪带来的负效应远重于刑罚。尤其是对于企业而言,一旦被贴上犯罪标签,其商业声誉会受到影响,其市场竞争优势也会被削弱。如果是上市企业,其上市资格还可能会被暂停或终止。基于我国的涉案企业绝大多数为民营企业的实际,为助推民营经济健康发展,加大民营企业司法保护力度,未来也可以考虑在"检法协同"启动合规考察持续探索的基础上,对一些虽已起诉到法院但却缺乏判刑必要性的企业犯罪案件寻找"非犯罪化"的出路,以避免定罪给企业经营带来严重的不利后果,损害社会公共利益。笔者也曾建议在《刑事诉讼法》修改时确立"合规撤回起诉制度",对于检察机关提出的合规撤回起诉申请,则需由法院作出是否准许的裁定。如果法院认为案件以"合规出罪"处理更有助于维护社会公共利益,也可以在充分听取涉案企业意见的基础上,建议检察机关撤回起诉,对企业启动合规考察程序,并在涉案企业合规整改合格后,依法对其作出不起诉决定。对于未达到有效合规标准的企业,检察机关仍然可以提起公诉,并由法院对其依法作出判决。

当然,随着改革的深入推进,合规整改正在逐渐被纳入侦查程序和执行程序。对合规撤销案件、合规减刑假释等尚有争议的问题,这次刑事诉讼法立法可以暂时不作回应。相关部门仍然可以依据现有的制度依托展开进一步的探索,适度激励涉案企业选择在这些诉讼环节开展合规整改,统筹实现治罪与治理的双重目标。

参 考 书 目

〔美〕布兰登·L.加勒特:《美国检察官办理涉企案件的启示》,刘俊杰、王亦泽等译,法律出版社 2021 年版。

〔美〕罗伯特·A.G.蒙克斯、尼尔·米诺:《公司治理》,李维安、牛建波译,中国人民大学出版社 2017 年版。

〔美〕M.J.爱波斯坦、K.O.汉森主编:《公司治理》,聂佃忠、张悦等译,北京大学出版社 2014 年版。

最高人民检察院涉案企业合规研究指导组编:《涉案企业合规办案手册》,中国检察出版社 2022 年版。

中国企业评价协会企业合规专业委员会:《企业合规师事务管理(初级、中级、高级)》,中国法制出版社 2022 年版。

全国"八五"普法学习读本编写组编:《企业合规通识读本》,法律出版社 2022 年版。

陈瑞华:《企业合规基本理论》(第三版),法律出版社 2022 年版。

陈瑞华:《有效合规的中国经验》,北京大学出版社 2023 年版。

张远煌等编著:《企业合规全球考察》,北京大学出版社 2021 年版。

李本灿等编译:《合规与刑法:全球视野的考察》,中国政法大学出版社 2018 年版。

李奋飞、陶朗逍主编:《企业合规律师手册》,法律出版社 2023 年版。